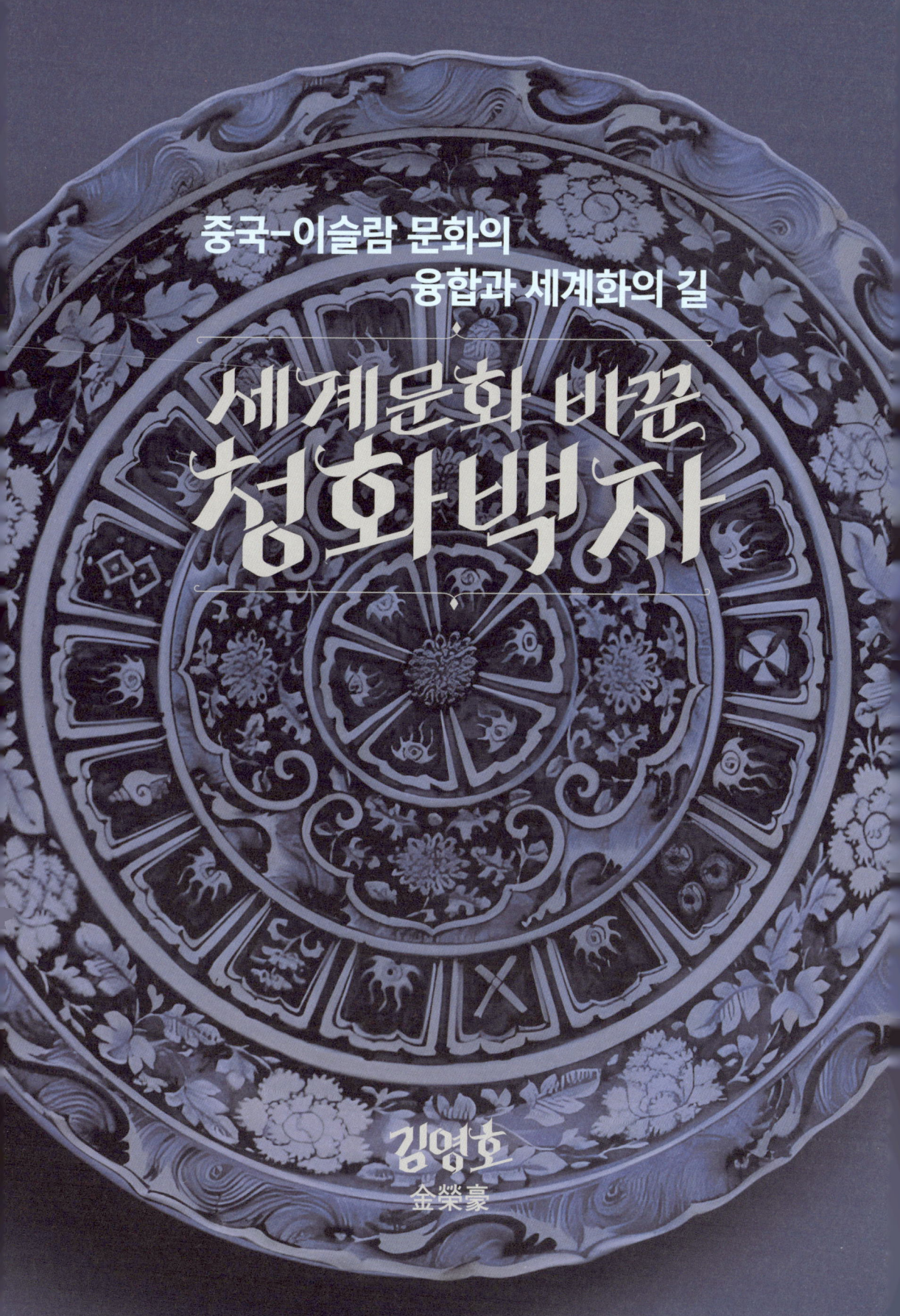

중국-이슬람 문화의
융합과 세계화의 길

세계문화 바꾼
청화백자

김영호
金榮豪

책을 쓰면서

'역사는 영원히 반복한다'는 말을 남긴 투키디데스(Thucydides)는 고대 그리스가 낳은 위대한 역사가였다. 그는 기원전 5세기경 기성세력인 아테네와 신흥세력인 스파르타 사이에 벌어진 전쟁과 대치의 30년을 현장에서 눈으로 보고 몸으로 겪은 사실을 '펠로폰네소스 전쟁사'로 엮어냈던 까닭에 최초의 언론인으로도 평가받는 인물이다.

 인쇄술이 발명되지 않았던 그 옛날 옛적에 투키디데스는 연설자의 발언을 받아쓰고 전황을 취재해서 유포함으로써 언론인의 역할과 기능을 수행했다. 그는 또 그 내용을 다음 세대에 전달함으로써 역사가로서 몫도 해냈다. 그 같은 연유로 역사와 언론은 태생적으로 같은 뿌리에서 태어났으며 서로 유기적 관계를 가지고 발달해왔다고 말할 수 있다.

 1979년 10월 26일 밤. 서울 궁정동에서 울린 한 발의 총성은 이 땅에 민주주의를 잉태했었다. 하지만 하나회를 주축으로 하는 신군벌이 12-12 군사반란을 일으켜 국민적 열망을 사산시키고 군사독재정권을 탄생시켰다. 신군벌은 역사의 수레바퀴를 거꾸로 돌리더니 5-18 민주항쟁을 군화발로 짓밟아 광주를 피바다로 만들었다.

 전두환 도당은 이어 합법성-정통성이 결여된 정권의 지지기반 구축작업에 나섰다. 먼저 양심적, 비판적 언론인의 색출-축출작전을 전개했다. 언론에 재갈을 물려 매춘언론으로 길들이려는 짓거리였다. 1980년 여름 필자도

신군벌이 휘두른 망나니 칼춤의 표적이 되었다. 이른바 '80년 해직기자'였다.

 벼락출세에 신바람이 났던 신군벌은 권력에만 눈이 멀었던 것이 아니고 야비하기까지 했다. 칼바람에 쓰러진 이들이 가는 곳마다 쫓아다니면서 감시의 눈을 번뜩이며 밥그릇마저 뺏었다. 광주항쟁, 언론말살, 삼청교육대를 통해 무고한 이들을 무수히 죽이고 고문하고 일자리를 뺏느라 광분했으니 하늘도 노했나보다. 그 해 여름은 벼이삭이 피지 않을 만큼 냉기가 서려 대흉년이 들었다. 추운 여름이었다.

 1980년 후반은 월간지 전성시대였다. 일간지는 여전히 입을 굳게 다물고 순치된 모습을 보였건만 월간지는 치열했다. 군벌이 오랫동안 어둠에 숨어 서식하던 추악한 치부가 드러나면서 숨죽이고 있던 성난 민심이 분출하기 시작했다. 신군벌이 최루탄과 곤봉세례를 퍼부었지만 1987년 6월항쟁의 함성을 잠재우지 못했다. 그 시절에 여러 해 밤낮을 잊고 원고지 칸을 메워 월간지에 보태느라 젊음을 불태웠다.

 세월이 흘러도 세상은 좀처럼 달라질 줄 모르나보다. 1997년 편집국장으로서 편집권 독립을 주장했다가 오래 전에 걸었던 해직의 길을 또 다시 걸었다. 두 번이나 펜을 뺏기는 아픔과 설움이었다. 날것이 나래가 없다면 날 길이 없다. 무대를 뺏긴 배우는 날개 찢긴 새나 다름없다. 거리의 악사가 아무리 아름다운 선율을 울려도 발길을 재촉하는 이들의 귀에는 그냥 스쳐가기 마련이다. 펜을 빼앗긴 슬픔이었다.

한국 언론계는 자사출신이라도 떠난 이에게는 지면을 좀처럼 주는 일이 없을 만큼 인색하다. 물레방아를 돌리지 못하는 흘러간 물이나 다름없는 신세였다. 그래도 거리의 글쟁이에게 아까운 지면과 마이크를 베풀어준 매체들이 있었으니 그들에게 늘 감사하는 마음을 지니고 산다. 10여개 신문에 <김 영 호 칼럼> 1,000여편을 기고했으니 고마움이 앞선다.

머리에 서리가 허옇게 쏟아지더니 어언 퇴기의 모습이 되었다보다. 육신은 멀쩡한 듯한데 일손을 놓고 있으니 허전한가 하면 멍청한 느낌마저 든다. 그냥 허공에 대고 말하듯이 매일의 일상처럼 글을 써 내려갔다. 현실문제는 온라인에서 이미 논진되어 버린 옛이야기다. 묶어서 시평집을 낸들 그것은 전광석화처럼 돌아가는 세상사를 말하기에는 뒷북치는 공허한 소리로 들린다.

그래서 시사성과 시의성을 묻지 않는 역사 속으로 들어갔다. 미국 워싱턴포스트의 벤 브래들리(Ben Bradlee)는 23년간 편집국장을 지낸 전설적 언론인이었다. 하루하루가 "언론은 역사의 초고를 쓴다"는 그의 말을 떠올리는 일상이었다. 매일 매일의 일과처럼 원고지 칸을 메우다 문득 뒤돌아보

니 어느덧 10년 가까운 세월이 훌쩍 흘러갔다. 세월이 유수 같다는 옛말이 새삼스럽다.

 자판에서 손을 떼려고 보니 동시에 4권을 집필한 셈이 되었다. 그 글들과 시름하느라 헤아릴 수 없이 숱한 불면의 밤들을 지새웠다. 때로는 이탈리아 역사철학자 베네데또 크로체(Benedetto Croce)가 남긴 "모든 역사는 현대사"라는 명언의 의미를 되새기곤 했다. 그 뜻은 현대의 눈으로 과거를 본다는 의미이기는 하나, 어제의 일이 오늘의 일이 되어 되풀이된다는 역사의 교훈을 깨닫는다는 뜻에서 말이다.

 안방을 차지하다보니 손주들이 울다 웃고 말을 익히며 뛰어노는 모습을 보는 게 일상사였다. 그들이 자랄수록 그들과 마주할 시간은 점점 줄어든다는 생각이 불현 듯 가슴에 와닿는다. 훗날 그들이 이 글을 읽어주었으며 하는 기대감을 갖고 자판을 두들기며 썼다 지우기를 수 없이 되풀이했다. 할아버지가 들려주고 싶은 그 옛날 세계의 이야기를 쓰려고 말이다.
 이 글이 책으로 태어나는 데 도와주신 여러분께 만강의 사의를 표하는 바이다. 표지와 편집을 맡아주신 김민철 H&C 플래닝 대표께 깊은 감사를 드린다.

2025년 1월 25일

일송 김 영 호 (逸松 金 榮 豪)

책을 열면서

이 나라에서는 언론인도 정치적 흐름을 타지 못하면 생존력을 갖기 힘들다. 그 탓에 오랜 세월 딱히 할 일도 없다보니 취미삼아 중국도자발달사를 천착했다. 어느 자료, 어느 책이나 연대기와 제작기술은 넘쳐난다. 하지만 중국도자기가 먼 나라로 팔려가면서 파생적으로 이뤄진 동서양의 경제-문화교류에 관한 내용은 한 두 마디 언급에 그치거나 아니면 아예 없다. 그나마 한국에는 그런 자료마저 없다고 할 만큼 빈약하다.

 저자들이 도자전문가이나 세계교역에 관해서는 문외한이기도 하지만 그 흐름은 손에 잡히지도 않고 눈에 잘 보이지도 않는 까닭이다. 필자는 20대부터 국제문제와 세계역사에 관심이 많았던 터라 관찰자로서 그 궁금증을 풀어보려고 짬나는 대로 그 뒷이야기를 좇아가 보았다. 해외 나들이라도 가면 박물관이나 미술관 쪽으로 발길을 돌렸다. 그 세월이 어언 반세기를 넘겼다.

 청화백자가 태어나서 오늘날까지 이어지는 동서양의 경제-문화교류 이야기를 책으로 묶기로 마음을 먹었다. 연관성을 따져 조선의 이야기도 더러 넣었다. 쓰다 보니 원고분량이 늘어났다. 청화백자가 태어나서 이뤄진 세계의 변화는 교역의 역사이기 보다는 핏물로 붉게 물든 살육과 약탈의 역사다.

그 바뀐 세계의 모습을 '세계문화 바꾼 청화백자', '세계지도 바꾼 식품패권', '지구얼굴 바꾼 인종주의', '태평양시대의 세계패권' 등 4권으로 나눠서 차례로 엮으려고 한다. 먼저 '태평양시대의 세계패권', '지구얼굴 바꾼 인종주의'를 출간한 데 이어 이번에는 '세계문화 바꾼 청화백자'를 펴내게 되었다. 다음에는 '세계지도 바꾼 식품패권'을 선보이려고 한다.

'세계문화 바꾼 청화백자'는 청화백자가 일구어낸 중국 문화와 이슬람 문화의 융합과정과 함께 그 청화백자가 걸어간 세계화의 길을 찾아간다. 징기스칸이 유라시아에 걸쳐 웅대한 제국을 건설한 이래로 중국 문화와 이슬람 문화가 결합하여 태어난 대표적, 상징적 산물을 꼽으라고 하면 그것은 단연 청화백자다. 그 청화백자가 중국에서 탄생했지만 원류를 따지면 그 태생지는 이슬람권이다.

이슬람권이 원산지인 코발트 블루로 청화백자를 화려하게 치장한 화초문과 기하문의 기원도 이슬람 모스크에 두고 있다는 사실이 그것을 말한다. 그 청화백자가 몽골족의 원나라에서 태어났건만 한족의 명나라가 자존의 상처를 없애려고 그 사실을 역사에서 지워버렸다. 원대청화백자는 600년

넘게 지나서야 그 탄생의 역사가 햇빛을 보게 되었다. 그것도 중국인이 아닌 영국인, 미국인의 손을 빌려서 말이다.

 문화패권주의가 고유와 독창이란 말로 포장한 문화적 편협성을 뽐낸다. 하지만 인류의 모든 문화는 오랜 세월에 걸친 경제적-문화적 교류를 통해 융합현상을 보여 왔다. 중국이 자랑하는 청화백자도 중국의 백자에 이슬람의 코발트, 기형, 문양이 결합해서 태어났다. 그 청화백자가 임진왜란 때 왜군이 납치해 끌고간 조선도공에 의해 일본에서 다시 화려한 개화기를 열었다.

 출생의 비밀이 오랜 세월 역사의 뒤안길에 가려졌던 청화백자이지만 이슬람 세계에서는 중국황제의 그릇으로 대접을 받았었다. 유럽이 무슬림 상인들의 손을 거쳐 건너간 청화백자와 마주치는 순간 천상의 신비에 탄성을 연발했다. 그들의 눈에는 보석청이 찬란하게 빛나는 청화백자가 도저히 인간의 손으로 빚었다고 믿기지 않았던 모양이다.

 돌처럼 생긴 갖가지 기형의 하얀 물질에 갖가지 파란 그림이 그려져 있고 그 위를 덮은 엷은 유리질의 물질이 빤짝빤짝 빛나니 말이다. 영어 porcelain(자기)의 어원이 라틴어 porcellana(조개껍질)라는 사실이 그것을 말한다. 그 유럽이 대포로 무장한 전함을 앞세우고 도자왕국을 찾아 나서면서 세계는 유럽의 약탈과 살육시대를 맞았다. 그것은 중국의 발명품인 나침판과 화약의 역습이었다. 하지만 그들은 대항해 시대라고 부른다.

 그 이후 유럽에는 귀족과 부호들 사이에 청화백자 수집열풍이 뜨겁게 달아올랐다. 유럽의 이름난 고성과 궁궐마다 청화백자로 장식한 중국방(China Room)을 차려놓고 저마다 더 좋은 자기를 더 많이 가졌다고 경염을 펼쳤다. 부귀와 영화를 자랑하던 그 유행의 물결이 유럽에 중국풍의 문화적 선풍을 일으키고 나아가서 중국을 배우자는 계몽주의를 일깨웠다.

 중국이 조공무역을 철칙처럼 여겼지만 돈은 그 장벽을 어렵지 않게 뛰어넘었다. 중국은 유럽을 남쪽 나라 오랑캐라고 치부하고 대면조차 거부하며 겉으로는 체면을 차렸지만 속으로는 그들의 은을 열심히 챙겼다. 중국은 그 은으로 만리장성을 축성했다. 또 세금을 은으로 내는 은납제도 실시했다. 스페인의 멕시코 은화가 중국인 생활 속에 깊이 파고들어 통화로서 통용될 정도였다.
 이슬람 세력의 이동에 따라 유럽으로 따라간 이슬람의 코발트 블루가 그곳에서 델프트웨어 도자기, 아줄레주 벽화로 재탄생했다. 델프트웨어는 생활용기, 장식용 도자기로, 아줄레주는 도시의 벽면을 화려하게 장식하더니

건축자재로 변신했다. 지구촌 건축물의 내외벽면을 덮은 타일이 그것이다. 하지만 그것은 자기가 아닌 도기였다. 유럽이 중국백자의 신비를 풀기까지는 긴 세월이 걸려 18세기 들어서야 천년독점이 깨졌다.

한편 일본은 조선도공의 손을 빌려 단숨에 백자를 구어 내는 데 성공했다. 그 조선도공의 후예들이 빚은 일본의 청화백자와 채회자기가 상륙하자 유럽은 또 다시 동방의 신비에 경탄했다. 격정의 고흐, 빛의 모네의 화풍에도 도자기 포장지로 쓰였던 일본 판화의 숨결이 깊게 배어난다. 일본제국 출현의 배경에는 도자기 수출로 벌어들인 돈줄이 자리하고 있다.

청화백자가 유럽의 식탁에서 금속제 식기류를 밀어내더니 이제는 세계인의 식기류와 장식품으로 사랑받는다. 21세기 들어서도 세라믹은 여전히 첨단소재로서 그 효용성을 자랑한다. 이 책은 청화백자를 중심으로 이뤄진 동서양의 문화적-경제적 교류를 통해 파생된 세계적 변화를 말한다. 세계문화를 바꾼 청화백자가 1320년대 후반에 태어났으니 이제 탄생 700주년을 앞두고 있다.

이 책들은 역사전문서도 역사학술서도 아니다. 그저 필자가 20세기 후반과 21세기 초엽을 살아가면서 세계가 어떻게 움직이고 어떻게 돌아가는지 주로 영문자료를 통해 보고 듣고 읽어 알고 있던 뼈대에 살을 덧붙였을 뿐이다. 그 까닭에 참고문헌이나 인용서적을 따로 열거하지 않았다. 역사적으로 알려진 사실을 나름대로 다른 시각에서 모아서 엮었기에 그럴 필요성을 느끼지 않았다.

또 별도의 주석도 달지 않았다. 책을 읽다보면 주석을 보려고 책 하단이나 책 후면을 오가다보면 번거롭기도 하고 때로는 귀찮기도 하여 본문에서 녹여냈다. 작은 제목의 글은 하나 하나가 큰 제목의 글과 연관성을 가졌지만 부분적으로는 독립성을 지니기도 한다. 말하자면 책과 목차에는 순서가 없어 전체를 읽지 않고 신문칼럼처럼 하나 하나를 따로 떼어서 읽어도 뜻이 통하도록 썼다는 뜻이다.

그 까닭에 비슷한 내용이 더러 반복되기도 한다. 같은 사안을 다각적인 시각에서 보다보니 일어난 일이다. 무엇보다도 어제 일과 오늘의 일을 이어서 쓰다 보니 연관성과 상관성으로 인해 가끔 같은 내용이 되풀이 되는 느낌을 주기도 한다. 거기에는 중요성을 강조하려는 의도도 있다. 그것은 읽는 이의 이해를 돕기 위해 상황과 배경을 설명하다보니 생긴 동어반복으

로 알아주었으면 싶다.

 차례로 펴낼 4권의 책은 역사의 흐름이 씨줄과 날줄처럼 서로 얽히고설키어 많은 연관성과 상관성을 가졌지만 공통점은 오늘날까지 지난 700년간 벌어진 세계의 변화를 담아냈다는 점이다. 역사책은 일반적으로 사건-사고를 어떤 시점에서 단절하여 조명하나 이 책들은 그 이야기를 자판에서 손을 떼는 순간까지 이어갔다. 또 이 책들은 내용에 순서가 없는 까닭에 선택적으로 보아도 이해하는데 불편이 없을 듯하다는 말을 되풀이한다.

 21세기 인간의 손에는 휴대전화가 잠시도 떠나지 않는다. 통신기술의 급속한 발달에 따라 휴대전화가 인간의 신경체계와 연결되어 하나의 신체기관처럼 붙어서 작동한다. 이제 인간은 휴대전화가 폭포수마냥 끝없이 쏟아내는 다양한 동적-정적 정보의 홍수 속에 파묻혀 산다. 그것을 두고 흔히 21세기 인간은 '포노 사피엔스'(Phono Sapiens)라고 말한다.

 그 바람이 태풍의 위력을 지녀 종이책과 종이신문은 퇴장의 길로 밀려나는 신세다. 디지털 시대의 환경변화에 대응하려고 김민철 H&C 대표를 만나 정형화한 도서편집의 틀을 깨보고자 책에 '시각효과'를 입혔다. TV가 출현하자 모든 이들이 라디오도 영화도 곧 사멸할 듯이 말했지만 두 매체는 제 자리를 더욱 굳건히 지키고 있다. 책도 죽지 않는다고 말하고 싶은 도전이다.

 그 같은 현실적 시장성의 한계와 시의성을 고려해 책의 출판순서를 거꾸로 잡아 먼저 '태평양시대의 세계패권'를 필두로 '지구얼굴 바꾼 인종주의'에 이어 시차를 두고 '세계문화 바꾼 청화백자'를 펴내기로 마음을 먹었다. 이어서 '세계지도 바꾼 식품패권'을 출간하려고 한다. 거기에는 지난날의 잘못을 오늘날의 거울에 비춰 바로 잡기를 바라는 뜻이 담겨있다.

2025년 1월 25일

일송 김 영 호 (逸松 金 榮 豪)

* 본저 '세계문화 바꾼 청화백자'는 2024년 '지구얼굴 바꾼 인종주의'에 이어 2년 연속 한국출판문화산업진흥원의 지원을 받아 출판되었습니다.

중국-이슬람 문화의
융합과 세계화의 길
세계문화 바꾼 청화백자

01 천년신비의 청화백자

중국-이슬람 문화의 융합물　　　　30p

말과 활이 건설한 인류역사상 최대의 몽골제국
비단길 통해 동서양 교역시대 개막한 몽골제국
청화백자는 중국-이슬람권 교류가 낳은 상징물
청화백자 개발로 도자에 그림 그리는 기법 도입

600년간 어둠에 갇혔던 청화백자　　42p

런던에서 팔린 청화백자가 출생의 비밀 푼 열쇠
영국-미국인 손에 의해 햇빛 찾은 원대 청화백자
한족의 반감으로 역사의 미궁에 빠졌던 원대청화
원대청화 400억원에 팔리자 중국전역서 가짜소동

1,500년 자도 징더전　　　　　56p

1,500년간 가마 불 꺼지지 않은 청화백자 요람지
19세기 런던 스모그보다 심했을 징더전 대기오염

02 이슬람권의 중국도자 보고

터키-이란 궁전의 수집열풍　　　　　64p

중국도자 발달사 한눈에 보는 터키 톱카프 박물관
베트남-일본 도자기도 다수 소장한 톱카프 박물관
황금동굴처럼 생긴 이란 아르데빌의 중국도자기 집
전란-약탈로 사라진 이란 아르데빌 사원의 소장품

03 이슬람 청화의 세계화

벽화로 승화한 청화　　　　　　　80p

시공과 문화 뛰어넘어 상통하는 이슬람 문양
서쪽으로 간 이슬람 청화는 건축자재로 발달
포르투갈에서 옥내외벽화로 승화한 청화타일
리스본과 포르투는 청화벽화의 옥외전람회장

04 금단의 나라 도자왕국

오랑캐라 치부 대면조차 거부　　　　96p

중국의 발명품 화약 들고 중국 침탈한 서유럽
목숨 건 도발 잇달아도 열리지 않던 중국시장
죽음이 기다리던 동방세계에 대한 끝없는 도전

포함 앞세운 서유럽의 개항압력　　　106p

포르투갈이 인도서 중국 가는데 15년 걸렸다
중국에 도발한 첫 유럽국가 포르투갈의 연패
태평양 건너 마닐라서 중국에 도발한 스페인
중국 문 열려다 연패로 끝난 네덜란드의 도발
100년 늦게 중국진출 시도했던 영국의 연패
아시아 보물찾기에 뒤늦게 덤볐던 유럽국가들

05 해군 사령탑 접수한 해적

무적함대 격파한 해적수괴   126p

무적함대 무찌른 영국해군 부사령관은 해적두목
스페인 무적함대의 패배로 무너진 동방무역 독점

명말 바다는 해적의 독무대   133p

해군총수로 발탁된 정지룡은 해적출신의 거부
해적출신 명군 : 네덜란드-해적 연합의 대회전

조선침략 주력부대는 왜구   139p

이순신한테 참패한 일본군 함대 총사령관은 해적
왜구는 몰락한 가문의 무사들이 가담한 해적무리

06 조선도공이 개발한 일본백자

세계 두번째 백자 개발한 조선   146p

조선은 중국보다 150여년 늦게 청화백자 개발
청화백자-채색자기 크게 발전시키지 못한 조선
터무니없는 극찬 넘친 달항아리 엉터리 감상법

이도다완의 불편한 진실　　　　　　　155p

중국 흑유완 수입 막히자 조선에 눈 돌린 일본
조선 막사발을 찻잔으로 사랑한 일본의 예찬론
이도다완은 정치적 가치가 창출한 역사적 산물

도자수출의 산실 조선인 가마　　　　165p

임진왜란은 조선도공 납치해 백자 개발한 자기전쟁
조선도공이 일군 백자가마가 일본 도자수출의 산실
유럽에서 중국도자기 누른 조선인이 만든 일본자기
조선인이 만든 백자에 중국색채 입힌 일본채회자기

왜적이 조선도공 납치한 이유　　　　174p

고려청자에다 산화동 이용해 홍색으로 채색한 걸작
일본도자기술의 낙후성 말하는 보물선서 나온 도기

07 동방제국 세운 유럽소국들

서유럽의 동방무역 쟁탈전　　　　　　182p

오스만 봉쇄 뚫고 세운 포르투갈의 동방제국
인구 200만명의 포르투갈이 건설한 해양제국

지구를 둘로 나눠 가졌던 포르투갈과 스페인
40년 걸려 얻어낸 포르투갈의 마카오 거주권
일본의 대외교역 200년간 독점했던 네덜란드
일본서 10년만에 빈손 철수한 영국동인도회사

포르투갈-네덜란드의 유산　　198p

일본요리 덴뿌라, 카레는 포르투갈이 남긴 유산
가톨릭 탄압하면서도 유럽 배워 선진국 발돋움
쇄국불구 화란의 무역창구 통해 유럽 배운 일본

08 신분과시의 상징물 청화백자

수요 넘치자 가짜까지 판쳐　　212p

16세기 이후 포르투갈이 중국도자기 직접 수입
청화백자 유럽에 알린 포르투갈 상선 습격사건
일본-페르시아 도자 중국제로 속여 판 네덜란드
청화백자 쟁반으로 천장 장식한 포르투갈 궁전
미국 백악관 벽난로 장식했다 사라진 명대자기

중국 배우고 따르자는 사조　　231p

유럽귀족들이 열광했던 중국풍의 문화적 현상
유럽대륙 휩쓴 중국문물을 배우자는 계몽주의

09 세계의 '은'은 중국으로 갔다

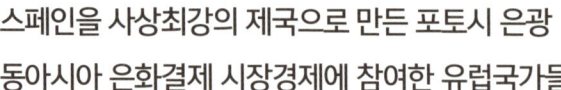

은이 대항해 시대의 국제통화   238p

스페인을 사상최강의 제국으로 만든 포토시 은광
동아시아 은화결제 시장경제에 참여한 유럽국가들

세계 은의 종착역 중국   243p

수출해서 번 은으로 세금 내는 은납제 실시한 명조
중국서 통용된 스페인 국왕 얼굴 새긴 멕시코 은화
16세기 세계의 은 빨아들여 지은 중국의 만리장성
유럽 은과 중국 금 바꾸면 환차익이 2배나 생겼다

10 일본판화에 매료된 유럽

문학, 정원에도 풍미한 일본풍   256p

대중적 인기 업고 예술로 승화한 일본풍 미술
정원, 문학, 음악에도 일본풍 일으킨 자포니슴
워싱턴 벚꽃 길은 태프트-가쓰라 밀약의 보답
일본의 채색 목판화를 접목한 인상파 화가들
격정의 고흐, 햇빛의 모네는 일본판화 수집광

11 멀고 먼 중국 가는 길

조공과 고두례가 기다렸다　　　276p

조공무역에 적극 참여한 유럽국가는 네덜란드
유럽국가들 상아, 서각 사서 팔아 도자기 매입
청조 초기 130년간의 서양사신 접견은 11건뿐
대영제국 특사에 무릎 꿇는 굴욕적 의식 강요

세계변화 거스르다 패망　　　287p

영국특사가 청황제 알현하려 대동했던 기술자들
유럽인의 상업활동지역 제한하고 여성거주 금지
중국전통도자 밀어낸 주문제작한 유럽풍 광채자
오랑캐한테 안 판다 큰소리치다 종막 내린 청조

12 유럽의 뒤늦은 백자개발

청화백자 모방품 델프트웨어　　　302p

델프트웨어는 중국 청화백자 모방한 생활용기
대항해 시대의 영광 말하는 네덜란드 청화도기
미술작품에 나타난 네덜란드 도자기와 생활상

중국백자의 비밀 푼 유럽 312p

청화백자의 신비 풀려던 메디치 가문의 실패
친위대 600명 청화백자 127점과 바꾼 수집광
중국보다 천년 늦게 태어난 유럽 최초의 백자
중국백자의 천년독점 유럽서 반세기만에 붕괴

13 서방의 중국역사-문화 강탈

영-불연합군이 파괴한 원명원 322p

원명원은 이름난 정원 모두 본뜬 천하의 으뜸
영-불연합군이 부순 중국의 서양식 궁전-정원
영-불이 약탈한 동물 머리상 150년만에 귀향
아버지는 파르테논 약탈, 아들은 원명원 파괴

'중국역사' 털어간 서방열강 338p

서방열강이 약탈해간 중국 문화재 1천만여점
은화 몇닢 주고 역사의 보고 돈황석굴 털어가

14 유럽문물에 눈뜬 중국

황제 곁의 유럽 선교사들 　　348p

궁정고문 위촉되고 베이징에 성당 지은 신부
이탈리아 선교사 랑스닝은 궁중화가의 최고봉
선교사들이 연주한 서양음악 즐겼던 중국황제

중국황실의 유럽시계 소장열풍 　　358p

유럽은 시계탑, 중국은 종루-고루가 시각 알려
광저우에 시계공 데려가서 현지공장 차린 영국
유럽 기계기술과 중국 공예가 연출한 탁상시계

15 일그러진 서울의 얼굴

서울의 광장은 광장이 아니다 　　368p

잔디밭 입은 서울광장은 놀이터도 광장도 아니다
돌판 깔려고 수령 100년 은행나무 가로수길 없애
편심배치로 대칭미와 균형미가 파괴된 광화문광장
경복궁 관통하는 직선의 중심축 파괴된 광화문광장

01

중국-이슬람권 교류의 상징물

천년 신비의 청화백자

600년만에 햇빛 찾은
원대 청화백자

20세기 중반까지만 해도 몽골족의 원나라는 청화백자를 만들지 못했다는 주장이 정설처럼 굳어 있었다. 청화백자는 몽골족의 원대가 아닌 한족의 명대에 개발되었다는 것이었다. 심지어 송대기원설도 힘을 얻고 있었다. 청화백자는 송대부터 제작되었는데 원대에는 제작기법이 끊어졌다가 명대 들어 그 기법을 다시 찾아내 명맥이 이어지고 있다는 주장이었다. 몽골족의 지배로 상처를 입었던 한족의 자존심이 원대 청화백자의 존재 자체를 역사에서 지웠던 것이다.

그 까닭에 가짜의 전성시대라는 청나라 패망 이후의 민국시절에도 원대 청화백자는 가짜를 만들지 않았다. 그만큼 원대 청화백자 부존재설이 확고했다는 뜻이다. 그런데 1929년 푸젠(福建-복건)성 출신 한 상인이 청화백자 향로화병 한 쌍을 들고 베이징과 홍콩의 골동품 가게마다 찾아다니며 팔려고 애를 썼지만 허탕 치고 말았다. 그 화병 병목에 지정11년(至正十一年-1351년)이라는 원나라 마지막 황제의 연호가 쓰여 있기 때문이었다. 그 때는 그 명문이 이 향로화병은 가짜라고 말하는 것이나 다름없었다.

그런데 먼 여정 길에 오른 그가 영국 런던에서 중국 미술품 수집가를 찾아가 팔았다. 영국과 미국 전문가들이 그 향로화병을 토대로 연구한 결과 청화백자는 1320년대 후반에 개발되었다는 주장이 지배적 학설로 굳어졌다. 그로써 600년이 넘도록 역사의 미궁에 갇혀 있던 원대 청화백자가 햇빛을 보게 되었다. 그에 따라 데이비드 화병으로 알려진 원청화운용문쌍이향로병(元靑華雲龍紋雙耳香爐瓶)은 청화백자의 제작년도를 따질 때 기준으로 삼는 편년자기(編年瓷器)로 자리를 잡았다.

01 중국-이슬람권 교류의 상징물 | 천년 신비의 청화백자

말과 활이 건설한 인류역사상 최대의 몽골제국

중국과 유럽은 서로의 존재를 잘 모르는 사이였지만 비단길을 통해 오랜 세월에 걸쳐 동서 교역이 이뤄졌었다. 중국의 수출상품 가운데 비단이 가장 비쌌고 가장 신비하기도 했지만 중국에서만 나는 특산품이라 유럽에서는 뭇사람이 가지고 싶어 했던 선망의 대상이었다. 그 까닭에 비단이 낙타 등에 실려 팔려간 길에 '비단길'(Silk Road)이라는 아름다운 이름이 생겼다.

하지만 유럽은 그 비단길의 존재도 잘 몰랐다. 비단길은 기원전 2세기 중국 전한의 군인이자 탐험가였던 장건이 개척한 것으로 알려졌다. 한무제(漢武帝)가 흉노족을 다스리려면 그들을 알아야 한다고 생각하여 장건으로 하여금 서역을 탐사하도록 어명을 내렸다. 서역은 말 그대로 중국의 서쪽 땅을 가리킨다.

그가 흉노족 본거지에 잠입했으나 잡히는 바람에 억류생활을 하면서 온갖 고초를 다 겪었다. 하지만 그가 탈출함으로써 중국이 서역을 이해하는 데 큰 도움이 되었다. 피 같은 땀을 흘린다고 해서 한혈마(汗血馬)라는 이름을 얻은 명마와 함께 그가 중국으로 가져간 포도, 석류, 복숭아 등이 동아시아로 널리 퍼져나갔다.

비단길은 동서양을 잇는 물자교역의 통로를 너머 문화교류의 가교로서도 큰 역할을 했다. 비단길이 중국, 인도, 페르시아, 아라비아, 그리스, 로마를 경제적-문화적으로 연결하는 교량역을 맡았던 것이다. 징기스칸 이래로 동서양의 경제-문화교류의 통로로서 활기를 띠었던 그 비단길도 몽골제국의 패망과 함께 그 옛날의 화려했던 영광과 명성이 퇴색되었다.

비단길이라는 이름은 독일의 탐험가이자 지리학자였던 페르디난트 폰 리히토펜(Ferdinand von Richthofen-1833~1905년)이 1877년 그의 저서 '중국'(China-전5권)에서 비단길(Seidenstraße-Silk Road)이란 말을 사용하면서 널리 알려져 쓰이게 되었다.

그 비단길은 이름처럼 아름답지 않았다. 물도 길도 없는 사막이 끝없이 펼쳐지고 모래폭풍이 몰아쳐 사람을 삼키는가 하면 험준한 산길에는 산적, 비적이 날뛰는 험난한 길

의 연속이었다. 아시아와 유럽을 잇는 무역로를 중세에는 그냥 묶어서 비단길이라고 불렀지만 수많은 갈래로 길이 이어져 있었다.

고비마다 죽음이 기다리던 그 비단길은 13세기 초엽에만 해도 인적이 드물어 한적하기 그지없었다. 유라시아 대륙을 정복하고 웅대한 제국을 건설한 몽골족의 징기스칸이 그 비단길에서 노략질을 일삼던 산적, 비적은 물론이고 호전적인 종족들도 소탕했다.

안전한 통행이 보장되자 대상(隊商)의 왕래가 잦아지면서 비단길이 동서교역과 문화 교류를 잇는 번영의 통로로 발달했다. 비단길은 동서양을 연결하는 무역로 말고도 군사적 목적을 가진 이동로와 통신망의 역할도 맡았었다. 13세기 말엽에 마르코 폴로의 중국탐사가 가능했던 것도 그 비단길 덕택이었다.

징기스칸(成吉思汗-Genghis Khan)은 그 자신이 경쟁씨족에 의해 심한 박해를 받고 자랐다. 어린 시절에 뼈아픈 고통을 몸으로 체험한 그는 민중을 억압하는 전통적인 씨족중심의 지배체제를 타파했다. 법의 지배를 확립한 그는 자신을 포함해 모든 이에게 그 원칙을 평등하게 적용했다.

징기스칸의 그 같은 통치방식이 전쟁에서 패배한 다종한 종족과 다양한 종교를 끌어안는 자

비단길은 기원전 2세기 중국 전한의 장건(張騫)이 처음 개척한 것으로 알려졌다. 그가 중국 밖의 세상을 탐사하라는 한무제(漢武帝)의 어명을 받고 서역에 잠입했으나 흉노족한테 잡히는 바람에 갖은 고초를 다 겪었다고 한다. 하지만 그가 서아시아의 소중한 정보와 함께 한혈마(汗血馬)라고 이름난 명마를 타고 탈출했다고 한다.
사진은 장건의 귀향. 상상화.

력을 발휘하여 하나의 거대한 제국을 이룩해냈다. 그 몽골제국을 떠받드는 기둥과 초석은 말과 활이었다. 그 말과 활이 동서로는 중국에서 헝가리까지, 남북으로는 인도북부에서 러시아에 이르는 광활한 지역을 한 세대 만에 정벌하여 인류역사상 최단기간에 최대-최강의 제국을 건설하는 토대가 되었다.

몽골군은 한 사람이 말을 4~6 마리씩 거느리고 출정했다. 말이 지치지 않도록 바꿔 타면서 쉬지 않고 달림으로써 하루에 100~160km씩 진군할 수 있었다. 몽골족은 어릴 적부터 말을 타고 달리면서 사냥하고 가축을 키우며 일생을 말 등에서 보냈다. 일상생활이 병영생활이나 다름이 없어 언제든지 활을 들고 말 등에 올라타면 그것이 곧 출정이었다.

반면에 유럽군의 기마병은 귀족중심으로 편성되었으며 평소 전문적인 군사훈련을 받았고 전장에서도 앞장서 싸운 전사였다. 하지만 그 뒤를 걸어서 따르는 보병은 주로 농군으로 이뤄져 거의 훈련을 받지 않았다. 그러니 유럽군은 기동력에서 몽골군과는 비교도 되지 않았다.

유럽 기마병은 철제 갑옷을 입고 철제 투구를 쓰고 말도 갑옷과 투구를 입혔다. 그 탓에 기마병도 말도 몸무게가 무거워 기민하게 움직일 수 없었고 공격에 민첩하게 대처하기 어려웠다. 갑주(甲冑), 즉 갑옷과 투구를 갖춘 기마병이 말에 타고난 다음에 방패와 창을 들고 달려가 접전을 벌였으니 사상률이 높았다.

사진은 출정준비를 갖춘 13세기 몽골 기마병의 재연

그와 달리 몽골군은 멀리서 말에 타고 달리면서 활을 쏘아 적군을 제압함으로써 접전이 벌어지기 이전에 이미 승부를 끝냈다. 활은 자작나무, 양의 힘줄과 뿔로 가볍게 만들어 사정거리가 길었다. 몽골군의 그런 기민성을 두고 오늘날에도 '13세기의 탄도탄'라는 극찬이 나오는 이유다.

몽골족의 조랑말은 중앙아시아가 원산지인 유럽군의 말보다 체구가 훨씬 작다. 하지만 여름에는 30°C, 겨울에는 -40°C의 극심한 기온차를 견디며 1년 내내 집밖에서 생활한다. 그와 달리 유럽 말은 축사에서 사람이 돌보고 사람이 주는 사료를 먹고 산다. 조랑말은 스스로 먹이를 찾아서 먹기도 하여 생존력이 높다.

 몽골군은 말젖과 말고기가 있기에 따로 비상식량을 마련할 필요가 없었다. 조랑말이 중요한 전투장비이자 운송수단이었고 비상식량이었던 까닭이었다. 또 말은 거대한 제국을 하나로 연결하는 신경조직이자 통신수단이기도 했다. 몽골제국은 비단길 곳곳에 말을 대기시켰다가 급보를 알렸다.

 급한 소식을 가지고 달려온 지친 말을 다른 말로 갈아타고 다시 달려 급보를 전달하는 통신체계를 구축했던 것이다. 조선이 후기에 운영했던 파발마(擺撥馬)가 바로 그것이나 다름없었다. 다시 말해 말이 유라시아에 걸쳐 펼쳐진 그 광활한 땅을 하나로 엮는 통치수단으로서 역할과 기능을 수행했던 것이다.

 중앙아시아가 원산지인 큰말은 비단길을 통해 중국에 들어갔고 유럽인을 통해 아메리카에도 퍼져 나가 운송수단과 전투무기로 이용되었다.

비단길 통해 동서양 교역시대 개막한 몽골제국

 동아시아의 주변에서 출발한 몽골족의 징기스칸이 우랄산맥을 넘어 유라시아에 걸쳐서 인류역사상 가장 웅대한 제국을 건설했다. 그의 대정벌이 지구적 변화를 일구어 냈으니 그 중심축에는 비단길(Silk Road)이 자리 잡고 있었다. 동서양을 잇는 비단길을 통해 중국과 서아시아 사이에 경제-문화교류가 본격적으로 이뤄지기 시작했고, 그 바람이 멀리 유럽까지 불었다.

 몽골족은 한 곳에 정주하지 않고 이동하면서 수렵-유목생활을 영위했다. 그 연유로 생산기반이 없는 몽골족은 사치품은 물론이고 옷, 그릇 같은 생필품도 교역에 의존해야만 했다. 창, 칼 등 전쟁물자도 자체적으로 생산하는 데는 한계가 있었다. 따라서 부족한 생활물자를 정주생활을 하는 농경민족과 상품교역을 통해 조달해야만 했다.

 문제는 몽골족에게는 상품성 있는 물자가 별로 없었다는 점이다. 고작해야 말, 양, 모피 따위가 전부였다. 몽골족은 상품교역이 생사와 직결되기 때문에 교역을 거부하면 전쟁도 불사했다. 그 까닭에 몽골족이 비단길에서 대상(隊商)을 상대로 노략질을 일삼던 비적을 소탕하고, 비단길의 요소요소를 장악하고 통행세를 뜯던 이슬람 세력을 평정하여 자유로운 교역을 보장했다.

 몽골족은 상인을 천시했던 중국과 페르시아와 달리 상인을 우대했다. 교역정책의 근

간은 자유로운 인적-물적이동의 보장이었다. 동서양을 왕래하는 대상들에게 일종의 여권을 발급하여 통행의 자유를 보장했다. 어떤 물자가 어떤 방향으로 운송되더라도 유통이 가능하도록 통행의 안전을 도모했던 것이었다.

상인에게는 저리의 융자혜택도 줬다. 비단과 귀금속으로 화폐의 가치와 환금성을 보증하는 지폐를 발행함으로써 상거래가 활성화되었다. 은괴도 표준화하여 현지통화와 교환성을 보장했다. 세금도 면제하거나 아니면 세금을 물품으로 내는 물납제 대신에 화폐로 납부하도록 하여 물류비용을 줄여줬다. 그 같은 중상정책에 힘입어 몽골족은 **비단길을 통한 동서교역으로 번영을 누렸다.**

비단길을 타고 중국의 도자기, 향신료, 비단이 서아시아를 거쳐 멀리 유럽까지 퍼져나갔다. 또 서아시아의 금, 의학서적 등이 중국으로 갔다. 그 같이 상품교역이 아시아와 유럽을 넘어서 아프리카로도 연결됨으로써 인류의 생활-문화수준을 향상시키는 데 크게 기여했다.

몽골제국은 모든 종교, 종족, 민족에 대해 개방적이었다. 몽골제국의 개방물결을 타고 물자교역뿐만 아니라 미술, 음악, 건축과 함께 종교, 언어의 교류도 활발하게 이뤄졌다. 그 연유로 인도에서 태어난 불교문화가 비단길을 통해 중국을 거쳐 바다를 건너 일본까지 전파되었다.

몽골제국 전성기에는 비단길이 동서

아프가니스탄에서 1221년 주조된 몽골 대칸의 은화.

양의 상품뿐만 아니라 사상과 기술의 이동을 잇는 가교역할도 했다. 그 같은 동서양의 경제-문화교류가 뒷받침되어 태어난 대표적-상징적 상품이 있으니 그것은 다름 아닌 중국의 청화백자다. 백자 위에 청화를 그리는 코발트와 그 제작기법이 서아시아에서 중국으로 전래되었으며 문양, 기형도 이슬람의 영향을 크게 받았다.

동서교역을 통해 이룩한 경제적, 문화적 번영이 세 대륙, 즉 아시아, 유럽, 아프리카, 그 중에서도 특히 중국, 인도, 페르시아, 아라비아를 경제적, 문화적으로 융성하게 만들었다. 그 몽골제국이 적의 공격이 아닌 역병의 습격에 의해 조각, 조각 갈라져 패망의 길을 걸었다.

 그 역병은 몽골족의 세계정복을 가져온 무역로를 따라 이동하면서 죽음의 씨앗을 뿌려 인류가 일찍이 경험하지 못한 말세적 재앙이 일어났다. 그 탓에 동서교역이 저주의 대상이 되어 금기시되었고, 이방인은 호기심의 대상이 아닌 공포의 대상으로 떠올라 서로 외국인을 미워하고 멀리했다.

 1346~1353년 10년도 채 되지 않는 기간에 유라시아 대륙을 휩쓴 흑사병이 무려 7,500만~2억명에 달하는 생명을 앗아간 것으로 추정된다. 1340년대 유럽에서만도 흑사병에 감염되어 2,500만명의 줄초상이 이어졌다. 그것은 당시 유럽 인구의 30%에 해당하는 숫자였다.

 14세기에 최초로 발병한 흑사병이 그 후 18세기까지 100여 차례나 엄습해 유럽을 죽음의 땅으로 몰고 갔다. 14세기 유럽을 뒤덮었던 흑사병은 인류에게 말세적이어서 급격한 인구감소를 가져왔다. 그에 따라 유럽은 사회구조가 붕괴될 정도로 막대한 타격을 입었다.

 1330년대 초입에 중국에서도 흑사병이 맹위를 떨쳤다. 흑사병이 유일한 원인은 아닐지라도 그 시기에 중국에서는 전쟁과 기근이 겹쳐 병사, 전사, 아사로 인한 떼죽음이 일어나 인구가 격감했다. 14세기 후반에 중국인구의 30% 가량이 사망한 것으로 추정된다. 그것은 유럽에서 흑사병이 창궐한 시기와 대체로 일치한다.

 그 역병의 발병지가 쿠빌라이 칸의 여름별장 소재지인 상도(上都)라는 설도 있으나 근거가 부족하다. 흑사병은 중앙아시아 또는 인도에서 발병했던 것으로도 추정되나 그 또한 불확실하다. 그 시기가 몽골족이 원나라를 세운 시기와 겹치다 보니 발병지가 중국인 것처럼 알려지기도 했다. 하지만 흑사병이 비단길을 오가던 상인들을 따라서 동서양으로 전파되었다는 주장은 설득력을 갖는다.

 흑사병의 창궐과 동시에 몽골제국이 붕괴되면서 비단길의 문도 닫혀 버렸다. 서아시아에 이슬람 세력이 부상하더니 오스만 제국이 동지중해에 포진해 북아프리카와 발칸반도로 그 세력을 확장해 나감에 따라 크리스천과 이슬람의 충돌이 잦아졌다. 그 바람에 동서교역의 길이 거의 끊어져 버렸다.

 그 즈음 중국대륙에서는 명나라의 한족이 원나라의 몽골족을 그들의 고향인 초원으로 쫓아내고 중원을 되찾으면서 쇄국의 빗장을 단단히 걸어 잠갔다. 그 단절의 벽을 뚫고 서유럽이 향신료를 찾아 동쪽으로 나서면서 대항해 시대가 열려 바다를 통한 동서교역의 길이 조금씩 열리기 시작했다.

 크리스토퍼 콜럼버스가 대서양을 건너 아메리카로 갔고 바스쿠 다 가마가 아프리카 남단을 돌아서 인도에 도달한 대양원정이 그것이다. 대항해 시대를 개막한 스페인, 포르투갈의 뒤를 이어 네덜란드, 영국이 가세하면서 세계는 서방열강의 약탈과 살육 시대를 맞이했다.

청화백자는 중국-이슬람권 교류가 낳은 상징물

 몽골족의 징기스칸이 유라시아에 걸쳐 거대한 제국을 건설함에 따라 비단길을 타고 동서양의 경제-문화교류가 활발하게 이뤄졌다. 그에 따라 중국 문화와 이슬람 문화가 융합되어 태어난 대표적, 상징적 유산이 있으니 그것이 바로 청화백자다. 한마디로 청화백자는 중국과 이슬람권의 문화교류에 의해 태어난 합작물이지 중국의 독창적인 창안물이 아니라는 소리다.

 몽골족의 원나라는 중국인이 색목인(色目人)이라고 일컫던 서아시아의 무슬림을 중용했다. 그래서 원나라 시절의 중국에는 서아시아인, 중앙아시아인의 진출이 늘어나고 지위도 높아져 무슬림의 경제활동도 왕성했다. 그와 함께 이슬람권의 문화와 기술이 더욱 활발하게 도입되었다.

 원나라 이전에도 중국고유의 도자기가 적지 않게 서아시아에 수출되었다. 또한 서아시아의 문화가 중국에 유입되었다. 낙타와 색목인의 모습을 도자기에 연출한 당나라의 당삼채(唐三彩)가 그 사실을 말한다. 당삼채는 당나라 때 녹-갈-황-백색의 연유로 도색한 도기를 말하며 주로 부장품으로 쓰였다.

 원대 들어서는 무슬림의 주문에 맞춰 이슬람 문양과 기형을 본떠서 만든 도자기가 늘어나면서 중국 도자기에 이슬람 문화가 더욱 깊이 스며들었다. 그처럼 중국과 이슬람권의 교류가 확대됨에 따라 중국문양에도 아라베스크(Aarabesque)의 바람이 불었다. 아라베스크는 이슬람 문화권이 고안해낸 전통적인 장식양식으로서 식물의 줄기, 꽃, 잎을 도안화한 문양을 말한다. 그 아라베스크의 영향을 받은 중국문양이 오늘날에도 중국도자기를 꽉 채운다.

 도자기 위에 코발트로 푸른색 그림을 그리는 기법은 메소포타미아 지역에서 개발되었다. 당시 서아시아, 특히 페르시아에서는 도기에 코발트로 청화를 그린 일종의 청화도기를 생산하고 있었다. 그러나 그 도자기는 회백색이거나 황백색이 띠는데다 낮은 온도에서 구은 저도자기라 쉽게 깨지고 품질이 조악한 편이었다. 무엇보다도 청화의 발색이 좋지 않았던 문제가 있었다.

 다시 말해 그 즈음 서아시아는 1300도가 넘는 고온에서 구워 내는 고도자기를 만들지 못했다. 그 연유로 이슬람 상인들이 서아시아에서 청화의 원료인 코발트를 중국에 가져가서 단단한 순백의 백자 위에 푸른색 문양을 그리는 청화백자를 만들어 달라고 주문했다.

 그 요구대로 징더전(景德鎭-경덕진) 도공들이 이슬람 기형을 본떠서 만든 태토 위에

유목민족은 물이 적은 사막에서 살다보니 물과 오아시스를 상징하는 청색을 숭상한다. 바로 그 이유로 이슬람 사원의 내외벽면을 코발트로 채색한 청화타일로 치장하고 청화백자를 애호한다. 그 까닭에 징기스칸 이후 서아시아에서 청화백자의 수입수요가 크게 늘어났다. 터키 톱카프 박물관이 소장한 원대의 청화백자들이 그 같은 사실을 뒷받침한다. 사진은 황금사원으로 알려진 바위 위의 돔. 691년 건축. 예루살렘 소재.

코발트로 푸른색의 이슬람 문양을 그린 도자기를 만들어냈으니 그것이 청화백자의 탄생이었다. 그 때 중국은 자토에다 일정비율의 고령토를 혼합함으로써 송대의 백자보다 더 희고 더 단단하고 더 크고 더 얇은 백자를 만들고 있었다.

 원대 이전부터 중국과 서아시아 사이에 교역이 늘어남에 따라 중국에는 무슬림 집단거주지가 조성되어 있었다. 중국에 상주하던 색목인들도 또한 비슷한 도자기를 주문해서 사용했다. 그에 따라 중국 도자기가 이슬람 기형과 문양의 영향을 더욱 많이 받게 되었다.

 유목민족은 물이 적은 사막에서 살다보니 물과 오아시스를 상징하는 청색을 숭상한다. 바로 그 이유로 이슬람 사원의 내외벽면을 코발트로 채색한 청화타일로 치장하고 청화백자를 애호한다. 그 까닭에 징기스칸 이후 서아시아에서 청화백자의 수입수요가 크게 늘어났다. 터키 톱카프 박물관이 소장한 원대의 청화백자들이 그 같은 사실을 뒷받침한다.

 코발트의 원산지는 학설에 따라 이란, 이라크, 시리아 등 여러 갈래로 제기된다. 광물질인 코발트는 특정지역에서만 생산되는 특산물이 아니기 때문에 여러 곳에서 수입하다 보니 생긴 문제로 보인다. 당시 중국에서는 코발트를 소마리청(蘇麻離靑)라고 불렀다. 코발트가 채굴되던 이라크의 사마라(Samarra)산의 이름을 소마리(蘇麻離)로 음역하고 거기에 푸를 청(靑)자를 붙였다.

 소마리청은 망간의 함유량이 적고 철의 함유량이 많아 청화백자에 도색하면 나타나는 특징이 있다. 철수반(鐵銹斑)현상과 훈산(暈散)현상이 그것이다. 철수반은 코발트를 칠한 부분에 뭉친 철분이 산화되어 나타난 흔적으로서 확대경을 통해 비스듬히 보면 은빛으로 비치는 현상을 말한다.

 그 결점이 원나라 청화백자를 감정하는 중요한 단서의 하나가 되었다. 하지만 오늘날에는 위조자들이 가짜 철수반을 만들어 내어 원대 청화백자의 감정이 어려워지고 있다. 철수반은 명대의 영락제, 선덕제 시기에도 나타나는데 그것은 정화의 대양원정대가 수입한 코발트를 썼기 때문으로 보인다.

 훈산현상은 묵화에서 붓으로 화선지 위에 번지는 효과를 낸 것과 유사한데 그 또한 원대 청화백자의 중요한 특징이다. 중국산 코발트는 연청색보다는 회색이나 흑갈색에 가까운 색깔이 나며 발색도 좋지 않은 결점이 있다. 그 때문에 중국이 금값보다 비쌌다는 소마리청을 수입해서 썼다.

 원나라는 청화백자를 제작할 수 있는 기술적 토대를 갖추고 있었다. 징더전(景德鎭-경덕진) 도요지는 송대부터 백자를 만들어 왔는데 원대 들어 고령토를 첨가하는 이원배분법을 개발해냈다. 그 같은 기술발달에 따라 1300캣 고온에서 구운 원대백자는 송대백자보다 더 희고 더 단단하여 그 위에 코발트로 청화를 그리는 청화백자를 생산할 수 있었다.

거기에다 북송이 패망하자 자주요(磁州窯)에서 일하던 많은 도공들이 일자리를 찾아 남송의 징더전으로 이주했다. 그 바람에 징더전은 태토 위에 그림을 그리고 그 다음에 유약을 발라 굽는 화공과 도공을 많이 확보할 수 있게 되었다. 즉 유하채(釉下彩)자기를 생산할 수 있는 기술적 기반을 구비하고 있었다는 소리다.

다시 말해 자주요는 소성온도가 800캜로 낮은 도기를 생산했지만 제작방식은 청화백자와 비슷하여 유약 밑에 검은 그림을 그리는 유하채 도기를 생산하고 있었다. 다른 점은 자주요의 철화석기는 청화백자와는 달리 푸른빛을 내는 코발트가 아닌 검은색을 내는 산화철을 썼다는 점이다.

징더전은 그처럼 청화백자를 생산할 수 있는 기술적 역량을 갖추고 있어 색목인의 주문에 맞춘 청화백자의 생산이 가능했다. 중국의 자기제작 기술 위에 이슬람권의 코발트, 문양, 기형이 융합되어 청화백자가 태어났던 것이다. 그 중국 청화백자는 세계인의 찬사를 한 몸에 받으며 수세기에 걸쳐 독점적 지위를 누렸다.

무슬림 상인들이 중국에 가서 청화백자를 사가지고 중동으로 돌아갔다. 그 청화백자를 베네치아와 제노아 상인들이 중동에 가서 소량이지만 사들여 유럽시장에 선을 보였다. 청화백자가 워낙 희소하다보니 값이 비싸 극히 소수의 왕족과 귀족만이 소유가 가능했다.

청화백자가 이슬람권인 서아시아를 넘어서 크리스천권인 유럽으로 퍼져나감으로써 이슬람문화가 녹아있는 중국문화를 유럽에 알리게 되었다. 그런데 오스만 제국이 동지중해에 포진하여 서유럽이 동방으로 가는 길을 가로막자 향신료를 찾아 포르투갈의 바스쿠 다 가마가 동쪽으로 갔다.

그가 인도에서 중국 청화백자를 처음 조우했다. 그 신비에 매료된 포르투갈이 16세기 초엽에 청화백자를 찾아 막상 남중국해안에 당도했으나 중국은 오랑캐라는 이유를 내세워 대면조차 거절했다. 포르투갈이 중국시장을 열려고 여러 차례 무력도발을 시도했으나 번번이 실패하여 무위로 끝났다.

결국 밀무역을 통해 청화백자를 입수하는 길이 열렸다. 그 청화백자가 유럽에 상륙하자 그것을 보는 순간 그 신비에 흥분한 유럽의 귀족사회가 경탄을 쏟아내며 수집열기에 휩싸였다. 반세기가 지나자 스페인이, 또 반세기가 흐르자 네델란드와 영국이 중국으로 가는 대열에 달려들었다.

유럽에서 청회백자 수요가 폭발적으로 증가하면서 중국과 유럽의 경제-문화교류가 활기를 띠었으며 그에 자극받아 유럽에서도 나중에 백자개발에 나섰다. 청화백자가 유럽의 식탁에서 금속제 식기를 밀어내고 그 자리를 차지하면서 중국의 대표적, 상징적 상품으로 떠올랐다. 중국 청화백자가 유럽의 식탁문화를 바꾸어 놓았던 것이다.

청화백자 개발로 도자에 그림 그리는 기법 도입

 원대 들어 중국의 도자기술이 한 단계 더 격상되었다. 자토에다 고령토를 배합함으로써 순백의 고도자기를 만들어 냈으니 그것은 오늘날에도 첨단소재로 쓰이는 세라믹의 개발이었다. 중국이 그 세라믹으로 이슬람 문화가 깊게 베인 기형을 만들고 그 위에 서아시아에서 수입한 코발트로 이슬람 영향을 짙게 받은 문양을 그렸다.

 그것은 중국의 세라믹과 서아시아의 코발트가 결합해 찬란한 보석청(寶石靑)을 자랑하는 청화백자의 탄생을 알리는 순간이었다. 청화백자야 말로 비단길을 통해 이뤄진 중국과 이슬람권의 문화-경제교류가 융합되어 태어난 대표적, 상징적 유산이다. 그 청화백자는 동-서양의 경제교류를 촉진하고 나아가서 세계문화에도 커다란 변화를 가져왔다.

 청화백자가 태어남으로써 도자기 위에 문양과 그림을 그려 장식하는 회화적 기법이 도입되었다. 그 이유로 청화백자의 탄생이 도자발달사에서 신기원을 이룩하는 획기적 사건으로 꼽는다. 당삼채가 3~4 가지 색채의 도료를 사용했지만 단순히 도색의 효과만 냈지 회화적 기법을 쓰는 장식효과는 내지 못했다.

 원대 이전에는 도자기를 옥기를 만들 듯이 다듬어서 장식효과를 냈다. 다시 말해 마르지 않은 태토를 칼로 깎고 파내는 방식으로 문양을 만들었다. 각화(刻畵), 획화(劃畵)가 그것이다. 또는 도장처럼 문양을 찍어서 만드는 인화(印畵)로 치장했다. 첨화(添畵)라고 해서 장식물을 만들어 붙이기도 했다. 즉 조각적 기법으로 도자기를 장식했던 것이다.

 그런데 청화백자가 탄생함으로써 도자기에 화초문, 기하문과 같이 규칙적이고 반복적인 문양을 그리게 되었다. 구름 사이를 노니는 용을 그린 운용문(雲龍紋)과 같은 동물을 소재로 하는 문양도 묘사하게 되었다. 또 화선지를 옮겨 놓은 듯이 화필이 가는대로 산수화도 그리고 역사적 사실을 표현함으로써 도자기를 다양하고 화려하게 장식하는 길이 열렸다.

 한마디로 회화적 장식기법이 도입됨에 따라 중국도자기가 한 단계 더 높은 새로운 발달의 전기를 맞았던 것이다. 이어서 중국도자기가 청화백자의 회화적 장식기법을 토대로 다양한 색채로 사물을 표현함으로써 찬란한 채색자기의 시대를 개막하게 되었다. 거기에다 조각적 기법과 회화적 기법이 결합함으로써 중국도자기는 생활용기를 뛰어넘어 장식자기로서 예술의 경지를 창출하게 되었다.

 그 청화백자가 1320년대 후반에 태어났으니 청화백자는 이제 탄생 700년주년을 앞두고 있다. 그런데 청화백자가 몽골족이 지배하던 원대에 개발되었다는 사실이 역사에서 지워져 600년이 넘도록 어둠에 갇혀 있었다. 그 같은 사실이 20세기 후반에 들어서야 그것도 중국인이 아닌 영국인과 미국인에 의해 비로소 빛을 보게 되었다.

중국의 청화백자가 포르투갈의 바스쿠 다 가마가 개척한 동방항로를 따라서 긴 여정 끝에 유럽에 도달했다. 청화백자와 마주치는 순간에 유럽인들은 그 경이로운 기물에 경탄해 마지 않았다. 돌 같이 생긴 하얗고 단단한 물질에 화려한 파란색 그림이 그려져 있는 미지의 기물에 넋을 잃었던 모양이었다.

순백의 돌덩어리를 깎고 파고 다듬어서 만든 듯한 갖가지 기형에 연청색의 눈부신 온갖 그림이 그려져 있다. 거기에다 표면을 반질반질하고 반짝반짝한 투명의 유리질로 마감하여 더욱 신비감을 자아냈다. 청화백자를 도저히 인간이 만들었다고 믿기 어려웠던 나머지 천상의 신비로 여겼던 것 같다. 인간의 지혜로는 도무지 풀 수 없는 불가사의한 기물이라고 말이다.

영어의 자기라는 뜻을 가진 porcelain이 조개라는 뜻의 라틴어 porcellanna에서 따온 것을 보면 알 듯하다.

명나라 정덕제(1506~1521년) 재위기간에 제작된 페르시아 문자가 쓰인 4각화병. 높이 11.4 cm. 아가리 부분이 파손되어 수리한 다음 금으로 채색한 것으로 보임. 제임스 D. 프랜켈 개인소장.

600년만간 어둠에 갇혔던 원대 청화백자

런던에서 팔린 청화백자가 출생의 비밀 푼 열쇠

 1929년 오뢰희(吳賚熙)라는 푸젠(福建-복건)성 출신 상인이 한 노인한테서 청화백자 향로 화병 한 쌍을 샀다. 그 노인의 말을 빌리면 그 향로는 베이징 인근의 지화사(智化寺)에 비치되었던 기물이라고 한다. 그 상인은 횡재의 꿈을 안고 그 향로화병을 팔려고 곧장 베이징 골동품 상가로 달려가서 가게마다 문을 두드렸건만 팔지 못했다.

 실망한 그는 홍콩으로 그 기물을 가져가 팔려고 했지만 그곳에서도 역시 사려는 골동품상이 없어 허사였다. 그 즈음 베이징과 홍콩에는 유럽, 미국, 일본 등지에서 중국 미술품, 문화재를 사서 한탕하려는 외국인들로 붐볐다. 그 당시 중국의 시대상황은 청나라가 서방열강에 의해 패망하여 외세가 득세하고 군벌이 발호하던 혼란기였다.

 도굴꾼들이 능묘는 물론이고 묘지라는 묘지는 닥치는 대로 파헤쳐 돈이 될 만한 부장품이 나오면 서양 사람, 일본 사람한테 푼돈을 받고 팔아넘겼다. 사찰, 사당에다 고옥인들 온전할 리 없었다. 그런 시절이니 웬만한 물건이라면 웃돈을 붙여서 팔고도 남았을 건만 그 물건은 팔리지 않았다.

 그 상인이 팔려고 들고 다녔던 청화백자 향로화병의 병목에는 '信州路 玉山縣 順城鄕 德敎里 荊塘社 奉聖弟子 張文進 喜捨 香爐 花瓶 一付 祈保 合家淸吉 子女平安 至正 十一年 四月 良辰 謹記 星源 祖殿 胡淨一元帥 打供'이라는 내용의 명문이 쓰여 있다.

 그 내용을 풀이하면 '신주로 옥산현 순성향 덕교리에 사는 형당사의 봉성제자 장문진이 향로화병 한 쌍을 희사하오니 온 집안이 대길하고 자녀가 평안하기를 기원합니다. 지정 11년 4월 길일에 성원조전의 호정일 원수님에게 바칩니다'라는 뜻이다.

 그 명문을 보아 그 향로화병은 불사에 봉헌한 공물

자기라는 사실을 알 수 있다. 문제는 명문 중에 '至正十一年'(지정11년)이란 대목이 있다는 점이다. 바로 그 5개의 글자 때문에 중국의 골동품상들이 그 화병을 사지 않았던 것이다. 지정은 원나라의 마지막 황제이니 재위 11년이라면 서력기원 1351년에 해당한다. '至正十一年'이란 명문은 그 청화백자 향로화병이 제작된 연도를 뜻한다. 그런데 그 상인이 그 화병을 팔려던 시대에는 원나라가 청화백자를 만들지 못했다는 주장이 정설처럼 굳어져 있었다. 심지어 일부에서는 송나라 때부터 청화백자를 만들었지만 원대에는 제작비법이 끊겨 청화백자가 생산되지 않았다는 설득력이 약한 주장도 판쳤었다. 그것이 이른바 송대 기원설이다.

 결국 그 화병에 쓰인 '至正十一年'(지정11년)은 한마디로 가짜라는 소리나 마찬가지였다. 그 까닭에 모든 골동상들이 사지 않는다고 고개를 저었던 것이다. 결국 그 상인은 문제의 화병을 중국에서는 팔지 못하고 배를 타고 멀리 영국 런던으로 가져가서 파는데 성공했다. 그곳까지 원행을 결행했던 사실을 보면 그가 그 향로화병이 원대에 제작되었고 가치가 크다고 확신에 찼던 것 같다.

 그 상인이 비싼 뱃삯을 들여 짐꾼을 데리고 영국까지 배를 타고 장거리 여행을 떠났던 것을 보면 알만 하다. 그 화병은 높이가 63.3cm이나 되는 큰 기물이다. 또 두께도 두꺼워서 여간 무겁지 않았을 텐데 한 쌍이었으니 혼자는 도저히 들고 다닐 수 없었을 것이다. 원대자기의 중요한 특징 중의 하나가 기물이 크고 두꺼운 점이다.

 그는 영국 런던에서 학자이자 중국 도자기 수집가였던 퍼시벌 데이비드(Percival David)를 만나 그 청화백자를 팔았다. 데이비드는 런던을 찾은 그 중국상인을 만나기 2년 전인 1927년 베이징에 머물면서 고도자(古陶瓷)를 많이 사들였다. 그 즈음은 청나라가 패망한지 오래지 않은 혼란기라 환관과 관리들이 자금성에서 훔쳐 나간 황실 소장품들이 시중에 적지 않게 유통되던 시절이었다.

 1901년 서태후가 황실 소장품을 은행에 담보로 맡기고 많은 돈을 빌려 썼다고 한다. 그가 융자금을 상환했을 리 없었을 테니 만기를 넘긴 담보물들도 시중에 나와 유통되었을 것으로 짐작된다. 황실보물이 시중에 흥청거리자 유럽, 미국, 일본의 수집가들이 한몫을 챙기려고 몰려들어 앞 다투어 사가지고 갔다.

 데이비드는 1930년 또 베이징을 방문하여 여러 골동품상에서 많은 옛 도자기들을 사가지고 돌아갔다. 그가 매입한 도자기 중에는 건륭제를 비롯한 청나라 황제의 관지가 쓰인 관요자기가 상당수 있었다. 그 도자기들도 황실에서 흘러 나왔다고 보면 틀림없다.

 데이비드가 베이징에서 많은 도자기들을 사들인 사실이 베이징 골동품상가에 널리 알려져 있었다. 오뢰희가 그 소문을 들었던 까닭에 문제의 청화백자 화병을 들고 무작정 영국 런던

까지 팔려고 가져갔을 것으로 짐작된다. 바로 그 향로화병이 훗날 청화백자 출생의 비밀을 푸는 중요한 단서가 되었다.

 데이비드는 1950년 그 향로화병을 포함한 소장품을 영국 런던대학교에 기증하여 퍼시벌 데이비드 중국미술재단(Percival David Foundation of Chinese Art)을 만들었다. 그 재단은 소장품을 장기임대 방식으로 대영박물관에 대여했으며 그에 따라 95호실에 영구적으로 전시되고 있다.

 그의 소장품은 10~18세기 송, 원, 명, 청대 도자기와 서화류 등 1,700점에 달한다. 그의 소장품을 보면 그가 뛰어난 예술적 안목의 소유자라는 사실을 말하고도 남는다. 많은 소장품이 청조가 패망하기 이전에는 유럽에서 볼 수 없었던 관요자기로서 작품성과 예술성이 뛰어난 걸작이다.

 세계의 많은 박물관이나 많은 소장자들이 가진 수집품은 대부분이 민요에서 생산된 도자기이거나 유럽 수요자가 주문한 양식에 따라 민요에서 생산한 수출자기다. 품질면에서 따지면 관요자기는 민요자기와 비교가 되지 않을 만큼 작품성이 출중하다. 과장해서 말하면 그 차이가 하늘과 땅 만큼 난다.

영국-미국인 손에 의해 햇빛 찾은 원대 청화백자

 화제의 중국 청화백자 향로화병을 매입한 영국인 수집가 퍼시벌 데이비드는 중국미술재단을 만들었다. 그 재단의 학예사 홉슨(R. L. Hobson)이 그 화병의 병목에 쓰인 명문 중에서 문제의 '至正十一年'(지정11년)에 주목해 연구한 논문을 발표했다. 그 내용은 문제의 화병이 명문에 쓰인 대로 원대에 제작되었다는 것이었다.

 그 즈음 대공황이 일어나 세계경제가 꽁꽁 얼어붙었었다. 그 탓이었는지 중국 고미술에 대한 관심이 적어 그의 논문이 큰 주목을 끌지 못했던 것 같다. 그 후 20여년이 지난 1950년대 들어 미국 워싱턴 D. C에 있는 스미소니언 재단 산하의 프리어 미술관 학예사 존 A. 포프(John A. Pope-1906~1982년)가 홉슨의 논문을 뒷받침하는 논문을 발표해 눈길을 끌었다.

 그는 터키 이스탄불에 있는 톱카프 박물관이 소장한 중국 청화백자와 데이비드가 매입한 청화백자 향로화병을 비교, 연구한 결과를 발표했다. 포프의 논문(Chinese Porcelains in the Topkapu Sarayi Müzesi)은 청화백자가 14세기 원대부터 제작되었다는 사실을 학문적으로 규명한 첫 연구라고 볼 수 있다.

그 논문이 발표됨에 따라 중국도자발달사는 청화백자 부분을 다시 써야만 했다. 원대 청화백자가 원나라 중반기 이후에 개발되다보니 생산량이 적어 중국에도 전래품은 물론이고 출토품도 아주 희소하다. 누가 연구해도 톱카프 사라이 박물관이 소장한 청화백자를 대상으로 하지 않을 수 없다.

그는 중국-일본 청화백자 연구에 평생을 헌신한 세계적 권위자였다. 그는 은퇴 후에도 프리어 미술관에 근무하면서 청화백자 연구에 몰두했었다. 그가 근무했던 스미소니언 재단은 그 산하에 19개의 박물관과 미술관이 소속되어 있으며 연간 관람객이 3,000만명에 달하며 입장료는 없다.

그 재단의 한 미술관에는 중국 청화백자 전용전시실이 따로 있다. 그 전시실은 도자기 하나, 하나를 넣은 칸막이를 벌집처럼 천장까지 만들어 붙였다. 4개의 벽면을 빈틈없이 청화백자만으로 꽉 채워져 있다. 그 청화백자들은 중국 공산당과 권력투쟁을 벌이다 밀려 타이완으로 패주했던 국민당의 장제스(蔣介石-장개석)한테서 매입한 것이다.

그 중국 청화백자들은 중-일전쟁 당시에 일본의 약탈에 대비해 중국이 베이징 자금성의 소장 문화재를 타이완으로 소개시켰는데 그 중의 일부였다. 장제스가 타이완을 점령했지만 재정난이 심각하자 그 도자기들을 스미소니언 재단에 매각했던 것이다.

포프 박사가 톱카프 박물관 소장품을 연구대상으로 삼았다는 사실은 스미소니언 재단이 소장한 청화백자 가운데는 명대, 청대 작품만 있고 원대 작품은 없다는 뜻으로 해석된다. 그 점을 미뤄 보면 자금성도 원대 청화백자를 소장하지 않았다는 유추가 가능하다.

영국 런던대학교 교수였던 마가렛 메들리(Margaret Medley-1918~2000년)도 그의 저서 '중국 도자기-중국자기의 실증적 역사'(The Chinese Potter-A Practical History of Chinese Ceramics)를 통해 청화백자가 1327~1330년 사이에 처음 제작된 것으로 추정했다.

그가 그의 저서에서 원대 청화백자에 관해 아주 간단하게 언급했지만 청화백자가 송대에 만들어졌다고 주장하는 이른바 송대 기원설을 부정했다. 국내에도 그의 저서가 김영난의 번역으로 '중국도자사-선사시대부터 청대까지'라는 책명으로 1986년 초판이 발간되었다.

영국의 공기역학자로서 동양 도자기 수집가이자 전문가로 알려진 해리 가너(Harry Garner)도 청화백자가 14세기 이전에는 제작되지 않았다고 주장하여 송대 기원설을 부정하는 한편 홉슨 논문의 타당성을 옹호했다. 그는 특히 청화백자에 관심이 많았으며 퍼시벌 데이비드의 친구이기도 했다.

그는 '데이비드 화병'(David Vase)이란 이름으로 유명해진 그 화제의 원나라 청화백자 향로화병의 원대 제작설을 뒷받침하는 논거를 1954년 제시했다. 그 내용은 그 향로화병이 '지정

11년'이라고 쓰인 명문대로 1351년 제작되었다는 연구결과가 타당하다는 것이었다.

미술품 경매회사 크리스티의 도자기 전문가이자 런던의 경매사로서 유명했던 앤소니 두 불레이(Anthony Du Boulay-1929~2022년)가 1965년 '중국자기'(Chinese Porcelain)라는 저서를 출간했다. 그는 그 저서에서 원나라가 이룩한 자기제작 기술의 획기적인 발달은 코발트를 사용하여 파란색 그림을 그리는 청화백자와 산화동을 써서 붉은색 그림을 그리는 유리홍(釉裏紅)의 개발이라고 기술했다.

그는 그 저서를 통해 청화백자가 원대에 처음 제작되었다고 분명하게 지적했다. 청화백자와 유리홍은 제작기법이 유사하여 둘 다 유약 밑에 그림을 그리는 유하채(釉下彩-undergrazing)자기다. 원대에 유하채 자기가 개발됨으로써 도자기에 그림을 그려 장식하는 회화기법이 도입되었다는 것이 그의 주장이다.

청화백자가 1320년대 후반 이후에 처음 제작되었다는 학설을 입증하는 사건이 1975년 한국에서 일어났다. 1323년 중국에서 일본으로 항해하다 한국의 신안 앞바다에서 침몰됐던 원나라 무역선의 발견이 그것이다. 이른바 보물선으로 알려졌던 그 배를 인양해 2만점 이상의 청자와 흑유완을 발굴해 냈다.

그 중에는 어떤 경로를 통해 유입되었는지 알 길이 없는 고려청자도 7점이 나왔다. 그러나 청화백자는 단 한 점도 나오지 않았다. 그 사실은 청화백자가 1323년 이전에는 제작되었을 가능성이 희박하다는 사실을 방증하는 대목이다. 그 후 원대 청화백자에 관한 연구가 활발하게 이뤄졌다.

그 같은 연구와 발굴을 토대로 청화백자는 1320년대 후반에 개발되었다는 주장이 지배적 학설로 굳어졌다. 그에 따라 화제의 데이비드 화병은 청화백자의 제작년도를 따질

중국 거쳐 일본으로 가던 고려청자

1323년 중국 동중국해의 저장(浙江-절강)성, 닝보(寧波-영파)을 떠나 일본으로 항해하던 원나라 무역선이 한국의 신안 앞바다에서 침몰했다. 그 난파선을 인양했더니 고향이 한국 전라남도 강진인 고려청자 7점이 나왔다. 고려시대에 만든 상감청자가 어떤 경로를 통해 중국 저장성까지 갔다가 일본으로 가는 항해 길에 올랐는지 궁금증을 자아낸다. 그것도 도자의 나라 중국이 고려의 도자기를 수입해서 재수출했다니….

송나라가 금나라의 침공을 받고 화남지방으로 쫓겨나 도읍을 항저우(杭州-항주)로 정하고 남송시대(1127~1279년)를 열었다. 지정학적 관점에서 판단한다면 당시 고려는 남송과 경제적 교류가 거의 단절된 상태였다고 보아야 한다. 그런데 12세기 중반에 제작된

때 기준으로 삼는 편년자기(編年瓷器)로 자리를 굳혔다. 불과 70여년 전에만 해도 원대 청화백자는 존재하지 않는다는 정설이 뒤집혔던 것이다.
 그로써 600년이 넘도록 역사의 미궁에 갇혀 있던 원대 청화백자가 중국인이 아닌 영국인과 미국인의 손에 의해 햇빛을 보게 되었다.

고려청자가 항저우 일대에서 적지 않게 출토되었다는 학계의 보고가 있다.
또 고려 상감청자를 중국 베이징, 상하이를 비롯한 중국의 주요 박물관들이 소장하고 있다고 한다. 상감청자가 티베트 박물관에도 전시되어 있다고 한다. 고려청자는 또 멀리 베트남, 필리핀 등지에서도 발굴되었다는 사실이 학계에 보고된 바 있다. 또 고려 초기부터 말기까지의 고려청자가 일본 전역에서 출토되었다고 전해진다.
 도자기의 원류인 중국에서는 다른 나라에서 볼 수 없는 각양각색의 도자기가 생산되었지만 상감기법으로 장식하는 도자기는 없다. 그것은 상감청자가 고려만이 자랑할 수 있는 독특한 상품이라는 사실을 말한다. 그 까닭에 해외에서 수입수요가 있어 교역이 이뤄졌다는 판단이 가능하다. 지리적 이유로 그 개연성에 대해 부정적일 수 있으나 당장 일본이 몽골족의 원나라에서 도자기를 수입한 사실을 보면 그 가능성을 배제하기 어렵다.
 일본에서 출토된 고려청자는 상당수가 고려 남해안 일대에서 암약하던 왜구의 약탈품으로 사료된다. 또한 상품교역이 적지 않았던 것도 사실이다. 일본에서는 고려와 조선에서 제작된 도자기를 찻잔으로 많이 사용했는데 시대를 구분하지 않고 모두 고려다완(高麗茶碗)이라고 부른다. 고려시대의 다완은 거의 구름 사이로 학이 나르는 운학문(雲鶴紋)을 그린 상감청자다.
 원나라 무역선에서 인양된 고려청자는 모두 7점이다. 그 중에서 매병 1점, 사자형연적(獅子形硯滴) 1점은 청자이고 나머지 5점은 완 1점, 잔받침 2점, 뚜껑 1점 베개 1점) 등이 상감청자다. 생산시기는 매병은 12~13세기, 그 외 6점은 13세기 후반에서 14세기 전반으로 추정된다. 생산지는 강진군 대구면 사당리요가 아니면 부안군 보안면 유천리요로 보인다.

한족의 반감으로 역사의 미궁에 빠졌던 원대청화

 명나라 선덕제(1426~1435년)가 관요에서 제작한 도자기에 황제의 명관을 표시하는 관지(款識)를 제도화했다. 예를 들어 선덕제의 재위기간에 만들었다면 선덕연제(宣德年製) 또는 대명선덕연제(大明宣德年製)라는 문자를 도자기에 표시하는 것을 말한다. 중국 청화백자 중에서는 그 선덕제의 관지가 쓰인 관요자기가 최고의 걸작으로 꼽힌다.
 선덕제의 할아버지 영락제의 관지가 쓰인 청화백자가 더러 있으나 관지는 선덕제가 본격적으로 실시했다. 선덕제가 어기창(御器廠)을 만들어 궁중용 물품과 조공 하례품을 생산함으로써 관요제도가 정착되었다. 선덕제 이후 홍치제, 정덕제, 가정제, 만력제 들어서는 도자기 생산체제가 관요와 민요로 나눠져 이원화되었다.
 그에 따라 중국의 관요자기는 어떤 황제의 재위기간에 생산됐는지 분명하게 알 수 있게 되었다. 관지는 도자기가 어느 시대에 제작되었는지 나타내기도 하지만 관요와 민요의 생산품을 구분하는 중요한 기준도 된다. 관요자기와 달리 민요자기에는 관지가 없다. 고려, 조선에서는 관요, 민요를 가리지 않고 관지를 표시하지 않아 제작연간을 알기 어렵다.
 관지는 언제 만들었는지 알리는 기능 이외에도 관요에서 제작된 도자기라는 사실을 밝히는 증명서와 마찬가지다. 관요자기는 궁중용품인 연유로 관지는 고가품, 고급품이라고 표시하는 품질보증서 같은 역할도 한다. 그 까닭에 황실에서 관요에 독도관(督陶官)을 파견해 생산체제를 감독하고 관요의 유출을 엄격하게 통제했다. 어기면 가혹한 처벌이 따랐다.
 오늘날의 말로 정부가 품질관리를 맡아 위반하면 처벌하고 책임을 추궁했다는 뜻이다. 가짜를 만들었다면 황제의 명관을 사칭했으니 당연히 극형에 처하는 형벌을 물었다. 하지만 모든 범죄가 발본되기 어렵다시피 관요자기는 큰돈이 되는 까닭에 몰래 유출되어 암암리에 비싼 값에 거래되었다고 보아야 한다.
 또 정밀하게 모방하여 속여서 팔았다고 보아도 무방하다. 명대, 청대에 만든 가짜 관요자기가 수없이 유통되어 왔고, 또 지금도 만들어진다는 사실에서 그 같은 유추가 가능하다. 수백 년의 나이를 먹은 고도자 중에도 이른바 방품(倣品)이 적지 않다는 사실이 그것을 말한다.
 명나라 후반기에 들어 북방민족의 침공이 더욱 잦아지고 동중국해와 남중국해에는 왜구의 노략질이 더욱 극성을 부려 국가기강이 극도로 문란해졌다. 거기에 포르투갈에 이어 네덜란드도 한 몫을 했다. 그에 따라 관요의 관리체제가 무너져 민요에서 선대는 물론이고 당대의 관지를 표시한 청화백자를 마구 제작해 냈다. 싸구려 가짜 관요가지가 무더기로 만들어졌다는 소리다.
 수출자기 중에는 만력제(1573~1619년)의 관지가 쓰인 조잡한 청화백자가 엄청나게 많다는 사실이 그 같은 점을 뒷받침한다. 그 즈음 시장개방을 요구하는 서유럽과 일본의 압력이 커지는 가운데 밀무역이 성행했었다. 홍치제 이후 남중국해 일대에는 이슬람권과 동남아시아 상인들이 상주하면서 커다란 무역시장이 형성되어 있었다. 그것은 중국 청화백자에 대한 해외수요가 그만큼 컸다는 사실을 뜻한다.

 명나라는 창건자 홍무제 이래로 은의 사용을 통제했으나 17세기 이후에는 유럽인들이 청화백자를 사려고 중국에 가지고간 은화가 통화처럼 통용되었다. 만력제 이후에는 아메리카 대륙의 은이 중국에 대량으로 유입되고 은본위제가 실시되면서 청나라 말기까지 은이 화폐의 역할을 대체했다. 그것은 도자기, 특히 청화백자가 그 만큼 많이 수출되었다는 뜻이다.

 선덕제의 재임기간은 1426~1435년으로 9년간에 불과했다. 하지만 선덕 연간에 만들어진 관요 청화백자는 중국도자기 역사상 가장 우수한 도자기로 평가받는다. 그 까닭에 선덕제 이후에도 선덕제의 관지가 쓰인 제품이 무수하게 생산되었으며 오늘날에도 만들어지고 있다. 그 만큼 가짜가 많이 유통되어 왔다는 뜻이다.

 선덕제 이후 명-청대에 만들어진 선덕연제(宣德年製) 또는 대명선덕연제(大明宣德年製)라는 관지가 쓰인 청화백자 중에는 더러 사기를 목적으로 만들어지지 않은 작품도 있다. 그것은 선덕제 당시의 명작을 그대로 재현한다는 장인정신이 배인 작품들이다. 그 경우 훌륭한 방품으로 인정받는다.

 중국에서는 태곳적부터 미술품 애호사상이 높았고 미술품 수집열풍 또한 뜨거웠다. 그에 따라 고미술품에 대한 관심도 높아 골동품이 고가에 거래되어 왔다. 그 까닭에 가짜 골동품의 역사도 길고 거래시장도 넓다. 그 연유로 수준 높은 모방품이 많으며, 또한 그 가치가 인정되어 높게 평가되기도 한다.

 가짜이지만 단순히 모방했다는 뜻을 가진 방품(倣品)이라는 표현이 그것

관지의 제도화.

명나라 선덕제(1426~1435년)가 관요에서 제작한 도자기에 황제의 명관을 표시하는 관지(款識)를 제도화했다. 예를 들어 선덕제의 재위기간에 만들었다면 선덕연제(宣德年製) 또는 대명선덕연제(大明宣德年製)라는 문자를 도자기에 표시하는 것을 말한다. 그로써 중국의 관요자기는 그 제작연간을 분명하게 알 수 있게 되었다. 사진은 선덕연제(宣德年製). 대명선덕연제(大明宣德年製) 등 여러 황제의 관지.

을 말한다. 그 단어는 선대의 예술성-작품성을 숭상한 나머지 똑같이 모방한 재현품이란 느낌을 풍긴다. 그런 방품은 훌륭한 미술품으로 가치를 인정받아 골동품으로 거래된다. 처음부터 남을 속여 이득을 취할 목적으로 진짜처럼 만들어 파는 경우와는 구별된다.

청대 옹정제(雍正帝), 건륭제(乾隆帝) 재위기간에는 황제의 지시에 따라 관요에서 송대 도자기를 재현한 사례가 적지 않다. 그것은 송대 도자기의 우수성을 숭상하고 잃어버린 기술을 복원한다는 의미가 컸다. 그 같은 작품은 방품이지만 방품으로서 훌륭한 가치를 인정받기 때문에 가짜가 더욱 많이 만들어졌다.

민요에서도 선대의 각종 도자기를 모방한 가짜를 대량으로 생산했다. 여기서 주목할 점은 원대 청화백자의 방품은 방품의 전성시대라는 청대말기와 민국시대에도 만들지 않았다는 사실이다. 원대 청화백자는 가짜조차 만들지 않았다는 소리다. 그것은 그만큼 원청화백자 부존재설이 부동의 정설처럼 굳어져 있었음을 말한다.

다시 말해 원대 청화백자는 다른 도자기와 달리 명대, 청대에는 물론이고 민국시대에 들어서도 가짜가 만들어지지 않았다는 뜻이다. 원대 청화백자는 모두 가짜로 취급하는데 그 모조품을 아무리 정교하게 만들어도 무조건 가짜로 치부할 테니 그 같은 바보짓을 하지 않았다는 소리다. 설혹 가짜가 있다면 그것은 1960~1970년대도 아닌 1980년대 이후 원청화백자 부존재설이 완전히 깨진 다음에 제작된 것으로 보면 틀림없다.

원나라는 청화백자를 생산하지 못했다는 주장의 배경에는 몽골족의 중원 지배에 대한 한족의 태생적 반감이 도사리고 있었다. 원나라가 패망한 이후 몽골족이 일시에 모두 북방지역으로 퇴각한 것이 아니었다. 몽골족은 명나라가 패망하는 날까지 북방지역을 넘나들며 침탈을 멈추지 않고 명조를 괴롭혔다.

명나라는 중화의 자존심을 되살린다는 명분으로 당과 송을 숭상하는 복고적, 국수적 한화(漢化)정책을 추진했다. 한족의 명나라가 몽골족의 원나라 유산을 의식적으로 무시하고 외면하는 정책을 폈기 때문에 원대 청화백자에 관한 기록이 철저하게 지워졌을 것이란 판단이 가능하다.

또한 명나라의 한족문인들도 원대문물을 저급하고 세속적인 것으로 묘사하여 경멸했다. 명대 문인들은 도자기도 원나라가 추구한 회화적 장식보다는 송나라의 조각적 장식을 더 높게 평가했다. 한족의 그 같은 몽골문화 말살정책에 떠밀려 원대 청화백자가 600년 동안 역사의 뒤안길로 사라졌었다고 보면 틀림없다.

원대청화백자는 실제 현존물량이 아주 희소하다. 그것을 보면 원대청화백자가 명대, 청대에 천시 받아 없어지기도 했겠지만 원나라 중반기 이후에 개발되었기 때문에 제작물량이 그리 많지 않았던 것 같다. 터키 톱카프 박물관이 소장한 원대청화백자가 40여점에 불과하다는 점도 그 같은 사실을 입증한다.

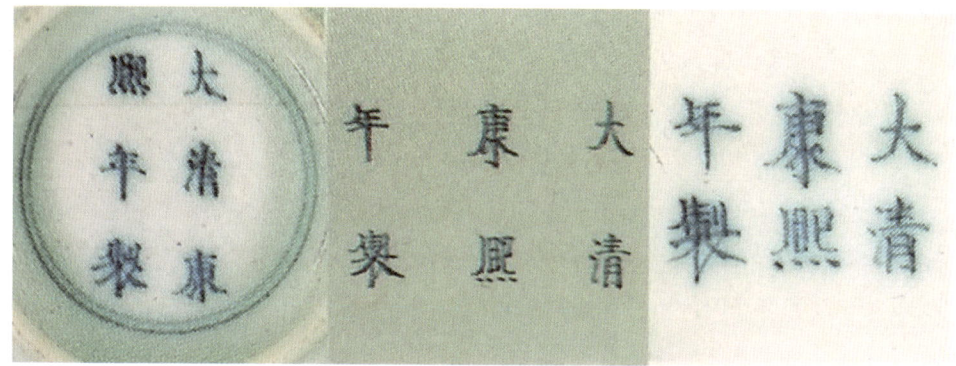

청나라 강희제 관지

청나라 옹정제 관지

원대청화 400억원에 팔리자 중국전역서 가짜소동

 원나라 청화백자의 특징으로는 송나라 백자보다 더 희어지고 더 단단해졌다는 점도 꼽을 수 있다. 그에 따라 기물이 더 커지고 더 무거워졌다. 그것은 원대 들어 고령토를 발굴하여 이원배분법을 개발했기 때문이다. 이원배분법이란 자토와 고령토(高嶺土 -kaolin)를 80 : 20의 비율로 섞어서 태토를 만드는 방식이다.
 고령토에 들어 있는 알루미늄 성분에 따라 원대백자는 순백의 진가를 자랑하게 되었다. 유목-수렵생활을 하는 몽골족은 우유를 많이 마시고 우유로 만든 유제품을 많이 먹는다. 물이 적은 지역이라 빨래하기가 어려워 생활 속에서 흰색을 찾기 힘들다. 그런 까닭인지 몽골족은 순백을 숭상한다.
 태토에 고령토를 섞은 까닭에 소성온도를 1300℃ 이상 높일 수 있게 되었다. 그것은 기물의 견고성이 더욱 높아져 큰 기물을 만들 수 있게 되었다는 소리다. 원대 기물은 보통 높이가 30cm를 넘으며 원형은 지름이 50~60cm가 되는 대형이 많다. 다시 말해 대병, 대관, 대반, 대형 매병, 대형 4계편병과 같은 큰 기물을 많이 만들었다.
 대반은 큰 쟁반을 말한다. 유목민들은 음식물을 담은 커다란 금속제 쟁반을 가운데 두고 둘러 앉아 함께 손으로 집어 먹는 풍습이 있다. 몽골족의 원나라가 그 금속제 쟁반을 본떠서 자기로 대반을 만들었다. 대완은 큰 사발에 술을 마시는 몽골족의 풍습에 따라 제작되었다. 대형 4계편병은 4개의 고리가 달린 큰 납작한 병을 뜻한다.

 화제의 '데이비드 화병'처럼 지정제(至正帝)의 재위기간에 만들어진 큰 기물은 작품성이 뛰어나 따로 지정형 자기라고 일컫는다. 원대 자기의 또 다른 특징으로는 기물을 여러 층으로 나눠 층마다 다른 문양을 그린 다층구조라는 점을 꼽을 수 있다. 아주 큰 기물은 10층도 넘는다.
 편년자기로 자리 잡은 '데이비드 화병'도 7층으로 나눠져 있다. 그 화병은 공물자기답게 맨 아래 층에는 불교미술에서 나오는 뿔, 화염, 법라 등 팔길상문(八吉祥紋)이 그려져 있다. 그 위층에는 부귀를 나타내는 모란당초문, 그 상층에는 파도문이 묘사되어 있다.
 또 그 위에는 그 화병의 주문양인 운용문(雲龍紋)이 그려져 있다. 파도 위에 구름 사이로 활기차게 비상하는 4개의 발가락을 가진 4조룡(四爪龍)이 등장한다. 용문양도 시대에 따라 변천했는데 그 용문양은 원대의 특징을 그대로 나타내어 전체적으로 날렵하게 보인다.
 그 화병의 용문양은 발가락이 낫처럼 길고 날카롭게 생겼고 발목도 가늘고 길다. 또 목도 길고 가느다랗다. 이 모두 원대 용문양의 특징을 그대로 보여준다. 그 같은 용문양도 원대자기를 감정하는 중요한 단서가 된다. 그 위에는 역시 상상의 동물로서 구름 사이로 힘차게 나는 봉황이 자리 잡고 있다. 회화성도 아주 뛰어난 작품이다.
 또 그 위층에는 기사회생을 나타내는 파초문(芭蕉紋)이 그려져 있으며 그 중의 한 병에는 지정 11년에 제작되었다는 문제의 명문이 쓰여 있다. 맨 위층은 모란당초문으로 마감했다. 그 화병의 목 부분 양쪽에는 코끼리 머리 모양으로 만든 귀가 달려 있어 불사에 바친 공물자기임을 말해준다.

53

석가모니의 어머니가 가슴으로 뛰어드는 흰 코끼리의 태몽을 꾸고 석가모니를 잉태했다는 일화가 있어 코끼리가 불교미술에 자주 등장한다. 그 향로화병의 이름을 붙인다면 원청화운용문쌍이향로병(元靑華雲龍紋雙耳香爐瓶)이다. 보통 줄여서 원청화용문쌍이병(元靑華龍紋雙耳瓶)이라고 부른다.

 1978년 단행한 개혁-개방에 힘입어 고속성장을 거듭한 중국이 21세기 들어 G-2로 자리 매김을 했다. 그 국력의 상승세를 타고 중국 고미술이 세계시장에서 진가를 발휘한다. 그 중에서도 600년이 넘도록 어둠에 갇혔다가 햇빛을 찾은 원대 청화백자는 희소성도 높아 수집열풍이 더욱 뜨겁다.
 해외 수집가의 관심도 높아졌지만 급속한 경제성장을 타고 태어난 무수한 중국인 벼락부자들 사이에 고미술품 수집열기가 뜨겁게 달아올랐다. 그 열풍을 타고 원대 청화백자 값도 고공행진을 이어간다. 2005년 7월 12일 런던 크리스티 경매에서 그 열기가 확인됐다.
 그 날 경매에는 제자가 출정했다는 소식을 들은 스승이 제자를 도우려고 산에서 내려온다는 설화를 그린 '원청화귀곡자하산도문관'(元靑華鬼谷子下山圖紋罐)이라는 원대 청화백자 항아리가 나왔는데 영국 골동품상이 1,568만8,000파운드(2.45억위안)에 낙찰받았다.
 당시 한국 원화의 가치로 따지면 400억원이 넘는 거액이었다. 그 가격은 중국은 물론이고 아시아 미술품 경매사상 보기 드물게 높은 가격이었다. 그 경매가 끝나자마자 그 매물에 대한 진위논쟁과 함께 중국 전역이 들썩였다. 여기저기서 같은 그림을 그린 비슷한 항아리들이 쏟아져 나와 가짜소동이 벌어졌던 것이다.
 하나 같이 할아버지의 할아버지 때부터 집안에 대대로 내려오는 가보라고 주장했다. 모두 그럴싸한 사연을 말했다. 그러더니 옛 느낌을 주도록 표면을 교묘하게 처리한 비슷비슷한 원나라 항아리들이 갑자기 골동품상의 진열장을 차지했고 벼룩시장에도 쏟아져 진짜 원대 청화백자라며 큰돈을 요구하기도 한다.
 중국에서는 대로변에 쌓아놓고 파는 싸구려 물건을 대로화(大路貨)라고 말하는데 가짜를 워낙 많이 만들다 보니 원대 청화백자도 대로화의 단골손님으로 등장한다. 진품으로 보이는 원대 청화백자가 시장에 나오면 기본가가 한국 원화로 따져 보통 수십억원대를 호가한다..
 한국에도 갖가지 기형의 가짜 원대 청화백자가 진품으로 둔갑하여 적지 않은 물량이 들어왔는데 더러 상당한 고가에 거래됐었을 것으로 짐작된다.

가짜소동의 주인공 청화백자

2005년 7월 영국 런던의 한 경매장에서 원대 청화백자 항아리가 팔렸다. 낙찰가가 한국 원화로 400억원이 넘는 거금이었다. 제자가 출정했다는 소식을 들은 스승이 몸소 제자를 도우려고 산에서 내려온다는 설화를 청화로 그린 항아리였다. 이름하여 '원청화귀곡자하산도문관'(元靑華鬼谷子下山圖紋罐)이었다. 그 소식이 전해지자 중국 전역이 들썩였다.

 여기저기서 같은 그림을 그린 닮은 항아리들을 들고 나와 할아버지의 선대부터 내려오는 가보라고 주장했다. 저마다 그럴싸한 사연을 말하더니 가짜 소동이 벌어졌다. 옛 느낌을 주려고 표면을 진짜처럼 교묘하게 처리한 비슷비슷한 항아리들이 갑자기 골동품상의 진열장을 차지했고 벼룩시장에도 쏟아져 나와 하나 같이 진짜라며 큰돈을 달라고 말했다.

1,500년 자도 징더전

1,500년간 가마 불 꺼지지 않은 청화백자 요람지

　1911년 청나라의 패망과 함께 황제, 관요, 관요자기도 없어졌다. 그와 더불어 도자기 밑바닥에 황제의 명관을 표시하는 관지도 사라졌다. 그 대신에 그 자리에 더러 청화로 쓴 景德鎭(경덕진)이란 한자, Jingdzhen(징더전)과 Made in China라는 영문을 볼 수 있다. 그 景德鎭이나 Jingdzhen을 더러 상표로 아는데 그것이 아니고 그 도자기를 생산한 곳의 지명이다. **징더전은 중국에서 가장 오래되고 가장 큰 요업도시로서 중국 도자발달사와 영욕을 함께 해온 산 증인이나 다름없다. 징더전은 6세기 초엽부터 도자기를 생산한 것으로 전해지니 1,500년간이란 긴 세월을 도요지로서 명성을 유지하고 있는 셈이다. 오늘날에도 인구의 60%가 도자산업에 종사할 만큼 자도(瓷都)로 유명하다. 징더전의 도시면적은 5,248㎢이며 인구는 145만명이다.**

　원래 지명은 신핑(新平-신평)이었는데 창강(昌江)의 남쪽에 위치해 있다고 해서 훗날 이름을 창난전(昌南鎭-창남진)이라고 고쳤다. 송대 들어 경덕제(1004~1007년)의 연호를 따서 다시 이름이 징더전(景德鎭)으로 바뀌었다. 오늘날에는 징더전 하면 도자기를 떠올릴 만큼 중국 도자기의 대명사처럼 알려졌다.

　징더전은 도자기를 생산할 수 있는 천혜의 자연환경을 갖추고 있다. 그곳은 장시(江西-강서)성 동북부에 있는 포양호(鄱陽湖-파양호)의 동부에 위치해 있다. 기후는 아열대성으로 온화하고 비가 많이 오는 편이다. 주위를 둘러싼 산에는 소나무가 많아 가마에 쓸 땔감이 풍부하며 자기의 원료인 고령토의 본산지인 고령산(高嶺山)이 그곳에서 가까이 자리 잡고 있다.

　또 남북으로 흐르는 창강을 끼고 있어 도자기를 멀리 항구도시로 수송하기에 편리하다. 명대, 청대에는 그곳에서 도자기들을 배에 실어 저장(浙江-절강)성, 푸젠(福建-복건)성, 광둥(廣東-광동)성에 있는 항구로 실어 날랐다. 그 항구들에서는 그 도자기들이 필리핀의 스페인 상인, 광둥성과 마카오의 포르투갈 상인, 타이완과 일본의 네덜란드 상인들에게 팔려나갔다.

　송대 들어서 징더전은 궁중용 도자기를 구웠다. 그런데 11세기말과 12세기초에 벌어진 전란

징더전이 도요지로서 번영을 누릴 수 있었던 큰 이유는 남북으로 흐르는 창강을 끼고 있어 도자기를 멀리 항구도시로 수송하기에 편리하기 때문이다.

으로 인해 많은 가마들이 파괴되었다. 송나라가 금나라에 의해 패망하자 잔송세력이 화남지방으로 피난을 가서 난징(南京-남경)을 도읍지로 삼고 국호를 남송이라고 칭했다. 그에 따라 송나라의 정치적, 경제적 중심축도 난징으로 옮겨갔다.

화북지역에서 많은 도공들이 화남지역의 징더전으로 이주하면서 그곳이 중국 도자산업의 중심지로 떠올랐다. 송대 징더전은 마르지 않은 태토를 깎고 파서 옥기처럼 만든 청백자(靑白瓷)를 생산하면서 명성을 얻기 시작했다. 원나라의 전성기인 14세기 중반에는 징더전에서 만든 청화백자가 극히 소량이지만 무슬림 상인의 손을 거쳐 멀리 유럽까지 퍼져 나갔다.

1278년 원나라가 징더전에 부량자국(浮梁瓷國)을 설치하고 감독관을 파견하여 관요자기의 제작과정을 관리했다. 최고의 재료를 엄선하고 이름난 장인의 손들을 빌려 관요자기를 제작했다. 명대 초기인 1402년 징더전 관요에는 12개의 가마가 있었다. 부량자국은 명-청대 500년간 27대 황제에 걸쳐 괄목할만한 기술발달을 이룩하는 데 기여했다.

명나라 정화의 대양원정 이후에는 해금령이 내려져 수출 길이 막혔다. 하지만 민요는 내수용으로 방대한 물량의 청화백자를 생산했다. 명나라는 선덕제 들어서 어요창(御窯廠)을 세웠으며 그곳에서 일하는 도공이 수천명에 달했다. 철저한 분업을 통해 작업의 효율성을 높였다. 분업체계가 매우 세분화되어 번영기에는 도자제작 과정이 23개 작업공정으로 나눠졌었다.

예수회의 프랑스 신부 프랑수아 딩트르콜(François Xavier d'Entrecolles)이 자국에 보고한 바에 따르면 하나의 도자기가 태어나기까지 장인 70명의 손을 거칠 만큼 분업체제가 세분화되었다고 한다. 1540년경 징더전에는 요업에 종사하는 인원이 1만명에 달했다고 한다. 그 때 그들은 관요, 민요를 가리지 않고 온 식구가 대를 이어가며 도자기 굽는 일에 종사했다.

관요는 생산량이 방대했다. 명조 선덕 7년인 1433년 단일 주문량이 44만3,500점에 달했으며 관요 가마도 58개로 늘었다. 관요는 징더전의 중앙에 위치한 주산(珠山)에 자리 잡고 있었다. 자금성에서 문양과 기형을 그리거나 목각으로 본을 떠서 보내면 거기에 맞춰서 도자기를 생산했다. 징더전은 황실 궁중용과 조공국 하사품으로 쓰일 도자기를 만들면서 더욱 높은 명성을 얻었다.

중국의 도자산업은 전통적으로 화북지역은 백자계통, 화남지역은 청자계통을 중심으로 발달해 왔다. 이름난 가마로는 화북지역에 정요, 요주요, 여요, 균요, 자주요 등이 있으며 화남지역에는 월주요, 용천요, 건요, 길주요, 경덕진 등이 있다. 그 중에서 징더전이 명대 이후 청화백자와 채색자기를 대량으로 생산하면서 독보적 존재로 자리를 굳혔다.

그 많은 도요지 중에서 징더전이 으뜸으로 꼽히는 이유는 그 일대에 백자의 원료인 고령토(kaolin)가 풍부한 덕택이었다. 고령토는 징더전에서 40km 떨어진 고령산에서 채굴된다. 오늘날에는 백자를 제작하는 기술이 널리 보급되었지만 그 옛날에는 첨단기술이었으며 징더전은 세계최고의 첨단기술단지와 같은 곳이었다.

송대에는 자토(瓷土)만으로 백자를 만들었는데 원대 들어서는 자토에다 고령토를 섞는 이원배합법이 개발되어 더 단단하고 더 얇은 순백의 백자를 만들어 냈다. 징더전은 그 위에 코발트로 푸른색 문양을 그리는 청화백자를 창안했다. 또 그 방식을 응용하여 산화동(酸化銅)으로 붉은색 문양을 그리는 유리홍(釉裏紅)도 개발해 냈다.

징더전이 원대에 개발한 청화백자와 유리홍은 도자발달사에서 전환기적 의미를 갖는다. 도자기에 그림을 그려 장식하는 회화적 기법이 도입됨으로써 도자산업이 획기적인 발달을 이룩하는 계기가 되었던 것이다. 그 이전부터 화북지역의 자주요에서는 유약 밑에 산화철로 검은색 그림을 그리는 철화도자기를 만들었으나 그것은 자기가 아닌 도기였다.

징더전은 기술발달을 거듭하여 달걀껍질처럼 얇고 하얀 난각(卵殼)자기를 만들어 내면서 명성이 한층 더 높아졌다. 난각자기는 '옥처럼 하얗고 종이처럼 얇고 거울처럼 맑으며 옥기 같은 소리가 난다'는 '白如玉、薄如紙、明如鏡、聲如磬(백여옥, 박여지, 명여경, 성여경)이란 세계적인 찬사를 받으며 보배의 반열에 올랐다.

징더전은 다양한 도자기를 생산하면서 14세기 이후 중국 도자산업의 중심지로 떠올랐다. 송대와 원대에는 청백자, 원대 후반인 1320년대 중반부터는 청화백자, 명대에는 법랑채 자기, 청대 들어서는 분채를 비롯한 다양한 채색자기를 개발하여 그 명성을 더했다.

그에 따라 명-청대에 이르러 징더전은 최고의 번영기를 구가하면서 40여개국에 도자기를 수출했다. 그러나 18세기 들어 유럽에서 백자의 신비를 풀어냄으로써 중국이 누려오던 천년의 독점이 서서히 무너졌다. 그럼에도 징더전은 여전히 발군의 탁월성을 유지했었다.

그러나 19세기 후반부터 청나라의 국력이 쇠퇴해지면서 징더전의 명성도 함께 퇴색하기 시작했다. 1911년 신해혁명이 일어나서 청나라가 무너지고 황실이 사라진 이후 최고의 명성을 날리던 관요도 그 화려했던 시대의 종막을 내렸다.

19세기 런던 스모그보다 심했을 징더전 대기오염

오늘날에는 시안(西安-서안)이라고 부르는 당나라의 수도 창안(長安-장안)에는 국제시장이 형성되어 있었다. 이슬람 상인들이 그곳에 왕래하며 중국 도자기를 사서 서아시아의 여러 지역으로 가져가 팔았다. 9세기부터는 중국 도자기가 동남아시아, 인도, 중동으로 수출되기 시작했다. 그 중에서 더러는 지중해를 거쳐 멀리 유럽까지 팔려 나갔다.

원대, 명대 들어 수출증가에 힘입어 도자도시 징더전(景德鎭)은 더욱 빠른 속도로 성장했다. 명나라 초기에는 정화의 대양원정대가 페르시아, 아라비아를 거쳐 동아프리카의 케냐까지 30여개국과 조공무역을 개척함으로써 인도양 주변국들에게 중국 도자기의 명성을 더욱 널리 알렸다.

그 후 한 세기가 지나서 포르투갈이 도자기를 사려고 남중국해에 나타났다. 그 때가 1513년이었다. 포르투갈이 푸젠(福建-복건)성 밀무역업자를 통해 사들인 청화백자가 유럽에 본격적으로 소개되기 시작했다. 포르투갈은 유럽 왕실의 문장(紋章)을 그린 청화백자를 특별히 주문하여 여러 유럽 왕실들에게 선물로 보내 큰 인기를 얻었다.

17세기 들어 네덜란드가 중국 해안에 진출하면서 징더전은 또 한 단계 더 높은 수출호기를 맞았다. 하지만 네덜란드가 중국 도자기를 구매하는 데도 많은 난관이 기다리고 있었다. 네덜란드는 경쟁국인 포르투갈과의 충돌은 물론이고 과거 포르투갈이 겪은 것과 마찬가지로 중국관헌과도 마찰이 잦았다.

네덜란드도 주로 푸젠성 밀무역업자를 통해 도자기를 구매했다. 밀무역업자는 신용을 믿기도 어려웠고 더러 사기도 쳤다. 주문하면 보통 1년 후에나 도자기가 배달되었다. 그럼에도 네덜란드는 중국시장에 진출한지 얼마 되지 않는 1608년에만 10만8,000점의 도자기를 사들였다.

징더전은 명대에 들어 수량, 품질, 기형, 색채에 있어서 세계의 어느 도요지와도 비교 할 수

잘못 빚어 버린 도자기 파편들이 징더전 강둑에 큰 산을 이루고 있다.

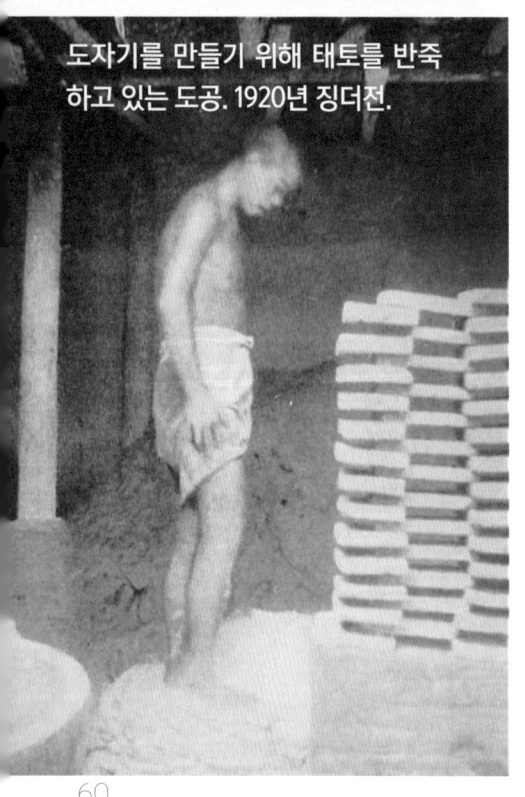

도자기를 만들기 위해 태토를 반죽하고 있는 도공. 1920년 징더전.

없는 최고의 명성을 누렸다. 중국은 조공무역 이외의 사무역을 통제했지만 징더전은 새로 등장한 큰 고객인 유럽인의 취향에 맞추려는 노력을 아끼지 않았다. 명대 말기에는 징더전이 포르투갈, 네덜란드를 통해 일본에도 청화백자와 다채자기를 수출했다.

만주족의 청나라가 침공함으로써 징더전도 전란에 휩싸여 많은 가마들이 전화를 입었다. 그럼에도 명-청 교체기인 1644년 네덜란드는 중국도자기 35만5,800점을 구매했다. 청나라가 건국초기의 정치적, 경제적 혼란을 극복한 1680년 이후에는 징더전도 피해를 복구하여 강희제, 옹정제, 건륭제를 맞아 융성기를 구가했다.

그 시기에 도자기술이 절정에 달했다. 강희제 재위기간에는 청화백자의 청화가 명대에 비해 더욱 청명한 보석청의 빛깔을 내며 전성기를 누렸고, 또 채색자기가 개화기를 열었다. 당시 예수회 프랑스 신부 프랑수아 당트르콜이 본국에 보고한 바에 따르면 징더전에는 3,000개가 넘는 가마가 있었다고 한다.

그 즈음 징더전의 인구가 얼마이고 도공이 몇 명인지 파악하기 어렵다. 청대 말기인 1905년 한 유럽 여행자가 쓴 글을 보면 인근 지역에도 많은 일꾼들이 가족도 없이 몰려와서 오두막에서 살고 있었다고 한다. 인구가 40만명에 달해 사회적 문제가 심각했다고 전했다.

그들이 거의 도자산업에 종사했을 테니 징더전은 대기오염이 대단히 심각했을 것으로 짐작된다. 징더전에서는 장작 말고 송대부터 땔감으로 석탄도 사용했다. 그 많은 가마들이 산더미 같은 도자기들을 구워내느라 밤낮없이 불을 지펴 그 불길이 천오백년이란 긴 세월을 이어가고 있다.

전성기에는 3,000개에 달했다는 가마에서 석탄과 장작으로 밤낮없이 불을 지폈으니 징더전은 매연으로 뒤덮여 눈코를 뜰 수 없었을 것 같다. 거기에다 취사용, 난방용 땔감이 연기를 뿜어냈으니 숨이 막혀 질식했을 듯싶다. 그에 따라 많은 주민들이 호흡기질환, 심장병, 안질과 같은 만성질환을 앓아 평균수명이 아주 짧았을 것으로 추측된다.

징더전은 아마 산업혁명 이후 최악의 대기오염으로 몸살을 앓았던 영국 런던 못지않았으리라 짐작된다. 19세기 산업혁명 이후 영국 런던이 공업지대로 변화하면서 석탄소비량이 엄청나게 증가했다. 수많은 공장굴뚝에서는 꺼먼 연기와 시꺼먼 그을음을 끊임없이 내뿜었다.

그것이 런던의 겨울에 자주 끼는 짙은 안개와 결합해서 스모그(smog=smoke(연기)+fog(안개)라는 새로운 대기오염 물질을 생성해냈다. 런던은 스모그로 인해 숨쉬기조차 어려워지면서 호흡기질병 환자가 급증했다. 100년 동안 10여 차례의 스모그 사태가 일어났

수많은 도자기 가마 굴뚝들이 매연을 하루 종일, 1년 열두 달 뿜어내는 바람에 하늘이 연기로 자욱하여 맑은 날이 없었다. 1920년 징더전 전경

었다.

급기야 1952년 그레이트 스모그(Great Smog)라고 해서 대기오염에 따른 호흡기 질환으로 인해 런던에서 1만2,000명 이상이 사망하는 대참사가 벌어졌다. 병원마다 환자들이 넘쳐나서 치료를 받지 못한 채 그냥 죽어 나갔다. 사람들은 문밖출입을 극도로 자제했으며 집집마다 스모그가 스며들지 못하게 문과 창문의 틈새를 종이나 헝겊으로 틀어막았다.

스모그가 1m 앞을 볼 수 없을 만큼 짙게 끼어 시야를 가렸다. 사람들은 반장님 신세가 되어 길을 더듬어서 갈 곳을 찾아 다녔고 차량은 운행할 수 없을 정도였다. 런던은 그야말로 마비 상태에 빠졌었다. 전성기의 징더전의 대기오염 실태는 자료가 없어 알 수 없지만 산업혁명 이후 영국 런던 스모그 사태보다 못지않게 심각했을 듯싶다.

02

황제의 그릇 대접받은 청화백자

이슬람권의 중국도자 보고

낙타 등에 짐을 싣고 사막을 오가는 무슬림 대상(隊商)들이 당대부터 오늘날의 중국 시안(西安)애 가서 도자기를 사서 이슬람권으로 가져가서 팔았다. 도자기는 무겁고 잘 깨지는 탓에 그 값이 금값 못지않게 비쌌었.
 사진은 후앙 종 양(黄中羊-황중양)의 수채화. 1949년생. 중국 시각예술가. 광둥성 광저우 출생. 네 살 때부터 그림을 그리기 시작했으며 청화백자가 등장하는 그림을 즐겨 그림.

02 이슬람권의 중국도자 보고

터키-이란 궁전의 수집열풍

중국도자 발달사 한눈에 보는 터키 톱카프 박물관

터키의 최대도시 이스탄불은 유럽과 아시아가 만나는 교량도시다. 그곳은 도시명이 세 차례나 바뀐 제국의 도시였다. 그리스의 비잔티움, 로마제국의 콘스탄티노폴리스, 오스만 제국의 이스탄불이 그것이다. 지배자가 동로마제국에서 오스만 제국으로 바뀌면서 종교도 달라져 제국의 수도는 크리스천의 성지에서 이슬람의 성도(聖都)로 탈바꿈했다.

원래 도시명은 비잔티움이었다. 기원전 667년 고대 그리스의 메가라가 바다 건너편에 식민지 도시를 건설하고 그곳의 도시명을 국왕 뷔자스의 이름을 따서 비잔티움이라고 지었다. 그곳이 기원후 300년대에 로마제국에 흡수되었다. 그 도시를 재건한 황제 콘스탄티우스가 330년 그곳을 로마 제국의 수도로 삼고 도시명을 콘스탄티노폴리스로 개명했다.

천년의 세월이 흘러 오스만 제국의 술탄 메흐메드 2세(Mehmed II-1432~1481년)가 동로마 제국을 정복하고 1453년 수도명을 이스탄불로 바꾸었다. 그로써 지중해를 호수로 삼아 남유럽, 북아프리카, 중동에 포진하여 천년세월에 걸쳐 지구의 반쪽을 호령하던 로마제국이 종막을 내렸다.

메흐메드 2세는 그곳에 1460~1478년 18년 동안 오스만 제국의 영광과 권위를 상징하는 톱카프 궁전을 지었다. 톱카프 궁전은 그 뒤에도 긴 세월에 걸쳐 증-개축이 이뤄지면서 380년간 오스만제국의 심장인 술탄의 궁전으로서 웅장한 자태를 뽐냈다.

그곳은 제국의 궁전에 걸맞게 중국도자기 소장규모도 방대하여 제국의 위용을 자랑했다. 그 톱카프 궁전이 1923년 터

키공화국 수립에 따라 톱카프 박물관으로 현판을 바뀌어 달았다. 오스만 제국의 자존심이었던 세계최고의 보물을 가진 궁궐이 박물관으로 재탄생한 것이다.

 오스만 제국의 수도 이스탄불은 오늘날 그 면적이 미국 뉴욕보다도 6배나 넓은 거대 도시로 변모했다. 또 그 박물관은 중국을 제외하고는 세계에서 가장 많고 가장 값진 중국 도자기를 소장하고 있다. 그곳은 고대 토기-도기를 뺀 중국 도자발달사를 한 눈에 볼 수 있을 만큼 소장품이 다양하고 풍부하다.
 500년에 걸쳐 수집한 작품이 모두 1만700점에 달한다. 한 점, 한 점이 풍부한 사료적 가치를 가진 귀중한 도자기들이라 중국 도자발달사를 한 눈에 볼 수 있다. 송나라의 백자, 청자, 원나라의 청화백자, 명나라의 청화백자, 오채자기, 청나라의 청화백자, 다채자기 등등이 각기의 자태를 자랑한다.
 그 배경에는 오스만 제국의 전성기를 구가했던 셀림 1세(1512~1520년)와 그의 아들 슐레이만 1세(1520~1566년)가 널리 알려진 중국자기 애장가라는 사실이 자리하고 있다. 대부분의 소장품이 원-명-청대에 중국의 화남지방에 소재한 용천요와 경덕진에서 만들어진 도자기들이다.

톱카프 박물관 전경

톱카프의 소장품 중에는 전형적인 원나라 청화백자가 40여점이나 있다. 중국에도 원대 청화백자를 그 만큼 많이 소장한 박물관이 없다. 그 청화백자들은 미국인 도자전문학자 존 A. 포프에 의해 청화백자가 원대에 제작되었다는 사실을 학문적으로 입증하는

터키 이스탄불의 톱카프 박물관은 서아시아 금속제 기물의 모형을 그대로 본떠서 만든 중국 도자기들을 소장하고 있다. 그 사실은 명나라가 쇄국정책에도 불구하고 서아시아와 경제적-문화적 교류가 비교적 활발했음을 의미한다.

실증적 자료가 되었다.

그 소장품들은 수출자기로서는 아주 정교하게 제작된 우수한 기물들이다. 그 중에 가장 오래된 자기는 10세기에 만들어진 송대 자기다. 톱카프가 소장한 송대 자기는 수량, 품질, 기형의 측면에서 세계의 어느 박물관도 견줄 수 없을 만큼 풍부하다. 셀림 1세가 이집트와 페르시아에 원정 갔다가 송대 자기를 보고 경탄해 마지않아 톱카프 궁전으로 가져갔다고 한다.

야브츠 술탄으로 알려진 셀림 1세가 많은 중국 도자기를 수집했다. 야부츠 술탄은 엄군이라는 뜻이니 그의 정치적 영향력이 막강했을 것으로 짐작된다. 그의 후계자들도 많은 중국 도자기를 모았다. 이슬람 상인들을 통해 사들이기도 했지만 그 중에는 인접국 군주들한테서 받은 헌상물도 있었고 전쟁에서 약탈한 전리품도 있었다.

세이이트 일리 에크베르라는 상인이 중국황제가 셀림 1세에게 보낸 선물이라며 청화백자 대완(大碗-큰사발) 2개를 궁전에 바쳤다. 거기에는 아랍어로 명대 정덕제(1506~1521년)의 관지가 쓰여 있다. 그 상인은 그의 히타이나메라는 기행문에도 그 같은 사실을 기록했다고 한다.

중국에는 정덕제 재위기간에 만들었다는 의미인 대명정덕연제(大明正德年製) 또는 정덕연제(正德年製)라는 관지를 아랍문자로 쓴 청화백자들이 더러 남아있다. 그 같은 도자기는 궁전에서 정덕제를 보좌하던 무슬림 환관들이 사용하려고 만든 것으로 알려지고 있다. 그 까닭에 아랍문자로 정덕제의 관지를 쓴 도자기는 수출용으로 만들었다고 보기 어렵다. 그런데 톱카프 박물관이 정덕제의 관지가 아랍문자로 표시된 도자기를 소장하고 있다고 한다. 그 사실은 그 상인이 말했듯이 선물용으로 받았을 가능성이 높다는 뜻일 것이다.

톱카프는 가정, 만력의 재위기간인 16~17세기에 만든 도자기들도 많이 소장하고 있다. 그것은 정덕제 이후 명나라의 조공무역 체제가 흔들려 도자기 수출이 크게 증가했다는 사실을 말한다. 또 서아시아 금속기물의 모형을 본떠서 만든 도자기가 많다는 사실은 오랜 세월에 걸친 해금령에도 불구학고 명대에도 서아시아와 경제-문화교류가 비교적 활발했음을 의미한다.

톱카프 박물관이 소장한 명나라 도자기는 대부분이 청화백자다. 또한 가정제(嘉靖帝-1522~1566년)의 관지가 쓰인 오채자기도 많이 소장하고 있다. 그런데 이상하게도 톱카프에는 만력연간(萬曆年間-1573~1619년)에 제작된 청화백자도 많은데 관지가 있는 자기는 거의 없다.

만력제의 재위기간에는 크라크(Kraak)자기가 엄청나게 유럽에 수출되었다. 크라크 자기는 포르투갈의 카락 선을 타고 유럽에 팔려간 중국 청화백자를 말한다. 당시 관요체제가 문란해져 민요에서 만력제의 관지가 쓰인 청화백자를 마구 생산했으며 수출자기 중에는 그 같은 청화백자들이 엄청나게 많았다.

그 즈음 침몰된 유럽 무역선에서 인양되는 중국 도자기 중에는 만력제 관지가 쓰인 청화백자들이 많다는 점도 그 같은 사실을 뒷받침한다. 카리브 해안, 인도네시아 자바 해안, 필리핀 해역에서 더러 인양되는 대항해 시대의 침몰선에서 중국 도자기들이 쏟아지기도 한다. 스페인이 지배했던 필리핀 마닐라의 박물관이나 골동품점에서는 해저에서 인양된 중국 청화백자를 많이 볼 수 있다.

톱카프 박물관의 소장품 중에는 정덕제의 아랍문자 관지가 쓰인 청화백자가 있고, 만력제의 재위기간에 만든 자기인데 관지가 없는 청화백자가 많다는 사실에 주목할 필요가 있다. 그것은 이슬람 상인들은 유럽 상인들과는 다른 경로를 통해서 중국 도자기를 구매했다는 사실을 말한다.

15~16세기 유럽 여행자들이 이스탄불에서 중국 도자기를 구매했다는 기록이 나온다. 그것은 유럽 상인들이 중국시장에 진출하기 이전에는 이스탄불에 가서 이슬람 상인들이 중국에서 사온 도자기를 사다가 유럽에 팔았다는 소리다. 다시 말해 바스쿠 다 가마 이전에는 베네치아 상인들이 이스탄불을 거쳐 중국물자를 수입했다는 소리다.

톱카프는 중국 고유의 문양인 용, 봉황, 기린, 물고기 등을 그린 청화백자도 대량으로 소장하고 있다. 그것은 투르크족이 지리적으로 중국과 비교적 가까운 지역에 위치해 있어 중국과 문화적 교류가 많았던 관계로 동물을 그린 기물을 우상숭배로 여기지 않기 때문이라고 보아야 한다.

반면에 서아시아에서도 외부세계와 문화적 교류가 적었던 지역은 아직도 코란을 엄격하게 해석해 미술작품에 등장하는 인간, 동물을 우상숭배로 본다. 그 대표적인 사례가 21세기 들어서 탈레반이 우상숭배라는 이유로 아프가니스탄의 거대한 석불을 파괴한 행위다.

2001년 아프가니스탄의 탈레반이 국제적 호소에도 불구하고 세계적 문화유산인 바미얀 석불을 무참하게 파괴한 만행에서 그것을 알 수 있다.

베트남-일본 도자기도 다수 소장한 톱카프 박물관

터키 톱카프 박물관이 소장한 중국 도자기는 대부분이 시난이란 건축가가 도자기 창고를 특별히 설계해서 지은 궁중주방에 보관되어 있었다. 그 중에는 보물로 분류된 도자기들도 있었지만 많은 도자기들이 술탄의 식탁에서 사용되었었다. 그런데 무라트 3세(Murat III)의 재위기간인 1574년 주방에서 불이 난 바람에 많은 도자기들이 불에 타고 깨져 나중에 새 도자기들로 채워졌다.

중동지역에서 중국 도자기를 수입하기 시작한 시기는 9~10세기 무렵이었다. 그 때도 그곳에 중국 도자기의 가치가 널리 알려졌었는데 특히 오스만 제국 톱카프 궁전의 총애를 받았다. 중국 도자기를 귀중하게 여긴 나머지 아랍어로 중국황제라는 뜻을 가진 Fagfur(또는 Fagfuri)라는 단어를 그릇이란 말에 붙여서 썼다고 한다. 말하자면 중국 도자기를 '중국황제의 그릇'이라고 일컬었다는 것이다.

중국 도자기는 황태자 할례의식에 나오는 얼음과자 샤베트를 담는 그릇으로도 쓰였다. 여름에도 얼음과자를 먹었으니 소중한 그릇에 담았을 법했다. 그 옛날에도 왕실에 따라서는 겨울에 얼음을 얼리거나 추운 나라에서 얼음을 수입해서 암실처럼 생긴 창고에 보관했다가 여름에 먹었다. 조선의 서빙고, 내빙고, 동빙고도 그것에 해당한다.

또 중국 도자기는 결혼식과 같은 왕실의 주요행사에서 의례용구로 사용되었다. 톱카프 박물관은 중국 도자기 중에서도 13~15세기에 제작된 청자를 적지 않게 소장하고 있다. 오스만 제국과 서아시아에서는 청자를 '메르테바니'(Mertebani)라고 불렀다. 그 이름은 버마 남부지역의 항구도시 마르타반(Martaban)에서 유래되었다.

무슬림 상인들이 중국과 태국에서 사들인 도자기들을 그 항구로 가져가서 인도, 아프리카, 중동으로 실어 날랐다. 중국 청자를 보고 신비감을 느낀 그곳 사람들이 어디서 가져왔느냐고 물으면 선원들이 마르타반이라는 항구도시의 이름을 대다보니 그 같은 이름이 생겼다.

유럽에서는 중국 청자를 '셀라돈'(celadon)이라 부른다. 프랑스 작가 오노레 뒤르페(1567~1625년)가 아스트레라는 여인을 향한 목동의 사랑 이야기를 담은 소설 '라스트레'(L'Astree)를 썼는데 거기에 등장하는 주인공의 이름이 셀라돈이었다. 그의 소설이 1610년 오페라로 무대에 올라 큰 인기를 얻었다.

그 오페라에서 목동 셀라돈이 암록색 의상을 입고 나왔는데 그 즈음에 유럽은 중국 청자의 비색에 매혹되어 찬사를 쏟아내고 있었다. 그 연유로 파리 사람들이 청자를 세라돈이라고 부르기 시작했다. 그 낭만적인 이름이 청자에 관한 세인의 관심을 더욱 이끌어내어 파리를 사로잡았다.

이스탄불의 톱카프 박물관은 베트남 도자기도 여러 점을 소장하고 있다. 그 중에는 '안남(安南) 꽃병'으로 알려진 15세기에 제작된 청화백자 천구병이 있다. 천구병은 타원 모양으로 생긴 구형에 굵고 긴 목이 달린 병을 가리킨다. 모란꽃이 그려진 그 청화모란문천구병(青華牡丹紋天球瓶)에는 '大和八年匠人南策州裵氏獻筆'(대화8년장인남책

베트남의 편년자기

터키 이스탄불의 톱카프 박물관은 베트남 도자기도 여러 점을 소장하고 있다. 그 중에는 '안남(安南) 꽃병'으로 알려진 청화백자 천구병(天球甁)이 있다. 천구병은 타원 모양으로 생긴 구형에 굵고 긴 목이 달린 병을 가리킨다.

그 기물에는 1450년 제작되었다는 명문이 쓰여 있다. 그 사실은 베트남이 조선보다 청화백자를 먼저 만들었을 개연성을 열어 놓는다.

주배씨헌필)이라는 명문이 쓰여 있다.

여기서 大和(대화)는 연호이고 大和八年(대화8년)은 1450년을 나타낸다. 南策州(남책주)는 제작지, 裵氏(배씨)는 스스로 장인이라고 밝혔으니 도공을 뜻한다. 그것은 베트남이 1450년 이전에 청화백자를 제작했다는 의미를 가져 편년자기로 평가되고 있다. 그 사실은 베트남이 조선보다 청화백자를 먼저 만들었을 개연성을 열어놓는다.

베트남 청화백자는 중국인 도공의 손에 의해 개발되었다. 몽골족의 원나라 쿠빌라이 칸이 중국대륙을 정벌한 다음에 그 여세를 업고 베트남을 침공했지만 실패했다. 그러자 남송 도공들이 몽골족의 탄압을 피해 베트남으로 대거 이주했다. 그래서 베트남이 1450년 이전에 청화백자를 만들 수 있는 길이 열렸던 것이다.

그것은 베트남이 세계에서 두 번째로 청화백자를 개발했을 가능성이 대단히 높다는 사실을 말한다. 베트남 청화백자는 전체적으로 중국색채를 강하게 풍기나 중국자기에 비해 문양의 선이 가늘고 여백이 많은 편이다. 천구병도 중국고유의 전통적 도자기 기형이다.

톱카프가 베트남 도자기를 여러 점 소장하고 있다는 사실은 14세기 후반에 들어 이슬람 상인들이 도자기를 사려고 베트남으로 달려갔다는 뜻이다. 그 즈음 원나라(1271~1368년)가 패망하고 명나라(1368~1644년)가 창건되는 과정에 일어난 전란으로 말미암아 많은 중국 가마들이 파괴되어 생산이 중단된 상태였다. 그러자 이슬람 상인들이 구매처를 찾아 그곳으로 눈을 돌렸다는 소리다.

 톱카프는 17~19세기 제작된 일본 도자기 730점도 소장하고 있다. 그 도자기들은 임진왜란 때 일본으로 납치되어 끌려간 조선도공들이 만든 가마에서 구은 기물들이다. 일본 남부의 규슈 지역에 위치한 아리타(有田-유전), 가라쓰(唐津-당진) 등지에서 만들어 이마리(伊万里-이만리) 항구를 통해 수출되었던 까닭에 출항지의 이름을 따서 이마리 자기(Imari Wares)라고도 부른다.

 일본의 다채자기는 거의 유럽 취향에 맞춰 만들어진 수출자기다. 톱카프가 소장한 일본 도자기 중에는 오스만 제국이 특별히 주문해서 제작된 기물들도 있다. 또한 명나라 만력연간에 만든 수출자기인 '크라크 자기'의 영향을 받아 제작된 일본 청화백자도 적지 않다. 말하자면 일본이 명나라의 수출자기를 흉내 내서 만든 모조품이다.

황금동굴처럼 생긴 이란 아르데빌의 중국도자기 집

 16세기 들어 포르투갈 무역선이 중국해안에 진출하면서 유럽이 중국 도자기를 이슬람 상인의 손을 거치지 않고 직접 수입하는 길이 열렸다. 이슬람권에서는 그보다 훨씬 이른 9~10세기부터 중국 도자기를 수입하기 시작했다. 당나라 때부터 활발했던 중국과 이슬람권의 경제적-문화적 교류가 갈수록 확대되면서 중국 도자기에도 커다란 변화의 바람이 나타났다. 중국 도자기가 이슬람권의 전통적인 문양과 기형의 특성을 흡수하는 문화적 융합이 일어났던 것이다.

 그와 동시에 14~16세기 오스만 제국에서는 이즈닉(Iznik) 도기가 중국 도자기를 모방하면서 한 단계 더 높은 발달을 이룩했다. 또 페르시아에서 만든 중국도자기 모조품이 유럽과 일본으로 수출되었었다. 그것은 중국과 이슬람권의 교류가 컸다는 사실을 말한다. 하지만 이슬람권은 1,300°C가 넘는 고온에서 굽는 고도자기를 제작하지 못해 술탄 사이에 뜨거웠던 중국 도자기 소장열기를 식히지 못했다.

 중국 이외의 지역에서 사료적 가치가 높은 중국 청화백자를 많이 소장한 박물관으로는 터키 이스탄불의 톱카프 박물관이 단연 으뜸으로 꼽힌다. 그 박물관의 소장품은 오스만 제국의 술탄들이 대를 이어가며 500년간 수집한 도자기들이다. 그 다음으로 중국 청화백자를 많이 소장하여 이름났던 박물관으로는 이란의 아르데빌 사원을 쳤었다.

 아르데빌 사원(Ardebil 또는 Ardabil Shrine)의 소장품도 톱카프 궁전의 초기 소장품과 문양, 기형이 유사한 것으로 알려졌었다. 그 이유는 두 나라가 비슷한 시기에 같은 경로를 통해 중국 도자기를 수집했기 때문으로 풀이된다. 하지만 아르데빌 사원의 소장품이 톱카프 박물관의 소장품에 비해 수량면에서는 크게 못 미치는 것으로 전해졌었다.

 이슬람 상인들이 오늘날 말레시아의 말라카에서 중국 정크 선이 싣고 온 도자기를 사서 페르시아 만과 홍해로 가져갔다. 그 도자기들을 오스만 제국과 페르시아의 군주들이 사들였다. 그 까닭에 이스탄불의 톱카프 박물관과 테헤란의 이란국립박물관이 소장한 기물들의 문양과 기형이 유사하다. 또 일부는 제노아와 베네치아 상인들이 그곳에 가서 사서 지중해로 가져갔다.

 톱카프의 소장품은 공개되어 많은 이들이 관람함으로써 그 내용이 널리 알려져 있다. 하지만 아르데빌의 소장품은 이상하게도 이란에서조차 잘 알려지지 않고 있다. 충분한 연구도 이뤄지지 않는데다 외부세계에 거의 공개되지 않아 행방조차 궁금증을 자아낸다. 오랫동안 소장품이 많다고 알려졌었지만 막상 아르데빌 사원에는 그 같은 모습을 볼 수 없기 때문이다.

관람객들에게 개방된 아르데빌 사원의 전시 공간은 모든 벽면과 천장이 날개를 활짝 펼친

중국도자기의 집
아르데빌 황금동굴

날개를 펼친 황금박쥐 떼가 뒤덮은 황금동굴 모양의 아르데빌 사원. 중국에서는 박쥐가 복을 의미한다. 박쥐복(蝠)자가 복복(福)자와 발음이 같기 때문이다. 그 이유로 중국의 전통미술품에는 박쥐 문양이 많이 등장한다. 한국과 일본에도 그 영향을 받아 박쥐가 전통공예품과 생활용품에 장식문양으로 많이 쓰였다.

그 중국문화의 영향을 받아 아르데빌 사원이 중국도자기를 진열한 천장과 벽면을 황금박쥐 떼를 형상화해 장식한 듯싶다. 그곳이 페르시아에서 가장 아름답고 가장 훌륭한 건축물로 꼽히는 중국도자기의 집(Chini khana)이다. 아르데빌 소장품은 사료적 가치가 풍부하다고 전해졌으나 여러 차례 전란을 겪으면서 여기저기로 흩어져 그 행방을 찾기 어렵다.

황금박쥐 떼가 뒤덮고 있는 형상이다. 전체공간을 금채로 칠해 그야말로 금빛 찬란한 황금동굴에 들어선 느낌이 황홀감마저 자아낸다. 그것은 당시 페르시아 지도자들이 중국문화에 상당히 심취했음을 말해주는 대목이다.

 중국에서 박쥐는 복을 의미한다. 박쥐복(蝠)자가 복복(福)자와 발음이 같기 때문이다. 그 이유로 중국의 전통미술품에는 박쥐 문양이 많이 등장한다. 한국과 일본에도 그 영향을 받아 박쥐가 전통공예품과 생활용품에 장식문양으로 많이 쓰였다. 그 같은 중국문화의 영향을 받아 아르데빌 사원이 중국도자기를 진열한 천장과 벽면을 황금박쥐 떼가 뒤덮은 모습으로 형상화한 것이 아닌가 짐작된다.

 그런데 이상하게도 중국 청화백자로 꽉 채워져 있어야 할 천장과 벽면의 진열공간이 텅텅 비어 있다. 그 많다던 도자기들이 온 데 간데없고 벌집처럼 숭숭 뚫린 빈자리가 공허감마저 자아낸다. 다만 진열대에는 볼 품 없는 중국 수출자기 몇 점이 초라하게 비치되어 있을 뿐이어서 그 옛날의 명성과 영광은 찾을 길이 없다.

 이란 북서쪽에 위치해 있는 아르데빌은 샤이크 사피 알 딘 아르다빌리를 숭앙하는 그의 가문 추종자들이 모여 살던 집성촌이었다. 이슬람 고위성직자였던 그는 국가의 정신적 지도자로서 존경받는 인물이었다. 그들은 당시 이단으로 배척받던 시아파 집단으로서 수니파의 탄압을 피해 그곳에서 은거생활을 하고 있었다.

 그가 1334년 작고했지만 그의 추종자들은 그곳을 중심으로 세력을 확장해 나갔다. 그가 죽은 지 한 세기 반이 지나 그의 후손인 샤 이스마일(Shah Isma'il)이 그 집단의 주도권을 장악한 데 이어 정복전쟁을 벌여 수세기만에 페르시아를 통일했다. 그 때가 1499년이었다. 샤(Shah)는 페르시아의 군주를 의미한다.

 1501년 종교국가를 수립한 샤 이스마일은 그의 조상 샤이크 사피 알딘 아르다빌리의 이름을 따서 사파비드(Safavid) 왕조를 창건했다. 또 한 세기가 지난 1611년 아바스 대제(Shah Abbas the Great)가 그의 중국도자기 수집품을 그의 조상 아르다빌리를 기리는 뜻에서 아르데빌 사원에 헌상했다. 그 조건은 헌상품을 그 사원이 소장하는 것이었다.

 아바스 대제는 그 도자기들을 진열하기 위해 그 당시 페르시아에서 가장 아름답고 가장 훌륭한 건축물인 중국도자기 집(Chini khana)을 지었다. 그곳이 바로 황금박쥐 떼가 뒤덮어 황금동굴 같이 생긴 아르데빌 사원이다. 그 중국도자기 집은 오늘날에도 이란에서 가장 오랜 전통을 가진 박물관으로서 명성을 자랑하고 있다. 또 아르데빌 소장품은 한때 사료적 가치가 풍부했던 것으로 전해졌었다.

전란-약탈로 사라진 이란 아르데빌 사원의 소장품

페르시아 제국의 아바스 대제가 헌상한 아르데빌 사원의 중국도자기 수집품의 규모에 관해서는 정확한 자료를 찾기 어렵다. 한 자료에 따르면 1250점이었다고 한다. 여러 정황에 따르면 아르데빌 사원의 소장품은 그보다 훨씬 많았던 것 같다. 아바스 대제 이후 통치자들의 수집품, 세도가들의 헌상품, 그리고 전쟁에서 획득한 전리품을 포함하여 소장품이 상당히 늘어났을 것이란 판단이 가능하다.

아르데빌은 이란 최북단에 위치해 있으며 아제르바이잔과는 40km, 카스피 해와는 65km가 떨어진 산간지대에 위치해 있다. 그 같은 지리적-지형적 요인으로 인해 아르데빌은 역사적으로 외부세력의 침탈이 잦았던 곳이다. 그 까닭에 아르다빌 사원이 소장한 문화재들이 여러 차례 외세에 의해 강탈되는 곤욕을 치렀다.

거기에다 사파비드 왕조(1502~1722년)가 멸망한 이후 아르데빌 사원이 소장했던 많은 문화재들이 여러 통치자들에 의해 수탈되는 수난을 겪었다. 1736년 아프간의 침공을 격퇴하고 실권을 장악한 수니파의 신흥군벌 나데르(Nader-1688~1747년)가 많은 아르데빌 소장품을 수용이라는 형식으로 탈취해 갔다.

훗날 그곳을 방문했던 프랑스 외교사절 아메디 조베르(Amedée Jaubert)가 그 약탈의 현장을 보고 실망한 나머지 너무나 오랫동안 버림받은 바람에 황폐화되었다고 술회한 바 있다. 그 때가 1805년이었다. 그 표현은 수탈해간 물량이 상당히 많았다는 의미를 암시한다.

2차 러시아-페르시아 전쟁(1826~1828년)이 벌어지자 러시아군이 아르데빌을 침탈했다. 이반 파스케비치(Ivan Paskevich)가 이끈 러시아군이 아르데빌 사원에서 중국도자기 800여점과 힘께 고도서 4,000여권을 강탈해 러시아로 가져갔다. 그 때 러시아의 핑계가 가관이었다. 안전하게 보관했다가 반환한다는 것이었다.

러시아와 페르시아는 1828년 2월 전쟁종식을 위한 투르크만차이 조약(Treaty of

Turkmenchay)을 체결했다. 투르크만차이는 테헤란과 타브리츠 사이에 위치한 촌락이다. 페르시아는 전쟁배상금으로 은화 2천만 루블을 물었다. 아르데빌 사원은 그 후에 긴 세월 방치되었던 탓에 그 모습이 황량하기 그지없었던 모양이다.

 영국육군 중장출신으로서 1844~1854년 페르시아에서 외교사절을 지낸 저스틴 쉐일(Justin Sheil)는 '페르시아 생활양식의 일별'(Glimpses of Life and Manners in Persia)이란 저서를 남겼다. 그 책에는 아르데빌 사원의 청화백자 소장품이 몰라 볼 정도로 줄었다는 대목이 나온다. 그가 그곳의 텅 빈 진열공간을 보고 허탈감을 느꼈던 모양이다.

 러시아군이 훔쳐간 청화백자의 상당량은 상트 페테르부르크의 겨울궁전이 소장하고 있었다. 그곳은 여제 엘리자베타(Yelizaveta Petrovna)가 1754~1762년 지었는데 1917년 제정 러시아가 볼셰비키 혁명에 의해 붕괴되면서 현판이 에르미타주 박물관(Hermitage Museum)으로 바뀌었다. 그곳은 이제 대영박물관, 프랑스 루브르박물관에 이어 세계 3대 박물관으로 꼽힌다.

 1827년 러시아군의 약탈행각 이후 반세기가 지난 19세기 후반에 잇단 침탈과 약탈로 인해 황폐해진 아르데빌 사원의 복구공사가 착수되었다. 그 때 아르데빌 사원이 소장하고 있던 대부분의 도자기들이 테헤란의 이란국립박물관으로 이관되었다. 그 바람에 막상 아르데빌 사원의 중국도자기 집은 텅텅 비게 되었다.

 1956년 '아르데빌 사원의 중국도자기'(Chinese Porcelains from the Ardebil Shrine)라는 책이 출판되었다. 책제목에서 전치사를 'in'이나 'of'가 아닌 'from'을 썼다는

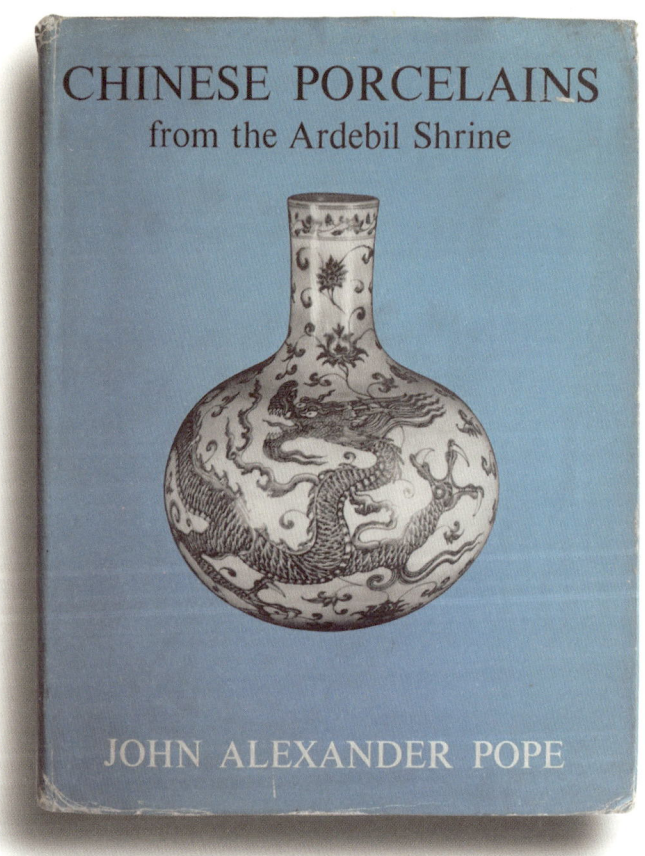

지금도 판매되고 있는 미국 도자기 전문가 존 A. 포프의 저서 '아르데빌 사원의 중국도자기'.

사실에 주목할 필요가 있다. 테헤란 박물관으로 옮긴 아르데빌 사원의 소장품을 소재로 삼았다는 의미를 내포한다.

그 책은 미국 워싱턴 D. C에 있는 스미소니언 재단 산하의 프리어 미술관에서 관장을 역임했던 존 A. 포프(John A. Pope)의 역작이다. 그는 런던대학교 퍼시벌 데이비드 중국미술재단이 소장한 '데이비드 화병'을 중심으로 연구하여 청화백자가 원대부터 제작되었다는 사실을 학문적으로 규명한 세계적으로 보기 드문 중국도자기 전문가다.

그는 그 저서를 통해 아바스 대제가 1611년 아르다빌 사원에 헌상한 중국도자기가 1,000점이 넘는 것으로 추정했는데 그 중에서 350점은 10~16세기 제작된 기물이라고 밝혔다. 그의 기증품 중에는 페르시아에서 만든 중국도자기 모방품도 포함되어 있었다고 한다. 그 기물의 대부분은 명조 가정제(嘉靖帝-1521~1566년) 재위기간에 만든 도자기를 모방한 것이라고 한다.

그는 아르데빌 사원의 소장품 중에서 사료적 가치가 있는 중국 도자기들을 도록에 게재함으로써 명대 청화백자를 이해하는데 크게 이바지했다는 평가를 받는다. 그가 확인한 중국 도자기는 805점이었다. 그 중에서 청화백자가 618점이고 나머지는 백자 80점, 청자 58점, 채색자기 49점이었다. 여러 차례의 침탈과 약탈을 겪고 남은 도자기가 그것뿐이었다는 소리다.

페르시아에도 향로나 필통 같은 중국고유의 기형에 정덕제(正德帝-1505~1521년)의 관지를 페르시아 문자로 서투르게 표시한 중국도자기가 있었다. 아르데빌 사원도 그 같은 쟁반 2점을 소장했었다. 그 사실은 중국이 이슬람권 시장을 겨냥해 도자기를 생산했다고 볼 수 있는 대목이다. 하지만 포프는 중국기형의 특성이 강하다는 점을 들어 중국황실의 무슬림 환관을 위해 제작된 것으로 추정했다.

포프는 아르다빌 소장품은 오랜 세월 해로와 육로를 통해 수입되었으며 대부분이 중국 수출자기로서는 상등급이라고 평가했다. 그 중에서 상당수가 최고급품에 해당한다는 것이었다. 그 소장품이 1979년 이란 혁명이 일어나 팔레비 왕조가 붕괴되는 혼란기에는 온전하게 보관되었는지도 모를 일이다.

페르시아의 부침사와 함께 아르데빌 사원이 여러 차례 수난을 겪다보니 그곳의 중국도지기 집(Chini khana)이 중국도자기가 없는 중국도자기 집이 되고 말았다.

03

건축자재로 발달한 이슬람 청화

이슬람 청화의 세계화

이란 이스파한에 소재한 왕궁사원(Shah Mosque)의 내벽. 이 사원에 들어서는 순간에 천상의 초월을 느끼는 경외심을 불러일으킨다고 한다. 이 사원은 사파비드 제국 시절인 1629년 완성되었으며 페르시아 이슬람 건축물 중에서 최고의 걸작으로 꼽힌다. 유네스코 지정 세계문화유산현장.

03 이슬람 청화의 세계화

벽화로 승화한 청화

시공과 문화 뛰어넘어 상통하는 이슬람 문양

기하문과 화초문의 의미.
이슬람 사원인 모스크와 왕궁은 내외벽면을 코발트 블루로 화려하게 채색한 기하문과 화초문이 빈틈없이 꽉 채워 장식하고 있다. 이슬람 문화권에서는 미적전통이 기하문과 화초문을 통해 시간과 공간, 그리고 언어와 문화를 뛰어넘어 상통한다. 이슬람은 반복적, 대칭적, 추상적인 기하문과 화초문이 중생으로 하여금 창조의 위대함을 터득하게 만든다고 믿는다.
 기하문에 나타난 원은 끝이 없는 까닭에 무한을 의미하여 이슬람과 알라의 무한함을 일깨운다고 한다. 복잡한 기하문은 끝없는 반복을 창조함으로써 인간으로 하여금 알라의 무한함을 깨닫게 한다는 것이다. 그 반복적인 문양은 인간이 작은 데서 무한을 찾고 문양의 한 파편에서 무한한 전체를 찾도록 한다고 한다.

이슬람 문양과 더불어 사는 일상생활.

이슬람 문양인 가하문과 화초문은 모스크뿐만 아니라 경전인 코란, 양탄자, 도자기, 금속공예품도 꽉 채워 장식한다. 여백이 전혀 없는 장식 또한 이슬람 문양의 특징이다. 이슬람 세계는 기하문과 화초문으로 단장한 미술공간에서 생활한다고 해도 과언이 아니다.

이슬람 문화권이 7세기부터 1,400년 가까운 긴 세월에 걸쳐 북아프리카, 사하라 사막 이남, 발칸반도, 아라비아 반도, 서아시아, 중앙아시아, 동남아시아에 이르는 지역에 형성되었다. 그 광대한 지역에는 인종, 문화, 언어, 풍속, 그리고 수니파와 시아파로 나눠진 종파를 초월하여 전체 이슬람권을 꿰뚫는 고유한 가치와 이념이 있으니 그것은 기하문과 화초문이다.

다시 말해 이슬람 문화권에서는 미적전통이 기하문과 화초문을 통해 시간과 공간, 그리고 언어와 문화를 뛰어넘어 상통한다. 이슬람 장식미술은 그 광활한 지역에서 고금을 떠나 관통하는 일관성을 지니고 흐른다. 그 공통적인 일관성은 이슬람 사원인 모스크와 왕궁의 내외벽면을 화려하게 장식하는 기하문과 화초문을 통해 나타난다.

식물의 줄기, 꽃, 잎을 도안화한 화초문을 아라베스크(Arabesque)라고 말한다. 반복적, 대칭적, 추상적인 기하문이 더러 식물을 소재로 삼는데 그 또한 아라베스크에 해당한다. 이슬람 문화권은 우주의 언어를 나타내는 기하문과 화초문이 신자들로 하여금 창조의 위대함을 터득하게 만든다고 믿는다. 그 까닭에 기하문과 화초문이 이슬람 사원인 모스크와 왕궁의 내외벽면을 뒤덮는다.

기하문에 나타나는 원은 끝이 없는 까닭에 무한을 의미하여 이슬람과 알라의 무한함을 일깨운다고 한다. 복잡한 기하문은 끝없는 반복을 창조함으로써 인간으로 하여금 알라의 무한함을 깨닫게 한다는 것이다. 그 반복적인 문양은 인간이 작은 데서 무한을 찾고 문양의 한 파편에서 무한한 전체를 찾도록 한다고 한다.

이슬람 문양은 모스크와 이슬람 경전인 코란은 물론이고 양탄자, 도자기, 금속공예품도 꽉 채워 장식한다. 여백이 전혀 없는 장식 또한 이슬람 문양의 특징이다. 이슬람 세계는 기하문과 화초문으로 단장한 미술공간에서 생활한다고 해도 과언이 아니다. 이슬람 문화는 서쪽으로는 이베리아 반도, 동쪽으로는 중국, 한국, 일본까지 전파되어 그들의 일상생활 속에 깊숙이 파고들어 녹아있다.

　당나라 시대에 무슬림 대상이 이끄는 낙타가 중앙아시아의 고원을 넘고 타클라마칸 사막을 건너 오늘날 시안(西安-서안)인 창안(長安-장안)을 오가면서 동서양의 경제-문화교류가 이뤄졌다. 비단길을 동서교역의 모습이 당나라의 도기인 당삼채에 그대로 나타나있다. 색목인(色目人)을 태운 낙타용(駱駝俑)이 그것을 말한다. 색목인은 서역에서 온 외국인을 일컫는다.

　동서양의 경제-문화교류가 활발해지면서 중국문화와 융합된 이슬람 문화가 당, 송, 원, 명, 청대를 거쳐 한반도에도 스며들어 한국 역사에서도 살아 숨 쉬고 있다. 중국에서 자리 잡은 이슬람 문화가 한반도를 거쳐, 또는 중국에서 바다를 건너서 일본에도 전파되었다. 조선과 일본의 도자기를 비롯한 공예품에 나타난 기형과 청화, 그리고 기하문과 당초문이 그것이다.

　14세기 전반에 개발된 중국 청화백자의 원류도 페르시아다. 많은 중국 도자기의 기형이 이슬람 문화의 영향을 받았다. 코발트로 그린 기하문과 당초문도 그 뿌리를 이슬람 문화권에 두고 있다. 조선이 15세기 후반에 중국의 영향을 받아 개발한 청화백자의 청화(靑華)도 그 고향이 서아시아다.

　다시 말해 비단길을 따라서 중국으로 건너간 아라베스크 문양이 조선에도 전파되어 청화백자를 비롯한 많은 전통미술품을 장식하고 있다. 청화백자 제작기술이 베트남에도 전래되었다. 임진왜란 때 왜군에 의해 잡혀간 조선도공들이 만들어낸 일본 청화백자에도 그 모습이 그대로 나타나 있다.

　중국, 조선, 일본 도자기와 공예품에 자리 잡은 당초문(唐草紋)은 글자 그대로 당나라의 화초문이라는 뜻이다. 식물의 넝쿨줄기, 잎, 그리고 꽃이 어우러져 반복적으로 펼쳐지는 이슬람 문양이 당나라 때 중국에 전래되어 토착화하면서 그 같은 이름이 붙었다.

　이슬람 건축물은 장식문양이 풍부하다. 초기의 사원은 하루에 다섯 번 기도하는 단순한 공간으로 건축되었다. 그러다 점차 천국을 상징적으로 묘사하기 위해 모스크의 외벽을 기하문과 화초문으로 장식하기 시작했다. 모스크의 중심인 돔은 밤하늘을 나타내기 위해 별모양의 성상문(星狀紋)으로 치장한 청화타일로 단장하기도 한다.
 누구나 이름난 이슬람 사원과 왕궁에 발을 들려놓는 순간 그 장엄하고 화려한 장식문양에 절로 경탄해 마지않는다. 마치 거대한 보석상자에 들어선 느낌이다. 그곳들은 코발트 블루로 채색한 타일로 모든 내외벽면을 빈틈없이 장식한 까닭에 전체적으로는 청색이 기조를 이룬다. 거기에 녹색, 황색, 백색, 흑색을 가채하기도 한다.
 청색은 하늘과 바다를 뜻하기도 하지만 물과 사막의 오아시스를 의미한다. 따라서 청색은 신성과 권능을 나타낸다. 유목민에게 풀과 나무는 생명을 의미하는 까닭에 녹색을 숭상한다. 황색은 모래와 흙과 함께 대지를 뜻한다. 우유가 주식이나 다름없는 유목민에게는 백색의 의미가 각별하여 통치자의 순수성과 선명성을 뜻하기도 한다. 흑색은 용사, 전사, 영웅을 나타내기도 하지만 죽음을 의미하다.

서쪽으로 간 이슬람 청화는 건축자재로 발달

 코발트와 함께 비단길을 따라 동쪽으로 간 이슬람 문양-기형이 중국에서 순백의 백자와 만나 청화백자로 탄생했다. 보석청이 찬란하게 빛나는 기하문과 화초문으로 장식한 갖가지 기형의 청화백자가 한국, 일본에도 전파되어 일상생활에 깊숙이 파고들었다. 유럽으로도 퍼져나간 그 청화백자는 이제 문화권을 떠나서 세계인의 식탁과 장식장을 치장한다.
 이슬람 세력을 따라 서쪽으로 간 코발트와 이슬람 문양은 북아프리카를 거쳐 이베리아 반도에 상륙하여 그곳에서 벽화와 타일로 재탄생해 장식미술과 전축자재로 승화했다. 코발트와 아라베스크 문양은 다시 그곳을 떠나 스페인과 포르투갈의 식민지 라틴아메리카에도 전파되었다. 이제는 지구적으로 퍼져나가 세계의 부엌, 욕실, 내실에도 스며들어 세계인의 사랑을 받는다.
 스페인과 포르투갈에서는 청화로 그림을 그린 다음에 주석유약을 발라 구운 청화벽화와 청화타일을 아줄레주(Azulejo)라고 부른다. Azulejo를 포르투갈에서는 아줄레주, 스페인에서는 아줄레호라고 발음한다. 포르투갈어와 스페인어는 청색을 azul이라고 표기한다. 그 까닭에 더러 아줄레주가 azul에서 파생했다고 생각하나 그렇지 않다.

아줄레주의 어원은 '윤을 낸 돌'이란 뜻을 가진 아랍어에서 유래되었다. 그것은 아줄레주가 이슬람권에서 전래되었음을 말한다. 그래서 스페인과 포르투갈에서는 아줄레주가 타일과 벽화를 의미한다. 또 아줄레주가 포르투갈과 스페인을 통해 두 나라의 식민지에도 전파되었기에 청화타일과 청화벽화의 고향을 이베리아 반도로 아는 이들이 적지 않은데 그 또한 사실과 다르다.

아줄레주가 스페인에서는 14세기부터 제작되었는데 나중에 그 대열에 참여한 포르투갈에서 화려한 개화기를 맞았다. 아줄레주가 초기에는 북아프리카의 모자이크를 나타내는 용어로 쓰였으나 차츰 13x15cm 크기의 사각형 청화타일을 가리키는 단어로 변했다.

다시 말해 이슬람 세력인 북아프리카 무어(Moors)인이 이베리아 반도를 800년 가까이 지배하면서 아줄레주도 뒤따라서 상륙했다. 그 아줄레주는 그곳의 전통문화와 결합해 새로운 장식미술로 승화했다. 이슬람권에서 청화타일이 사원과 왕궁의 내외벽면을 장식하듯이 스페인과 포르투갈에서도 건물의 내외벽면을 아줄레주로 치장한 교회, 왕궁, 학교, 주택이 점차 늘어났던 것이다.

그 아줄레주는 이슬람권과 교류가 많았던 이탈리아의 영향도 많이 받았다. 1498년 프란치스코 니쿨로가 이탈리아 도공으로서는 처음 스페인 항구도시 세비야에 정착했다. 16세기 들어 그들이 그곳에 도자기 가마를 만들어 르네상스 취향의 도자기인 마욜리카의 기술을 스페인에 이식했다.

세비야의 알카사르 궁전에 있는 프란치스코 니쿨로의 작품은 오늘날에도 뭇 사람들의 칭송이 잇따른다. 알카사르 궁전은 14~15세기 이슬람 양식에다 이탈리아 성곽의 특징을 가미해 건축한 성채다. 그곳을 장식한 대부분의 아줄레주는 이탈리아 출신 도공들이 만들어 르네상스의 정취가 물씬 풍긴다. 기하문, 화초문을 그린 아줄레주가 내외벽면은 물론이고 뜰과 계단도 장식하고 있다.

그런데 그 아줄레주가 점차 이슬람의 도식적인 양식에서 벗어나 진화하는 양상을 보이기 시작했다. 성경 이야기, 성인의 생활상, 사냥하는 모습을 우화적이거나 신화적으로 묘사하고 색채도 다양해진 다채타일이 그것이다. 이슬람권과 교역이 많았던 이탈리아의 도시국가 제노아가 위치한 지중해안의 리구리아에도 그 같은 아줄레주의 발자취가 아직도 적지 않게 남아있다.

아줄레주가 스페인을 따라 식민지 라틴아메리카에도 건너가 곳곳으로 퍼져나갔다. 16세기에 아줄레주 제작기술을 도입한 멕시코에는 아줄레주로 치장한 공공건물과 대저택이 아직도 더러 온전히 보존되어 있다. 아시아에서는 스페인 식민지였던 필리핀에서도 그 자취를 어렵지 않게 찾을 수 있다.

네덜란드 델프트웨어

포르투갈 식민지였던 브라질, 인도 고아, 중국 마카오, 그리고 아프리카의 모잠비크와 앙골라에도 아줄레주가 전파되어 도시를 단장하고 있다. 오늘날에도 기차역, 지하철, 식당, 술집도 벽면을 아줄레주로 장식한다. 특히 브라질이 17세기부터 아줄레주를 제작하면서 아메리카 대륙에도 아줄레주가 널리 보급되었다.

브라질의 상 루이스는 라틴아메리카를 통 털어서 18~19세기의 아줄레주가 가장 많이 보존되어 있는 지역이다. '아줄레주의 도시'로 알려진 상 루이스의 도심지역은 1997년 유네스코에 의해 세계문화유산현장으로 지정되었다. 포르투갈은 보호령 아조레스 제도와 마데이라 제도에도 청화타일을 수출했다.

독일 델프트웨어 18세기

그런데 네덜란드에서는 이베리아 반도와는 다른 발달양상을 보였다. 17세기 초엽부터 중국 청화백자를 모방해 청화로 그림을 그리고 그 위에 주석유약을 바른 청화도기를 만들기 시작했던 것이다. 그 기물을 델프트에서 만들었다고 해서 델프트웨어(Delftware)라고 부른다. 그 기술이 영국으로도 전래되어 같은 방식으로 도기를 구웠는데 그 또한 델프트웨어라고 일컫는다.

18세기 들어서는 독일에서도 도기에 주석유약을 입혀 자기처럼 하얗게 만들었다. 주석유약은 산화주석을 첨가해 불투명하게 만든 납성분이 첨가된 유약을 말한다. 주석유약을 바르면 도기가 지닌 투박한 태토의 황갈색을 가려줘 자기처럼 하얗게 보인다. 초벌구이를 한 다음에 청색 그림을 그리고 그 위에 주석유약을 입혀 저온에 구우면 청화백자와 비슷한 모습을 드러낸다.

동방무역에 가장 먼저 진출하여 중국 청화백자를 많이 수입했던 포르투갈 **영국 델프트웨어**

85

은 이슬람 세력을 따라 이베리아 반도에 상륙한 청화타일을 이슬람권에서처럼 건축자재로 발달시켰다. 도자기보다는 타일을 주로 생산했던 것이다. 네덜란드는 동방무역의 후발주자이지만 중국 청화백자를 포르투갈보다 훨씬 더 많이 수입했다.

 그 까닭인지 네덜란드는 중국 청화백자에 훨씬 더 많은 관심을 보이더니 포르투갈과 달리 타일보다는 화병, 접시 같은 생활용기와 장식용기를 주로 생산했다. 영국은 네덜란드와 비슷한 시기에 동방무역에 진출했지만 일본과 타이완에서 일찍이 철수하고 인도 식민지화에 주력했다.

 그 이유인지 영국이 네덜란드에서 델프트웨어 생산기술을 도입했으나 크게 발달시키지 못하고 중도에 생산을 사실상 포기했다. 아메리카 대륙을 정벌하는 데 매진했던 스페인은 아줄레주를 포르투갈보다 먼저 생산했으나 18세기 들어 아줄레주에 큰 관심을 보이지 않기 시작했다.

포르투갈서 옥내외벽화로 승화한 청화타일

 포르투갈 국왕 마누엘 1세가 1503년 스페인 세비야를 방문했다. 그는 그곳에서 무어인의 영향을 받아 만든 아줄레주와 마주치는 순간에 그 아름다움에 매료되어 넋을 잃었던 모양이다. 그는 귀국하자마자 국왕의 거처였던 신트라(Sintra) 궁전의 아랍방을

청화벽화 시대의 개막. 포르투갈이 청화벽화 아줄레주를 처음 도입한 신트라 궁전. 1503년 스페인 세비야를 방문했던 포르투갈 국왕 마누엘 1세가 그곳에서 아줄레주와 마주치는 순간 그 아름다움에 경탄했다. 그 탄사가 아줄레주의 포르투갈 상륙으로 이어졌다.

아줄레주로 치장했다.
 포르투갈에서 아줄레주를 처음 도입한 신트라 궁전은 리스본에서 서쪽으로 28km 떨어진 산속에 있는 여름 궁전이다. 마누엘 1세가 방문했던 세비야는 항구도시로서 스페인의 아줄레주 주산지였다. 그의 세비야 방문이 계기가 되어 훗날 포르투갈에서 아줄레주 문화가 화려하게 만개하게 되었다.
 포르투갈은 16세기 중반까지는 아줄레주를 주로 수입에 의존했었다. 대부분이 스페인에서 수입되었고 더러 오늘날 벨기에 땅인 안트베르펜에서도 사왔다. 포르투갈은 수입타일로 종교적 건축물과 대저택의 전면을 치장했었다. 그 대표적인 사례가 1510년에 지은 코임브라 대성당이다.
 오늘날 벨기에 지역의 도공들이 1550년경 리스본으로 이주해 아줄레주를 생산하기 시작했다. 그 이후 포르투갈은 스페인 영향을 받아 기하문, 화초문으로 수놓은 청화타일 아줄레주를 만들어냈다. 왕관연합에 따라 스페인 국왕이 포르투갈 국왕을 겸직하던 펠리페 2, 3, 4세의 재위기간인 1556~1640년 포르투갈의 타일산업이 크게 번성했다.
 그 때까지도 포르투갈 아줄레주는 제작기법은 물론이고 문양과 형태에서도 페르시아의 영향을 받아 이슬람 색채가 강하게 남아있었다. 포르투갈은 이어서 이탈리아의 프레스코 화법을 도입함으로써 아줄레주의 절정기를 맞았다. 프레스코는 덜 마른 회반죽으로 그림을 그리고 물에 갠 도료로 채색하는 벽화를 말한다.
 아줄레주는 벽면뿐만 아니라 마루와 천장을 단장하는 소재로도 사용되면서 장식미술을 뛰어넘어 건축자재로서 포르투갈의 건축역사와 함께 발달했다. 그와 함께 회화적 장식기법이

선을 보이기 시작했다. 리스본의 예수회 소속 성 로케 성당을 장식하고 있는 성 로케의 기적은 포르투갈에서 회화적 양식으로 제작된 최초의 아줄레주이며 그 때가 1584년이었다.

17세기 후반 들어 스페인 화가 가브리엘 델 바르코 미누스카가 네덜란드 델프트웨어를 수입했었다. 암스테르담 가마에서 역사적 장면을 그린 대형타일을 수입해서 리스본의 성당과 궁전의 벽면을 단장했었다. 그 즈음에는 네덜란드 독립전쟁(1568~1648년)에 이어 네덜란드-포르투갈 전쟁(1602~1654년)도 끝난 시기라 네덜란드 제품의 수입이 가능했었다.

그러나 포르투갈 국왕 페드루 2세가 델프트웨어 수입을 금지했다. 그로써 1715년을 마지막으로 네덜란드 델프트웨어의 수입이 끝났다. 그러자 가브리엘 델 바르코가 나서 직접 가마를 짓고 청화타일을 구어내기 시작했다. 초기의 제품은 체스판과 같은 일률적인 문양의 단색타일이 주류를 이루었다.

그 까닭에 1690~1750년 건축한 포르투갈 건물의 내외벽면은 거의 획일적이고 반복적인 연결문양을 복잡하게 그린 타일이 주류를 이루었다. 그 후 포르투갈은 전문적인 화공을 양성하는 한편 대형 청화타일을 생산하기 시작했다. 그들이 그린 회화적 양식의 타일이 서서히 이슬람 색채가 짙은 추상적 연결문양을 밀어냈다.

소재도 점차 군대, 종교를 초월하여 풍경, 풍속 등으로 다양해졌다. 국내수요도 증가했지만 식민지 브라질에서 교회, 수도원, 궁전은 물론이고 일반주택도 내외벽면을 바로크풍이 풍성한 아줄레주로 치장하면서 폭발적인 수요가 일어났다. 특히 반복적인 연결문양을 단순하게 그린 저렴한 타일의 주문이 크게 늘어났다.

그에 따라 18세기 진입을 전후해 포르투갈은 아줄레주 황금시대를 개막했다. 18세기 초엽에는 이름난 장인들이 많이 태어났다. 그 기간은 국왕 주앙 5세(João V-1689~1750년)의 재위기간과 대체로 일치한다. 그 연유로 그 시기에 제작된 타일을 주앙 양식이라고 말한다.

그 시기에 '초청인'이라는 이름이 붙은 타일이 제작되기 시작하여 18~19세기 유행을 탔다. 창 든 경비병, 제

실물 크기로 그린 귀부인 아줄레주가 손님을 정중하게 맞는다. 1725~1750년 제작.

복 입은 하인, 귀족풍 복식의 남자, 우아한 의상의 귀부인을 실물 크기로 그린 아줄레주가 건축물의 입구는 물론이고 안뜰이나 계단도 장식했다. 손님을 정중하게 맞는 모습을 그린 아줄레주는 포르투갈에서나 볼 수 있는 풍경이다.

아줄레주에 또 다른 변화의 바람이 일어났다. 1740년대에 들어서는 기념물처럼 웅대했던 판형이 점차 작아지고 그림도 로코코 양식으로 더욱 정교해졌다는 점이 그것이다. 또 정겹고 목가적인 소재를 많이 담아냈다. 색채와 소재도 다양해지고 그에 따른 수요가 늘어나면서 생산량도 증가했다.

1755년 리스본 대지진 이후 파괴된 도시를 재건하면서 청화타일이 건축자재로서 수요가 급증한 데 힘입어 실용적인 타일이 대량으로 생산되었다. 19세기에 들어서는 고전적 양식을 탈피하고 새로운 미를 추구하던 아르 누보(art nouveau)와 곡선을 강조하던 아르 데코(art decor) 양식의 영향을 받기도 했다.

1755년 리스본 대지진이 일어난 이후 도시재건 사업이 추진되면서 아줄레주는 또 다른 변화의 물결을 일구어냈다. 공공성과 기능성이 많이 강조되었고 지진발생에 따른 재난예방을 위해 판형이 더욱 소형화되었던 점이다. 그 같은 현상은 당시 도시재건 사업의 총책을 맡았던 후작 폼발의 이름을 따서 폼발 양식이라고 부른다.

19세기 전반기에는 프랑스 나폴레옹의 침략전쟁으로 인해 포르투갈이 사회적 격변을 겪으면서 장식타일도 침체기를 맞았다. 브라질에서 모국으로 귀향한 이주자들이 1840년경 포르투갈 북부의 항구도시 포르투에 정착해 아줄레주 산업화에 착수했다. 그에 따라 포르투갈이 브라질을 본떠서 건물의 전면을 아줄레주로 치장하기 시작했다.

포르투 가마들이 입체감을 주는 양각의 단색 타일을 생산하는 사이에 리스본 가마들은 전사(轉寫)인쇄 기술을 도입하여 청화타일, 다채타일의 양산화에 들어갔다. 그 때까지는 일일이 손으로 타일에 그림을 그렸는데 인쇄술을 이용함으로써 대량생산 이 가능해졌던 것이다. 한편 스페인은 18세기 들어 사실상 아줄레주 생산을 중단한 상태였다.

리스본과 포르투는 청화벽화의 옥외전람회장

세계의 어느 도시에서나 고전적인 미술품은 박물관이나 미술관에 박제처럼 갇혀있기 마련이다. 스페인에서는 청화타일인 아줄레주도 왕궁이나 박물관에서나 만난다. 그러나 포르투갈의 리스본과 포르투에서는 건물의 외양을 아줄레주로 치장함으로써 도시

아줄레주 옥외전시관

포르투에 있는 알마스 성당은 성 프란치스코의 죽음, 산타 카타리나의 순교를 그린 청화타일로 건물외벽을 뒤덮었다. 아줄레주 제작자로 유명한 미술가 에두아르도 레이트의 작품이다. 그곳을 방문하는 관광객은 누구나 그의 작품을 즐겁게, 그것도 옥외니까 입장료를 물지 않고 무료로 감상할 수 있다.

의 한 부분이 시민과 함께 호흡하는 아줄레주 전람회장 같은 느낌을 준다.
 두 도시는 코발트 블루가 살아서 빛나는 미술의 도시 같다. 궁전도 주택도 지하철 역사도 아줄레주(Azulejo)가 내외벽면을 화려하게 장식하고 있다. 곳곳에 기하문, 화초문에다 풍경화, 인물화, 그리고 역사 이야기를 그린 청화타일이 뒤덮고 있다. 목욕탕과 부엌에서나 타일을 볼 수 있는 세계의 여느 도시와는 사뭇 다른 모습이다.

이슬람의 연결문양이 포르투갈 문화와 융합하면서 아줄레주라는 포르투갈 특유의 문화가 태어났다. 부언하면 이슬람권에서는 볼 수 없는 인물화, 풍경화와 같은 회화적 양식이 포르투갈에서 도입되어 새로운 양식의 청화문화가 탄생한 것이다. 그 청화타일이 포르투갈인의 일상생활 속으로 깊숙이 파고 들어감으로써 오늘날에도 그들의 사랑을 듬뿍 받고 있다.

청화타일의 원류인 이슬람 문화권에서는 사원과 왕궁의 모든 내외벽면을 청색이 주류를 이루는 화초문, 기하문의 타일로 단장한다. 우상숭배를 타파하는 이슬람권에서는 인물, 동물은 물론이고 풍경화, 풍속화도 배제하고 반복적인 연결문양으로만 내외벽면을 장식한다.

그와 달리 포르투갈에서는 점차 유명한 화가들이 생생하게 그린 회화적 양식이 주류를 이루게 되었다. 대칭적, 규칙적, 반복적인 이슬람 문양이 정적이라면 포르투갈 양식은 살아 움직이는 사물을 생동감 넘치게 묘사하여 동적이다. 그 까닭에 풍경화, 인물화가 보는 이들에게 친밀하게 다가선다.

포르투갈에서 가장 많은 아줄레주를 소장한 프론테이라 궁전은 1640년 완공되었다. 리스본에 소재한 그 궁전은 스페인 국왕이 포르투갈 국왕을 겸직하던 왕관연합에서 벗어나 포르투갈이 독립을 쟁취한 직후에 태어났다. 그 까닭에 그 궁전에는 브라간자 가문이 스페인의 합스부르크 가문에 대항해 벌인 포르투갈 회복전쟁의 승리를 기념해 지은 '전투의 방'이 있다.

그 방은 포르투갈이 스페인에 대항하여 싸운 영웅적 장면을 아줄레주로 표현하고 있다. 프론테이라 궁전은 내외벽면을 청화타일로 치장했으니 궁전 자체가 아줄레주 미술관이라고 말할 수 있다. 많은 이들이 그 아름다움에 경탄한 나머지 그 방은 아줄레주의 시스티나 성당이란 영예의 별칭을 얻고 있다. 시스티나 성당은 바티칸의 교황관저인 사도궁전 안에 있다.

17세기 들어 포르투갈의 아줄레주는 더 이상 귀족과 교회의 전유물이 아니었다. 귀족이 아닌 신흥부자들도 저택을 청화타일로 치장하면서 아줄레주의 대중화가 이뤄지기 시작했다. 그에 따라 아줄레주가 대량으로 생산되고 보급되어 일반시민과 더불어 호흡했던 까닭에 18세기를 아줄레주의 황금시대라고 말한다.

아줄레주는 건물의 내외벽면을 단장하는 장식자재로 발달해왔다. 그러나 포르투갈에서는 아줄레주가 그 단계를 넘어 필수적인 건축지재로 진화했다. 다시 말해 아줄레주는 장식타일이자 중요한 건축자재로서 독자적인 영역을 구축했다는 소리다. 그 까닭에 리스본에서는 어디를 가나 아줄레주로 단장한 건축물과 마주친다.

어느 나라에서나 아파트 단지는 칙칙한 시멘트 덩어리 같은 느낌을 준다. 그러나 포르

투갈의 리스본과 포르투에서는 아파트도 아줄레주 옥외전시장 같은 모습을 연출하고 있다. 또 리스본 지하철은 아줄레주로 치장한 19개의 정류장을 달린다. 리스본과 포르투에서는 아줄레주가 시민은 물론이고 관광객에게도 포르투갈의 역사와 문화를 알려주는 전도사 역할을 하고 있는 셈이다.

 그 아줄레주가 20세기 초기에는 기피 내지 혐오의 대상이었다. 문화계 인사들이 아줄레주는 가난을 상징한다며 경멸했었다. 그러다 1950년대 들어 아줄레주가 화려하게 재기하여 리스본을 아줄레주의 도시로 재탄생시켰다. 그 연유로 아줄레주로 장식한 건축물들이 모두 고옥, 고택이 아니다. 현대식 건축물들도 더러 아줄레주로 치장하여 포르투갈의 전통문화를 계승하고 있다.

 바스쿠 다 가마의 동방항로 개척 500주년을 기념하여 리스본이 1998년 세계박람회 개최지로 결정되었다. 그에 따라 리스본은 지하철을 건설하기로 했다. 리스본 시청이 오랫동안 버려뒀던 강변지역을 국제전시장 부지로 선정했다. 그 개발계획은 유지관리비를 줄이면서도 승객들이 지하에서도 지상에서처럼 친밀감을 느끼도록 설계하는 데 주안점을 두었다.

 그 같은 방침에 의해 정류장의 여러 곳을 지상에서 흔히 볼 수 있는 청화타일로 벽면을 장식하기로 했다. 전시장과 도심을 연결하는 지하철의 여러 정류장을 아줄레주로 단장하기로 결

징했던 것이다. 그에 따라 정류장들이 이름난 화가들이 기량을 맘껏 뽐내는 미술공간으로 태어났다. 그 지하철의 청화타일이 죽어가던 아줄레주에 대한 관심을 되살렸다.

1950년대 이전에만 해도 아줄레주의 문양은 여전히 기하문이 주류를 이뤄 획일적인 느낌을 주었다. 그 아줄레주가 세계박람회를 계기로 추상적인 문양에서 벗어나 사실적 묘사의 단계로 변모했다. 지하철 정류장 벽면을 포르투갈의 대양탐험 역사로 단장하고 올리브 군락지였던 곳에는 올리브 나무를 소재로 삼았다. 특히 전시장역은 5대륙을 대표하는 화가들에게는 해양을 소재로 하는 창작물을 그리도록 공간을 제공했다.

1950년대 들어서 다양한 실험적인 아줄레주가 시가지를 장식하면서 도시의 풍경이 차츰 바뀌었다. 건물외벽을 청화타일로 단장하는 이슬람의 종교적 장식미술이 포르투갈에서는 종교를 떠나서 시민의 일상생활과 함께 호흡하고 생활하는 모습으로 변모한 것이다. 그 대표적인 사례가 바로 리스본 지하철이다.

리스본 지하철은 아줄레주로 치장한 19개 정류장을 달리며 포르투갈의 역사와 문화를 알리는 전령사 노릇을 한다.

04

중국 발명품 화약-나침판의 역습

금단의 나라 도자왕국

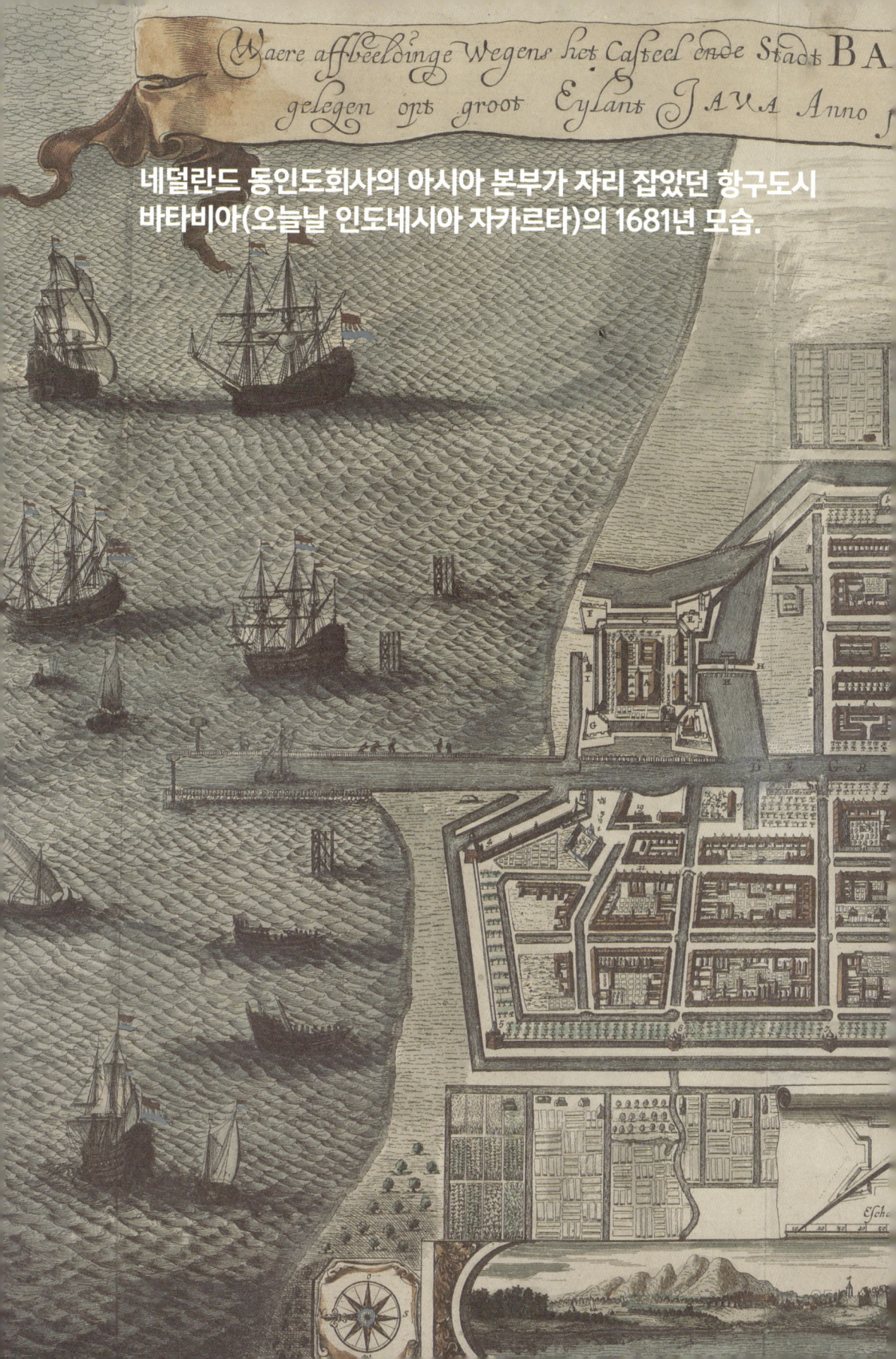

네덜란드 동인도회사의 아시아 본부가 자리 잡았던 항구도시 바타비아(오늘날 인도네시아 자카르타)의 1681년 모습.

04 금단의 나라 도자왕국

| 오랑캐라 치부
| 대면조차
| 거부

중국의 발명품 화약 들고 중국 침탈한 서유럽

영국의 철학자이자 정치가였던 프란시스 베이컨(Francis Bacon-1561~1626년)은 대항해 시대 초기에 살았던 인물이다. 경험론을 주창했던 그는 서유럽의 비약적 발전은 인쇄술, 화약, 나침반의 바탕 위에서 이룩되었다고 역설했다. 그러나 그는 그 3가지 기술이 어디서 왔는지는 몰랐다. 나중에야 역사학자들이 그 기술들이 중국에서 발명되었다는 사실을 알게 되었다.

대항해 시대가 개막되기 이전까지는 중국이 세계에서 가장 앞서 가는 첨단기술 보유국이었다. 그런데 중국이 유럽과 달리 과학기술을 산업생산에 응용하지 못해 그 자리에서 물러나야만 했다. 중국은 그 3가지 기술을 당나라(618~906년) 후반기부터 보유하고 있었다. 그런데 400~600년이 지나서야 그 기술들이 유럽에 전파되기 시작했다.

인쇄술은 중국에서 발명되었지만 중국과 유럽에서 비슷한 발달과정을 밟았다. 유럽도 중국과 마찬가지로 인쇄술 발달과 더불어 복사본 서적이 대량으로 제작되어 필사본으로는 상상할 수 없는 저렴한 가격에 보급되었다. 그에 따라 지식의 독점체제가 깨지고 나아가서 장차 평등사회를 구현하는 데 결정적 역할을 했다.

중국에서는 유럽에 없었던 과거제도가 한나라 때부터 실시되었다. 인쇄술 발달에 힘입어 수많은 젊은이들이 과거응시를 통해 공직사회에 진출할 수 있는 기회를 얻었다. 그에 따라 중국은 과거시험을 통해 유능한 인재를 발굴, 발탁함으로써 그들이 국가발전에 기여하는 토대를 구축했다.

중국이 그 같이 인재를 등용하는 과정에서 정실을 배제함으로써 국가발전의 기반인 건전한 관료제도를 조성했던 것이다. 한마디로 과거제도가 귀족정치에 대한 대안을 제시함으로써 국가운영에 획기적인 발전을 가져왔다. 특히 중국에서는 인쇄술이 공자사상과 불교사상의 대중적 보급에 절대적으로 기여했다.

중국의 인쇄술이 유럽에 전래되어 성경이 대량으로 보급됨으로써 성직자의 절대적-

독점적 권위와 평신도의 맹목적-복종적 신앙 사이에 간극을 줄이는 역할을 해냈다. 인쇄술의 발달이 로마 가톨릭의 부패한 기성체제에 도전하는 종교개혁을 촉발하는 단초를 제공한 셈이었다.

또한 민주주의를 확립하고 그 가치를 실천, 확장하는 데도 결정적 파급영향을 미쳤다. 18~19세기 들어 도입된 대의민주주의와 보통선거의 확산이 그것이다. 오늘날 인류가 추구하는 보편적 가치인 민주주의가 인쇄술 발달을 통해 발아했던 것이다.

고대 그리스의 도시국가에도 오늘날과 비슷한 민주적 제도가 존재했으나 현대사회와 비교하면 대중적 전파력에서 엄청난 차이가 난다. 인쇄술의 발달에 따라 민주주의의 가치에 대한 인식의 공유가 광범위하게 확산되었기 때문이다. 그와 함께 유럽사회에서 지적활동이 활발해졌고 그에 힘입어 고전적 인본주의와 르네상스 사상이 널리 전파되었다.

다른 한편 중국에서 전래된 화약이 유럽사회를 봉건귀족의 지배로부터 해방시키는 견인차 역할을 했다. 유럽에서 성채는 봉건영주의 재산과 권력을 지키는 철옹성이었다. 폭약이 그 성벽에 구멍을 내는 순간에 봉건영주를 보호하던 성채도 요새도 무너져 버렸다.

그 폭음은 단순히 성곽을 파괴하는 데 그치지 않고 중세 유럽의 지배체제를 붕괴시키는 촉매제로 작용했던 것이다. 중앙집권체제가 발달한 중국에는 중세유럽의 봉건영주를 지키는 성채와 같은 존재는 없었다. 그러나 장대한 만리장성이 중원을 방어하는 성벽으로서 버티고 있었다.

그런데 중국이 그 놀라운 신무기인 화약의 독점을 지키지 못해 북방 유목민족의 손에 들어갔다. 그 화약이 만리장성에 구멍을 뚫고 중국을 침탈하는 전략무기로 이용되었던 것이

당나라 말기와 송나라 초기에 중국인들은 화살에 화약을 붙여 쏘는 화약화살을 발명했는데 그것이 최초의 화약무기다.

다. 북방의 유목민족들이 잇달아 폭약을 들고 나타나서 만리장성의 성벽을 폭파하고 중원을 점령했다.

한족의 송나라가 여신족의 침략을 받아 무너지고 금나라가 그 자리를 차지해 중원을 호령했다. 뒤이어 화약을 가지고 중원을 점령한 몽골족이 원나라의 탄생을 알렸다. 몽골족은 그 폭약의 파괴력을 가지고 서쪽으로, 서쪽으로 진격하여 유라시아에 걸쳐 인류 역사상 가장 웅대한 제국을 건설했다. 한족의 명나라도 폭약을 들고 쳐들어온 만주족의 청나라에게 중원을 내어주고 말았다.

중국의 4대 발명품

제지술

지남침

인쇄술

화약

남송은 세계 역사상 최대규모의 최첨단 함대를 자랑했다. 그 조선술과 항해술을 토대로 명나라의 정화가 크리스토퍼 콜럼버스와 바스쿠 다 가마보다 거의 한 세기 가까이 앞선 15세기 초엽에 대양원정에 도전했다. 그는 그들과는 비교도 되지 않을 만큼 거대한 선단을 이끌고 태평양을 출발해 인도양을 거쳐 아프리카 동해안까지 항해했다.

정화가 거기서 멈추지 않고 더 나갔다면 아프리카 남단을 돌아서 유럽에 도달하고도 남음이 있었을 것이다. 당시 중국의 고도로 발달한 조선술과 항해술로 미뤄 충분히 가능했던 일이었다. 그런데 중국은 더 이상 나가지 않았다. 중국이 그곳에 가야할 동기가 없었기 때문이었다. 중국은 모든 물자를 생산하는 자급자족이 가능한 나라라 굳이 그곳에 가야할 필요도 이유도 없었던 것이다.

그와 달리 포르투갈을 위시해 스페인, 네덜란드, 영국 등 크리스천 세력인 서유럽 국가들은 동방으로 갔다. 향신료를 찾아야 하는 절박한 동기가 있었던 까닭이었다. 지중해로 거쳐 동방으로 가는 길목에 이슬람을 신봉하는 거대한 오스만 제국이 버티고 있어 그 길이 막혀버렸기 때문이었다. 그들은 지구가 둥글다고 믿고 무작정 반대쪽으로 갔다.

스페인이 나침반을 따라 가다보니 아메리카 대륙을 만났다. 포르투갈도 나침반이 가리키는 대로 가다보니 아프리카 남단을 돌아서 인도에 도달할 수 있었다. 또 그 너머에

는 중국이라는 환상의 나라가 있어 도자기와 비단이 넘쳐난다니 돈을 벌어야 하겠다는 욕망이 그들을 유혹했다.

나침반이 가리키는 길을 따라 갔더니 서유럽이 중국을 찾았고 종국에는 지구가 둥글다는 사실도 증명해냈다. 서유럽은 중국에서 전래된 화약을 바탕으로 대포를 개량하고 그와 함께 개인화기인 소총을 만들어 냈다. 중국이 발명한 화약과 나침반이 서유럽의 대항해 시대를 개막한 데 이어 서유럽의 아시아 약탈-살육시대를 열었던 것이다.

서유럽은 대포를 장착한 함대를 앞세워 함포사격을 퍼부으면서 아메리카, 아시아, 아프리카를 공략했다. 서유럽이 개량한 총포술은 전쟁의 양상을 물론이고 전쟁의 전략, 전술을 바꿔 놓았다. 서유럽이 소총과 대포를 가지고 활과 창을 들고 대항하는 아메리카, 아시아, 아프리카를 단숨에 제압했다.

나침반과 화약이 없었다면 스페인이 대서양을 건너 지구의 반쪽인 서반구에 도달하지 못했고, 포르투갈이 중국으로 가는 바다 비단길도 찾지 못했을 것이다. 스페인이 아메리카에서 금과 은을 약탈하지 못했다면 캘리포니아에서 아메리카 남단의 파타고니아(Patagonia)에 이르는 웅대한 제국을 건설하지 못했을 것이다.

대서양 국가들이 중국의 발명품인 인쇄술을 통해 터득한 지식을 토대로 중국이 발명한 폭약과 나침반을 개량해서 들고 태평양 국가 중국을 찾아 나섰다. 그들이 중국에 가서 함포를 쏘면서 개항을 요구했다. 그것도 모자라 그들이 폭약으로 중국대륙을 유린하고 살육을 일삼으며 땅을 차지하고 값나가는 문화재를 미친 듯이 약탈했다.

목숨 건 도발 잇달아도 열리지 않던 중국의 문

16세기까지만 해도 유럽인에게 미지의 세계였던 중국은 보화가 넘쳐나는 신비의 나라로 알려졌었다. 그 까닭에 유럽의 조선술과 항해술이 발달하면서 많은 뱃사람들이 중국에 가서 한 몫을 잡으려는 욕망을 키웠다. 숱한 탐험가, 항해사들이 그 꿈을 좇아서 죽음을 무릅쓰고 중국에 가려는 도전을 멈추지 않았다.

포르투갈인들이 가장 먼저 중국해안에 나타났다. 그 때가 1513년이었다. 바스쿠 다 가마(Vasco da Gama)가 아프리카 남단을 돌아서 1498년 인도 캘리컷(Calicut)에서 닻을 내린지 15년만의 일이었다. 포르투갈이 인도에서 도자왕국 중국을 찾아 가는 길도 여전히 험난하기도 했지만 중국의 문은 굳게 닫혀 아무리 두드려도 열릴 줄 몰랐다.

그 후 한 세기가 흘러 네덜란드와 영국이 포르투갈이 닦은 뱃길을 따라서 중국을 찾아 나섰다. 많은 탐험가들이 오랫동안 도전에 도전을 거듭한 끝에 막상 남중국해안에 당도했지만 그곳에서도 목숨 건 도전이 기다리고 있었다. 진취적인 탐험가와 용기 있는 항해사의 도전정신이 없었다면 동방항로는 더 오랫동안 열리지 않았고 중국시장에 접근하지도 못했을 것이다.

1497년 7월 바스쿠 다 가마가 향신료를 찾아 4척의 선박과 대원 170명을 이끌고 리스본에서 출항의 고동을 울렸다. 인도로 항해를 이어가던 길에 보급선이 알려지지 않았던 원인으로 운항을 할 수 없을 만큼 파손되어 아프리카 동해안에서 버렸다. 그 까닭에 바스쿠 다 가마의 선단이 3척인 것으로 잘못 전해지기도 하고 그 선박의 제원도 거의 알려지지 않았다.

바스쿠의 일행은 그해 11월 희망봉을 돌아서 아프리카 동해안을 따라 북상하다 1498년 4월 케냐의 말린디(Malindi)에서 잠시 닻을 내렸었다. 그곳에서도 또 험난한 파고를 헤치고 나가야만 했다. 리스본을 떠난 지 열 달도 넘는 항해 끝에 1498년 5월 인도 캘리컷에 도달했다.

1498년 바스코 다 가마의 캘리컷 도착. 포르투갈 국립도서관 소장. 1900년경. Roque Gameiro (1864-1935) 작.

인도에서 석 달을 보낸 뒤 바스쿠 다 가마가 귀국 길에 올랐다. 계절풍에 관한 현지인의 조언을 무시한 탓에 그의 선단은 겨울철 계절풍을 거슬러 항해하느라 혹독한 고난을 헤치고 나가야만 했다. 그의 선단이 말린디에 도달했을 때에는 이미 선원의 절반은 죽었고 나머지도 괴혈병에 걸려 신음하고 있었다.

그 인력으로는 도저히 3척을 운항할 수 없다고 판단한 바스쿠가 상 라파엘 호를 폐선해 버리고 나머지 두 척에 선원들이 나눠서 타고 항해를 이어갔다. 그런데 그와 동행했던 동생이 병에 걸려 몸져눕자 사령선을 부하에게 맡기고 먼저 귀국하도록 지시했.

1499년 7월 10일 사령선이 리스본에 도착해 국왕 마누엘 1세(Manuel I)에게 귀국소식을 알렸다. 한편 바스쿠 다 가마는 동생과 함께 하선하여 수도원에서 그를 간호하다 병세가 다소 호전되는 듯하여 다른 선박을 타고 귀항 길에 올랐는데 도중에 동생이 죽어 다시 내렸다.

그는 동생의 장례를 치르고 9월 귀국했는데 대대적인 환영을 받았다. 그가 인도항로를 처음 개척한 이후 20년도 넘게 지난 1524년 포르투갈 인도의 총독으로 임명되어 부임했다. 그러나 그가 그해 12월 24일 말라리아에 걸려 운명하는 바람에 그의 도전과 역할은 거기서 끝나고 말았다.

바스쿠가 동방항로를 개척한 덕분에 네덜란드가 포르투갈이 동방에서 사온 물자를 사서 북유럽에 팔아 큰돈을 벌었다. 네덜란드가 리스본에 가서 포르투갈이 수입한 중국 청화백자와 동남아 향신료를 사다가 오늘날 벨기에의 안트베르펜으로 운송하여 북유럽에 내다 파는 중계무역을 통해 번영을 누렸던 것이다.

그런데 포르투갈과 왕관연대를 맺고 있던 스페인이 식민지 네덜란드 선박의 리스본 입항을 금지했다. 네덜란드가 스페인의 신교도와 유대인에 대한 종교탄압에 반발하여 스페인한테 독립전쟁을 선언했기 때문이었다. 생존의 길이 막힌 네덜란드가 직접 동방무역에 나서기로 작정했다.

네덜란드가 100년 전에 다스쿠 다 가마가 개척한 뱃길을 찾아 1595년 4월 첫 모험에 나섰다. 포르투갈이 아무도 가본 적이 없는 길을 찾아 동방으로 갔지만 바다에는 뱃길이 표시되지 않으니 네덜란드도 미답의 항로를 찾아 나서기는 마찬가지였다. 4척으로 이뤄진 선단이 14개월이나 걸려 향신료가 나는 인도네시아 자바의 반탐에 도달했다.

그 선단이 출항한지 2년 4개월이 지난 1597년 8월 귀환했는데 선원 240명 중에서 87명만이 살아남았었다. 네덜란드가 동방무역에 진출하면서 포르투갈과 이해충돌이 벌어져 두 나라는 해상에서 만나기만 하면 싸웠다. 또 원주민의 저항도 드셌다. 네덜란드가 청화백자를 찾아서 인도양을 거쳐 중국, 일본까지 진출하는 데는 더 많은 피를 흘려야만 했다.

영국도 네덜란드와 비슷한 시기인 1596년 동남아시아의 향신료를 찾아 나섰다. 선장 벤자민 우드가 이끄는 선단은 목적지에 가지도 못하고 실종되어 버렸다. 향신료 제도를 개척한 다음에는 여왕 엘리자베스 1세가 청화백자의 나라 명나라 황제에게 보내는 친서를 휴대한 사신(使臣)을 수차례 파견했으나 도중에 사라져 행방조차 알 수 없었다. 후임 국왕 제임스 1세도 사신을 여러 차례 파견했으나 번번이 전임자의 전철을 밟는 꼴이었다. 1637년 8월 존 웨델이 무장 상선 4척을 이끌고 광저우(廣州-광주) 후먼(虎門-호문)에 침입했으나 격퇴되고 말았다. 그 때는 명조의 마지막 황제 숭정제(崇禎帝-1628~1644년)의 재위 9년으로 명나라의 국력이 극도로 쇠퇴해져 패망을 앞둔 시점이었다.
 영국 말고도 그 이전에 포르투갈, 네덜란드, 스페인이 중국해안까지 찾아가 개항을 요구하며 포격을 가했었다. 하지만 중국은 꿈쩍도 하지 않았고 항구의 문은 열리지 않았다. 도자왕국 중국은 금단의 나라였다.

포르투갈은 16세기 내내 동방무역을 독점했었다. 포르투갈의 카라크 선과 카라벨 선이 값비싼 동남아시아 향신료와 중국 도자기를 유럽으로 실어 나르는 모습을 그린 상상화. 작가미상. 영국왕립그린위치박물관 소장.

죽음이 기다리던 동방세계에 대한 끝없는 도전

 유럽에서 동방의 향신료와 청화백자를 찾아가는 대항해 시대의 뱃길은 참으로 험난했다. 탐험가들은 죽음을 각오하고 출항의 닻을 올리던 시절이었다. 스페인의 크리스토퍼 콜럼버스와 포르투갈의 바스쿠 다 가마가 탐험에 나선지 100년이 지나서 네덜란드와 영국이 그 뒤를 이어 동방항로 개척에 나섰다.
 한 세기에 걸쳐 항해술과 조선술이 크게 향상되었다. 그럼에도 두 나라가 포르투갈이 개척한 항로를 따라서 가는 항해의 길은 여전히 목숨을 거는 험로였다. 대부분의 탐험선들이 출항하고 나서 아무런 종적도 없이 사라져 생사조차 몰랐다. 폭풍우를 만나거나 격랑에 휩싸여 목숨을 잃기도 했다.
 아니면 해적의 습격을 받거나 적국선박의 포격을 받아서도 죽었다. 네덜란드나 영국 선박이 스페인이나 포르투갈 선박을 만나면 서로 총질, 칼질을 일삼아 서로 죽였다. 또 원주민한테

잡혀서도 목숨을 빼앗겼다. 가는 곳마다 원주민과 충돌이 벌어져 생사의 길이 갈렸던 것이다.

또 기아, 역병으로도 적지 않게 사망했다. 출항한지 1년 넘게 지나서 더러 귀항하더라도 해난사고로도 죽고 피습사건으로도 죽어 살아서 돌아가는 이가 그리 많지 않았다. 그 같은 사실이 널리 알려졌기에 지원자가 적어 콜럼버스가 2차 항해 때는 출감을 조건으로 형무소 죄수들을 모집해서 데리고 갔다.

그런 상황에서도 영국과 네덜란드가 동방항해에 자신감을 가진 계기가 생겼으니 그것은 1588년 영국의 스페인 무적함대(Invincible Armada) 격파였다. 영국과 마찬가지로 네덜란드도 스페인이나 포르투갈처럼 식민지도 개척하고 향신료와 청화백자를 사서 큰 돈을 벌자고 흥분했다. 영국의 거상과 귀족들이 자본을 모아 선박을 건조해 동방항로 탐험에 도전했다.

1591년 4월 10일 영국 선박 3척이 토어베이 항을 떠나 희망봉을 거쳐 아라비아 해를 향해 출항했다. 그 중에서 한 척만이 말레이 반도까지 항해를 마치고 3년만에 귀항했다. 1596년 또 영국 선박 3척이 동방항로를 찾아 동쪽으로 떠났건만 모두 흔적도 없이 사라져 버렸다.

투자위험이 컸지만 성공하면 높은 수익을 올리자 네덜란드도 영국만큼이나 투자열기가 뜨거웠다. 오늘날 말로 모험자본투자(venture capital investment)였다. 네덜란드도 스페인 무적함대의 침몰에 고무되어 대규모의 선단을 꾸리고 동방항로 개척에 나섰다. 1497년 바스쿠 다 가마의 첫 인도항해 이후 한 세기가 지났건만 그 항로는 여전히 격랑이 높아 목숨을 앗기기 일쑤였다.

그 까닭에 네덜란드는 포르투갈과의 충돌을 피해 아프리카 남단이 아닌 남아메리카 남단을 돌아서 동방으로 가는 항로를 찾아 도전의 깃발을 올렸다. 1598년 6월 24일 희망, 사랑, 충성, 복음, 신앙이란 선명을 가진 5척의 네덜란드 선단이 로테르담 항을 뒤로 하고 동방으로 가는 뱃길을 찾아 장도에 올랐다.

항해일정은 남아메리카 서해안에 가서 선적한 화물을 은을 받고 팔면서 일본까지 가는 여정으로 짜여 있었다. 그 때는 포르투갈이 일본의 대외교역을 거의 독점하다시피 하고 있었다. 마젤란이 남아메리카 남단을 돌아서 필리핀까지 탐험한 적은 있지만 일본으로 가는 항로는 아무도 가본 적이 없는 첫 도전이었다.

그런데 남대서양에서 악천후를 만나 선단이 흩어졌다. 복음 호는 크게 파손되어 표류하다 스페인 선박에 의해 나포됐다. 신앙 호는 1600년 7월 도중에 로테르담으로 회항했는데 선원 109명 중에서 36명만이 살아남았다. 그 바람에 5척 중에서 3척만이 남아메리카 남단의 마젤란 해협을 통과할 수 있었다.

5척의 네덜란드 선단이 새로운 항로를 찾아 출항했다. 그 때가 1598년 6월 24일이었다. 그 중에서 한 척만이 살아남아 바다 위에서 2년 가까이 사투를 벌이다 1600년 4월 일본 규슈 부근에 표착했다. 그 배 승선자 중의 한 사람이 일본에서 중책을 맡았으니 그가 푸른 눈의 사무라이로 알려진 영국인 윌리엄 애덤스였다. Zacharias Heijins의 판화. 17세기 작.

 남은 3척이 남아메리카 남단을 돌아서 태평양에 진입했지만 거기서도 험로가 이어졌다. 충성 호는 인도네시아의 티도르 섬에 도착했는데 1601년 1월 포르투갈인들한테 잡혀서 선원 모두 몰살되었다. 희망 호에 승선했던 영국인 윌리엄 애덤스 형제는 에콰도르 해안의 플로레아나 섬에 먼저 도착해 닻을 내리고 있던 사랑 호(Liefde)를 만나 그 배로 옮겨 탔다.
 그런데 그곳에서 원주민의 습격을 받아 두 선박의 선장과 애덤스의 동생 토머스를 포함해 20명이 살해되었다. 그대로 있다가는 스페인의 습격을 받을까 두려워 두 선박은 에콰도르를 떠나 태평양을 가로 질러 일본으로 가기로 작정했다. 그 때가 1599년 11월 하순이었다.
 항해 도중에 두 선박은 하와이로 추정되는 육지를 만났는데 그곳에서 선원 8명이 탈출했다. 배를 타고 더 가다가는 언제 죽을지도 모르니 목숨이나 부지하자고 도망쳤을 듯싶다. 그런데 일본을 향해 항해를 이어가는 도중에 만난 태풍이 희망 호를 삼켜 버렸다.
 영국인 애덤스는 사랑 호로 바꿔 탔던 덕분에 살아남았다. 그가 탔던 배가 바다에서 19개월이나 헤맨 끝에 1600년 4월 일본 규슈 부근에 표착했다. 그것은 희망 호가 침몰한지 석 달이 지나서의 일이었다. 5척이 출항했지만 사랑 호만이 복석시인 일본 땅을 밟을 수 있었던 것이다.
 그나마도 선원 100명 중에 겨우 20명이 목숨을 건졌으나 거의 제 몸조차 가누지도 못하는 상태였다. 4월 19일 주민들과 예수회 포르투갈 신부들이 나타났을 때는 9명만이 제 힘으로 간신히 일어나고 나머지는 거동조차 하지 못했다. 포르투갈 신부들이 그 배는 해적선이니 모두 처형해야 한다고 목성을 높였다.

도쿠가와 이에야스(德川家康-덕천가강)의 명령에 따라 선박은 압수되고 선원들은 오사카성에 감금되었다. 윌리엄 애덤스를 불러 세 차례 만났던 도쿠가와는 조선술과 항해술에 관한 그의 해박한 지식에 감복하여 그를 중용했으니 그가 바로 파란 눈의 사무라이로 알려진 미우라 안진(三浦按針-삼포안침)이었다.

일본에서 자리를 잡은 애덤스는 인편을 통해 영국에 있는 아내와 친지들에게 편지를 자주 써서 안부를 전했다. 애덤스의 도움으로 일본에 진출한 네덜란드와 영국의 동인도회사 직원들이 그의 편지를 전달해줬다. 그가 네덜란드 선단의 조난사고에 관한 소식을 편지에 소상하게 써서 남겼기에 그 내용이 알려졌다.

그 숱한 무역선들이 조난사고나 피습사건을 입었지만 승선자들이 모두 죽어 버리는 바람에 그 내용이 거의 알려지지 않았다. 인도네시아와 필리핀 부근해역, 그리고 카리브 제도의 해저에는 무수한 무역선들이 가라앉았지만 아무 말이 없다. 그 많은 침몰선들은 대항해 시대가 낳은 희생물이었다.

보물선이란 아름다운 이름이 붙었지만 하나 같이 슬픈 사연을 가졌을 것이다. 폭풍우를 만나 침몰하기도 했고 해적선의 습격을 받아 가라앉기도 했다. 아니면 적선을 만나 교전을 벌이다 격침되기도 했다. 대항해 시대가 그 많은 선박들과 함께 무수한 탐험가, 뱃사람들을 수장하는 바람에 그들은 무덤조차 남기지 못했다.

죽음을 각오하고 바다에 도전했던 용기 있는 탐험가, 항해사들이 없었다면 동-서양의 문화-경제교류는 훨씬 늦게 이뤄졌을 것이다.

사무라이로 발탁된 영국인 윌리엄 애덤스는 도쿠가와 이에야스의 어명을 받아 일본최초의 서양식 범선을 건조했다. 일본은 그의 업적을 기려 그가 작업했던 곳에 그의 흉상과 그 배를 형상화한 조각상을 세웠다.

포함 앞세운 서유럽의 개항압력

포르투갈이 인도서 중국 가는데 15년 걸렸다

1497년 7월 포르투갈 리스본을 떠난 바스쿠 다 가마가 열 달도 넘는 험난한 항해 끝에 인도 캘리컷에 닻을 내림으로써 인도항로를 개척하는 데 성공했다. 그로써 탐험가 바스쿠 다 가마는 아프리카 남단을 돌아서 인도 땅을 밟은 첫 유럽인이 되었다. 그의 동방항로 개척은 대서양과 인도양, 유럽과 아시아, 나아가서 서양과 동양을 연결하는 대항해 시대의 개막을 알리는 신호탄이었다.

그의 동방항로 개척은 포르투갈이 동인도 제국을 건설하는 데 초석을 놓았고 훗날 서유럽의

바스쿠 다 가마의 1차 동방항해도 (1497~1499년)

식민주의 시대의 도래를 예고했다. 바스쿠 다 가마가 1498년 5월 20일 인도 캘리컷에 상륙한 이후 포르투갈이 인도양의 해상권을 장악하는 과정에서도 많은 희생이 뒤따랐다.

수십년에 걸쳐 수천명이 생명을 잃었고, 또 수십척의 선박이 파손되거나 침몰했다. 그 과정에서 무수한 원주민들이 무참하게 살육되었음은 말할 나위가 없다. 그 같은 희생을 토대로 포르투갈이 전설적인 향신료 항로를 장악하는 데 성공함으로써 식민주의자로 발돋움하게 되었다.

그 후 반세기가 지나 스페인이 태평양을 건너 필리핀에 동방무역 전진기지를 구축했다. 또 반세기가 지나자 네덜란드와 영국이 동방항로 개척에 나섰고 그 뒤를 프랑스, 덴마크가 따랐다. 그들이 포르투갈이 구축한 아프리카~인도양~태평양~동아시아를 잇는 독점적 해상권에 도전하기 시작했다. 그 해상권 쟁탈전이 격화되면서 아시아는 서유럽의 살육-약탈시대를 맞았다.

1502년 2차 항해를 마치고 귀국한 바스쿠 다 가마는 인도에서 청취한 정보를 토대로 도자왕국 중국이란 나라를 소개했다. 바스쿠는 중국을 도자기, 비단, 진주, 사향의 원산지라는 말로 동방의 보고라고 설명했다. 그 이후 포르투갈의 많은 탐험가, 항해사들이 인도항로를 항해하면서 차츰 중국이라는 존재를 더 자세하게 알게 되었다.

포르투갈인과 중국인의 첫 조우는 1509년 이뤄졌다. 디오고 로페스 드 세케이라는 포르투갈인이 말라카 항에서 중국 정크 선에 타고 있던 선원들을 처음 보았다. 그는 그가 목격한 중국인들을 "피부색이 희고 호감 가는 얼굴에 머리카락은 검고 수염이 없다, 예절이 바르고 식탁에 앉아서 음식을 먹는다"라고 술회했다.

1511년 알폰소 드 알부케르케가 말라카 해협을 정복하고 동

동방항로 최초 개척자 바스쿠 다 가마.

인도에 무역기지를 세운 다음에야 포르투갈인과 중국인 사이에 첫 대면접촉이 있었다. 1512년 그가 왕실에 보낸 보고서에는 중국은 비단과 도자기를 수출하며 사향, 진주, 명반, 장뇌의 산지이고 몰루카 제도에서 많은 후추를 수입한다고 쓰여 있었다.

포르투갈인이 중국 땅을 처음 찾았던 시점은 1513년이었다. 바스쿠 다 가마가 인도에 처음 상륙한지 15년이 지나서 조르주 알바레스가 중국해안에 도달했던 것이다. 이어서 1515년 라파엘 페레스트렐루가 광둥성 일대에서 밀무역을 통해 청화백자를 비롯한 중국물자를 구입했다.

그것은 밀무역이었지만 말라카~광둥 교역이 리스본~캘리컷 교역에 비해 항해일수는 1/6에 불과한데도 수익이 훨씬 더 컸었다. 그러자 포르투갈이 중국교역에 더 큰 관심을 갖게 되었다. 포르투갈이 마침내 중국시장에 본격적으로 침투하기 위해 무력행사에 나섰다.

포르투갈이 1516년 1차 원정대에 이어 1521~1522년 2차 원정대를 파견해 툰멘(屯門-둔문)을 강제로 점령하고 요새까지 세웠다. 명군이 반격에 나서 두 차례나 전투가 벌어

둔문해전(屯門海戰) 상상화. Cangminzho 작품.

졌는데 결국 포르투갈이 두 손을 들고 퇴각했다. 그것이 중국과 유럽국가 사이에 벌어진 첫 교전인 툰먼전투(屯門戰鬪-둔문전투-Battle of Tunmen)였다.

그러나 포르투갈은 포기하지 않고 1530년대 들어 다시 중국에 접근하기 시작했다. 중국의

군사력과 경제력이 막강하다는 사실을 뒤늦게 깨달은 포르투갈은 접근방식을 바뀌었다. 도발적 행동을 자제하고 지방관리에게 뇌물을 줘서 친분을 쌓으면서 상업적 이익을 도모하는 유화적 자세로 돌아섰던 것이다.

 포르투갈 선박들이 광둥성 일대의 해안을 맴돌면서 밀무역에 종사하는 한편 무역거점을 확보하려는 노력을 멈추지 않았다. 포르투갈은 명나라 가정(嘉靖) 35년인 1557년 광둥성으로부터 묵시적으로 마카오 거주권을 얻어 무역기지를 조성하기 시작했다. 당시 포르투갈은 인구가 100만명대에 불과했다.

 그 까닭에 포르투갈이 동아프리카 모잠비크에서 흑인들을 끌고 가서 마카오의 경비를 맡겼다. 마카오는 무역기지로서 역할 못지않게 극동지역 가톨릭 선교 전초기지로서의 기능도 중요했다. 1565년 예수회가 그곳에 성 바오로 신학교와 성 요셉 신학교를 세우고 성직자를 양성하기 시작했다. 특히 성 바오로 신학교는 극동지역 최초의 유럽식 대학교로 발달했다.

 포르투갈인 3명이 탔던 중국 난파선이 1543년 우연히 일본에 표착했다. 그들이 조총을 소지했던 연유로 포르투갈이 일본과는 교역의 문을 쉽게 열 수 있었다. 포르투갈은 중국 밀수꾼한테서 중국물자를 사서 중국이 조공무역을 단절한 일본에 팔아 높은 수익을 올렸다. 포르투갈은 거기에 머물지 않고 인도 고아~중국 마카오~일본 히라도를 잇는 중계무역망을 구축함으로써 전성기를 누렸다.

 그러나 17세기 들어 가톨릭 국가 포르투갈이 강력한 경쟁자를 맞이했다. 그 나라는 다름 아닌 종교의 자유를 선언한 네덜란드였다. 종교적 이유에 따라 적대관계로 돌아선 네덜란드가 포르투갈이 개척한 고아~마카오~히라도 항로를 끊임없이 공략하기 시작했다. 네덜란드는 또 스페인의 마닐라~마카오 교역을 차단하려고 필리핀 해안을 봉쇄하기도 했다.

 1622년 네덜란드가 마카오를 탈취하려고 대대적인 공격에 나섰다. 하지만 포르투갈의 필사적인 항전에 부닥쳐 네덜란드는 마카오 공략을 단념하고 타이완으로 퇴각했다. 한편 포르투갈은 일본에서 무리하게 벌인 포교활동이 빌미가 되어 일본과 불편한 관계를 겪더니 1639년 추방령이 내려져 거의 한 세기만에 일본에서 철수해야만 했다.

 일본은 당초 포르투갈을 입주시킬 목적으로 인공섬 데지마를 조성하고 있었는데 그 무역기지가 네덜란드 동인도회사의 차지로 돌아갔다. 그 덕택에 네덜란드는 쇄국시대에 돌입한 일본의 유일한 대외거래 창구가 되었다. 그로써 고아~마카오~히라도를 잇던 포르투갈의 중계무역 고리 중에서 일본이 끊어져 나가 버렸다.

 거기에다 아편전쟁 이후 영국이 홍콩을 조차지로 확보해 무역거점을 구축하면서 동방무역의 선봉장을 맡아오던 포르투갈의 마카오는 전성기의 깃발을 내리기 시작했다.

중국에 도발한 첫 유럽국가 포르투갈의 연패

　16세기 들어서야 유럽이 중국과 직접적, 공식적 접촉을 처음 시도했으며 그 선봉장은 포르투갈이 있었다. 포르투갈이 청화백자의 고향인 중국을 가장 먼저 찾아 나서면서 본격적인 대항해 시대가 열렸다. 포르투갈은 인도 고아와 말라카에 무역기지를 구축한 데 이어 1500~1506년 여러 차례에 걸쳐 중국으로 가는 뱃길을 찾아 도전장을 던졌었다.
　조르게 알바레스가 1513년 드디어 도자왕국 중국을 찾아냈다. 이어 1515년 포르투갈의 베르나오 페레스 드 안드라데가 이끈 1차 원정대가 중국 광둥(廣東-광동)성 해안에 당도했다. 1516년 그의 원정대가 명나라 황제 정덕제(正德帝)을 알현하겠다며 무턱대고 무력도발을 감행했다가 격퇴되었다.
　그 때가 정덕 10년이었다. 동행했던 대사 토메 피레스는 중국 땅에 발을 들여놓지도 못한 채 쫓겨 가는 길에 잡혀서 감옥에 갇히고 말았다. 그 때 포르투갈이 요구했던 중국황제 알현은 그 후 200년도 넘게 지나서야 실현되었으니 그 때가 1721년 청조 강희 59년이었다.
　1차 원정이 실패로 끝난 지 5년이 흘러 베르나오의 동생 시마오가 1521년 2차 원정에 나서 툰먼(屯門-둔문)을 강제로 점령하고 요새까지 지었다. 그 사실을 알아낸 명군이 우세한 전투력으로 반격에 나서 포르투갈이 또 패주하려고 했으나 명군이 퇴로를 차단했다. 그로써 시마오 드 안드라데가 이끈 포르트갈 함대도 명군한테 패배하고 말았다.
　식량이 떨어져 포르투갈 함대가 포위망을 뚫지 못하면 모두 아사할 판국이었다. 때마침 태풍이 불어 포르투갈 수병들이 겨우 탈출하여 목숨만은 건질 수 있었다. 그것이 1521년 유럽 국가가 중국에 도발하여 벌어졌던 첫 교전인 툰먼전투(Battle of Tunmen)였다. 그 후 수년간에 걸쳐 명나라는 중국 땅에 발을 딛는 포르투갈인들을 닥치는 대로 죽였다.
　사건의 발단은 선장 안드라데가 중국 어린이들을 납치해 말라카로 끌고 가서 노예로 팔고 툰먼에 요새를 지었기 때문이었다. 그 때 포르투갈의 주력사업은 노예무역이라 사람들을 닥치는 대로 잡아서 팔아먹었다. 그런데 중국인들은 포르투갈인들이 어린이를 구어서 먹으려고 사냥하는 줄 알았었다.
　포르투갈이 두 차례에 걸쳐 툰먼전투를 도발했지만 연패하여 중국의 문을 무력으로 여는 데 실패했다. 명나라 황제 정덕제가 수염이 나고 눈이 큰 서방인의 출입을 금지하는 칙령을 내렸다. 포르투갈이 명나라와 접촉을 시도했던 시기의 국왕 마누엘 1세는 2차 툰먼전투가 벌어졌던 1521년 죽었으며 명나라 황제 정덕제도 같은 해 사망했다.
　포르투갈은 중국과 접촉하는 과정에 처음부터 무력도발을 감행했다. 그 때까지도 포르투갈은 중국이 얼마나 큰 나라인지 짐작도 하지 못했다. 포르투갈은 아프리카 서해안과 동해안, 인도 아대륙, 동남아시아를 거쳐서 동쪽으로 전진하면서 많은 무력충돌을 벌였으나 조직적인 군대의 저항에 부닥치지 않았었다.

 포르투갈 원정대가 중국까지 가는 사이에 충돌했던 세력은 무슬림 해적이거나 부족단위의 원주민이었다. 그 까닭에 소총과 대포로 무장한 포르투갈 군대가 활과 창으로 대항하는 원주민 전사들을 쉽게 제압할 수 있었다. 포르투갈은 중국도 그들과 비슷한 세력인 줄 알고 무턱대고 덤벼들었다가 연거푸 패전의 고욕을 치렀다.

 중국대륙에는 동남아시아와 인도 아대륙과 달리 강력한 중앙집권체제를 구축한 거대한 제국이 자리 잡고 있다는 사실을 포르투갈이 뒤늦게야 깨달았을 수 있었다. 포르투갈은 중국한테 무력도발을 감행하기 이전에도 그 이후에도 명나라와 공식적인 접촉을 가질 수 없었다.

 그 상태에서 포르투갈은 광둥지역 밀수꾼들을 통해 청화백자를 사서 팔아 큰돈을 벌면서 밀무역이 더욱 활기를 띠었다. 이어 포르투갈은 중국이 조공무역을 단절한 일본과도 교역의 길을 트게 되었다. 그에 따라 포르투갈은 일본이 필요로 하는 중국물자를 밀수꾼한테서 사서 일본에 가져다 팔면서도 호황을 누렸다.

교역초기에는 포르투갈이 유럽 문양을 그린 청화백자를 주문해서 수입했었다. 그 중에는 천체의 운행과 위치를 관측하던 장치인 혼천의와 포르투갈 왕실의 문장이 그려진 기형들이 있었다. 혼천의와 십자군기는 포르투갈 왕실의 상징물이었다. 그 까닭에 포르투갈 선박은 십자군기를 휘날리며 세계의 바다를 누볐다.

포르투갈이 주문해 다른 유럽국가들의 왕실문장을 그린 청화백자를 유럽왕가들에게 선물로 보내자 큰 환심을 샀다. 포르투갈이 유럽 왕가와 귀족 사이에 청화백자 수집열풍이 일어나는 데 일조를 한 셈이었다. 또한 유럽 국가들에게 중국무역에 참여열기를 북돋았다.

 무력충돌 이후에는 포르투갈이 수십년에 걸쳐 아주 조심스럽게 중국에 접근했다. 포르투갈 상인들은 육지와 멀리 떨어지지 않은 무인도에서 해마다 7~11월 무역박람회를 열기 시작했다. 그 지역은 해적의 소굴이라 포르투갈이 해적들을 통제하겠다고 명나라에 제안했고 그것이 받아들여졌다.

 나중에 포르투갈이 그곳의 거주권

청화백자 포르투갈 왕실문장 쟁반, 1520~1540년, 징더전 제작. 크기 9.5×52.7cm. 헬레나 울우드 맥캔 소장.

을 인정받게 되었으니 그곳이 바로 마카오다.

태평양 건너 마닐라서 중국에 도발한 스페인

 인도 고아에 무역거점을 확보한 포르투갈은 말라카를 점령하고 나서 청화백자를 찾아 남중국해안에 진출했다. 포르투갈은 중국시장에 침투하려고 여러 차례 무력도발을 시도했으나 연패한 끝에 타협적인 자세로 돌아섰다. 포르투갈이 밀무역에 의존하면서 반세기 가까이 왜구퇴치에 가담하는 등 중국의 환심을 사서 마카오에 무역거점을 구축할 수 있었다. 그 때가 1557년이었다.

 스페인은 다른 유럽 국가와는 반대방향에서 청화백자를 찾아 중국해안에 나타났다. 대서양을 건너서 아메리카 대륙을 정복한 스페인은 멕시코에 전진기지를 마련 다음에 태평양을 횡단하여 필리핀에 진출했다. 1565년 미구엘 레가스피(Miguel de Legaspi)가 이끈 원정대가 강력한 지배체제를 구축하지 못한 필리핀의 북부지역에 큰 저항 없이 입성할 수 있었던 것이다.

 페르디난드 마젤란(Ferdinand Magelan)이 아메리카 대륙의 남단을 돌아서 1521년 필리핀의 세부에 처음 상륙했었다. 그 때부터 따지면 그 후 거의 반세기가 지나서 스페인이 필리핀을 점령한 셈이었다. 포르투갈이 말라카를 장악하고 향신료 무역을 독차지한지 10년만의 일이었다.

 스페인은 1571년 필리핀의 가장 큰 섬이자 중국의 조공국인 루손(呂宋-여송)을 점령하고 본격적인 식민지 통치에 돌입했다. 스페인이 막상 필리핀을 장악했으나 기대했던 향신료도 없고 약탈할 물건도 별로 없었다. 실망한 스페인이 마닐라를 전초기지로 삼아 중국시장을 넘나보았다. 스페인이 포르투갈 다음에 동방무역에 진출했던 셈이다.

 스페인이 스페인~멕시코~필리핀~중국을 잇는 뱃길을 통해 이른바 '대범선무역'을 시도했으나 중국의 반격에 부닥쳐 직거래를 트지 못했다. 스페인은 마카오에 거점을 두고 있던 포르투갈을 통해 중국상품을 수입해야만 했다. 또는 마닐라에 거주하던 중국화교들이 타이완(臺灣-대만), 푸젠(福建-복건)성, 광둥(廣東-광동)성에서 중국상품을 사오는 중계무역을 통해 중국과의 간접교역을 확대해 나갔다.

 필리핀 주재 스페인 총독 돈 후안 자무디오(Don Juan de Zamudio)가 1575년, 1576년 두 차례에 걸쳐 통상사절단을 푸젠성에 파견해 개항을 요구했으나 거절당했다. 1598년 총독 자

네덜란드의 포르투갈 갤리언 선박 기습공격. 네덜란드 동인도회사가 1639년 9월 30일 돌연 인도 고아 만에 정박 중이던 포르투갈 갤리언 선박을 공격하여 3척을 전파했다. 네덜란드는 포르투갈의 무역기지 고아를 탈취하려고 여러 차례 공격했으나 실패로 끝났다. 헨드릭 반 안토니센 작품.

무디오가 친히 함대를 이끌고 광둥성에 가서 무력을 행사하며 통상교섭을 벌였으나 격퇴당하고 말았다.

필리핀 화교사회가 중국교역을 거의 독점하면서 중국 이주민이 크게 늘어났다. 화교사회가 빠르게 팽창하자 위기의식을 느낀 스페인이 대대적인 화교탄압에 나섰다. 그에 맞서 1593년 필리핀 화교들이 폭동을 일으키고 필리핀 주재 스페인 총독을 살해했다.

스페인은 그 사건을 빌미로 1603년 중국화교 2만5,000명을 살육하는 대학살을 자행했다. 강경진압의 배경에는 필리핀 화교사회가 중국을 등에 업고 스페인 식민통치에 도발할 것을 우려한 경계심리가 작용했다. 중국화교가 스페인 거주자보다 많아지자 스페인이 위기의식을 느꼈던 것이다.

중국과의 교역이 확대되자 스페인이 중국 연안과 가까운 곳에 무역거점을 확보하려고 나섰다. 스페인은 1626년 무력을 동원하여 오늘날 지명으로는 지룽(基隆-기륭)인 타이완의 계롱(鷄籠)항을 강점하고 지명을 산 살바도르(San Salvador-성 구세주)라고 개명한 데 이어 단수이(淡水-담수)항도 점령하였다.

스페인이 타이완의 북부지역을 점령하고 식민통치에 들어갔으나 15년만에 철수해야하는 사태가 벌어졌다. 스페인보다 앞서 타이완 남부지역에 무역기지를 구축하고 있던 네덜란드가 1641년 무력으로 스페인 점령지를 침탈했다. 그로써 스페인이 타이완을 식민지로 만들려던 기도가 좌절되었다.

마닐라로 퇴각한 스페인이 또 다시 중국시장 개방을 압박하고 나섰다. 청나라가 중원을 차지한지 2년째인 1646년 스페인이 시장개방을 압박하기 위해 사신을 베이징에 보내려고 시도했으나 해금령(海禁令)에 묶여 실패했다. 그 시점에는 청나라가 모든 선박의 입출항을 금

지하고 잔명세력을 소탕하느라 여념이 없었다.

 스페인의 그 같은 무리한 무력도발은 청나라에 관한 정보가 부족하여 정세를 오판했던 것으로 보인다. 아니면 스페인이 아메리카 대륙을 정벌한 군사력을 과신하고 도발을 감행했는지도 모를 일이다. 어쨌든 청화백자의 본산지 중국시장 개방을 노린 스페인의 무력도발은 실패로 끝났다.

 스페인은 네덜란드나 영국과 달리 해외시장 개척의 첫째 목적은 가톨릭교 포교였다. 스페인이 루손을 넘어서 필리핀 남부지역으로 세력을 확장해 나가면서 무슬림 원주민과 종교적 충돌이 빈발했다. 민다나오를 중심으로 남부지역에 포진한 이슬람 세력이 스페인의 가톨릭 침투에 대해 끊임없이 반발했던 저항이 그것이다.

 그 갈등은 오늘날까지 이어지고 있다.

중국 문 열려다 연패로 끝난 네덜란드의 도발

 포르투갈보다 한 세기 늦게 동방무역에 진출한 후발주자 네덜란드는 지구를 반 바퀴 쯤 돌아서 오늘날의 자카르타인 바타비아에 동인도회사 동방본사를 차렸다. 네덜란드는 이어서 1611년 일본 히라도(平戶)에 무역기지를 설치했는데 바타비아에서 그곳에 가려면 또 지구를 반의 반 바퀴 쯤 더 돌아야만 했다.

 네덜란드의 입장에서 동방무역을 통해 큰돈을 벌려면 무엇보다도 청화백자의 주산지인 중국 땅에 무역거점을 설치하는 문제가 중요한 과제였다. 무역선이 인도네시아 바타비아와 일본을 오가려면 중간지점인 중국에 창고와 사무실을 갖추고 식수, 식량, 무기 등 보급품을 공급하는 무역거점의 확보가 필수적이라는 판단이었다.

네덜란드의 적대국이자 경쟁국인 포르투갈은 인도 고아에 동방본사를 차리고 중국 마카오와 일본 히라도에 무역거점을 두고 중계무역을 통해 동방무역의 호황을 누리고 있었다. 네덜란드는 포르투갈과 유사한 아시아 무역망을 구축하려면 중국에 무역거점을 확보하는 문제가 시급한 과제였다.

네덜란드 동인도회사가 1620년을 전후해 명나라한테 푸젠(福建-복건)성에 무역기지를 허용하고 마카오에서 포르투갈을 축출하라고 요구했다. 또 스페인의 마닐라와도 거래를 단절하라고 압박했다. 네덜란드가 그 같은 요구사항을 내걸고 여러 차례 명나라에 무력도발을 감행했지만 번번이 실패했다.

네덜란드는 1618년 중국선박을 나포해 선원들을 인질로 잡고 명조에게 협상에 나오라고 협박하기도 했다. 네덜란드는 또 마카오를 뺏으려고 포르투갈한테도 20년 이상 무력도발을 감행했다. 네덜란드는 연패를 거듭하다 1622년 포르투갈과 벌인 마카오 전투에서는 참담하게 패배했다.

명나라가 네덜란드에게 무역거점을 허용하지 않았던 이유는 중국은 원칙적으로 조공무역 이외의 공무역을 허용하지 않았기 때문이었다. 중국이 조공국에 한해 중국이 지정한 장소에서 비상시적으로 일정한 규모의 특정한 품목만 거래를 허용했는데 그것을 조공무역이라고 일컬었다.

거기에다 명나라가 네덜란드를 해적의 무리와 비슷하게 여겼기 때문에 무역기지 설치를 허용할 리가 없었다. 실제 네덜란드 동인도회사는 남중국해 일대에서 행적행위를 일삼았다. 그럼에도 네덜란드는 1622년 타이완과 가까운 펑후(澎湖)군도를 점령하고 요새 건설을 강행했다.

그 이후에도 네덜란드는 푸젠성을 개항하라는 요구를 멈추지 않았다. 명나라는 네덜란드의 요구를 거절하는 데 그치지 않고 펑후군도에서도 철수하라며 강경하게 대응했다. 명조의 입장은 펑후군도에서 물러나 타이완으로 옮기면 그곳에 무역기지를 설치하는 문제는 간여하지 않겠다는 자세였다.

명나라가 펑후군도에 무역기지를 허용하지 않았던 데는 이유가 있었다. 9~10세기 푸젠성에 살던 한족들이 펑후로 이주하면서 어촌이 생겼다. 남송과 원나라 때는 관리들이 간헐적으로 파견되어 주둔하기도 했다. 명나라는 15세기 해금령의 일환으로 주민들에게 소개령을 내리고 거주를 금지했었다.

해금령을 내리면 거주를 허용하지 않았기 때문에 모든 주민은 내륙지역으로 이주해야만 했다. 16세기 들어서야 해금령이 풀려 다시 어촌이 들어서고 주민들이 정착하기 시작했다. 그런데 네덜란드가 그곳을 점령하고 무력도발을 일삼았으니 명나라가 단호하게 무력응징에 나섰던 것이다.

네덜란드의 첫 도발은 1603년 이뤄졌다. 네덜란드가 펑후군도에 군사기지를 설치하고 무역기지로 활용하려하자 명나라가 네덜란드를 축출했다. 펑후(澎湖) 군도의 또 다른 이름인 페스카도레스 군도(Pescadores Archipelago)는 포르투갈어로 어부의 섬이란 뜻인 'Ilhas dos Pescadores'에서 유래했다.

펑후 군도는 타이완에서 서쪽으로 50km 떨어져 있으며 가장 큰 섬은 마쿵(馬公-마공)이다. 네덜란드는 명군과의 해전에서 연전연패에도 불구하고 도발을 멈추지 않았다. 네덜란드는 중국의 항구들을 공격하고 중국선박의 항해를 방해하겠다며 협박을 이어갔다.

그 뿐만 아니었다. 네덜란드는 명나라의 대외거래 창구를 바타비아(자카르타), 태국, 캄보디아에 주재하던 네덜란드 동인도화사로 일원화하라는 요구까지 들고 나왔다. 명나라가 네덜란드의 그 같은 터무니없는 억지를 묵살하고 1622년 9월 19일 타이완으로 퇴각하라고 재차 촉구했다.

그에 맞서 네덜란드가 같은 해 10월, 11월 푸젠성의 샤먼(廈門-하문)을 공격했으나 실패했다. 명나라는 이미 그해 3월 샤먼에 장거리 포대를 설치하고 네덜란드의 침공에 대비하고 있었다. 네덜란드는 1623년 또 다시 공격을 시도하여 전함 5척을 보내 리우아오(劉鰲-유오)를 공격했으나 또 격퇴되었다.

그 때 상당수의 네덜란드 수병들이 포로로 붙잡히고 전함 1척이 격침되었다. 그럼에도 네덜란드는 중국인 포로들을 강제로 노역을 시키는 한편 펑후기지에 전함을 6척에 이어 5척을 추가로 배치하는 등 재차도발을 위한 공격태세를 강화하고 있었다.

명나라도 네덜란드의 추가도발에 대비하고 있었다. 1623년 10월 네덜란드가 샤먼(廈門-하문)을 또 다시 침공했으나 명군의 반격에 눌려 연패의 고배를 마셨다. 사령관 크리스천 프란크스가 포로로 잡히고 전함 1대가 전소했다. 그 때까지 수비태세를 취하던 명나라가 공세로 돌아서 네덜란드를 펑후군도에서 쫓아냈다.

1624년 7월 30일 명나라가 1만명의 병력과 50척의 전함을 동원하여 네덜란드의 펑후기지를 맹공했다. 궁지에 몰린 네덜란드가 8월 3일 강화협상을 제의하고 명나라의 요구대로 펑후에서 타이완으로 철수했다. 네덜란드가 연패한 원인은 군사력을 과신한 탓이 크다.

네덜란드는 동남아시아의 여러 부족국가와 싸운 경험을 토대로 명나라의 군사력도 그

1633년 샤먼 봉쇄. 명나라-네덜란드 해전. Simon de Vlieger의 1650작. 유화
네덜란드는 중국대륙에 무역거점을 확보하려고 명나라에 여러 차례 무력도발을 감행했으나 실패했다. 1622년 펑후(澎湖)군도를 점령하려고 도발했으나 격퇴되었다. 이어 1623년 또 네덜란드는 푸젠성의 샤먼(廈門-하문)을 공격했으나 패퇴했다.

수준이라고 과소평가했었다. 명조가 역공을 취하지 못하리라고 오판했다가 결국 역습을 당한 꼴이었다. 거기에다 네덜란드는 명나라가 북방민족의 침탈에 시달리고 있다는 점도 간파하여 스스로 승산이 높다고 판단했던 것 같다.

　네덜란드는 1622~1624년 명나라와의 전투에서 연패함에 따라 펑후군도에서 축출되었다. 이어 10년이 지난 1633년 랴오뤄(料羅-요라)만 해전에서도 명나라의 해적출신인 해군제독
정지룡(鄭芝龍)한테 패배의 고배를 마셨다. 그로써 네덜란드는 중국 연안에서 쫓겨나 타이완으로 퇴각해야만 했다.

100년 늦게 중국진출 시도했던 영국의 연패

　많은 역사적 기록에 대항해 시대를 맞아 영국, 스페인, 네덜란드, 포르투갈 등 서유럽 국가들이 거의 동시에 중국에 가서 교역을 개시한 것처럼 나온다. 그러나 그것은 사실이 아니다. 유럽국가 중에서 중국을 가장 먼저 찾은 나라는 포르투갈이었는데 그 때가 1513년이었다. 포르투갈은 인도 고아와 말라카에 무역기지를 확보하고 나서야 중국진출을 시도했다.
　청화백자를 찾아 중국항로 개척에 나선 영국의 첫 도전은 1596년 이뤄졌다. 영국이 1588년

10년이 지난 1633년 네덜란드 타이완 총독 한스 푸트만스가 이끄는 함대가 타이완 해협을 장악하기 위해 해적두목 출신 정지룡의 명나라 함대에 도전했으나 대패했다. 그 전투는 아편전쟁 이전까지는 중국과 유럽국가 사이에 벌어진 최대의 해전이었다.

스페인의 무적함대를 격파하고 대양원정에 자신감을 가지고 나서야 중국진출을 모색했던 것이다. 포르투갈의 바스쿠 다 가마가 1497년 동방항로를 찾아 나섰으니 그로부터 꼭 한 세기가 지나서야 이뤄진 영국의 도전이었다.

영국 여왕 엘리자베스 1세(Elizabeth I-1558~1603년)가 명나라 황제에게 보내는 친서를 휴대한 사신을 여러 차례 파견했으나 도중에 조난사고 등으로 무산되었다. 선장 벤자민 우드가 이끄는 첫 원정대가 중국을 찾아 떠났으나 목적지에 가지도 못한 채 실종되어 버렸다.

그 후에도 영국이 통상관계를 맺으려고 중국항로 개척을 여러 차례 시도했으나 번번이 실패했다. 그의 후임 국왕 제임스 1세(James I-1603~1625년)도 사신을 파견했으나 마찬가지로 실패했다. 영국은 1600년 12월 31일 네덜란드보다 조금 앞서 동인도회사를 설립했다.

그러나 영국은 네덜란드보다 한참 늦은 1631년에야 중국시장에 본격적인 접근을 시도했다. 영국은 선발주자 포르투갈과 제휴해 전함을 앞세우고 명나라에 개항을 요구하며 통상압력을 넣었다. 하지만 포르투갈이 한 세기 전에 실패했던 전례처럼 영국도 패퇴되었다.

이어서 1637년 8월 영국의 존 웨델(John Weddell)이 무장상선 4척을 이끌고 광저우(廣州-광주) 후먼(虎門-호문)에 침입했으나 명나라 해군에 의해 격퇴되었다. 그 때는 명나라가 멸망을 7년 앞둔 시점이었다. 영국동인도회사는 명나라가 패망하고 청나라가 들어선 다음에야 비로소 타이완에 임차형식으로 무역기지를 확보했었다. 그 때가 1672년이니 청조 강희 10년이었다.

그에 앞서 1670년 영국동인도회사 선박이 타이완 안핑(安平-안평)에 정박하는 일이 생겼다. 그것이 계기가 되어 영국이 타이완에 임차형식으로 무역기지를 설치했던 것이다. 그 즈음 타이완에는 청나라한테 쫓겨난 정성공의 잔명세력이 그곳에 무역기지를 구축하고 있던 네덜란드를 축출하고 정씨 왕국을 세웠었다. 그 동녕왕국의 허락을 받았던 것이다.

임차조건은 건물의 임차료로 해마다 500페소씩 내고 수입상품에 대해서는 3%의 관세를 납부하는 것이었다. 또 영국이 총포기술자 1명을 타이완에 상주시켜 무기제조를 돕도록 했다. 그와 함께 타이완에 입항하는 모든 영국선박은 화약, 소총, 후추, 면포, 산호, 호박, 백단목 등 동녕왕국이 필요로 하는 물품을 수입하도록 했다.

그런데 거래실적이 좋지 않아 영국이 1680년 타이완에서 무역기지를 자진하여 철수했다. 그 후 3년이 지나 마지막 잔명세력인 동녕왕국이 청조의 정벌에 의해 멸망했다. 영국은 일본에서도 타이완에서와 마찬가지로 영업실적이 나빠 일찍이 철수한 바 있었다.

영국은 포르투갈이나 네덜란드에 비해 아시아 교역실적이 아주 저조했는데 나중에 중국에 아편을 불법적으로 수출하면서 아시아 무역의 주도권을 장악했다. 한편 청나라는 잔명세력

청나라 광저우(廣州-광주)의 외국인무역기지 전경. 유화. 1820년작. 작가미상.
청나라 강희제는 서방의 통상압력을 일부 수용하여 중국 대리인인 공행(公行)을 통해서만 제한적인 상거래를 허용했다. 외국인의 거주이전을 제한하고 여자와 가족의 거주를 허용하지 않았다. 외국인무역기지에 게양된 덴마크, 스페인, 미국, 스웨덴, 영국, 네덜란드의 국기가 보인다.

을 소탕하고 나서야 유럽국가의 교역제의에 대해 제한적이지만 수용적인 자세를 취하기 시작했다.

청나라가 1700년대 들어서 유럽국가에게 거주지를 광저우(廣州)로 제한하고 중국인과의 접촉을 엄격하게 통제하는 조건으로 무역기지 설치를 허용했다. 그에 따라 영국이 뒤늦게 중국에 진출했지만 1715년 가장 먼저 광저우에 상륙했다. 뒤이어 프랑스 1728년, 네덜란드 1729년, 덴마크 1731년, 스위스 1732년 등으로 무역기지를 설치했다.

영국은 강희제가 무역기지를 허가했지만 나머지 국가는 옹정제(雍正帝)가 허가했다. 포르투갈이 중국해역에 처음 진출한지 200년이 지나서야 유럽 국가들이 광저우의 통항허가를 얻었고 중국물자를 직접 수입하는 길이 열렸던 것이다. 하지만 그 때는 독일의 드레스덴에서 이미 백자를 개발하여 중국의 천년독점이 깨지고 있었다.

또 유럽에 진출한 일본의 채색자기가 인기를 얻고 있어 중국 도자기의 전성시대가 서서히 막을 내리고 있었다. 그러나 18세기 들어서 영국의 중국교역은 차 수입과 아편 수출이 증가하면서 호조를 띠기 시작했다.

아시아 보물찾기에 뒤늦게 덤볐던 유럽국가들

동방무역에 처음 나선 포르투갈이 흰 금으로 알려진 중국 청화백자와 함께 그 비싼 향신료도 가득 싣고 귀항하자 유럽은 흥분의 도가니였다. 하지만 나머지 유럽 국가들은 그 모습을 한 세기 가까이 선망과 질시의 눈으로 쳐다만 보아야했다. 포르투갈이 동방항로를 장악하고 있어 누구도 감히 도전의 깃발을 들지 못했던 것이다.

하지만 1588년 영국 해군이 스페인의 무적함대를 격파한 다음부터는 사정이 달라졌다. 스페인이 패배하자 서유럽에서는 해양원정의 열기가 분출했고 그 기류를 타고 서유럽 국가들이 저마다 청화백자라는 금맥을 잡으려고 중국으로 달려갔다. 포르투갈이 개척한 길을 따라 네덜란드와 영국이 앞장섰고 그 뒤를 덴마크, 프랑스, 오스트리아, 스웨덴이 줄을 이었다.

그야말로 대항해 시대의 골드러시였다. 그들은 만나는 곳마다 무력충돌을 벌였고 서로 약탈을 일삼으면서 동방의 보물찾기에 혈안이었다. 그래도 덴마크는 후발주자 중에서는 비교적 일찍 동방무역에 진출한 편이었다. 덴마크는 네덜란드나 영국에 비해 10여년 늦게 동방무역의 기치를 올렸다.

1616년 설립된 덴마크 동인도회사(Dansk Ostindisk Kompagni)가 그것이다. 덴마크는 인도 아대륙의 트란퀘바르에 무역기지를 확보하고 주로 인도교역에 주력했었다. 그러나 큰 성과를 거두지 못하고 1729년 회사를 청산했다. 덴마크는 1732년 동인도회사를 아시아회사(Asiatische Compagnie)로 재건하고 다시 동방무역에 도전했었다.

덴마크 아시아회사는 전성기에 스웨덴 동인도회사와 더불어 영국 동인도회사보다도 더 많은 중국차(茶)를 수입하는 실적을 올리기도 했었다. 그러나 덴마크가 나폴레옹 전쟁에 휩싸이는 바람에 덴마크 아시아회사가 곤경에 빠지더니 재기의 발판을 마련하지 못했다.

1807년 2차 나폴레옹 전쟁이 발발하자 영국 함대가 코펜하겐 항구 깊숙이 들어가 공격한 바람에 덴마크 아시아회사가 소유했던 선박이 모두 소실되었다. 세계의 해상권을 장악하고 있던 영국이 덴마크가 대양으로 나가는 길을 사실상 봉쇄한 것이었다. 그로써 덴마크는 동방무역의 종막을 내리고 아시아에서 퇴장했다.

프랑스는 덴마크보다도 반세기 가까이 늦은 1664년 들어서야 프랑스 동인도회사(French Compagnie des Indes Orientales)를 설립했다. 이어서 사장 자리에 네덜란드 동인도회사에서 30년 동안 근무하면서 그 중에서 20년간은 일본에 주재했던 인사를 영입했다. 오늘날 말로 외국인 CEO(최고경영자)를 영입했던 셈이다.

그러나 프랑스 동인도회사는 아프리카 동해안에 위치한 마다가스카르를 식민지로 만들려다 실패했다. 그 즈음 마다가스카르를 본거지로 삼고 활동하던 해적들도 동방무역에 진출하기 위해 해운회사 설립을 추진하기도 했었다. 그 때는 해운회사나 해적의 무리나 크게 다를 바 없었다.

1719년 프랑스 동인도회사가 인도 아대륙에 무역기지를 확보했으나 거의 파산상태에 빠져버려 같은 해 다른 무역회사들과 통합되었다. 프랑스는 무굴제국이 쇠퇴의 길을 걷자 그 기회를 이용하려고 인도의 정치적 문제에 적극적으로 개입하기 시작했었다.

프랑스는 인도 남부지역의 통치자들과 동맹을 맺고 1741년부터 인도와 영국에 대해 공격적인 정책을 추진했으나 실패했다. 프랑스 동인도회사는 재정상태가 점차 악화되어 결국 1769년 청산절차에 들어갔다. 하지만 프랑스는 인도의 무역항 폰디체리와 찬데르나고르를 1949년까지 점령했었다.

1731년 스웨덴 동인도회사(SOIC-Svenska Ostindiska Companiet)가 극동지역과 교역을 추진하기 위해 설립되었다. 그것은 영국이나 네덜란드보다도 130년이나 늦은 출발이었다. 스웨덴은 영국과 네덜란드의 동인도회사 성공에 자극받아 그보다 훨씬 일찍이 설립에 관한 논의가 무성했으나 잦은 전쟁으로 구체화하지 못했었다.

스웨덴은 대북방전쟁(The Great Northern War)의 여파로 경제상황이 극도로 악화된 상태였다. 대북방전쟁은 1700~1721년 스웨덴과 러시아 동맹국 사이에 벌어진 전쟁을 말한다.

그 전쟁으로 말미암아 스웨덴은 발틱 해에서 우위를 상실했다. 그에 따라 국가재건 방안의 하나로 아시아 무역의 중요성에 관한 논의가 무성했었다.

 하지만 동방무역 진출에 관해서는 부정적인 여론이 우세했었다. 철강과 목재를 팔아서 중국의 도자기, 비단, 차를 사는 것은 사치요, 낭비라는 여론이 비등했었다. 또 인도 면직물의 수입으로 인해 겨우 생산체제를 갖춘 직물산업이 타격을 받을 수 있다는 우려의 소리도 높았다.

 또한 아시아 교역을 담당하는 무역회사가 자칫 영국, 프랑스 같은 강대국의 이익을 침해할 경우 무력충돌을 야기하여 또 전쟁에 휩쓸릴 수 있다는 염려도 적지 않았다. 그 까닭에 새로운 회사설립에 관한 논의가 지지부진한 상태에서 진척되지 않고 있었다.

 그런데 영국 동인도회사에 참여하지 못한 스코틀랜드와 잉글랜드 상인들이 주주로서 스웨덴의 해운회사 설립에 참여하기를 희망했다. 1729년 스코틀랜드 상인 콜린 캠벨이 스웨덴 국왕 헨리크(Henrik)의 도움을 얻어 회사설립을 추진했다. 하지만 스웨덴 정부의 반응은 냉담했었다.

 그러자 국왕이 직접 나서 의회의 동의를 얻어냄으로써 스웨덴 동인도회사가 출범하게 되었다. 초기에는 주주에게 고율의 배당을 실시했으나 1813년 재정난으로 문을 닫았다. 마지막 선박이 1806년 고텐부르그로 귀환했다는 내용이 회사의 공식기록으로 남아있을 뿐이다.

 스웨덴에 앞서 오스트리아도 1717년 정부출자 없이 동인도회사를 설립했었다. 선주들과 상인들이 중심이 되어 동인도와 직접거래를 추진하기 위해 회사를 세웠던 것이다. 국왕도 신하들에게 출자를 독려했다. 하지만 사업이 뜻대로 이뤄지지 않아 1731년 회사가 문을 닫았다.

후발국가들이 동방무역에 뛰어들 즈음에는 선발국가들이 이미 고정적인 거래처를 확보해 뚫고 들어갈 여지가 없었던 상황이었다. 무엇보다도 포르투갈에 이어 스페인, 네덜란드, 영국이 동아시아 일대의 요충지를 점령해 식민지로 만든 상태라 무역거점을 확보하기가 여의치 않았다.

 17세기 들어 동방무역에 진출한 네덜란드와 영국이 포르투갈이 한 세기 동안 독점적으로 구축했던 영역을 침탈하기 시작했다. 후발주자 영국과 네덜란드의 동인도회사가 약진하자 포르투갈도 거기에 자극을 받아 1628년 동인도회사(Companhia da Índia Oriental)를 설립했었다.

 하지만 포르투갈 동인도회사는 네덜란드 동인도회사와 시장쟁탈전에서 열세를 모면하지 못해 단명했다. 출범 5년만에 수익기반이 취약해져 1633년 청산절차를 밟고야 말았다.

05

동-서양의
해적
전성시대

해군 사령탑 접수한 해적

영국해군이 1588년 스페인 무적함대를 격파한 '엘리자베스의 영광스런 승리'. 영국이 당시 제해권을 장악하고 있던 스페인을 제압함으로써 네덜란드와 함께 식민지 개척시대를 본격적으로 여는 계기를 잡았다. 당대에 가장 유명했던 해양화가 찰스 드 레이시(1856~1929년) 작품.

05 해군 사령탑 접수한 해적 | 무적함대 격파한 해적수괴

무적함대 무찌른 영국해군 부사령관은 해적두목

서유럽이 동남아시아의 향신료와 중국의 청화백자를 찾아 나서면서 대항해 시대가 열렸다. 그 무렵 서유럽의 해외교역이 늘어나는 가운데 세계의 바다에서는 약탈과 살육이 성행했다. 국적이 다른 선박들이 만나기만 하면 서로 죽이고 화물을 뺏었다. 땅을 보기만 보면 상륙해서 점령하고 살육, 파괴, 방화, 약탈을 자행하고 식민지로 만들었다.

그 바다의 제왕은 아메리카 대륙에 웅대한 제국을 건설한 스페인과 도자기무역, 향신료무역, 노예무역을 독점한 포르투갈이었다. 세계의 3대양, 즉 대서양, 인도양, 태평양은 한 세기 동안 두 나라의 독무대였다. 그런데 1588년 영국해군이 스페인의 무적함대(Invincible Armada)를 격파함으로써 세계의 역사는 길림 길에 들어섰다.

승자인 영국은 세계의 바다를 제패하여 해양제국으로 등극했지만 패자인 스페인은 포르투갈과 함께 제국의 사양길로 접어들었다. 그 승리에 힘입어 영국이 스페인의 숙적인 네덜란드와 나란히 동방무역에 진출하는 뱃길을 열었다. 스페인에게 패전의 굴욕을 안긴 주역은 영국해군 부사령관 프란시스 드레이크(Francis Drake)였는데 그는 다름 아닌 해적두목 출신이었다.

그의 출생에 관한 공식기록은 거의 알려진 바 없다. 그가 주디스라는 이름을 가진 배의 선장이 되었을 때 그의 나이가 22살이었다고 하니 역산해서 그가 1544년 출생한 것으로 알려졌다. 그는 가난한 개신교 목사의 열두 아들 중에서 장남으로 태어났다.

많은 식솔을 거느리고 근근이 살아가던 그의 아버지가 입 하나라도 덜려고 첫째 아들인 그를 이웃의 뱃사람에게 도제로 맡겼다. 드레이크를 남달리 착실하게 여겼던 배 주인이 죽으면서 배를 드레이크한테 물려주었다. 그 바람에 그는 뜻밖에도 10대의 어린 나이에 선주가 되었으며 두 차례 결혼했으나 슬하에 자식이 없었다.

23살이 되던 해 프란시스 드레이크는 6촌 형 존 호킨스와 함께 그 집안의 배를 타고 첫 아메리카 항해 길에 올랐다. 그는 젊은 시절에 대서양을 오가며 노예무역에 종사하면서 해적질을 일삼았다. 그는 1568년 아메리카 항해에 나섰다가 멕시코의 항구도시 산 후안 드 울우아에서 스페인 선박의 공격을 받았다.

6촌 형과 함께 겨우 탈출하여 목숨을 건진 그는 스페인한테 복수하기로 굳게 다짐했다. 그 후 두 사람은 스페인 선박과 스페인 식민지를 닥치는 대로 공격해서 재물을 약탈하고 살육을 일삼았다. 드레이크는 중앙아메리카 최남단인 파나마 지협을 공격하기로 작정했다. 지협은 두 개의 육지를 연결하는 좁고 잘록한 땅을 말하는데 그곳에 나중에 파나마 운하가 뚫렸다.

1588년 스페인 무적함대 격파를 이끈 해적두목 출신 영국해군 제독 프란시스 드레이크 동판초상화. Balthasar Jenichen의 1591년 작품.

그곳은 바로 스페인이 페루 포토시에서 채굴한 금과 은을 태평양 해안을 따라서 배로 실어 나르던 집하장이었다. 거기서 스페인은 그 화물을 다시 노새 등에 싣고 산을 넘고 강을 건너 카리브 해안으로 옮겼다. 그곳에서 또 다시 금과 은을 갤리언 선에 옮겨 싣고 대서양을 건너 스페인으로 가져갔다.

1572년 5월 24일 드레이크가 작은 배 두 척에 73명의 해적무리를 거느리고 영국의 플리머스 항을 떠나 엘살바도르의 놈브레 데 디오스를 향해 출항했다. 1572년 7월 그의 무리가 그곳을 습격해 재물을 닥치는 대로 강탈하고 마을을 차지했다. 그 과정에서 드레이크는 목숨이 위태로울 만큼 큰 부상을 입었다.

부하들이 철수하자고 그를 간곡히 설득했으나 그는 1년 가까이 그곳에 머물며 스페인 선박을 습격하고 보물을 약탈했다. 이듬해 그는 프랑스 해적과 합세해서 스페인 왕실로 금과 은을 호송하던 192마리의 노새 행렬을 기습했다. 카리브 해안으로 가던 그 수송단은 노새 한 마리에 금과 은을 136kg씩 실었으니 노획물의 무게가 자그마치 26t이 넘었다.

프란시스 드레이크의 1577~1580년 세계일주 항해도. 1590년경 제작. 작가미상.

드레이크의 무리가 타고 간 배는 70t급과 25t급으로 작은 배였다. 한꺼번에 약탈물은 다 싣고 가져가기에는 너무 많은 물량이어서 일부는 나중에 가져가기로 작정하고 땅에 묻었다. 프랑스 해적두목은 부상을 입고 잡혀서 참수되었다. 드레이크의 무리는 그해 8월 9일 플리머스로 귀항했다. 그런데 그 때 그가 숨겨놓았던 금은을 찾으려는 보물 사냥꾼들이 오늘까지도 수색작업을 멈출 줄 모른다.

스페인은 드레이크를 죽여야 한다고 난리였다. 영국여왕 엘리자베스 1세는 빼앗긴 재물을 되찾는 행위는 정당하다고 두둔하며 오히려 드레이크에게 사략선(私掠船-privateer ship)의 자격을 주며 맞섰었다. 그 즈음 유럽 국가들은 해군력을 보강하는 방안으로 민간선박에게 교전자격을 부여함으로써 적성국 상선의 약탈을 허용했다. 말하자면 해적 면허증을 발급했던 셈이다.

드레이크는 스페인 선박을 닥치는 대로 공격해서 약탈한 보화의 상당부분을 영국왕실에 바쳤다. 스페인 국왕 펠리페 2세가 격노하여 영국왕실에게 드레이크를 넘기라고 강력하게 요구했지만 엘리자베스 1세는 무시했다. 드레이크의 약탈행위에 고무된 그녀는 1577년 그의 세계일주를 후원하며 그를 되레 격려했다.

1577년 11월 프란시스 드레이크가 세계일주의 장도에 올랐으나 악천후로 말미암아 회항해야만 했다. 그해 12월 그는 재도전에 나섰다. 펠리칸 호에 승선한 그는 보조선 4척을 거느리고 또 태평양을 향해 닻을 올렸던 것이다. 대서양을 남서쪽으로 가로질러 남아메리카 동해안에 도착한 그의 선단은 폭풍우를 만났다. 그곳에서 선단이 흩어질까 두려워 2척을 부숴버렸다.

여왕 엘리자베스 1세가 1581년 4월 4일 세계일주 항해를 성공적으로 마치고 귀향한 프란시스 드레이크의 기함 골든 하인드 함에 올라 그에게 작위를 수여하는 장면을 묘사한 판화.

 그는 이어 남아메리카 남단을 돌아 태평양을 항해하는 동안 여러 차례 폭풍우에 휩싸여 또 한 척이 파손되었고 다른 또 한 척은 중도에 영국으로 회항해야만 했다. 그럼에도 드레이크는 펠리칸 호를 타고 칠레, 페루 연안의 항구와 정착촌을 찾아 약탈하면서 북진을 이어갔다.
 그는 계속 북쪽으로 항해하다 1579년 오늘날 캘리포니아 지역에 상륙했다. 엘리자베스 1세를 대신해 그가 그곳의 지명을 노바 알비온(Nova Albion)이라고 지었다. 1579년 7월 1일 드레이크는 그곳에서 다시 뱃길을 찾아 나섰다. 태평양을 대각선으로 가로질러 먼 바닷길을 남하한 끝에 남아프리카 희망봉에 도달했다.
 그는 아프리카 남단을 돌아서 대서양을 가로질러 북진을 이어갔다. 1580년 9월 26일 마침내 출항지인 영국 플리머스에 귀환했다. 그의 귀향선에는 세계를 일주하는 사이에 노략질한 금은보화가 넘쳐났다. 그로써 드레이크는 3년에 걸쳐 영국인으로서는 최초로 세계일주를 이룩했다. 세계적으로는 마젤란보다 60년 늦은 두 번째의 쾌거였다.
 마젤란은 중도에 필리핀에서 죽었다는 점을 고려한다면 그가 세계일주를 최초로 달성한 인물이라고 볼 수도 있다. 1581년 엘리자베스 1세가 펠리칸 호에 승선해 그의 공로를 치하하며 그에게 작위를 수여했다. 그가 당대 가장 존경받는 뱃사람으로 등극하는 순간이었다.
 그는 널리 알려진 지명도를 타고 그해 9월 플리머스 시장이 되었고 이어서 의회에도 진출하여 의정활동도 펼쳤다. 그가 여왕 엘리자베스 1세의 부름을 받아 다시 바다로 나갔으니 그것은 세계의 역사를 바꾼 영국의 스페인 무적함대 격파였다. 그의 혁혁한 무훈이 마침내 영국이 청화백자를 찾아 중국으로 나가는 뱃길을 열었다.

스페인 무적함대의 패배로 무너진 동방무역 독점

 16세기 아메리카 대륙에 거대한 제국을 건설하고 세계의 제해권을 장악한 스페인은 바다의 제왕으로 군림하고 있었다. 그 스페인의 막강한 무적함대를 영국해군이 1588년 칼레 해전에서 격파함으로써 세계역사의 흐름을 바꾸어 놓았다. 전승국 영국은 그 승리를 도약대로 삼아 해가 지지 않는 대영제국으로 비상했다. 반면에 패전국 스페인은 제국의 사양길로 접어들었다.

1570년대 들어 영국과 스페인 사이에는 긴장의 격랑이 몰아치고 있었다. 그 진앙지에는 해적왕 프란시스 드레이크가 자리 잡고 있었다. 그는 영국과 아메리카 대륙을 오가며 만나는 스페인 선박과 스페인 식민지마다 습격하여 살육을 자행하고 재물을 약탈해서 영국여왕 엘리자베스 1세에게 진상했다.

 스페인이 그의 처벌을 강력하게 요구했지만 영국여왕 엘리자베스 1세는 오히려 1581년 그에게 기사작위까지 수여하고 이어 그를 해군중장으로 중용했다. 스페인으로서는 드레이크의 해적행각도 용납할 수 없는데 그를 해군제독으로 발탁하자 국왕 펠리페 2세가 격노했다. 그것은 스페인의 입장에서 영국을 공격하고도 남을 빌미였다.

 1587년 드레이크가 이끈 함대가 카디즈와 코루나에서 스페인 펠리페 2세의 함대와 격돌하여 30척을 침몰시켰다. 이어 1588년 무적함대와의 결전에서는 드레이크가 부사령관을 맡아 스페인의 기함 로사리오 호를 나포함으로써 영국이 스페인 무적함대에게 패배를 안겨주는 결정적인 타격을 입혔다.

 그 즈음 영국해군이 스페인의 무적함대와 대적하기에는 전투력이나 화력이 역부족이었다. 영국은 취약한 전투력을 극복하기 위해 불리한 근접전은 최대한으로 회피했다. 그 대신에 치고 빠지는(hit and run) 게릴라 전법을 구사하며 무적함대의 보급선을 교란함으로써 승세를 잡았다.

 또 바람이 스페인의 무적함대 쪽으로 불기를 기다렸다가 폭탄을 가득 실은 소형선박에 불을 붙여 적선으로 돌진시키는 화공선(火攻船-fire ship)전법을 썼다. 스페인 전함이 화염에 휩싸이면 영국함대가 함포사격을 집중적으로 퍼부어 궤멸적 타격을 가했던 것이다.

 그 화공선 전법은 45년이 지나 해적두목 출신 명나라 해군제독 정지룡(鄭芝龍)도 남중국해에서 구사해 네덜란드 함대를 격파하고 대승을 거두었다. 그 즈음 영국은 중국해안에 진출하지 않은 시점이었다. 정지룡이 어떻게 화공선 전법을 썼는지는 알 수 없는 일이다.

1588년 8월 8일 스페인 무적함대의 패배. 영국이 그 해전에서 당시 제해권을 장악하고 있던 스페인 제국을 격파함으로써 동방세계에 진출하는 문을 활짝 열었다. 필립 제임스 드 루터버그(1740~1812년)의 1796년 작품. 유화. 그린위치병원 소장. 영국국립해양박물관 전시.

그 전법이야 간단하니 정지룡이 스스로 개발했을 개연성이 크다. 아니면 네덜란드 동인도회사를 통해 전언을 들었을 수도 있었다. 정지룡이 해적질을 통해 강탈한 노획물을 네덜란드 동인도회사에게 팔면서 친숙한 관계를 가졌었다. 화공선 전법은 고대 페니키아인이 처음 쓴 것으로 알려져 있다.

어째든 칼레 해전을 계기로 해전양상이 백병전에서 화포공격으로 바뀌었다. 그 해전에서 스페인이 패배함으로써 세계의 제해권은 영국으로 넘어갔다. 또 상선을 나포하고 식민지를 약탈하여 스페인의 간담을 써늘하게 만들었던 해적두목 출신 프란시스 드레이크는 칼레 해전을 승리로 이끈 주역으로 화려하게 떠올랐다.

무적함대를 격파한 이후 드레이크는 1589년 무적함대의 남은 전함을 추적해서 궤멸하라는 엘리자베스 1세의 어명을 받았다. 그가 스페인 국왕 펠리페 2세가 점령하고 있던 대서양의 아조레스 제도를 공격했는데 거기서 스페인 함대한테 대패하고 말았다.

그의 전함 20척이 파손되거나 소실되고 수병 1만2,000명이 목숨을 잃었다. 그 후 드레이크는 재기를 여러 차례 시도했지만 파나마 포르토벨로 해안에서 이질에 걸려 1596년 1월 28일 56세의 일기로 일생을 마감했다. 그가 죽기 직전에 스페인령 푸에르토 리코의 산 후안을 공격했으나 그마저도 실패로 끝났었다.

비슷한 시기에 그의 6촌 형 존 호킨스도 병마에 오랫동안 시달리다 병사했다. 바다의 두 사나이는 수장되어 죽어서도 바다로 돌아갔다. 부장품을 노려 드레이크의 납관을 찾는 보물 사냥꾼들이 오늘도 그를 수장했던 바다 밑을 뒤지고 있다. 영국에서는 프란시스 드레이크가 영웅이었지만 스페인에서는 엘 드라크로 알려진 악명 높은 해적두목이었다.

스페인의 펠리페 2세는 그의 목에 2만 두카트(ducat)의 현상금을 걸었었다. 오늘날 가치로 치면 400만 영국 파운드에 해당하는 거금이었으니 그가 스페인에게 얼마나 위협적인 존재였는지 알만 하다. 두카트는 1284년 베네치아에서 처음 만들어져 1차 세계대전 이전까지 유럽에서 통용된 금화, 은화의 단위를 말한다.

영국이 스페인 무적함대를 침몰시키고 세계의 해상권을 장악한 시점은 엘리자베스 1세 즉위 30년째 맞는 해였다. 그 즈음 중국은 명나라 말기로서 만력제가 국정을 거의 돌보지 않았고 북쪽에서는 북방민족의 침공이, 남쪽에서는 왜구의 침탈이 절정에 달해 안팎으로 협공을 당하는 형국이었다.

그 시점에 포르투갈 조총을 복제해 무장한 일본이 조선침략을 준비하고 있었다. 한편 스페인 무적함대가 격파되자 영국과 네덜란드는 포르투갈이 한 세기 전에 개척한 동방항로를 따라서 동남아시아의 향신료와 중국의 청화백자를 찾아 동방무역에 진출할 채비를 서두르고 있었다.

명말 바다는 해적의 독무대

해군총수로 발탁된 정지룡은 해적출신의 거부

 명나라는 정화(鄭和)의 대양원정 이후 바다로 나가는 문을 닫았다. 대양원정으로 인해 재정상태가 악화되었다는 이유로 모든 배를 묶는 해금령(海禁令)을 내렸던 것이다. 바다로 나갈 일이 없어졌으니 막강한 해군력을 유지할 필요가 없어졌다. 거대한 선단을 이끌고 아프리카 동해안까지 탐험한 대양원정의 위풍을 자랑하던 명나라의 해군력이었지만 그 기반이 붕괴될 수 밖에 없었다.
 그런데 지구의 반대편인 유럽에서 중국의 청화백자와 비단을 사려고 포르투갈에 이어 스페인, 네덜란드, 영국이 차례로 남중국해안에 나타났다. 그들은 교역의 문을 열라는 통상압력의 강도를 갈수록 높여갔다. 하지만 명나라가 그들은 조공국이 아니라는 이유로 교역을 거부하자 남쪽 바다에서는 개항을 요구하는 서유럽 함대의 포성이 날로 요란해졌다.
 북녘 땅에서는 변경지역을 넘나들며 교역을 요구하는 유목민족의 말발굽 소리가 그치지 않았다. 명조가 해금령을 내려 바다의 통제권을 사실상 방기해 버렸으니 바다는 해적의 독무대나 다를 바 없었다. 중국의 밀수꾼, 일본의 왜구와 밀수꾼, 그리고 서유럽의 동인도회사들까지 끼어들어 밀무역과 노략질이 성행했었다.
 명조 초기에 막강했던 해군력이 명조 말기에는 무력해질 대로 무력해졌다. 그 탓에 명조는 갈수록 극성을 더해가는 해적의 노략질을 방관하는 도리 밖에 없었다. 돈이 보이자 일본 왜구와 중국 해적의 약탈행위가 더욱 극성을 부렸고 네덜란드 동인도회사도 해적들과 손잡고 노략질에 가담했다.
 그 폐해가 워낙 극심하기도 했지만 재정악화가 극히 우심하여 명나라가 정화의 대양원정 이후 실시해오던 해금령을 완화했다. 그러자 해안지대에는 무억거래가 활발해지는 만큼 해적들의 노략질도 더욱 기승을 부려 바다가 조용할 날이 없었다. 바다가 무법천지로 변했지만 명나라는 대처할 능력을 상실했으니 구경이나 하는 꼴이었다.
 명나라 해군은 장비도 낡고 병력도 부족한데다 훈련도 제대로 하지 않아 해적을 소탕하기는

커녕 오히려 제압당할 처지였다. 해적들이 해상권을 장악하고 항해와 통상을 실질적으로 통제하며 위세를 부렸다. 거기에 더하여 네덜란드가 명나라의 취약한 해군력을 알고 해적과 합세해 함포를 쏘며 개항을 압박했다.

그런 상황인데 명나라의 마지막 황제 숭정제(崇禎帝-1628~1644년)가 북방의 변경지역을 끊임없이 침탈하는 만주족에 대해 선전포고를 감행했다. 그에 따라 명나라는 막대한 전쟁비용을 조달해야만 했지만 해상권을 해적이 쥐고 있어 세수입을 늘릴 수도 없는 형편이었다.

엎친데 덮쳐 내륙지방에서는 반란이 빈발하였지만 명나라로서는 진압할 여력이 없었다. 그 틈을 타서 네덜란드 동인도회사가 중국해적과 동맹을 맺고 남중국해와 동중국해의 연안지대에서 약탈과 살육을 벌이면서 해상질서를 파괴하는 한편 무역기지를 설치할 땅을 내놓으라고 압박하고 있었다.

무엇보다도 해적두목 정지룡(鄭芝龍)이 풍부한 자금력을 바탕으로 거대한 선단을 갖추고 노략질을 일삼아 푸젠성 일대의 해안은 그의 앞마당이나 다름없었다. 정지룡의 해적선은 유럽 대포로 무장하고 일본 낭인(浪人)과 흑인전사를 용병으로 고용하여 막강한 전투력을 과시했다.

명조가 전쟁비용을 조달해야 할 판국인데 해적의 노략질로 세원이 줄어들자 해적소탕이 무엇보다도 시급했다. 고심하던 명조가 그야말로 상상을 초월하는 역발상을 해냈다. 무력한 해군력으로는 해적을 도저히 제압할 수 없다고 판단한 명조가 1628년 해적수괴 정지룡을 영입해 해군 제독의 자리에 앉히는 이변을 연출한 것이다.

해적에게 제복을 입혀 해안방어를 맡겼으니 도적의 무리가 나라를 접수한 꼴이었다. 명나라는 정지룡에게 타이완 해협에서 암약하는 해적을 소탕하도록 전권을 부여했다. 그것은 해적수괴 정지룡에게 해상권과 함께 무역독점권을 내주는 것과 다름없었다.

명나라 해군총수로 발탁된 해적두목 출신 정지룡(鄭芝龍) 초상화.
18세기 출판된 대만외기(臺灣外記)에 실린 자수화(刺繡畵)

그 일대 해역에서 밀무역에 종사하면서 해적 노릇을 하던 네덜란드 동인도회사의 입장에서는 사업기반을 위협받는 사태가 벌어진 셈이었다. 그것은 또 보는 측면에 따라서는 정지룡이 명나라에 투항한 것으로 비춰져 그의 부하들 가운데는 배신감을 느끼고 이탈하는 무리도 생겼다.

그런데 명나라한테 개항을 요구하여 무력도발을 일삼던 네덜란드가 의외의 행동으로 나왔다. 동인도회사의 타이완 총독 한스 푸트만스(Hans Putmans)가 해적의 깃발을 내리고 해군제독으로 변신한 정지룡과 손잡고 해적 소탕전에 가담하는 또 다른 이변을 연출한 것이다.

푸트만스는 정지룡이 해적 노릇을 하던 시절에 약탈한 물자를 사주었던 인연으로 친분이 있던 사이였다. 푸트만스는 차제에 명나라의 환심을 사서 대륙에 무역기지를 확보하려는 속셈으로 정지룡을 도왔다. 네덜란드는 푸젠성에 무역거점을 확보하려고 명조에게 여러 차례 무력도발을 감행했으나 번번이 실패하여 타이완으로 퇴각한 상태였다.

정지룡이 푸트만스에게 그의 부하였던 해적들을 퇴치시켜주면 무역거점을 확보하도록 도와주겠다고 언약했었다. 그러나 1630년 네덜란드가 정지룡의 옛 부하인 해적 이괴기를 격퇴했지만 정지룡은 무역기지에 관해 확답을 주지 않았다. 푸트만스가 나중에 알고 보니 정지룡이 약속을 지킬 수 있는 처지가 아니었다.

신임 푸젠성 성장이 네덜란드에 대해 심한 반감을 가지고 있어 정지룡이 무역기지 설치를 돕기 어려운 입장이었다. 푸투만스가 속았다는 마음에 앙심을 품고 정지룡 함대를 공격했지만 패배로 끝났다. 정지룡의 랴오뤄(料羅-요라)만 해전 승리는 전란에 시달리던 명나라 조정에게는 그야말로 낭보였.

명조가 모처럼의 승리에 감격하여 기적이란 표현을 쓰면서 흥분했다. 숭정제는 승전보를 듣자마자 너무 기뻐서 정지룡을 진급시켰다. 그는 승진을 거듭해 푸젠성장 겸 함대사령관이 되었고 마침내 해군원수의 자리에까지 올랐다. 정지룡을 발탁한 이후 명나라 조정의 세수입이 1640년 10배나 늘어났다.

정지룡은 중국해안에서 해적질로 악명을 날리던 네덜란드를 통제할 수 있는 인물로서 명성을 얻었다. 그는 그 막강한 영향력을 이용해 정치적 반대자를 제거했다. 이어서 그가 중국 해상무역의 지배권을 완전히 장악함으로써 막대한 수입을 올려 중국 최고갑부의 반열에 올랐다.

그의 연간수입이 네덜란드 동인도회사의 수입보다 3~4배나 많았다는 소문도 나돌 정도였다. 명나라가 해적수괴를 해군총수로 발탁함으로써 모처럼 바다를 평정했지만 그 후 4년이 지나 북녘 땅에서 만주족의 침공을 막아내지 못해 패망하는 불운을 맞고 말았다. 만주족의 청나라가 중원을 차지했던 것이다. 그 때가 1644년이었다.

해적출신 명군 : 네덜란드-해적 연합의 대회전

 네덜란드의 타이완 총독 한스 푸트만스가 명나라를 무력으로 굴복시켜야 중국대륙에 무역거점을 확보할 수 있다고 믿고 일전불사를 다짐하고 있었다. 한편 해적두목에서 해군제독으로 변신한 명나라의 정지룡(鄭芝龍)은 샤먼(廈門-하문)에서 옛 해적부하 류향과 이국조를 공격하려고 전열을 가다듬었다.

 정지룡이 중국 정크선은 작은 대포로 무장하고 새로 건조한 대형선박은 유럽식 포문 36개를 설치해 화력을 대폭 강화했다. 그로써 정지룡이 유럽산 대포와 외국용병으로 무장하고 있던 개인함대를 1633년 유럽식 함대로 대대적인 개편작업을 마쳤다. 푸트만스는 나중에 그렇게 훌륭한 함대를 중국에서는 본 적이 없다고 찬사를 보냈을 정도로 정지룡의 함대가 위용을 자랑했었다.

 그런데 정지룡 함대가 그 위력을 과시할 기회조차 갖지 못했다. 그의 함대가 랴오뤄 만에 나타난 네덜란드 함대를 우군으로 여기는 바람에 푸트만스는 무저항 상태에서 입항할 수 있었던 것이다. 네덜란드 함대가 갑자기 포격을 가하자 명나라 함대는 응사할 태세조차 갖추지 못한 채 당하고 말았다.

 전세가 워낙 유리하게 돌아가자 푸트만스가 폭탄을 아끼려고 맨손으로 파괴하라는 명령을 내렸다. 명군은 대패하여 그 날 밤 정크선 3척만이 겨우 탈주했고 네덜란드 피해는 수병 1명이 사망했을 뿐이었다. 네덜란드 함대가 1633년 7월 7일 돌연 정지룡의 기지를 기습함으로써 그의 함대에게 일방적 타격을 가했던 것이다.

 그 전투는 진먼도(金門島-금문도) 남해안에 형성된 반달모양의 랴오뤄(料羅-요라)만에서 일어났었다. 그것이 푸젠성 앞바다에서 네덜란드 동인도회사(VOC)와 명나라 해군 사이에 벌어졌던 이른바 랴오뤄 만 해전의 시발탄이었다. 랴오뤄 만 해전은 푸트만스가 이끄는 네덜란드 함대가 타이완 해협의 항해와 통상을 장악하려는 기도에서 발단했다.

 네덜란드의 기습작전에 의해 정지룡 함대가 일순에 궤멸되자 네덜란드는 한 순간에 남중국해를 장악한 바다의 패자로 떠올랐다. 한편 명나라의 정지룡이 함대를 재정비하여 반격에 나서면서 전쟁은 더욱 확전되었다. 그 해전은 당시 중국과 유럽국가 사이에 벌어진 최대의 전투였으며 아편전쟁보다 200여년 앞서 일어났다.

 정지룡 함대를 격파한 네덜란드 함대는 연안지대를 닥치는 대로 약탈하고 선박을 나포하며 해적질을 일삼았다. 거기에다 정지룡의 옛 부하였던 해적 류향과 이국조가 해적선 41척과 해적 450명을 이끌고 네덜란드에 합세함으로써 네덜란드 함대가 해적선단의 두목격이 되었다. 푸트만스는 그처럼 중국 해적과 손잡고 명조를 압박하면 무역기지를 얻어낼 수 있을 것으로 믿었었다.

한편 함대재건에 나선 정지룡은 선박을 새로 건조하면서 푸젠성 전역에서 은 포상제를 내걸고 수병을 모집했다. 지원병에게는 2냥, 전투가 길어지면 5냥, 네덜란드 수병 머리를 베어오면 50냥, 네덜란드 선박에 불을 지르면 200냥의 은을 준다는 것이었다. 정지룡은 가짜 중국 관리를 내세워 푸트만스에게 무역기지 허가를 약속하는 기만술도 썼다.

그에 맞서 네덜란드와 중국해적의 연합함대는 진먼도의 랴오뤄 만에서 임전태세를 갖추고 있었다. 네덜란드 전함 9척과 해적 정크선 50척이 VOC(네덜란드 연합동인도회사) 깃발을

1633년 명나라-네덜란드의 랴오뤄 만 해전에서 패배한 네덜란드 동인도회사가 타이완의 젤란디아 요새로 퇴각했었다. 그런데 만주족의 청나라한테 중원을 뺏긴 친명세력이 1662년 타이완으로 패주하여 젤란디아 요새를 함락하고 차지했다. 그 바람에 네덜란드 동인도회사가 타이완에서도 쫓겨나는 신세가 되었다.
네덜란드 동인도회사가 친명세력에게 항복하는 모습을 묘사한 삽화. '1622년 젤란디아 요새의 항복'. 얀 반 바덴의 작품. 1675년 작.

게양하고 기세를 올리고 있었던 상황이었다. 그런데 1633년 10월 태풍이 불어 네덜란드 전함 4척이 크게 파손되었다.

한편 명군은 150척의 해군 정크선과 상선, 그리고 성지룡의 개인함대인 대형 정크선 50척이 합세해 출동준비를 서두르고 있었다. 10월 22일 결전의 날이 다가왔다. 네덜란드-해적 연합함대가 선제공격을 개시했다. 그에 대항해서 정지룡은 해적의 소형 정크선은 무시하고 네덜란드 전함만 공격하라고 명령을 내렸다.

중국선박이 화력으로는 네덜란드 선박과 대적할 수 없다는 사실을 잘 알고 있던 정지룡은 화공선(火攻船-fire ship) 작전을 펴기로 작정했다. 화공선은 폭발물을 싣고 적선에 직진해서 불을 질러 자폭하는 소형선을 말한다. 정지룡은 여기서도 기만술을 썼다. 소형 정크선이 아닌 대형 정크선을 화공선으로 이용했던 것이다.

대포를 장착한 대형 정크선은 주로 함포사격을 퍼부으며 적선에 접근하여 근접전을 펴는 전술을 구사했다. 다시 말해 대형 정크선은 적선에 접근한 다음에 수병들이 장대로 높이뛰기를 해서 적선에 뛰어올라 칼과 총으로 싸우는 데 쓰였지 화공선으로는 이용되지 않았었다.

그런데 정지룡의 대형 정크선들이 일반의 예상을 뒤엎고 화공선으로 돌변하여 불을 지르는 바람에 네덜란드 전함들은 닻을 올리지도 못한 채 피격되었다. 푸트만스는 도주했고 해적들은 전투가 벌어지자마자 거의 도망쳤다. 명나라의 랴오뤄 만 해전승리는 타이완 해협에서 명나라의 권위와 위신을 다시 확립하는 계기가 되었다.

그 해전에서 패배의 고배를 마신 한스 푸트만스는 그 후 타이완 총독직에서 물러났다. 해적 류향이 다시 네덜란드에게 동맹을 제안했으나 상황이 적절하지 않다는 이유로 거절당했다. 류향은 이어 그의 함대가 타이완에 정박할 수 있도록 항만을 내어 달라고 요청했으나 네덜란드가 명나라의 보복이 두려워 그마저 거절했다.

그에 격분한 류향이 1634년 네덜란드의 타이완 젤란디아 요새를 봉쇄했다. 이듬해 또 한 차례 광둥성 앞바다에서 정지룡 함대에 도전했으나 실패한 류향은 스스로 목숨을 끊었다. 그에 따라 젤란디아 봉쇄도 풀렸고 1640년대 들어 류향이 이끌던 해적은 완전히 소탕되었다.

명나라가 해적의 힘을 빌려 남쪽 바다에서 발호하던 네덜란드-해적 연합세력을 평정했지만 북쪽의 유목민족을 다스리지 못해 1644년 만주족한테 패망하고 말았다. 나라를 지키지 못해 명조의 마지막 황제가 되어버린 숭정제는 아들들을 자금성에서 탈출시킨 다음에 처첩과 딸들을 모두 살해했다.

그리고 그는 자금성 북쪽에 있는 경산에 올라 스스로 목을 매어 생을 마감했으니 그 때 그의 나이 33세였다. 한편 해적왕 출신의 명조 해군총수 정지룡은 중원을 차지한 청나라에 저항하다 투항했다. 그는 나중에 청조에 의해 주살(誅殺)되는 비운을 맞았다. 그러나 그의 아들 정성공은 다른 길을 걸었다.

그는 잔명세력을 이끌고 타이완으로 패주한 다음에도 청조에 항거하는 결기를 보였다. 그가 타이완에 둥지를 틀고 있던 네덜란드를 축출하고 고토수복을 다짐했으나 39세의 젊은 나이에 유명을 달리했다. 정성공의 아들이 동녕왕국을 세우고 대를 이어 갔으나 손자 대에 들어 청조 강희제의 공략을 견디지 못해 반청복명(反淸復明)을 외치던 마지막 친명세력의 깃발을 내렸다.

조선침략 주력부대는 왜구

이순신한테 참패한 일본군 함대 총사령관은 해적

일본 도요토미 히데요시(豊臣秀吉-풍신수길)의 거대한 함대가 조선을 침략했다. 1592년 5월 23일 수많은 소형선들이 까마귀 떼처럼 새까맣게 바다를 덮고 몰려왔으니 그것은 그로부터 7년 동안 조선반도를 유린한 임진왜란을 알리는 서막이었다. 왜군의 주력함대는 백병전을 주도했던 소형선으로 구성되어 있었다.

그런데 일본 수군이 조선의 이순신(李舜臣)한테 연패했다. 다급해진 도요토미가 구키 요시타카(九鬼嘉隆-구귀가륭)를 불러 함대 총사령관을 맡겼는데 그는 해적 출신이었다. 그가 왜구의 무리 1,500명을 이끌고 기세를 올리며 조선침략 전쟁에 참전했다. 그가 도도 다카토라(藤堂高虎-등당고호)의 군대와 합세해 이순신한테 당한 일본수군의 패배를 설욕하려는 사명을 띠고 출전했던 것이다.

그의 기함 니혼마루(日本丸-일본환)는 길이 33m의 거함으로서 최신대포를 장착한 신예함이었다. 그는 오다 노부나가(織田信長-직전신장) 밑에서 수군장을 지냈으며 도요토미 히데요시 휘하에 들어가서 여러 해전에서 높은 전과를 올려 그의 두터운 신임을 얻었던 인물이다.

일본수군은 남동중국해와 조선반도 일대에서 노략질을 일삼아 풍부한 칼싸움 경력을 쌓은 왜구 출신들이 주축을 이뤘었다. 반면에 조선은 명나라를 따라 하느라 해금령(海禁令)을 내리고 바다를 멀리했었다. 조선수군은 왜구의 침탈에 대비해 수비적 방어전략을 고수했던 탓에 해전경험이 별로 없었고 군비도 제대로 갖추지 못했었다.

일본수군의 또 다른 축은 전국시대를 거치면서 숱한 크고 작은 해전을 통해 전투력을 갈고닦은 노련한 사무라이의 무리였다. 일본수군은 수많은 소형선박을 벌떼처럼 동원해서 적선에 접근한 다음에 칼잡이들이 그 배에 뛰어올라 백병전을 펼치는 전략을 구사했다. 사무라이는 지상전에서도 근접전으로 승부를 겨루었다.

그런데 해적수괴 구키 요시타카가 안골포 해전에서 이순신한테 대패하고 퇴진했다. 해적질로 닦은 칼솜씨로 단숨에 결판내려던 해적의 무리가 패퇴하던 순간이었다. 이순신의 혁혁한 전과 뒤에는 판옥선(板屋船)이 뒷받침했기에 더욱 빛을 발했다. 판옥선은 조-일전쟁 당시 조선수군의 주력함이었다.

일본군함은 포르투갈의 카락선과 중국의 정크선의 기능을 부분적으로 도입해 응용한 신예함이었다. 당시 포르투갈 상선은 해적과 해군을 겸한 전함이었다. 일본이 1592년 조선을 침략하기 이전에는 중국 청화백자를 찾아 동방에 왔던 포르투갈 말고 다른 유럽 국가와는 접촉이 없었다.

일본은 또 포르투갈에서 수입하거나 모방한 조총을 주력무기로 무장하고 조선에 상륙했다. 백병전에 익숙했던 일본은 개인화기인 조총에는 큰 관심을 가졌지만 포르투갈 선박에 장착된 대포에는 별로 주목하지 않았던 것 같다. 일본수군이 조총과 칼을 가지고 근접전에 주력했던 사실이 그것을 말한다. 일본이 해전에서 패배한 원인의 하나가 거기에 있었다.

명군과 해상전투를 벌이는 왜구의 모습을 묘사한 왜구도권(倭寇圖卷). 성명미상의 명나라 화가의 17세기 작. 도쿄대학교 사료편찬소 소장.

명나라 수군은 대포를 주력무기로 무장했었다. 명나라를 통해 대포기술을 전수받은 조선도 대포를 판옥선과 거북선에 장착해 주력무기로 삼았었다. 조선은 왜구격퇴를 위한 화포 개발에 주력했었다. 천자총통(天字銃筒), 지자총통(地字銃筒), 현자총통(玄字銃筒), 황자총통(黃字銃筒)과 같은 다양한 대형화포의 개발이 그것이었다.

이순신이 이끈 조선수군은 탁월한 전술과 화력을 앞세워 일본수군을 압도했다. 1592년 음력 5월 사천해전, 음력 6월 당포해전, 음력 7월 한산도 대첩에서 왜군을 잇달아 격파하고 해상권을 장악했던 사실이 그것을 말한다.

역사에서 가정은 부질없는 짓이지만 포르투갈이 청화백자를 찾아 중국에 가지 않았다면 일본이 조선침략 전쟁을 엄두도 내지 못했을 것이다. 1543년 우연히 일본에 표착한 중국 정크선에 타고 있던 3인의 포르투갈인이 소지했던 조총이 전쟁의 불씨가 되었다. 그 즈음 칼싸움으로 권력투쟁을 벌이던 일본이 그 조총을 열심히 본떠서 만들고 또 수입해서 무장했다.
 그 조총이 화력을 발휘하여 일본은 전국시대를 앞당겨 마감했다. 오랜 세월 내전을 거치면서 일본은 그 조총을 가지고 전투력을 연마했다. 칼을 써서 백병전을 벌이던 일본이 멀리서 조총을 쏘며 적진을 제압하는 전술을 터득하여 전쟁에 자신감이 생기자 조선을 넘나보기 시작했던 것이다.

왜구는 몰락한 가문의 무사들이 가담한 해적무리

 왜구는 13~16세기 중국 동남해안과 한반도 해안에서 약탈을 일삼던 일본 해적의 무리를 말한다. 해적이라고 말하면 해적선 한 두 척이 나타나서 항해중인 상선에 뛰어 올라 칼싸움을 하는 헐리웃의 해적영화를 연상하기 쉽다. 그러나 왜구는 규모가 유럽의 해적과는 큰 차이가 났다. 왜구는 수십 척, 수백 척의 함대가 출동하여 군대를 방불케 하는 규모를 자랑했다.
 신라 문무왕이 죽어서도 왜구를 무찌르겠다는 유언을 남기고 동해에서 장례를 지냈다는 대왕암과 얽힌 이야기를 들으면 왜구의 역사는 알려진 기록보다 훨씬 길었던 것 같다. 어쨌든 한반도에 왜구가 나타났던 첫 기록은 고려 중기인 1223년 여름 남해안에서 자행했던 약탈행위다.
 왜구의 노략질은 14세기 중반에 극성을 부렸다. 왜구의 무리가 1376~1385년 한반도와 일본 규슈 사이의 대한해협 중간에 위치한 쓰시마(對馬-대마)섬을 기지로 삼아 174차례나 고려

남해안을 침탈했다는 기록이 있다. 그 기록에 의하면 왜구가 1350년대 원나라 후기부터 중국 북동해안의 발해만과 산둥(山東-산동)성을 활동무대로 삼았다.

또 16세기 중엽인 명나라 가정제(嘉靖帝-1522~1566년) 재위기간에는 중국 동남해안의 장슈(江蘇-강소)성, 저장(浙江-절강)성, 푸젠(福建-복건)성, 광둥(廣東-광동)성 등지에서 왜구의 노략질이 기승을 부려 그 폐해가 극심했다. 1550년대에는 수만명의 왜구가 중국대륙을 침탈하여 절정을 이루었다. 당시 중국 해적들도 왜구의 노략질에 가세했다.

일본 왜구는 바다에서 어민들의 어획물이나 재물을 훔치는 수준을 뛰어넘는 군대규모의 해적집단이었다. 왜구의 큰 무리는 보통 300명이 넘고 작은 무리도 70~80명에 이르렀다. 더러 수백 마리의 말과 기마병, 그리고 천명 단위의 병력을 이끌고 중국해안에 쳐들어가 약탈을 일삼기도 했다.

해적질로 큰돈을 벌자 지방토호들도 끼어들어 왜구의 규모가 더욱 커졌다. 규슈(九州-구주), 쓰시마(對馬-대마)섬 일대의 왜구는 영주의 지원을 받기도 했다. 왜구는 해적질과 함께 밀무역에도 종사했고 무역항로를 따라 다니면서 오가는 배들을 잡아 통행세를 뜯는 횡포도 부렸다.

전국시대를 거치면서 권력투쟁에 가담했던 많은 영주들이 패배하여 몰락했다. 그 밑에서 수하 노릇을 하던 수많은 칼잡이들이 오갈 데가 없자 낭인이 되어 해적집단에 가담했다. 그 까닭에 규슈(九州-구주), 마쓰우라(松浦-송포), 사쓰마(薩摩-살마) 출신 왜구들이 많았다. 밀수꾼이 해적질을 하던 시절이라 중국 해적들이 일본 왜구들을 용병으로 많이 고용했다.

거기에다 포르투갈 상인들도 왜구와 함께 밀무역에 종사했다. 일본 왜구나 포르투갈 상인들은 중국의 청화백자와 비단을 사려고 했고 중국 상인들은 은을 원해 거래가 활발하게 이뤄졌다. 명나라가 밀무역을 단속하면 품귀현상을 빚어 물건 값이 뛰어 밀수꾼들은 더 큰 이윤을 남겼다.

일본열도를 평정한 도요토미 히데요시가 1588년 왜구의 해적행위를 통제했다. 그 같은 조치는 명나라의 조공무역 단절이 왜구의 노략질 때문이란 판단에 따른 것이었다. 바로 그해 유럽에서는 영국해군이 스페인의 무적함대를 격파했다. 그에 따라 영국과 네덜란드가 동방진출의 계기를 잡았다.

임진왜란 이후 중국물자의 구득이 어려워진 일본이 동남아 시장개척에 본격적으로 나섰다. 그러나 동남아시아의 많은 지역에서는 일본선박을 해적선으로 여겨 입항을 거부했다. 그 대응책으로 1604년 도쿠가와 이에야스가 주인선(朱印船)을 운항하기 시작했다. 주인선은 일본정부가 이 배는 해적선이 아니라고 붉은 도장을 찍어 증명한 운항면허증을 소지한 선박을

말한다.

주인선이 동남아 일대를 대상으로 교역에 종사함으로써 일본인의 해외진출도 늘어났다. 특히 전국시대에 몰락한 가문의 무사들이 갈 곳이 없자 주인선을 타고 해외로 많이 나갔다. 주인선 무역은 도쿠가와 막부가 가톨릭 탄압에 이어 쇄국정책을 실시하기 이전까지 계속되었다.

그에 따라 필리핀 마닐라에는 스페인인과 중국화교의 집단거주지에 더해 일본인 촌락도 형성되었었다. 시암왕국의 수도인 아유타야에는 1,500여명의 일본인이 거주하고 있었다. 주인을 잃은 사무라이들은 포르투갈과 네덜란드 무역선에도 용병으로 많이 팔려나갔다. 그 중에는 가톨릭 탄압을 피해 해외로 도피했던 가톨릭 신자인 기리시단도 많았다.

06

일본의 도약대 조선인 가마

조선도공이 개발한 일본백자

왜군은 조선 도공들을 강제로 끌고 가서 자기를 만드는데 성공했다고 해서 '자기전쟁'이라고도 일컫는다. 일본은 도자기를 불에 구워서 만든 물건이라는 뜻으로 '야키모노 센소'(燒物戰爭-소물전쟁)이라고 말한다. 그 도자기가 일본이 선진국으로 발돋움하는 밑거름이 되었다.

고령토를 찾아내 백자를 개발하는 데
성공한 조선 도공 이삼평이 별세한지
3년째 되던 해인 1658년 아리타 주민들은
도산신사(陶山神社)를 건립하고
그를 도신(陶神)으로 모신다.

06 조선도공이 개발한 일본백자

세계 두번째 백자 개발한 조선

조선은 중국보다 150여년 늦게 청화백자 개발

임진왜란 때 왜군한테 잡혀서 일본에 끌려간 조선도공 이삼평이 고령토를 찾아내어 마침내 백자를 만드는 데 성공했다. 그 때가 1616년이었으니 임진왜란이 끝난 지 18년만의 일이었다. 그런데 백자 제작기술을 일본에 고스란히 전수한 조선은 정작 언제 백자를 개발했는지 알려지지 않고 있다.

조선은 중국과 달리 도자기에 연호를 표시하는 관지를 쓰지 않았다. 그 때문에 도자기의 정확한 제작연도나 제작연간을 알 수 없다. 조선이 연호를 쓰려면 종주국인 중국황제의 연호를 써야만 했다. 그 이유로 조선이 구태여 굴욕적으로 도자기에 중국연호를 관지로 쓰지 않았을 것으로 추측된다.

조선 도자기에는 관지가 없는데다 청화백자를 언제부터 제작했는지에 관한 기록도 없다. 한마디로 조선의 백자, 청화백자는 정확하게 언제부터 만들어졌는지 모른다. 따라서 조선 도자기는 기형, 문양, 재료 따위를 따져서 제작연도를 판별하는 길 밖에 없다.

그런데 동국대학교가 소장하고 있는 '청화백자송죽문(靑華白瓷松竹紋)항아리'에는 중국 관지가 표시되어 있었다. 특이하게도 구연부 안쪽에 명나라의 연호인 '弘治'(홍치)와 '二年'(2년)이란 명문이 양쪽에 떨어져 서로 마주보게, 그것도 눕혀서 쓰여 있었다. 어떤 연유로 그 항아리에 명나라 황제의 연호를 표시했는지는 알 도리가 없다.

아주 회소하지만 중국도자기 중에는 내면을 문양이나 그림으로 장식한 도자기가 있다. 하지만 관지를 잘 보이지 않는 아가리 안쪽에 쓴 사례를 찾아보기 어렵다. 그 항아리는 전체적 윤곽이 구연부가 넓다는 점을 빼면 중국의 매병을 닮았으나 기형, 문양이 중국의 그것과는 판이하다.

따라서 그 항아리는 중국의 청화백자일 가능성은 전혀 없다. 다시 말해 중국의 조공 하사품이 아니라는 뜻이다. 또 조선의 청화백자 중에서는 코발트의 발색이 좋은 편이어서 중국이 서아시아에서 수입한 코발트인 소마리청을 재수입하여 사용한 것으로 짐작된다.

조선 청화백자의 탄생

동국대학교가 소장한 청화백자송죽문(靑華白瓷松竹紋)항아리에는 이례적으로 중국 관지가 표시되어 있었다. 특이하게도 아가리 안쪽에 명나라 연호인 '弘治'(홍치)와 '二年'(2년)이란 명문이 따로 떨어져, 그것도 눕혀서 쓰여 있었다. 그런데 그 항아리가 도둑맞은 적이 있었다.

다행히 되찾았으나 '二年'(2년)이라고 쓰인 부분이 깨어져 나가고 '弘治'(홍치)만 남아있다. 그 탓에 '弘治'라는 제작연간(1488~1505년)은 알 수 있지만 홍치 2년(1489년)이라는 정확한 제작연도는 알 수 없게 된 꼴이다. 명나라 홍치 2년은 조선 성종(成宗) 20년에 해당한다.

그 항아리 말고는 관지가 표시된 조선의 청화백자는 없다. 그 항아리를 편년자기로 잡으면 조선의 첫 청화백자는 15세기 중반 또는 후반에 만들어진 것으로 추정된다. 조선의 첫 청화백자는 중국보다 130~160년 늦게, 일본보다는 130~150년 먼저 만든 것으로 보인다는 뜻이다.

코발트로 소나무와 대나무를 그린 그 항아리는 원래 전라북도 화엄사(華嚴寺)가 소장하고 있었다. 그런데 1960년 그 항아리가 도둑맞는 사건이 일어났다. 다행히 도난품을 되찾아 그 후부터는 동국대학교가 보관하고 있다. 그런데 도난사고를 겪는 사이에 그 항아리의 모습이 달라졌다.

 관지의 '二年'(2년)이라고 쓰인 부분이 깨어져 나가고 그 부분을 수리하여 지금은 '弘治'(홍치)만 남아있다. 그 탓에 '弘治'라는 제작연간(1488~1505년)은 알 수 있지만 홍치 2년이라는 정확한 제작연도는 알 수 없게 된 꼴이다. 유독 '二年'이란 부분만 떨어져 나갔다는 점이 수상하다. 의도적인 파손이 틀림없다.

 도난품이 이름난 문화재이니 아마 절도범이나 장물아비가 팔다가 들통 날까 두려워 '二年'(2년)을 떼어내고 땜질했을 개연성이 크다. '弘治'(홍치)마저 떼어내면 제작연간도, 제작연도도 전혀 알 수 없으니 그 가치가 크게 떨어진다. 그 까닭에 '二年'만 떼어낸 것으로 짐작된다. 명나라 홍치 2년은 1489년이니까 조선의 성종(成宗) 20년에 해당한다.

 임진왜란이 1592년 일어났으니 그 항아리는 그보다 103년 앞서 제작된 셈이다. 그 항아리 말고는 제작연도 또는 제작연간을 알 수 있는 조선의 청화백자는 없다. 학계는 그 항아리와 유사한 청화백자를 비교, 연구한 끝에 조선의 첫 청화백자는 15세기 중반 또는 후반에 만들어진 것으로 추정한다.

 그 항아리는 코발트 발색은 좋으나 기형이 조금 찌그러지고 두께도 두꺼워 조선의 청화백자 중에서는 비교적 초기작품으로 보인다. 그 까닭에 그 항아리를 편년자기로 잡는다면 그 항아리의 기형과 발색 등을 미뤄 보아 조선의 첫 청화백자는 그 이전에 만들어졌을 것이란 추론이 가능하다.

 따라서 조선의 첫 청화백자는 그 항아리보다 이른 15세기 중반에 제작되었을 가능성이 높다. 그 경우 조선은 청화백자를 중국보다 130~160년 늦게 개발했을 것이란 추정이 나온다. 그 같은 분석을 토대로 판단하면 일본의 백자 제작연도가 1616년이니까 일본은 조선보다 130~150년 늦게 백자를 개발한 것으로 보인다.

 15세기~16세기 초기에 제작된 조선백자는 비교적 많이 남아있는 편이다. 그러나 청화백자는 손꼽을 정도로 희소하다. 청화의 원료인 코발트의 원산지가 서아시아이기 때문에 조선은 그 코발트를 중국을 통해 재수입해야만 했다. 코발트는 중국에서도 값이 금값보다 비쌌으니 그것을 다시 사오는 조선에서는 값이 그보다 훨씬 더 비싸고 귀해 청화백자기가 아주 적게 제작되었을 것으로 사료된다.

 조선 청화백자는 중국 청화백자와 달리 여백이 많고 청화의 채색은 대체로 옅다. 고가의 코발트를 아껴 쓰다 보니 여백이 많아지고 채색도 옅어졌는데 그것이 조선 청화백자의 특색이 되었다. 그 즈음 제작된 조선 청화백자는 기술부족으로 순백미도 부족한 편이다.

중국의 원, 명, 청대 청화백자는 물론이고 조선의 청화백자도 엄청난 고가에 거래된다. 오랜 세월 풍파를 견디어낸 희소성 때문이기도 하지만 당시에도 청화백자는 재료값이 비싸 상당한 고가품이었다. 그 때도 큰 부자나 살 수 있는 비싼 기물이었으니 오늘날 고가에 거래되는 것은 당연하다.

청화백자-채색자기 크게 발전시키지 못한 조선

시공을 초월하여 어느 나라나 훌륭한 정치지도자를 만나야 정치안정과 경제번영을 통해 문화창달이 이룩된다. 조선은 못난 임금들 탓에 일본의 침략과 중국의 침탈로 말미암아 여러 차례 망국지란을 겪었다. 선조의 임진왜란(1592~1598년), 인조의 정묘호란(1627년)-병자호란(1636~1637년), 고종-순종의 1900년대 초기의 국권피탈이 그것이다.

잇따른 왜란-호란으로 인해 백성은 도륙되고 산하는 유린되어 나라가 도탄에 빠졌었다. 먹고 살기는커녕 살아남기도 어려웠으니 문화가 융성할 수 없었다. 그 때 조선에서는 산업이라고는 농업, 그리고 농업과 연관된 업종이 고작이었다. 기껏해야 도자산업이 기술력을 보유한 유일한 산업이었다.

그런데 임진왜란 때 왜군이 가마를 닥치는 대로 파괴하고 수많은 도공들을 납치해간 바람에 조선의 도자산업 기반이 거의 붕괴되어 버렸다. 그 실상을 그 시기 이후에 생산된 도자기의 조악한 품질이 말하고도 남는다. 조선이 중국에 이어 세계에서 두 번째로 백자를 개발했지만 그 이후에는 기술적 발전상을 찾아보기 어렵다.

그 원인은 정부정책의 부재, 잇따른 전란, 정치적 혼란, 경제적 낙후가 복합적으로 작용한 데 있을 것이다. 그것은 조선의 청화백자와 순백자기의 품질이 중국은 물론이고 피랍된 조선도공들이 백자를 개발한 일본에 비해서도 훨씬 뒤진 모습이 말한다. 조선은 패망하는 날까지도 채색자기를 개발하지 못해 도자기술이 오히려 후퇴했음을 보여준다.

조선은 청화의 원료인 코발트를 중국에서 사와야만 했다. 중국이 이슬람권에서 수입한 코발트를 재수입해야 하니 그 값이 금값을 능가할 만큼 비쌌다. 또 조공무역을 통해서 사야하니 돈이 있다고 마음대로 사올 수도 없는 처지였다. 그 코발트가 중국에서 왔다고 해서 조선에서는 당청화(唐靑華)라고 불렀다.

그 탓에 안타깝게도 청화백자 생산량이 많지 않아 극히 소량이 오늘날까지 전래되고 있다. 조선은 채색문화와 염료산업이 발달하지 않아 백색 이외의 색채는 고관대작의 복식, 그리고 대궐과 사찰의 단청에서나 찾아 볼 수 있었다. 백성은 거의 무명으로 만든 흰옷만 입다보니 백의민족이라는 말이 생겼다. 조선말기의 생활상을 찍은 흑백사진이 그 사실을 말한다.

  그 이유로 조선은 채색자기를 개발하지 못한 채 주로 백자를 생산했다. 다만 백자의 태토 위에 산화동(酸化銅)을 이용하여 간단한 붉은 문양을 그리고 유약을 입힌 진사(辰砂)가 있을 뿐이다. 진사는 일찍이 12세기 고려 상감청자에 부분적으로 사용된 사례가 남아있다. 그러나 조선은 그 재료가 풍부한 편인데도 진사를 채색자기로 발전시키지 못했다.

  조선에 들어서는 그 진사가 거의 사용되지 않다가 18~19세기 사실적 문양을 묘사한 흔적이 더러 남아있다. 진사는 제작기법이 청화백자와 동일하여 쉽게 개발할 수 있었다. 중국에서는 그 진사가 원대에 청화백자와 동시에 개발되어 유리홍(釉裏紅)이라고 부른다. 유약 안의 붉은 색이란 뜻이다.

  그와 달리 일본은 임진왜란 때 조선에서 강제로 끌고 간 조선도공의 손을 빌려 청화백자에 이어 채색자기도 개발해냈다. 거기에는 네덜란드의 역할이 컸다. 네덜란드가 전란으로 일자리를 잃은 중국 도공들을 데려다 기술력을 보태고 일본 도자기의 수출 길을 열어줬다. 네덜란드 덕택에 유럽에 상륙한 일본의 채색자기와 청화백자가 의외로 높은 성가를 올렸던 것이다.

  조선이 청화백자와 채색자기를 크게 발전시키지 못한 탓에 후대 들어 조선백자가 사랑을 듬뿍 받고 있다. 그 대표적인 백자가 달항아리로 알려진 백자대호(白磁大壺)다. 달항아리는 조선후기인 숙종(1674~1720년)-영조(1724~1776년)의 재위기간에 주로 생산되었다.

  숙종-영조의 집권기인 17세기 후반부터 18세기 중반은 조선이 잇따른 전란의 상흔을 씻고 점차 정치-경제-사회적으로 안정을 찾아 가던 무렵이었다. 대부분의 달항아리는 그 시기에 조선의 유일한 관요(官窯)였던 경기도 광주 사옹원(司饔院)의 분원(分院)에서 만든 것으로 추정된다.

  백자대호의 용도는 불분명하다. 기름, 술, 꿀과 같은 액체성 물질 또는 곡물을 담았거나 꽃을 꽂는 장식용 기물로 쓰였을 것이란 추측이 있을 뿐이다. 식품저장용, 의식용, 장식용 등 여러 가지로 용도가 거론되나 그 근거는 빈약하다. 항아리의 아가리가 좁아 물체를 담았다가 꺼내기가 어렵게 생겼기 때문이다.

  달항아리가 널리 알려지다 보니 현존하는 기물이 많을 듯싶지만 의외로 적다. 7점이 국보와 보물로 지정되어 있고 그 외의 지정문화재까지 치면 20여점이 남아 있을 뿐이다. 나라 밖으로 흘러나간 기물까지 합쳐도 30개에 불과하다고 한다. 그처럼 희소가치가 높다보니 값도 10억~20억원으로 상당히 고가로 평가되고 있다고 한다.

백자대호는 보통 높이가 40cm 조금 넘어 조선자기 치고는 대형기물에 속한다. 기물이 큰 편이다보니 물레를 한 번에 돌려 만들기 어려워 윗부분과 아랫부분을 따로 반구형으로 빚은 다음에 아래위를 합쳐 구형으로 만들어 구웠다. 항아리 안을 드려다 보면 접합부위가 보인다. 아가리의 외반이 완만하고 굽은 낮아 안정감이 있어 보인다.

터무니없는 극찬 넘친 달항아리 엉터리 감상법

조선의 백자대호가 1950년대에 달항아리라는 정겨운 이름을 얻은 덕택에 유명해진 측면이 있다. 보름달처럼 희고 크고 둥글게 생겼다 해서 얻은 그 이름이 친밀감을 준다. 그 까닭인지 달항아리는 조선백자 가운데서도 유독 인기가 많아 시인, 소설가, 화가, 언론인, 교수, 도예가 등등 고명한 인사들의 칭송이 그치지 않는다.

달항아리를 보기만 해도 예찬이 저절로 나온다고 말하는 이도 있다. 어떤 전시회 도록에는 세계도자사상 달항아리처럼 거대한 둥근 항아리가 제작된 예는 찾아보기 힘들다는 찬사가 나온다. 중국에는 달항아리 같이 훤칠하고 우람한 항아리는 존재하지 않는다는 단언까지 서슴지 않는다.

조선 달항아리의 순백미와 균형감은 세계에서 유례를 찾아볼 수 없다느니, 순백의 아름다움은 세계인의 흠모와 찬탄의 대상이라는…등등. 온갖 미사여구가 쏟아진다. 중국도자발달사는 고사하고 중국과 일본의 도자기 도록이라도 한번만 봤으면 그 같이 좁은 시야에 갇힌 무지와 무식이 넘쳐나는 글을 함부로 쓰지 못할 것이다.

그 같은 찬사와 칭송에 힘입어 달항아리는 상당한 대중적 인기를 누린다. 도예가의 손을 거쳐 재현되기도 한다. 이름난 화가가 화폭에 옮기는가 하면 사진작가가 흑백사진에 담아 흑백의 대비를 연출하기도 한다. 조각가도 다양한 소재로 달항아리를 표현하기도 한다. 그 달항아리가 2018년 평창동계올림픽의 성화대로 형상화되어 TV화면을 통해 전파됨으로써 지구촌의 눈길을 모으기도 했다.

조선의 도자기술은 왜란, 호란으로 인해 많은 가마들이 폐허로 변하는 바람에 퇴보의 길을 걸었다. 백자가 순백색을 잃고 회백색, 청백색, 황갈색으로 변해갔다는 점에서 그 같은 사실이 확인된다. 그 흠집을 감추려고 표면에 백장토를 발랐다. 더러 유백색, 설백색의 백자도 있

달항아리 엉터리 감상법

조선 달항아리 중에는 온전한 구형(球形-Sphere)을 이룬 것이 거의 없다. 다시 말해 상하와 좌우가 1 : 1의 비율을 이루지 못해 찌그러진 모양이다. 성형-번조기술이 부족하

기는 하지만 말이다.

 가마들이 심한 경영난에 시달린 것으로 짐작된다. 그 때 중국에서 코발트 수입이 원활하지 않기도 했지만 값이 워낙 비쌌다. 그 탓에 보석청이 빛나는 청화백자 생산이 아주 저조했다. 그 대신에 조선이 무지의 백자를 주로 생산하고 아주 적지만 산화철로 흑색의 문양을 그린 철화백자를 만들었을 것으로 유추된다.

 달항아리는 백자지만 표면에 백장토(白裝土)를 발라 구웠다. 백장토는 도자기에 화장 하듯이 입힌 흰 흙을 뜻한다. 백자에 굳이 백장토를 바른 이유는 태토가 유백색이나 설 백색을 내지 못하거나 잡티가 많아 그것을 감추려고 발랐다고 보아야 한다. 자토에 철 분이 많이 섞여있으면 그 같은 현상이 일어난다.

 현존한 달항아리들 중에는 백장토를 군데군데 덜 바르기도 했고 바르다 그만 둔 듯한 기물도 있다. 또 가운데 둘레의 이음매를 잘 다듬지 않아 더러 울퉁불퉁한 흔적이 그대 로 남아 있다. 그것은 도공들이 정성을 다해 만들지 않았다는 말 말고는 달리 설명할 도 리가 없다. 작업환경이 열악하다보니 대충 만들었다는 소리다.

 달항아리 가운데는 좌우와 상하가 1:1의 비율을 이루지 못한 비대칭이 많다. 어떤 기물 은 상하비율이 좌우비율보다 훨씬 커서 달 같은 둥근 느낌을 주지 않는다. 이음매가 반 듯하지 않고 불이 고르지 않아 거의 조금씩 찌그러진 모양이다. 그마저도 불완전연소 에 따른 산화로 인해 군데군데 황갈색을 나타내기도 한다. 중국의 웬만한 기물들은 외 면의 접합부위를 잘 다듬어 거의 이음매가 보이지 않는다.

탓이다. 또 순백미를 내지 못해 백장토를 바르기도 하고 더러 바르다 말기도 했다. 이음새를 잘 다듬지 않아 가운데 표면이 울퉁불퉁하기도 하다. 도공이 정성을 들이지 않았다는 뜻이다. 그런데 그 흠결을 놓고도 예찬이 이어진다. 그것은 무지의 위선이다.

그러나 조선의 달항아리는 성형(成型)과정에서 생긴 접합부위를 깔끔하게 처리하지 않거나 번조(燔造)과정에 불을 잘못 관리해 갈라지거나 틀어져 거의 완벽한 구형을 이루지 못했다. 사진을 통한 평면을 보더라도 정원(正圓-Roundness)을 갖춘 달항아리는 찾아보기 어렵다.

그 이지러진 구형의 비대칭을 두고 달항아리만이 지닌 아름다움이라는 찬미가 잇따른다. 그 모습을 두고 천의 얼굴을 가졌다고 칭송하는 애호가들도 있다. 그 찌그러진 결점이 달항아리만이 지닌 매력이라고 말하기도 한다. 달항아리는 성형-번조기술이 모자라 완벽한 구형(球形-Sphere)을 이루지 못한 탓에 보는 각도에 따라 모양이 달리 보이는 것이다.

중국은 도자기에 생긴 금을 얼음의 갈라진 금에 빗대 빙렬(氷裂)이라는 아름다운 이름을 붙였다. 빙렬은 가마의 온도가 식지 않은 상태에서 도자기를 꺼내면 바깥의 찬 공기와 부딪치는 순간에 그 충격에 의해 생긴다. 또는 도자기를 구우면 수분이 빠져나가면서 수축현상이 일어나는데 그 때 태토와 유약의 수축비율이 차이를 나타내면 금이 간다.

그 금은 기술부족이나 번조과정에서도 생기지만 오래 세월이 흐르면서 일어나는 미세한 수축현상으로 인해 나타나기두 한다. 그에 따라 어떤 도자기는 저절로 금이 전체적으로, 또는 부분적으로 생긴다. 그 빙렬은 세파를 견디어 낸 나이테 같아 도자기 감정의 한 단서가 되기도 한다. 더러 유약표면에 잔금이 간 달항아리도 있다. 바로 그 갈라진 금에도 특별한 의미를 부여하기도 한다.

그 빙렬이 마치 달항아리만의 독창적인 장식기법인 것처럼 뜻 모를 찬사를 늘어놓는다. 중국 송대의 가요(哥窯)와 균요(鈞窯)는 태토 위에 짙은 채색유약을 두텁게 입혀 강한 빙렬문(氷裂紋)을 만들어 냄으로써 도자기를 장식했다. 그와 달리 달항아리에 나타난 빙렬은 장식을 위해 인위적으로 제작한 문양이 아니다.

 감성적인 느낌이야 개인의 지성, 감정에 따라 얼마든지 다르게 표현할 수 있다. 하지만 달항아리를 바라보는 시각에는 실증적 지식에 근거하지 않은 눈먼 칭송이 넘쳐난다. 그런 과찬도 지나치면 무지와 무식의 소치로 치부될 수 밖에 없다. 평상인의 눈에는 보이지 않는 아름다움을 애국적, 민족적 시각에서 말하면 그 또한 역사를 바로 말하지 않는 일이다.

빙렬의 숨은 이야기

도자기는 오랜 세월이 흐르면 미세한 수축현상으로 인해 더러 유약표면에 저절로 금이 생긴다. 그 까닭에 잔금이 간 달항아리도 있다. 달항아리 애호가들은 바로 그 균열에도 특별한 의미를 부여하기도 한다. 그 빙렬이 마치 달항아리만의 독창적인 장식기법인 양 뜻 모를 찬사를 늘어놓으니 하는 말이다.

 중국 송대의 가요(哥窯)와 관요(官窯)는 태토 위에 짙은 채색유약을 두텁게 입혀 크고 강렬한 빙렬문(氷裂紋)을 만들어 도자기를 장식했다. 그와 달리 달항아리에 나타난 균열은 인위적으로 제작한 장식문양이 아니다. 오랜 세월이 만들어낸 균열현상이다. 찬사를 보낼 일이 아니라는 소리다.

이도다완의 불편한 진실

중국 흑유완 수입 막히자 조선에 눈 돌린 일본

 1975년 5월 한국 전라남도 신안군 앞바다에서 한 어부가 그물을 걷어 올렸는데 엉뚱하게도 물고기가 아닌 중국청자가 걸려 나왔다. 650년 넘게 깊은 바다 밑 갯벌에 갇혀 긴 잠에 빠졌던 원나라 무역선을 깨우는 순간이었다. 1976~1984년 9년 동안 11차례에 걸쳐 이뤄진 인양작업 끝에 이른바 보물선으로 알려졌던 침몰선이 햇빛 아래 그 모습을 드러냈다.

 그 무역선은 원나라 지치(至治) 30년인 1323년 중국 저장(浙江-절강)성 닝보(寧波-영파)를 떠나서 일본 남단의 규슈(九州-구주)지방 후쿠오카(福岡-복강)를 향해 항해하던 길에 한국의 신안 앞바다에서 침몰했다. 1975년 발견되어 보물선으로 알려졌던 그 배를 선체까지 인양했더니 화물은 대부분이 도자기로서 2만661점이 쏟아져 나왔다. 그것은 그 당시 일본은 도자기를 중국에서 수입해 사용했다는 사실을 일깨워주는 대목이다.

 도자기는 주로 저장성의 용천요(龍泉窯)에서 만든 청자인데 더러 작품성이 뛰어난 청자도 있지만 거의 생활용기다. 그런데 이상하게도 유입경로를 알 수 없는 고려청자도 7점이나 나왔다. 또 흑유완(黑釉碗)도 상당량이 포함되어 있었다. 그 즈음 일본은 중국산 흑유완을 찻잔으로 이용하면서 흑유다완(黑釉茶碗)이라고 불렀다. 검은 유약을 바른 찻잔이라는 소리다.

 그 점을 미루어 보아 당시 일본에서는 차를 마시는 끽다(喫茶)풍속이 널리 퍼져 있어 다완의 수요가 상당히 컸다는 사실을 알 수 있다. 그 밖에 금속류 729점, 석재류 43점, 동전 800만개(28t), 고급목재인 자단목 1,017본, 기타 574점이 실려 있었다. 그 물품을 주문한 고객이 사찰과 귀족이라는 사실을 나타내는 자료도 나왔다.

 일본은 송나라에서 수입하던 흑유완(黑釉碗)에 천목다완(天目茶碗)이라는 아주 시적인 이름을 붙였다. 흑유완은 산화철로 만든 검은 유약을 발라 구운 원추형의 까만 사발로서 옆에서 보면 약간 둥그란 모양이다. 직경이 보통 10~12cm이라 찻잔으로 쓰기에는 딱 맞은 크기다.

 송대에는 일본 불교승려들이 저장성 천목산(天目山)에 있는 사찰로 유학을 갔었다. 그들이 그곳에서 공양을 드리며 밥그릇으로 쓰던 흑유완을 가지고 귀국했다. 그 흑유완이 일본에서 찻잔으로 쓰이면서 천목다완이란 이름을 얻게 되었다. 삿갓처럼 생긴 흑유완이 일본인의 사랑을 받으면서 다기의 제왕으로 자리를 잡게 되었던 것이다.

신안 앞바다에서 인양된 원나라 무역선에서 흑유완이 많이 나왔다는 사실은 일본이 흑유완을 다완으로 쓰려고 중국에서 많이 수입했다는 사실을 확인해준다. 실제 일본에는 다완으로 쓰인 흑유완이 더러 남아있다. 인양된 기물은 주로 남중국의 푸젠(福建-복건)성의 건요(建窯)에서 만든 평범한 흑유완이다.

중국 흑유완의 기형은 비슷하게 생겼지만 유약의 종류가 다양하다. 유적완(油滴碗)이라고 해서 유면에 은회색 금속의 광택이 나는 작은 기름방울과 같이 생긴 문양이 무수하게 흩어져 있는 흑유완이 있다. 표면에 나타난 유약의 흐름이 마치 토끼털처럼 보이는 토호완(兎毫碗)

일본 찻잔의 제왕 중국 흑유완

1323년 중국 닝보(寧波-영파)를 떠나서 일본 남단의 후쿠오카(福岡-복강)로 가던 원나라 무역선이 한국 신안 앞바다에서 침몰했다. 1975년 한 어부가 발견하여 보물선으로 알려졌던 그 배를 인양했더니 도자기가 2만점 넘게 쏟아져 나왔다. 그것은 그 때 일본은 도자기술이 뒤져 중국에서 수입해서 썼다는 사실을 말한다.

대부분이 저장성의 용천요(龍泉窯)에서 만든 청자였다. 또 푸젠성의 건요(建窯)에서 만든 흑유완(黑茶碗)도 적지 않았다. 그 즈음 일본은 검은 유약을 바른 삿갓 모양의 사발을 찻잔으로 이용했는데 이름하여 천목다완(天目茶碗)이라 일렀다. 그 중국의 흑유완이 일본인의 사랑을 듬뿍 받으면서 다기의 제왕으로 떠올랐었다.

이라는 기물도 있다.

장시(江西-강서)성 길주요(吉州窯)에서 만든 대모완(玳瑁碗)은 유면이 마치 거북이 등껍질처럼 생겨 얻은 이름이다. 역시 길주요에서 만든 목엽완(木葉碗)이라는 독특한 문양의 흑유완이 있다. 나뭇잎을 자연 그대로 옮겨 붙였는데 마치 가을 날 낙엽이 그릇에 사뿐히 내려앉은 듯한 모습이다. 그처럼 중국 흑유완 중에는 유약의 문양이 현란하여 그 자태에서 교태감마저 느끼게 하는 기물들이 많다.

토호완(兔毫碗)

하지만 일본이 수입한 대부분의 흑유완은 이름 그대로 그냥 검은 유약을 바른 무지의 기물이었다. 그런데 중국에서는 막상 흑유완이 아닌 자사다기(紫砂茶器)라는 독특한 찻그릇이 따로 있어 애용되고 있다. 자사다기는 북송 때부터 개발되었으나 명대 들어 다호(茶壺)의 명장들이 배출되면서 천하에 이름을 날리게 되었다.

중국 장쑤(江蘇-강소)성 이싱(宜興-의흥)지방에서 생산되는 자사다기는 기묘한 조형미의 극치를 자랑하며 예술의 경지를 추구한다.

목엽완(木葉碗)

흙빛을 물씬 풍기는 자사는 자연미를 맘껏 발산한다. 유약을 바르지 않아 기공을 통해 차가 호흡한다고 하여 오늘날에도 다기로서 중국인의 사랑을 듬뿍 받는다.

어쨌든 명나라가 1551년 일본과의 조공무역을 단절함으로써 일본이 흑유완을 수입할 길이 막혀버렸다. 밀무역을 통해 흑유완을 조달했으나 물량이 적다보니 값이 더욱 비싸졌다. 일본이 중국의 도자기 말고 그 자리를 메울 마땅한 그릇을 찾다보니 조선의 막사발이 떠올랐다. 일본이 중국의 흑유완을 살 수 없으니 모양이 비슷하게 생긴 조선 막사발로 눈을 돌리게 되었던 것이다.

자사다기(紫砂茶器)

그리하여 일본에서 조선 막사발이 가루차를 타서 마시는 찻그릇으로 쓰이기 시작했다. 조선 막사발에 대한 일본의 견해는 두 가지가 있다. 하나가 잡기설(雜器說)로서 **조선서민의 생활용기였다는 뜻이다. 다른 하나는 제기설(祭器說)로서** 말 그대로 제사 지낼 때 쓰는 그릇이었다는 주장이다.

그런데 일본열도를 통일한 도요토미 히데요시(豊臣秀吉-풍신수길)가 조선을 침략하는 임진왜란을 일으켰다. 그 때 왜군이 일본에서 찻잔으로 쓰는 중국 흑유완과 흡사하게 생신 막사발을 조선에서 수탈해 갔다. 일본에 이도다완 전래품이 그리 많지 않다는 점으로 미뤄보아 일본이 임진왜란 전후로 수탈하거나 수입한 조선 막사발이 많지는 않았던 것 같다.

도자기는 잘 깨지는 특성 때문에 일반적으로 전래품이 흔하지 않기는 하지만 말이다.

조선 막사발을 찻잔으로 사랑한 일본의 예찬론

송나라와 원나라는 대외거래가 활발했다. 그러나 명나라는 기본적으로 대외거래에 대해 부정적이었다. 명나라 창건자 주원장(朱元璋)은 탁발승으로서 천하를 주유하면서 세상사를 두루 살펴봤기에 관료와 상인, 지주 사이에 얽힌 더러운 부패상을 잘 알고 있었다. 그 연유로 그는 상업을 천시했고 화폐경제를 혐오했다.

그 까닭에 명나라는 조공무역 이외의 대외거래에 대해 부정적이었다. 영락제가 추진한 정화의 대양원정을 제외하고 명나라는 조공무역도 아주 제한적으로 운영했다. 조선은 명나라와 친밀한 관계를 유지하여 조공무역을 통해 지배층이 필요한 도자기, 비단, 칠기 등 사치품을 비교적 원활하게 조달한 편이었다.

그러나 명나라가 일본에 대해서는 왜구의 노략질을 응징하는 차원에서 조공무역에 대해 거부적 자세를 보였다. 하지만 일본의 입장에서 보면 왜구의 중국해안 침탈행위는 도자기를 비롯한 중국산 생활물자를 조달하기 위한 방도이기도 했다. 일본은 중국 밀수꾼을 통해 중국물자를 구득하기도 했다.

일본은 명나라 영락(永樂) 2년인 1404년 조공국으로 인정받았지만 그 지위가 낮아 지배층이 사용하는 사치품을 충족하리만치 구할 수 없었다. 일본은 기본적으로 대등한 교역을 바랐지만 명나라는 일본의 조공품에 대해 흡족하게 여기지 않았었다. 품목도 탐탁하지 않거니와 품질도 조악했기 때문이었다.

왜구의 노략질이 갈수록 극성을 부리자 명나라가 급기야 가정(嘉靖) 29년인 1551년 일본과의 조공무역을 단절해 버렸다. 일본은 결국 조선으로 눈을 돌렸다. 왜구가 더러 조선의 남부지역을 침탈하거나 밀무역을 통해 필요한 물자를 조달했다. 15~16세기 조선에서 일본에 전해진 대표적인 물건 중의 하나가 막사발이었다.

조선 막사발은 삿갓 모양으로 생겨 일본이 찻잔으로 쓰던 중국의 흑유완과 기형이 아주 흡사하다. 일본에서 중국 도자기를 수입할 길이 막히자 흑유완 값이 턱없이 비싸졌다. 거기에다 중국에 대한 반발심리도 겹쳐 선승과 무사들이 나서 조선 막사발을 찻잔으로

쓰기 시작했다.

그들의 말을 빌리면 조선 막사발은 꾸밈이 없고 소박하여 차츰 그 멋에 탐닉하게 되었다고 한다. 그 소박미가 매혹적이라고 느낀 일본이 그 가치를 재발견하면서 조선에서 업신여겼던 막사발이 일본에서 이도다완이라는 이름으로 신분을 세탁하고 화려하게 재탄생하게 되었다.

일본 교토 다이도쿠지(大德寺-대덕사)의 분원인 고호안(孤蓬庵-고봉암)이라는 암자는 일본 국보26호인 '기자에몬 이도'(喜左衛門 井戶-희좌위문 정호)라는 다완(茶碗)을 소장하고 있다. 그 다완은 조선 진주에서 만들어진 막사발이다. 터무니없는 말로 들리지만 일본인들은 그 조선 막사발을 '일본과도 안 바꾼다'는 말이 있을 만큼 아낀다고 한다.

그 다완은 에도시대 마쓰에 번(松江藩-송강번)의 6대 번주였던 마쓰다이라 하루사토(松平治鄉-송평치향)가 소장했던 내력을 가지고 있다. 여기서 번주는 영지를 가진 봉건영주를 뜻한다. 기자에몬이란 별칭은 최초의 소장지인 오사카 상인의 이름에서 따온 것이다.

동양미술 학자로 유명한 일본의 야나기 무네요시(柳宗悅-유종렬-1889~1961년)가 1931년 그 다완을 접하고 나서 찬사를 아끼지 않았다. 그가 이도다완을 "미에 대한 철학과 생활의 축소판"이라고 예찬하면서 그 아름다움에 반했던 것으로 전해진다. 그가 칭송했던 이유는 "솔직하고 무심하다, 자연스러우며 사치스럽지 않다, 과장이 없다"라고 한다.

한마디로 이도다완은 아름다움을 꾸며내지 않았다는 소리다. 그는 이어 "그 까닭에 일본다완이 조선다완을 따라 가지 못한다"고 말하고 일본다완의 작위적인 아름다움을 비판했다고 한다. 일본다완에 대한 그의 비평에는 일면 수긍이 가지만 이도다완에 대한 그의 극찬은 그 자체가 작위적이라는 느낌이 든다.

조선 막사발 3점이 1급 국보급으로, 20여점이 중요문화재로 지정된 것으로 알려져 있다. 일본에서 다완으로 사용되는 조선시대 도자기는 다양한데 대표적인 기물이 이도다완이다. 이도다완은 기물이 크면 오이도(大井戶-대정호), 작으면 고이도(小井戶-소정호) 그리고 푸른색을 띠면 아오이도(靑井戶-청정호)라고 부른다.

이도(井戶-정호)라는 명칭의 유래에 대해서는 정설이 없는데 조선의 새미골이라는 곳에서 전래되었다는 속설이 가장 유력하다. 이도는 경상도 진주지역 지리산 자락의 새미골이라고 한다. 새미는 샘의 옛말이고 샘을 한자로 쓰면 井(정)이고 고을은 戶(호)이니까 정호(井戶)인데 일본어 발음으로 이도(井戶)라는 것이다. 한마디로 이도다완은 조선의 새미골에서 만든 찻잔이라는 소리다.

그곳에서 만든 사발은 다른 지역의 사발보다 직경이 2cm가량 작아 찻잔으로 쓰기에는 그야말로 안성맞춤이라고 한다. 또 다른 속설은 사발의 제작지가 조선의 남부지역의 위등(韋登)

이라는 주장이다. 韋駄은 일본어 발음으로 이도라고 읽는데 그 이도가 같은 발음이 나는 이도(井戶)로 바뀌었다고 한다.

이도다완이 일본인의 온갖 찬사를 한 몸에 받는 만큼 조건도 까다롭다. 사발바닥에 차 찌꺼기가 고일 수 있도록 옴폭 들어가야 하고, 굽이 약간 높은 듯하며 마디져 있어야 한다고 한다. 굽 안팎의 우툴두툴한 자국도 매화나무 껍질을 닮았다는 의미를 부여하여 이도다완의 조건으로 내세운다.

한국에는 이도다완이 널리 알려져 있지만 일본에는 갖가지 이름이 붙은 고려다완이 적지 않다. 일본 다도에서는 고려시대와 조선시대에 제작된 도자기를 다완으로 많이 사용하는데 시대를 구분하지 않고 모두 고려다완(高麗茶碗)이라고 부른다. 고려시대의 다완은 거의 구름 사이로 학이 나는 모습을 그린 운학문(雲鶴紋)이 상감되어 있는 청자다.

이도다완은 정치적 가치가 창출한 역사적 산물

조선 막사발이 일본에서 이도(井戶-정호)다완이란 이름까지 얻으며 다시 태어나 국보급 예우를 받는다. 조선의 볼품없게 생긴 막사발이 이국 땅 일본에서 세도가들의 총애를 받으며 일구어낸 놀라운 신분상승이다. 그 까닭에 이도다완에 대한 한국인들의 경탄, 찬사가 시간을 초월해 이어진다.

오랫동안 신문, 잡지, 방송 등 각종 언론매체를 통해 이도다완에 대한 시인, 소설가, 평론가, 미술가, 언론인, 교수, 도예가 등등 이름난 인사들이 혀가 닳도록 극찬을 쏟아낸다. 그야말로 감탄사의 연발이다. '아름다움을 초월한 무심', '꾸미지 않은 자연미', '불가사의한 아름다움'과 같은 찬사도 필설로 모자라는지 '한번만 만져보면 죽어도 여한이 없다'는 찬탄까지 잇따른다.

그런데 평상인의 눈에는 그 같은 아름다움이 들어오지 않는다. 그저 조악한 막사발로만 비칠 뿐이다. 다만 오랜 세월이 쌓인 나이테는 드러나지만 그들이 말하는 예술의 경지는 보이지 않는다. 애국적, 민족적 시각에 충실하다보니 눈에 보이지 않는 작품성과 예술성을 꾸며내어 침이 마르도록 예찬하지 않았나 싶다. 그것은 무지의 위선이다.

사발(沙鉢)은 사기로 만든 국그릇이나 밥그릇으로서 위는 넓고 아래는 좁으며 굽이 있다. 막사발은 상사발(常沙鉢)과 같은 말로 품질이 낮은 사발을 일컫는다. 여기서 '상'(常)은 양반이 아닌 보통 사람을 말하는 상민(常民)의 상과 같은 뜻이다. 막사발의 막은 흔하다는 뜻

조선 막사발의
신분상승

조선의 볼품없게 생긴 막사발이 일본에서 이도다완이란 이름을 얻으며 국보급으로 다시 태어났다. 조선 막사발이 이국 땅에서 일구어낸 놀라운 신분상승이다. 그 까닭에 이도다완에 대한 한국인들의 경탄, 찬사가 시간을 초월해 이어진다.

그런데 평상인의 눈에는 그저 조악한 막사발로 비칠 뿐이지 그들이 말하는 예술의 경지가 보이지 않는다. 애국적, 민족적 시각에 충실하다보니 작품성과 예술성을 꾸며내어 침이 마르도록 예찬하나보다. 그것은 무지의 위선이다.

일본 전국시대에는 군벌이 조선 막사발에 가루차를 타서 한 모금 씩 나눠 마시면서 충의를 다졌다고 한다. 또 선물로 주고받으며 동맹을 포섭하고 복속을 결의했다는 것이다. 찻잔에 스며든 그 같은 정치적 사연이 그 가치를 무한에 가깝게 끌어올리지 않나 싶다.

일본국보 이도다완.
교토 다이도쿠지
(大德寺-대덕사) 소장.

이니 글자 그대로 가난한 상민이나 썼다고 보아야 한다.

이도다완은 조선에서 14세기 중반에서 16세기 초엽에 걸쳐 청자에서 백자로 넘어가는 과도기에 등장한 분청사기에 가까운 기물이다. 태토가 자기를 만드는 자토, 고령토와 달리 아주 거칠어 도기에 가깝다. 유약도 고루 묻지 않았고 군데 군데 묻지 않은 곳이 많다.

또 유약의 색깔도 황갈색인데 곳곳에 얼룩져있다. 기형도 찌그러지고 두께도 고르지 않으며 균형미, 대칭미도 없다. 그것은 기술부족으로 인해 제대로 성형이 되지 않은데다 불도 고르지 못한 탓이 크다. 첫눈에 도공들이 싸구려 그릇이라 정성을 들이지 않고 날림으로 만들었음을 보여준다. 고려 상감청자의 걸작과 비교해보면 그 차이가 너무나 극명하게 드러난다.

일본인들은 송나라의 흑유완은 아름답기는 해도 기교가 심해 그것이 오히려 흠집이라고 말한다. 반면에 이도다완은 기교가 없는 순박미가 넘쳐 일본인의 사랑을 듬뿍 받는단다. 이도다완은 꾸민 데가 없어 수수하기도 하지만 찌그러지고 투박하여 질박한 느낌을 준다는 설명이다.

거기에는 명나라가 일본과의 조공무역을 단절한 데 따른 일본인의 반중감감이 깔려있다고 보아야 한다. 일본이 중국의 흑유완을 수입할 길이 막히자 조선의 막사발을 대체재로 쓰기 시작하면서 그 이유를 합리화한 측면이 있다. 일본의 목기, 칠기, 도자기와 같은 공예품에 나타난 정교하고 섬세한 미적 감각을 보면 그것을 짐작할 수 있다.

조선 막사발이 일본에서 국보급 대접을 받는 진정한 이유는 따로 있다. 그것은 표면에 나타난 예술적, 문화적 가치에서 연유한 것이 아니다. 그보다는 정치적 격동기를 거치면서 그 찻잔에 스며들어 내재되어 있는 정치적, 역사적 가치 때문이라는 판단이 옳다.

일본의 전국시대는 칼이 모든 것을 말하고 모든 것을 답했다. 칼이 센고쿠(戰國-전국)시대를 마감하고 칼이 일본열도를 하나로 묶어냈던 것이다. 그 까닭에 일본은 오다 노부나가(織田信長-직전신장), 도요토미 히데요시(豊臣秀吉-풍신수길), 도쿠가와 이에야스(德川家康-덕천가강)를 통일의 기반을 다진 무사이자 최고의 영웅으로 숭앙한다.

전국시대에 중부일본을 평정한 오다 노부나가가 전투에서 승리한 공신들에게 토지 대신 다기를 하사한 것으로 알려지고 있다. 노부나가는 적대관계에 있던 시바타 가쓰이에(柴田勝家-시전승가)를 회유하면서도 조선 막사발을 선물로 줬다. 그의 책략은 도요토미 히데요시에게도 전수되어 고려다완의 가치가 더욱 높아졌다.

도요토미는 자신이 미천한 신분의 출신이라는 사실을 감추려고 다도(茶道)를 다이묘(大名-대명)들을 포섭하는 통치수단으로 활용했다. 그는 막료들과 함께 조선의 막사발에 말차를 물에 타서 돌려가며 한 모금 씩 마시면서 국사를 논의하고 충의를 다졌다. 다시 말해 차 마시기를 통해 의리를 다지고 단결을 도모하는 일종의 혈맹의식을 가졌다는 소리다. 말차는 차나무의 애순을 말려 만든 가루차를 말한다.

 그들은 이도다완을 선물로 주고받으면서 동맹을 포섭하고 충성과 복종을 서약하기도 하고, 또 복속이나 사죄의 의미로 이도다완을 헌상하기도 했다고 한다. 세도가들이 조선 막사발을 애지중지하니 그 가치가 하늘 높은 줄 모르고 치솟았다. 그 까닭에 조선침략 전쟁에 참여했던 서일본의 영주들이 조선도공을 납치하느라 혈안이었었다.

 그 까닭에 이도다완 감상법에도 그들이 말하는 사무라이 정신이 짙게 배어있다고 한다. 조선 막사발은 유약이 흘러내리다가 응결되어 뭉친 모양이 나타나는데 일본인들은 그것을 매화피(梅花皮)라고 부른다. 그 울퉁불퉁한 유약을 만지면서 철갑상어 껍질로 치장한 일본도의 칼자루를 느꼈다고 한다. 그 촉감의 순간이 칼을 뺄지 말지를 결단하는 느낌과 상통한다는 것이다.

 유약이 묻지 않은 굽도 사무라이가 아무리 속마음을 숨기더라도 언제인가는 드러난다며 의미를 부여했다. 그들이 말하는 감상법은 이도다완을 그만큼 사랑했다는 뜻을 갖지만 다분히 작위적인 해석이라는 느낌이 든다. 결국 이도다완은 문화적, 예술적 가치가 아닌 정치적 가치가 만들어낸 역사적 산물이라고 보아야 한다.

 그 까닭에 조총을 앞세워 조선을 침략한 왜군이 살육을 일삼는 한편 막사발을 수탈하느라 기를 썼을 것으로 보인다. 조선의 막사발은 그 모양이 일본이 찻잔으로 애용하던 송나라의 흑유완(黑釉碗)과 아주 비슷하게 생겼다. 그 연유로 왜군이 조선의 막사발을 찻그릇으로 쓰려고 닥치는 대로 챙겼을 것이다.

 임진왜란은 일본을 통일한 세력이 조총을 앞세워 해외로 원정나간 첫 침략전쟁이자 조공국이 종주국인 명나라와 싸운 전쟁이다. 조선에서 수탈한 막사발은 그 전쟁의 상징적 전리품이다. 절대적 권력자 쇼군 앞에서 그 전리품을 놓고 무용담을 말하고 국사를 논의했을 것이다. 수백년간에 걸친 격동의 정치사가 이도다완에 쓰며들어 상상을 초월하는 가치를 창출해냈다고 보아야 한다.

 고미술품은 예술적 가치 못지않게 출처(provenance)가 중요하다. 출처는 도난품이나 모조품을 가리는 결정적 단서가 된다. 또 중요한 사실은 소장자가 누구냐에 따라서 가격차이가 크다는 점이다. 예를 들어 같은 미술품이라고 하더라도 이름난 세도가의 소장품과 무명인이 소유했던 작품과는 그 값이 더러 하늘과 땅 차이로 난다.

유럽 고미술품 경매시장에서 거래된 고가의 작품이라면 예외적인 경우를 빼고는 출처가 분명하다. 마치 족보처럼 과거의 소장자들이 기재되어 있다. 그것은 진품이라는 사실을 입증하기도 하지만 역대 소장자의 지명도에 따라서 작품가격에 큰 영향을 미칠 수 있기 때문이기도 하다. 누구누구가 그 작품을 소장했었다고 자랑할 수 있으니 그 만큼 값이 오른다고 보아야 한다.

이도다완은 일본의 장래를 결정한 군벌의 소유물이었다. 그들이 이도다완에 담긴 차를 마시면서 일본의 운명과 미래를 논의하고 결정했으니 일본역사가 녹아있는 찻잔의 가치가 무한에 가깝게 뛰었을 것이다. 그 까닭에 이도다완 하나의 가치가 성 채와 맞바꿀 만큼 가치가 있다는 소리까지 스스럼없이 나온다.

다시 말해 이도다완이 일본에서 국보급으로 대접을 받는 이유는 수백년간에 걸친 일본역사의 격동적 내력을 안고 있기 때문이다. 이도다완은 권력자의 애장품이었다는 점에서 소유 자체로서 권력과 금력을 과시한다. 거기에다 일본 다인(茶人)들의 고매한 심미안이 찬사를 보탬으로써 조선의 막사발이 이도다완이란 국보로 재탄생할 수 있었을 것이다.

그 같은 배경에서 조선 막사발이 일본에서 신분을 탈색하고 고귀한 이도다완으로 화려하게 다시 태어났다. 바로 똑같은 이유로 이도다완과 똑같이 생긴 조선 막사발이 당장 한국 땅에서 출토된다고 하더라도 그것은 고물시장에서 한낱 조선 막사발이 가진 옛 그릇 이상의 대접을 받을 수 없다고 보아야 한다.

여기서 왜 일본은 중국의 흑유완, 조선의 막사발을 찻잔으로 애용하며 찬사를 아끼지 않았을까 하는 원초적 의문이 제기된다. 그 이유는 그 때 일본은 도자산업이 아주 낙후하여 다기로 쓸 만한 도자기를 생산하지 못했기 때문이라고 보아야 한다. 그 까닭에 역설적으로 일본에서는 목기, 칠기가 예술의 경지에 이를 만큼 발달했었다.

그 일본이 조총을 앞세워 조선 땅을 유린하고 수많은 도공들을 납치해 끌고 가서 일거에 백자를 만들어 냈다. 조선 도공들이 도자의 불모지 일본 땅에서 고령토를 찾아내 백자를 만들어내는 데 성공했던 것이다. 그 연유로 일본은 임진왜란을 야키모노 센소(燒物戰爭-소물전쟁), 즉 도자기 전쟁이라고 일컫는다.

거기에다 네덜란드가 자본을 대고, 또 중국 도공들을 데려다 조선 도공들이 만든 백자 위에 기술을 보태 갖가지 색채를 입혔다. 네덜란드가 운송과 판매까지 맡아 그 도자기들을 유럽에 수출했더니 온갖 찬사가 쏟아졌다. 그것이 일본이 짧은 시간에 수출입국으로 우뚝 일어설 수 있었던 까닭이다.

도자수출의 산실 조선인 가마

임진왜란은 조선도공 납치해 백자 개발한 자기전쟁

1592년 조선을 침략할 당시 일본은 도자기술이 중국은 말할 것도 없고 조선에 비해서도 크게 뒤져 있었다. 도자기술이 낙후되었던 까닭에 도자기가 필요하면 왜구나 중국 밀수꾼, 아니면 포르투갈 상인을 통해 중국 도자기를 사서 쓰는 형편이었다. 일본은 포르투갈이 중국 도자기를 일본 말고 유럽에도 팔아서 큰돈을 번다는 사실을 파악하고 있었다. 또 일본은 왜구를 통해 조선이 자기를 생산한다는 사실도 잘 알고 있었다.

일본에서는 15세기 중반부터 16세기 후반까지 한 세기 넘게 센고쿠(戰國-전국)시대를 거치면서 피비린내 나는 권력투쟁이 벌어졌다. 오랜 세월에 걸쳐 전쟁을 겪은 탓에 장정들이 많이 죽어 노동력이 크게 부족했다. 조선을 침략한 왜군이 조선인들을 무자비하게 도륙하는 한편 닥치는 대로 납치해 갔다. 노예로 부리려고 데려가기도 했지만 포르투갈 노예상에게 팔아 넘기려고 끌고 갔다.

조선침략 전쟁에 참여했던 영주들은 조선인을 납치해서 돈을 벌려고 혈안이었다. 그들은 특히 기술자, 그 중에서도 도공에 눈독을 들였다. 당시는 농경사회라 대장장이, 직물공, 제지공, 자수장(刺繡匠), 목공, 석공, 도공 같은 기술자들이 드물었다. 왜장들은 포르투갈 상인들이 중국에서 가장 사고 싶어 했던 물건이 도자기이고 가장 비싸게 팔린다는 사실을 잘 알고 있었다.

그 까닭에 그들은 조선에서 도공들을 눈에 띄는 대로 납치했다. 일본이 많은 조선인들을 노예로 끌고 갔다고 해서 임진왜란을 '노예전쟁'이라고 말하기도 한다. 또 도공들을 강제로 끌고 가서 자기를 만드는데 성공했다고 해서 '자기전쟁'이라고도 일컫는다. 일본은 도자기를 불에 구워서 만든 물건이라는 뜻으로 '야키모노 센소'(燒物戰爭-소물전쟁)라고 말한다.

조선도공들이 얼마나 많이 일본으로 잡혀갔는지 정확하게 파악할 길이 없다. 혹자는 천명 또는 만명 단위로 말하나 어느 것도 근거로 제시할 수 있는 자료는 없다. 다만 당시 조선도공들이 일본에서 많은 가마를 만들었다는 점을 미루어 봐서 왜군이 조선의 도자산업이 붕괴될 정도로 많은 도공들을 닥치는 대로 납치해간 것이 틀림없다.

왜군에 의해 끌려간 조선도공들 가운데 많은 이들이 일본 규슈(九州-구주)지방 사가(佐賀

일본의 도신(陶神) 조선 도공 이삼평

임진왜란 때 왜군에 의해 일본으로 끌려간 도공 이삼평은 여러 해 고령토를 찾아 헤맸다. 마침내 발견하여 백자를 굽는 데 성공했으니 그 때가 1616년이었다. 일본이 중국, 조선, 베트남에 이어 세계에서 4번째로 백자를 개발한 순간이었다.

아리타 주민들은 1658년 도산신사(陶山神社)를 건립하고 그를 도신(陶神)으로 모신다. 1917년 그의 공적비를 세우고 그 때부터 해마다 5월 4일 이삼평을 기리는 도조제(陶祖祭)를 지낸다. 그의 백자개발이 일본 도자산업 발전의 기념비적 사건인 까닭이다.

-좌하)현의 항구 가라쓰(唐津-당진)에 상륙했다. 그곳은 지명이 말하듯이 견당선(遣唐船)이 오가며 당나라와 교역했던 곳이다. 그 일대에는 조선도공들이 지은 가마들이 아직도 많이 남아있다.

가라쓰와 함께 아리타(有田-유전), 사쓰마(薩摩-살마)가 일본의 3대 도요지로 이름났는데 그 모두 조선 도공들이 정착해서 가마를 지은 곳이었다. 그 중에서도 충청도 공주 출신인 이삼평(李參平-?~1655년)이 만든 아리타 가마가 일본의 대표적 자기가마로 꼽힌다.

그는 전라도를 침탈했던 나베시마 나오시게(鍋島直茂-과도직무)가 일본으로 끌고간 조선도공 150여명 중의 한 사람이었다. 나베시마는 전라도 금구, 김제, 화순, 능주 등지에서 조선인 5,444명의 코를 베어서 일본으로 가져간 악명 높았던 극악한 자로서 가토 기요마사(加藤淸正-가등청전) 휘하의 장수였다.

나베시마는 이삼평에게 가라쓰 근방에서 도자기를 만들도록 지시했다. 하지만 그는 그곳에서 자기를 만들 흙을 구하지 못해 도자기 굽는 일을 뒤로 한 채 여러 해 고령토를 찾아 헤맸다. 마침내 그가 아리타에서 고령토 광산을 찾아내 도공 18명을 데리고 그곳으로 이주했다.

그가 시라카와(白川-백천)에 큰 가마를 짓고 그 흙으로 백자를 만드는 데 성공했으니 그 때가 1616년이었다. 일본이 중국, 조선, 베트남에 이어 세계에서 4번째로 백자를 구워낸 순간이었다. 이삼평이 왜군에 의해 일본에 끌려간 지 18년만에 일구어낸 쾌사였다. 일본은 2016년 그의 백자개발 400주년을 맞았다. 그해 작은 도자마을 아리타는 1년 내내 크고 작은 도자전시회와 도자축제를 잇달아 열었다.

이탈리아의 메디치 가문은 조-일전쟁보다 앞선 1575~1587년 백자를 만들려고 도전에 도전을 거듭했지만 성공하지 못했다. 그런데 일본은 조선 도공을 강제로 납치해서 단 숨에 백자를 만들어내는 거사를 이룩함으로써 청화백자, 채색자기를 꽃 피울 터전을 마련했다. 그것은 1709년 유럽에서 가장 먼저 백자를 제작하는 데 성공한 독일의 드레스덴보다 한 세기 가까이 앞선 일이었다.

이삼평이 별세한지 3년째 되던 해인 1658년부터 아리타 주민들은 도산신사(陶山神社)를 건립하고 그를 도신(陶神)으로 모신다. 1917년 그곳에 도조 이삼평 공적비를 세우고 그 때부터 해마다 4월말부터 5월초까지 5일간 도자기 시장을 열고 5월 4일에는 이삼평을 기리는 도조제(陶祖祭)를 지낸다.

조선도공이 일군 백자가마가 일본 도자수출의 산실

일본에서 이름난 도자기 가마를 꼽으라고 한다면 아리타(有田-유전), 가라쓰(唐津-당진), 사쓰마(薩摩-살마), 다카토리(高取-고취), 아가노(上野-상야), 다테노(竪野-견야), 나에시로가와(苗代川-묘대천) 등이 떠오른다. 그 모두 임진왜란 때 왜군에 의해 강제로 끌려간 조선도공들이 고향산천의 혈육과 떨어져 낯설고 물선 땅에서 온갖 박대와 핍박을 받으며 일구어낸 가마들이다.

그 가마들이 이국땅에서 갖은 고초를 겪으며 조선에서 갈고닦은 기량으로 백자, 상감청자, 분청사기를 제작하기 시작했다. 그로써 일본의 도자산업이 조선의 도자기술을 토대로 비약적 발전을 이룩하게 되었다. 그 중에서 사쓰마, 가라쓰, 아리타는 일본의 3대 가마로 꼽히며 세계적인 명성을 날리게 되었다.

일본으로 끌려간 조선도공들이 수천명에 달한다지만 420년이 넘도록 조선인의 이름을 가지고 가마를 지켜온 가문은 단지 두 곳뿐이다. 그 한 곳이 일본에서 처음 백자를 만들어낸 아리타(有田) 자기의 이삼평(李參平) 가마다. 다른 한 곳은 가고시마에서 터전을 닦아 사쓰마 가마를 운영하며 일본 도예계에 우뚝 선 심수관(沈壽官) 가마다.

고령토를 찾아내서 백자를 개발한 이삼평은 아리타 자기의 도조(陶祖)로서 추앙받지만 200년 가까이 그 맥이 끊겨졌다가 다시 이어지고 있다. 그러나 심수관 가마는 불이 꺼진 적 없는 일본의 대표적 가마로서 명성을 날린다. 심수관 가마는 19세기 후반 들어 만국박람회에 출품한 작품들이 잇달아 수상함으로써 일본자기의 타월성과 정교성을 세계에 알렸다.

세계적으로 명성을 날린 '사쓰마 자기'(Satsuma Ware)의 고향은 일본열도의 최남단인 규슈(九州-구주)에서도 끝자락에 위치한 가고시마(鹿兒島-녹아도)의 사쓰마(薩摩-살마)다. 그 가마의 시조는 임진왜란 막바지에 왜장 시마즈 요시히로(島津義弘-도진의홍)한테 잡혀

일본의 긴란데(金襴手-금난수) 대화병

조선인 도공의 후손 심수관의 사쓰마 가마가 1873년 오스트리아 빈 만국박람회에 금채로 채색한 높이 155cm의 채회자기 한 쌍을 출품했는데 세계적인 극찬을 이끌어냈다. 그는 임진왜란 때 일본에 끌려간 조선인 심당길의 12대 후손이었다. 그 후 그 심수관 자기는 세계적인 갈채를 받으면서 세계최고의 반열에 올라 일본자기의 수출 길을 활짝 열었다.

사진은 1893년 시카고 콜럼버스 세계박람회 사무국의 요청에 따라 출품되었던 작품. 높이 77.3cm, 구경 21.8cm, 몸통 직경 34.0cm. 도쿄국립박물관 소장.

서 일본으로 끌려간 남원 출신의 도공 심당길(沈當吉)이다.

그는 조선도공 80여명과 함께 대마도를 거쳐 규슈지역의 하까다(博多-박다)로 끌려가다 풍랑을 만나 겨우 목숨을 부지하여 1598년 12월 가고시마에 표착했다. 그들도 다른 피랍 조선도공들과 마찬가지로 규슈지역에서 흩어져 가마를 짓고 터전을 일구었다.

심당길의 12대 후손인 심수관의 사쓰마 가마가 1867년 프랑스 파리 만국박람회를 필두로 역대 만국박람회에서 우수상을 휩쓸면서 세계적인 찬사와 탄성을 얻기 시작했다. 1873년 오스트리아 빈 만국박람회에는 금채로 채색한 높이 155cm의 긴란데(金襴手-금난수) 대화병 한 쌍을 출품했는데 세계적인 극찬을 이끌어냈다.

심수관 자기는 1893년 미국 시카고 만국박람회에서 또 한 차례 세계적인 갈채를 받으면서 세계최고의 반열에 올라 일본자기의 수출 길을 활짝 열었다. 그의 작품이 유럽에서는 물론이고 미국, 러시아, 호주에서도 큰 호평을 받으면서 '사쓰마 웨어'가 일본 도자기의 대명사로서 명성을 얻었다.

그것은 심당길의 가문이 갈고 닦은 기술력과 색채감이 이룩한 성가였다. 심당길의 후손들은 400년이 넘도록 사쓰마 가마를 지키며 15대 째 가업을 이어가고 있다. 심수관이란 이름은 심당길의 12대손(1835~1906년)부터 심씨 가문의 역대 도예가를 총칭하는 의미로 쓰인다.

일본의 도자역사는 일본의 다도(茶道)와 함께 걸어왔다. 일본이 조선을 침략할 즈음에는 일본사회는 끽다풍속에 깊이 빠져 있었다. 하지만 일본도자의 기술수준은 조선과 비교할 수도 없는 낙후한 상태였다. 그 연유로 송나라에서 건너간 흑유완은 물론이고 조선의 막사발도 다완으로 소중한 대접을 받았다.

심수관의 선조를 납치했던 시마즈 요시히로(島津義弘-도진의홍)가 영주로 있던 사쓰마 지역은 변방이어서 식기류는 모두 목기였다. 그 도자기 불모지에서 조선 도공들이 지은 가마가 일본 도자산업의 기반을 다졌다. 일본은 조선도공이 만든 도자기를 네덜란드의 손을 빌려 유럽에 수출하여 열광적 호응을 얻음으로써 선진국으로 도약하는 발판을 굳혔다.

유럽에서 중국도자기 누른 조선인이 만든 일본자기

17세기 중반 들어 일본도 중국과 마찬가지로 격변기를 겪었다. 중국대륙에서는 중원을 놓고 명-청전쟁이 벌어져 전란과 혼란으로 격동하고 있었다. 만주족의 청나라가 한족의 명나라를 굴복시키고 1644년 중원을 차지했지만 친명세력의 저항의 드셌다. 명나라의 잔존세력이 청나라에 항거하고 명나라에 복종한다는 항청복명(抗淸服明)을 외치며 화남지역을 중심으로 곳곳에서 청나라에 항쟁을 벌이고 있었던 것이다.

명말의 해적두목 출신 해군총수 정지룡의 아들 정성공(鄭成功)이 이끈 잔명세력이 타이완으로 퇴각한 다음에도 항전을 이어갔다. 그러자 청나라가 천계령(遷界令)으로 맞서 대륙으로 오가는 모든 뱃길을 봉쇄했다. 타이완을 점령한 정성공은 그곳에 무역거점을 구축하고 있던 네덜란드를 축출했다. 남중구해 일대에서 벌어진 그 난리통에 서유럽의 동인두휘사들은 청화백자를 비롯해 중국물자를 살 수 있는 길이 막혀 버렸다.

그 즈음 일본은 대대적인 가톨릭 탄압에 나서 예수회 선교단을 추방하는 한편 중국물자 수입을 전담해오던 모든 포르투갈인들을 축출했다. 그 자리를 포르투갈의 경쟁국으로서 타이완에서 쫓겨난 네덜란드가 챙겼으니 그 때가 1641년이었다. 하지만 중국의 해금령에 묶여 네덜란드 동인도회사는 중국해안에 접근하기조차 어려워 중국물자를 구할 길이 없었다.

 중국교역의 중단사태가 장기화하는 가운데 유럽에서는 중국 도자기의 수집열풍이 갈수록 뜨거워져 수입수요가 날로 커지고 있었다. 그런데 중국 도자기의 본산지인 징더전이 전란에 휩싸여 황폐화되었다. 징더전이 짧은 시간에 복구되기 어려운 실정인데 해금령마저 쉽게 해제될 기미조차 보이지 않았다.

 오랫동안 돈벌이를 놓칠 처지에 놓인 네덜란드 동인도회사가 수입업자로서는 대담한 도박에 나섰다. 임진왜란 때 왜군에 의해 잡혀간 조선도공들이 만든 아리타 가마에 선금을 주고 중국 청화백자를 모방해서 2년 이내에 6만5,000점을 만들어 달라는 모험적인 주문을 냈던 것이다. 그 때가 1659년이었으니 이삼평의 사후 4년만의 일이었다.

 말하자면 고급품을 생산한 실적이 전혀 없는 저개발국 생산업체한테 선진국의 고급품을 본떠서 만들어 달라고 발주한 것이나 다름없었다. 오늘날 말로 유명상표 제품의 가짜를 만들어 달라고 주문했던 셈이었다. 그것이 일본자기가 유럽시장에 상륙하여 장차 중국자기의 독점체제를 깨고 비약적 발전을 이룩하는 결정적 계기가 되었다.

 초기의 아리타 자기는 조선 백자와 비슷한 수준이었던 모양이다. 그 기술로는 중국 도자기에 익숙해진 유럽 수요자의 취향에 맞추기 어려웠다. 네덜란드 동인도회사가 전란으로 일자리를 잃은 중국 도공들을 일본으로 데리고 가서 조선 도공들이 만든 백자를 토대로 수출자기를 만들도록 도왔다.

 일본 자기의 역사는 1616년 사가(佐賀-좌하)현 아리타(有田-유전)에서 왜군한테 끌려간 조선 도공이 백자를 만들면서 시작되었다. 아리타 일대에서 조선 도공들이 구워낸 도자기들은 근처의 이마리(伊万里-이만리)항

이마리(伊万里)자기. 중국의 투채와 같은 방식으로 제작한 유상채 사발. 17~18세기 제작. 도쿄국립박물관 소장.

을 통해 수출되었기 때문에 통 털어 '이마리 도자기'(Imari Ware)라고 일컬었다.

이마리 도자기라는 말은 일본 도자기를 실어 나르던 네덜란드 무역선 선원들의 입을 통해 퍼졌다. 도자기를 어디서 가져왔느냐고 묻는 질문에 이마리라고 대답하면서 생긴 말이다. 그래서 조선 도공이 만든 채색자기 가키에몬(柿右衛門-시우위문) 자기도 '이마리 도자기'라고 불렸다.

일본이 조선을 침략해서 조선도공들을 납치해 일본으로 끌고 갔다. 거기까지가 일본의 역할이었다. 네덜란드가 조선도공이 백자를 개발해낸 가마에 자본을 대고 중국기술을 가져다 보탰다. 거기에 조선도공이 일본 특유의 색채를 입혀 채색자기를 생산하기 시작했다. 그로써 중국 수출자기의 일본 모조품이 태어났다. 조선도공이 고령토를 찾아내 백자를 만들어내자 예상하지 못했던 일이 일어났던 것이다.

네덜란드는 거기에 머물지 않고 운송과 판매까지 맡아서 일본 도자기의 유럽시장 개척에 나섰다. 일본자기가 유럽시장을 휩쓸던 중국자기를 누르면서 일본이 수출을 통해 축적한 자본을 토대로 선진국으로 도약하기 시작했다. 조선도공이 일구어낸 도자산업을 기반으로 일본이 장차 선진국 대열에 진입하는 발판을 구축했던 것이다.

반면에 중국은 전후의 정치적-경제적 혼란을 수습한 다음에도 쇄국정책을 고수하다 서방열강의 침탈을 부르고 말았다. 청나라가 1, 2차 아편전쟁에서 영국한테 패배한 데 이어 서방열강의 침공에 잇달아 굴복한 것이다. 그 여파로 유럽에서 중국에 대한 신비감이 깨지면서 중국도자기의 수요도 급속하게 냉각하여 중국 도자산업은 사양의 길로 접어들었다.

조선인이 만든 백자에 중국색채 입힌 일본채회자기

조선은 임진왜란이 일어나기 한 세기 이전에 백자를 만들고 청화백자도 생산했지만 다채자기를 제작하지 못했다. 그런데 일본으로 끌려간 조선도공인 사가이다 기사에몬(酒井田喜三右衛門-주정전희 삼우위문)이 붉은색의 채색법을 개발해냄으로써 일본이 채색자기를 제작하는 획기적인 발전을 이룩했다.

그의 조선 이름은 알려지지 않았는데 아카에(赤繪-석외)자기를 완성한 이후에는 이름을 기사에몬에서 가키에몬(柿右衛門-시우위문)으로 바꾸었다. 그 때부터 아리타 지방에서 생산된 붉은 채색자기를 가키에몬 자기라고 불렀다. 일본은 또 중국의 청화백자 이외에도 중국의 채색자기를 모방해 채회자기(彩繪瓷器)를 만들어 수출함으로써 유럽에서 큰 찬사를 받았다.

가키에몬(柿右衛門) 자기. 채회팔각반(彩繪八角盤). 17세기 제작.

가키에몬 집안에 전해오는 문서에 따르면 붉은 색으로 채색하는 적회기술은 나가사키에 온 중국인 도공한테서 전수받았다고 한다. 중국은 다채자기를 채색자기라고 부르고 일본은 채회자기라고 일컫는다. 굳이 그 이유를 다진다면 문양을 표현하는 방식의 차이에서 나왔다고 보아야 한다.

중국문양의 특징은 반복적인 연결문양과 직선이 일본문양보다 훨씬 많이 등장하고, 또 여백이 거의 없다는 점도 특징이다. 일본의 가키에몬 자기는 특유의 여백을 살리면서 주로 화초문(花草紋)이나 인물문을 그리는데 적, 청, 녹, 황색에다 금채를 더해 독특한 일본풍을 자아낸다.

그 까닭에 중국은 색채를 써서 문양을 그렸다는 뜻에서 채색자기, 일본은 색채를 통해 그림을 그렸다는 의미에서 채회자기라고 부른다. 중국 채색자기는 기물의 아가리에 해당하는 구연부의 테를 더러 금채로 두르기도 하나 일본 채회자기처럼 전체적으로 금채를 즐겨 쓰지 않는다.

흰색 바탕에 그린 붉은 색 문양은 일본 가키에몬 자기의 특색이다. 가키에몬 자기는 유럽의 도자기 역사라 할 수 있는 마이센(Meissen) 가마가 모방하면서 유럽 전역에서 유행을 탔었다. 마이센이 처음에는 중국풍을 모방했는데 나중에는 일본색을 흉내를 내기 시작했던 것이다.

채색자기의 선구자도 역시 중국이다. 일본은 17세기 중반에 중국의 채색자기를 모방해서 일본풍의 채회자기를 만들어냈다. 중국의 채색자기는 일본보다 200여년 앞서 오랜 발달과정을 거쳐 완성되었다. 중국은 명대 성화제(成化帝-1465~1487년) 초기에 채색자기를 제작하는 데 성공했다. 중국에서 처음 탄생한 채색자기는 투채(鬪彩)라고 부른다.

투채는 문양을 그릴 때 청색으로 칠해야 하는 부분을 먼저 태토 위에 코발트로 그리고 그 위에 유약을 발라 1,300캩 이상의 고온에서 굽는다. 그처럼 유약 밑에 문양이나 그림을 그리는 제작기법을 중국에서는 유하채(釉下彩-undergrazing), 일본에서는 하회(下繪)라고 말한다.
 그 다음에는 그리고자 하는 문양이나 그림에서 코발트로 그린 청색부분을 뺀 나머지 부분을 유약 위에 빨강, 노랑, 초록, 검은색의 도료로 그려 전체 문양이나 그림을 완성한다. 이어 800℃ 미만의 저온에서 굽는다. 유약 위에 채색하여 굽는다고 해서 중국에서는 유상채(釉上彩-overgrazing), 일본에서는 유약 위에 그림을 그린다는 뜻으로 상회(上繪)라고 표현한다.
 처음부터 코발트와 함께 다른 채색의 부분도 한꺼번에 모두 그린 다음에 굽지 않는 이유는 코발트를 제외한 나머지 도료는 고온에 타서 날아가기 때문이다. 그래서 청색 부분을 코발트로 먼저 그려 고온에 굽고 나머지 다른 부분은 유약 위에 채색하여 다시 저온에서 구워냈다.

 그처럼 복잡한 제작과정을 거치는 이유는 낮은 온도에 굽는 청색도료를 개발하지 못했기 때문이었다. 그렇게 만든 채색자기를 투채(鬪彩)라고 부른다. 그런데 한국에서는 중국도자기에 관한 도서 중에서 적지 않게 두채(豆彩)라고 표현하는데 그것은 틀린 표현이다.
 중국에서 투(鬪)자의 간체로 콩 묘자와 같은 묘자를 쓰기 때문에 번역하는 과정에서 일어나는 오류다. 중국에서 鬪彩를 간체로 豆彩라고 쓰니까 그것을 투채가 아닌 두채라고 잘못 읽기 때문에 생기는 문제다. 투채라는 표현은 아름다움이 서로 더 아름답다고 뽐내며 다툴 만큼 아름답다는 뜻으로 쓴 것이다.

명나라 오채자기(五彩瓷器). 17세기 제작.

 중국 도자기 중에는 그야말로 콩 색갈인 연두 빛이 나는 유약을 전체 기물에 바른 두채(豆彩)가 따로 있다. 두채는 청대 강희연간(康熙年間)-1662~1722년)에 개발되어 현존하는 걸작이 더러 남아있다. 명대 말엽에 감색도료를 만들어낸 중국은 투채에 이어서 오채, 법랑채, 분채를 개발해 냄으로써 일본의 채회자기 발달에도 큰 영향을 미쳤다.
 중국 채색자기는 일본에 이어 더 나아가서 유럽 채색자기의 개화에도 밑거름이 되었다.

왜적이 조선도공 납치한 이유

고려청자에다 산화동 이용해 홍색으로 채색한 걸작

 우측 사진은 고려 중기에 표주박 모양의 기형을 연꽃잎으로 감싸듯이 조형한 고려청자 주자로서 높이 33.2㎝, 밑지름 11.4㎝의 '청자진사연화문표형주전자'(青磁辰砂蓮花文瓢形注子)다. 호암미술관이 소장한 국보 제133호다. 그런데 국가유산청의 국가유산포털에서는 '진사'가 아닌 '동화'라는 단어를 써서 '청자동화연화문표형주자(青磁銅畵蓮花文瓢形注子)라는 명칭을 쓰고 있다.
 진사(辰砂)는 도자기 표면에 문양이나 그림을 산화동(酸化銅)으로 붉게 그리는 채색법을 가리킨다. 그 채색기법은 고려 중기부터 사용되었는데 조선 후기인 18~19세기에 더 쓰인 흔적이 남아있다. 조선조 들어 도자기술이 쇠락하면서 그 채색법도 퇴색했기 때문으로 보인다. 산화동으로 선명한 붉은 색을 내기가 쉽지 않다. 가마불의 세기에 따라 담황색, 암록색, 암흑색 등으로 발색하는 까닭이다.

 이 고려청자는 한마디로 국보에 어울릴 만큼 조형미가 탁월할 뿐만 아니라 청색과 홍색의 발색도 출중하여 세계적으로 자랑할 수 있는 걸작이다. 청화백자 개발이 도자발달사에서 갖는 중요한 의미는 도자기에 그림이나 문양을 그려 장식할 수 있다는 점이다. 회화적 장식기법이 도입되었던 것이다. 원대 이전에는 도자기를 옥기를 만들 듯이 칼로 깎고 다듬어서 장식효과를 냈다.
 다시 말해 마르지 않은 태토를 칼로 깎고 파내는 방식으로 문양을 만들어 장식했다. 더러 첨화(添畵)라고 해서 장식물을 만들어 붙이기도 했다. 즉 조각적 기법으로 도자기를 장식했던 것이다. 그런데 이 고려청자는 조각적-회화적 장식기법이 화려하게 결합해 태어난 작품으로서 푸른빛의 비색(翡色)도 뛰어나다. 무엇보다도 보기 드물게 청자에다 유약 밑에 그린 붉은 색의 유하채(釉下彩-Undergrazing)가 특이하다. 연꽃잎 가장자리를 홍색으로 채색한 장식이 그것이다.

문화쇠락으로 꽃 피우지 못한
중국보다 앞섰던 홍화청자

이 고려청자는 복을 부른다는 표주박 모양의 기형으로서 신성, 청정을 뜻하는 연꽃의 꽃잎으로 감싼 모습을 연출하고 있다. 그리고 꽃잎 가장자리를 붉은 색으로 채색했다. 이 주자를 언뜻 보면 장식문양의 끝이 뽀족하여 파초문으로 보이나 꽃잎 줄기가 직선으로 뻗어있다는 점에서 연꽃잎이 맞다. 파초문은 가운데 굵은 잎 줄기가 있고 거기서 잔줄기가 사선으로 펴져나간다.

칼로 파낸 연꽃잎 줄기에 유약이 고여 청색이 더 짙게 나타나 아름다움을 더해준다. 연꽃봉오리 모양의 아가리에는 뚜껑이 덮여있다. 잘록한 목 부분에는 동자가 연꽃 봉오리를 두 손으로 껴안고 있다. 잎줄기를 살짝 구부려 붙인 손잡이 위에는 개구리 한 마리 앉아 있다. 액채를 따르는 주구(注口)는 줄기가 달린 연잎을 말라서 붙인 모양이다. 한마디로 회화적 장식기법과 조각적 장식기법이 만나 태어난 걸작 중의 걸작이다.

이 기물은 경기도 강화도 최항(崔沆)의의 무덤에서 출토되었다. 그가 1257년 사망했다는 점에서 이 고려자기는 고려 고종 재위기간(1213~1259년)에 제작된 것으로 추정된다. 중국 청화백자는 1320년대 후반에 개발되었다는 학설이 사실상 정설로 굳어졌다. 산화동으로 유약 밑에 붉은 색을 내는 유리홍(釉裏紅)도 청화백자와 같은 시기에 개발되었다.

그 점을 고려하면 고려가 유하채를 중국보다 훨씬 먼저 도자기 제작에 응용했다고 볼 수도 있다. 물론 그에 앞서 북송의 자주요(磁州窯)가 유하채(釉下彩) 도기를 생산했지만 이 작품은 청자가 그 채색법을 적용했다는 점에서 획기적이다. 자주요는 청화백자와 제작방식이 비슷하여 유약 밑에 산화철로 검은 그림을 그린 도기를 생산했었다. 다른 점은 자주요의 철화석기는 도기였고, 코발트로 푸른빛을 내는 청화백자는 자기라는 사실이다.

그런데 고려 말기와 조선조를 거치면서 국력이 쇠퇴해져 청자와 홍화가 꽃을 피우지 못해 조선은 다양한 채색자기를 개발하지 못했다. 산화코발트는 중국에서 재수입해야 하는 형편이기에 청화백자는 재료난으로 생산량이 아주 희소했다. 하지만 홍화와 철화의 재료인 산화동과 산화철은 넉넉한 편이었지만 그것들을 채색자기 도료로 적극적으로 활용하지 않은 탓이었다.

중국은 산화동을 이용하여 많은 유리홍자기를 생산했으며, 또 산화코발트외 산화동을 함께 써서 훌륭한 청화유리홍자기를 제작했다. 조선은 무능, 무식, 무지하고 무도한 임금들이

코발트로 파란 바닷물을, 산화동으로 붉은 용 아홉 마리가 승천하는 모습을 그리고 그 위에 유약을 발라 구운 매병. 청나라 청화유리홍해수구룡문매병(青花釉裡紅海水九龍紋梅瓶). 건륭제 재위기간 제작. 개인소장.

어좌를 차지하고 나라를 어지럽혔으니 경제적, 문화적으로 융성할 수 없었다. 그 탓에 나라가 잇단 호란, 왜란을 맞아 강산이 유린되고 백성이 도륙되는 망국지란을 겪었던 것이다.

여기서 진사라는 용어도 따져볼 필요가 있다. 진사는 수은과 황의 화합물인 광물을 일컫는데 왜 굳이 진사라는 근거도 부족한 어려운 단어를 쓰는지 모르겠다. 산화동으로 채색한 도자기를 조선시대에는 붉은 점을 그렸다고 주점사기(朱點沙器), 또는 아주 붉다는 뜻으로 진홍사기(眞紅沙器)라고 불렀었다. 그런데 20세기 들어서 진사라는 표현을 쓰기 시작했다고 한다.

중국과 한국에서는 산화철을 사용하여 검은 색을 내는 문양이나 그림을 철화(鐵畵)라고 일컫는다. 철화백자가 그 예다. 그 점에서 산화동을 사용해 그린 문양을 동화(銅畵)라고 불러도 좋을 듯하다. 그러나 청화백자에서 볼 수 있듯이 재료보다는 색채로 표현하는 방식이 의미를 분명하게 전달할 수 있다. 중국에서는 유약 밑의 붉은 색이라는 뜻으로 유리홍(釉裡紅), 일본에서는 붉은 색으로 그림을 그렸다는 의미로 적회(赤繪)로 표현한다는 점도 고려할 필요가 있다.

진사 대신에 홍화(紅畵)가 좋을 듯하다. 적화(赤畵)는 색채가 너무 강렬한 느낌도 주고 어감도 좋지 않다.

백자동화 연꽃무늬 항아리. 조선. 18세기. 높이 29.7cm. 국립중앙박물관 소장.
번조기술이 부족한 탓에 항아리의 아가리가 많이 찌그러진 모양이다. 홍화도 아주 단순하다. 500년가량 지났는데도 조선의 도자기술이 고려에 비해 크게 퇴보했음을 보여준다.

일본도자기술의 낙후성 말하는 보물선서 나온 도기

일본 도자산업의 낙후성 보여준
중국서 일본으로 가던 일본도기

 사진은 1975년 한국 신안 앞바다에서 발견되어 보물선으로 알려졌던 원나라 무역선에서 나온 일본 도자기 2점 중의 하나다. 그 무역선은 1323년 중국에서 일본으로 항해하던 중에 그곳에서 침몰했다. 그 도자기는 도기로서 기형이 중국 매병과 흡사하게 생겼는데 그 당시 일본 기물 치고는 보기 드물게 유약을 발랐다, 즉 시유(施釉)를 했다는 점이 특이하다.
 그럼에도 그 기물은 동시대의 중국, 고려의 도자기에 비해 기술수준이 상당히 낙후한 사실을 보여준다. 그 까닭에 일본이 중국과 조선의 도자기를 탐내 수입하거나 노략질을 했을 것이다. 그 매병이 어떤 경로로 일본에서 중국으로 건너갔다가 다시 일본으로 가는 항해길에 올랐는지는 아마 알 길이 없을 듯하다. 일본 세토(瀨戶-뇌호)가마에서 구운 기물이 해외에서 출토되기는 신안 앞바다 출토품이 유일하다.
 아이치(愛知-애지)현에 있던 세토가마는 12세기 말부터 15세기 후반까지 운영한 것으로 알려져 있다.

07

쇄국 틈새로
서양문물
도입한 일본

동방제국 세운 유럽소국들

남만인도래도(南蠻人渡來圖). 두 쪽짜리 칠기병풍. 포르투갈 카라크 선.
가노 나이젠(狩野内膳) 작품. 17세기 제작. 고베시립박물관(神戸市立博物館) 소장.

07 동방제국 세운 유럽소국들 | 서유럽의 동방무역 쟁탈전

오스만 봉쇄 뚫고 세운 포르투갈의 동방제국

동인도회사는 아시아무역 독점권을 가졌던 유럽 국가들의 해운회사를 지칭한다. 여기서 동인도는 인도와 동아시아를 말한다. 1600년 이전에는 포르투갈이 인도와 동아시아의 무역을 독점했었다. 그런데 1588년 영국이 스페인의 무적함대를 격파한 이후 포르투갈과 스페인이 세계를 양분해 누리던 세계무역 독점체제가 붕괴음을 내기 시작했다.

동서교역은 BC 327~325년 알렉산더 대왕이 펀자브를 침공한 이래로 유럽과 아시아가 육로와 해로로 연결되면서 이뤄지기 시작했다. 펀자브는 인도 북서부와 파키스탄 동부에 걸친 광대한 지역을 말한다. 그런데 15세기 이후 이슬람권인 오스만 제국이 중동, 북아프리카, 발칸반도로 세력을 확장해 나가면서 기독교권이 동방으로 나가는 통로가 점점 좁아졌다.

15세기 이전에는 유럽에서 인도로 가는 길이 두 갈래로 나눠져 있었다. 하나는 이집트를 거쳐 홍해로 나가는 통로였다. 다른 하나는 터키를 거쳐 시리아, 이라크, 페르시아로 나가는 경로였다. 이집트를 통해 유럽으로 가는 동방물자는 중개인을 다단계로 거치면서 중간유통단계에서 붙는 이윤이 착취적 수준으로 불어났다.

그 피해는 지구의 서쪽 끝자락 이베리아 반도에 위치한 포르투갈과 스페인에게 고스란히 돌아갔다. 지중해를 통한 향신료의 수입물량이 줄어들다보니 두 나라에까지 돌아갈 몫이 없었다. 그나마도 동방무역을 독점하고 있던 베네치아가 1517년 오스만 제국의 종주권 밑으로 들어가는 사태가 일어나 동서교역의 좁은 통로마저 막혀 버렸다.

오스만 제국의 팽창으로 인해 동서교역이 단절되자 포르투갈과 스페인이 향신료를 찾아 동방으로 나갈 상황이 더욱 절박해졌다. 당시 포르투갈은 십자군 정신이 충일하여 동방항로를 개척하려는 도전의식이 매우 뜨거웠다. 포르투갈이 오랫동안 북아프리카와 이베리아 반도를 지배했던 무어인에게 끊임없는 항전을 벌였던 것도 그 까닭이었다.

또 포르투갈은 지중해 무역에서 배제되어 불만이 많았던 제노아한테서 항해술을 배웠다. 그런 연유로 포르투갈은 일찍부터 아프리카 서해안 탐험을 통해 쌓은 풍부한 항해경험을 토대로 대양으로 나갈 채비를 갖추고 있었다. 포르투갈이 유럽의 어느 나라보다도 항해술이 뛰어났기에 유럽국가 중에서 가장 먼저 동방항로 개척에 나설 수 있었다.

 포르투갈 항해사 바스쿠 다 가마의 1498년 인도 캘리컷 상륙은 오스만 제국의 세력팽창에 의해 단절되었던 유럽-아시아 교역을 다시 잇는 시발점이 되었다. 한편 향신료를 찾아 서쪽으로 갔다가 아메리카를 만난 스페인은 그곳을 정벌하느라 여념이 없어 한 동안 동방무역에 그다지 큰 관심을 두지 않았었다.

 바스쿠 다 가마는 캘리컷에 도착하자마자 이슬람한테서 탄압받던 그리스도 교도들을 찾아 나섰다. 그들의 도움을 받아 인도에서 이슬람 상인들을 축출하고 향신료 무역의 전진기지를 확보하려는 전략이었다. 그는 코친, 트라반코에서 시리아 기독교도들을 찾아냈다. 그는 이어서 캘리컷에 무역거점을 확보하고 있던 이슬람 상인들을 몰아내려고 시도했었다.

 그의 후임자 알부케르케는 1510년 서인도의 고아를 전진기지로 삼아 인도네시아 향신료 제도를 차례로 정복하고, 1511년 동남아시아 교역의 요충지 말라카 해협을 수중에 넣었다. 이어 포르투갈은 1515년 페르시아 만의 호르무즈 해협을 점령함으로써 동방항로의 진입로를 확보했다.

 그로써 포르투갈은 16세기 초엽에 리스본에서 호르무즈 해협을 거쳐 스리랑카, 인도, 말라카, 향신료 원산지인 몰루카 제도까지 연결하는 해상통로를 완전히 장악했다. 거기에 더해

포르투갈 동방무역 개척의 선봉장 카라크 선. 작가미상. 1540년경. 영국왕립그린위치박물관 소장.

중국과 일본을 잇는 무역로를 개설함으로써 포르투갈은 태평양, 인도양, 대서양을 연결하는 무역망을 구축했다.

당시 포르투갈 상선은 단순히 교역에만 종사하지 않고 해적, 해군의 기능을 겸비한 무력부대 같은 존재였다. 필요하면 다른 나라 선박을 나포하고 약탈하며 다른 나라를 침공했다. 포르투갈의 그 같은 군사적 행동의 목적은 인도양에서 동방항로를 장악함으로써 향신료 무역과 도자기 무역을 독점적으로 통제하기 위한 전략이었다.

그런데 포르투갈의 동맹국인 스페인의 무적함대가 영국에 의해 격파되자 포르투갈이 개척한 동방항로에도 격랑이 몰아쳤다. 네덜란드와 영국의 동방무역 진출이 그것이었다. 두 나라가 포르투갈이 아시아 일대에 구축한 무역거점을 집중적으로 공략하면서 포르투갈이 한 세기 가까이 누리던 동방무역 독점체제가 요동치기 시작했던 것이다.

인구 200만의 포르투갈이 건설한 해양제국

동방무역에 진출한 포르투갈이 오스만 제국의 통치권역인 중동에 타격을 주려는 의도로 인도양 무역통로 봉쇄에 나섰다. 포르투갈의 호르무즈 해협에 대한 공격은 페르시아 만을 지배하기 위한 의도였고, 아덴만 장악은 홍해를 지배하기 위한 전략이었다. 포르투갈은 이어서 말라카 해협도 점령했다.

포르투갈의 그 같은 군사적 팽창작전은 향신료 주산지인 인도네시아 향신료 제도의 요충지를 점령하고 청화백자의 원산지인 중국까지 교역시장을 확장하기 위한 전략이었다. 그에 따라 포르투갈은 인도 고아를 동방제국의 수도로 삼고 오스만 제국을 본격적으로 견제하는 작전에 돌입했다.

포르투갈은 그 같은 전략의 일환으로 동방항로 요지마다 군사기지를 설치하고 자국민 정주계획을 추진했다. 조선술 발달에 힘입어 포르투갈은 그 즈음 태풍에도 견딜 만큼 견고한 선박을 건조하였고 대포를 장착해 아랍이나 말레이 선박을 쉽게 격퇴할 수 있는 해군력을 보유했었다.

포르투갈이 동방해로의 요충지마다 설치한 군사기지가 동방무역을 장악하는 데 주효하게 작용했다. 문제는 인력난이었다. 포르투갈의 인구가 1500년대 100만명, 1600년대 200만명 수준에 불과했었다. 그런데 포르투갈은 동방무역 말고도 남아메리카 식민지 개척과 아프리카 노예무역을 영위함으로써 심각한 인력난을 겪고 있었다.

인도 고아를 거점으로 포르투갈의 동방제국 건설에 나선 총독 아폰수 알부케르케(Afonso de Albuquerque)는 군사거점을 정착지로 전환하는 작업을 추진했다. 또 인력확보를 위해 포르투갈인과 원주민과의 혼혈결혼을 장려했다. 동시에 동조세력을 확충하기 위해 원주민

인도 고아의 봄 지저스 대성당.
1594~1605년 건축.

을 가톨릭으로 개종시키는 포교활동에도 주력했다.

그에 따라 인도 고아가 단시일 내에 대주교가 관장하는 교구로 성장했다. 예수회 스페인 신부 프란치스코 하비에르(Francisco Xavier)는 그의 선교활동을 고아에서 출발해 인도 남부지역의 어민들을 대상으로 넓혀 나갔다. 고아에서 포교활동을 성공적으로 마친 그는 나중에 일본 포교에 나섰다.

스페인에서 불붙었던 종교재판이 1560년 포르투갈에도 번졌다. 당시 이베리아 반도에서는 유태교, 이슬람교, 개신교뿐만 아니라 개종자에게도 종교탄압이 기승을 부려 이교도라는 이름으로 처형하거나 국외로 추방했다. 그 광풍이 인도 고아에도 불어 닥쳤다. 하지만 새로운 인구로 편입된 혼혈인 가톨릭신자들이 드세게 저항해 고아에서는 혼혈인에 대한 종교탄압을 막아냈다.

인적자원 부족으로 인해 유럽에서는 제국을 건설하지 못한 포르투갈이 인도양에 해양제국을 세우고 16세기 내내 동방무역을 독점했다. 그 기간에 포르투갈은 대번영 시대를 구가했고

고아는 황금의 도시라는 별칭을 얻었다. 고아는 당시 세계 어느 도시와 비교해도 손색이 없는 경이의 도시로 꼽혔다.

아시아 물자를 유럽으로 가져가는 교역은 왕실의 독점사업이었다. 아시아에서 이뤄진 역내교역은 면허제에 의해 이뤄졌다. 예를 들면 청화백자를 비롯한 중국 도자기를 일본에 가져가서 파는 중계무역은 면허를 얻은 포르투갈인의 개인사업이었으나 이익금의 일정액을 왕실에 세금으로 바쳤다. 그에 따라 왕실국고는 날이 갈수록 불어날 줄만 알았다.

포르투갈 제국의 3대 목표는 교역, 반이슬람, 포교였다. 포르투갈이 초기에는 이교도는 물론이고 개종자와 무종교인도 이교도로 간주했다. 포르투갈은 이교도에 대해 무자비하리만치 잔혹했다. 고아에서 실시된 종교재판은 시리아인의 크리스천 교회를 로마 교황청에 복속시키려고도 강요했다.

종교적 불관용 정책에 따라 포르투갈이 인도에서는 지지기반을 확보하는 데 성공하지 못했다. 그런 연유로 포르투갈이 아시아에서 위기적 상황에 봉착해도 동조세력을 확보하기 어려웠다. 1580년 포르투갈이 왕관연합에 따라 스페인에 병합됨으로써 1640년까지 스페인을 위해 자국의 이익을 희생해야만 했다.

거기에다 1588년 스페인의 무적함대가 영국한테 패배한 데 이어 스페인이 식민지인 네덜란드의 독립전쟁을 진압하는 데도 실패했다. 스페인의 연패로 말미암아 동방항로의 문호가 네덜란드, 영국에게도 열리고 말았다. 네덜란드가 아시아로 달려가면서 포르투갈의 동방항로 독점이 붕괴음을 내기 시작했다.

네덜란드가 인도네시아에서 포르투갈을 타격하고, 영국이 인도 아대륙에서 포르투갈에 가격하는 바람에 포르투갈의 확장세가 꺾이고 말았다. 그럼에도 불구하고 포르투갈은 고아를 1975년까지, 마카오를 1999년까지 고수했다. 20세기 마감을 앞두고 고아가 인도로, 마카오가 중국으로 다시 귀속됨으로써 대항해 시대를 개막했던 포르투갈의 식민지배 시대가 종막을 내렸다.

지구를 둘로 나눠 가졌던 포르투갈과 스페인

1588년 영국이 네덜란드의 지원을 얻어 스페인 무적함대를 격파함으로써 두 나라가 나란히 동방무역에 진출할 계기를 포착하게 되었다. 또 무적함대의 패배에 따라 네덜란드가 스페인과의 독립전쟁에서 승기를 잡을 수 있었다. 그로써 대항해 시대가 본격적으로 개막되었다는 점에서 영국의 승리는 세계사적으로 중요한 의미를 갖는다.

그런 상황인데 1592년 포르투갈에서 1,350km 떨어진 북대서양의 아조레스 화산열도 부근에서 영국함대가 포르투갈의 대형 갤리언 선박 1척을 나포했다. 그 선박에는 중국과 인도에서 선적한 화물 900t이 실려 있었다. 그 가치가 자그마치 당시 영국의 연간 재정수입의 절반에 해당하는 50만 파운드 어치였다고 전해진다.

그 사건이 동방무역이야말로 일확천금의 꿈을 이루는 황금어장이라는 환상을 불러일으키기에 충분하여 서유럽이 흥분했다. 그 중에서도 네덜란드와 영국이 동방으로 가자는 열기가 가장 뜨거웠다. 두 나라는 동방무역에 대한 부푼 꿈을 안고 중국, 인도, 동남아에 관한 항해, 지리, 상품, 인종, 역사 등등 각종 정보를 경쟁적으로 수집했다.

그 해 네덜란드의 한 거상이 코르넬리스 호우트만이라는 사람을 리스본으로 보내 향신료 제도에 관한 많은 정보를 모았다. 3년 후인 1595년 상인이자 탐험가인 얀 후이그헨 판 린쇼텐이 포르투갈 선박을 타고 인도양을 거쳐 일본까지 두루 여행하고 귀국했다. 그가 동방항해에 관한 견문록을 암스테르담에서 출간했다.

그의 견문록은 인도, 말라카, 향신료 제도, 남중국해, 일본을 항해하면서 보고 들은 내용을 상세하게 수록했다. 그 견문록과 함께 동방에 관한 일련의 정보와 자료가 동방무역에 관한 열망을 더욱 자극하여 두 나라가 서둘러 동방으로 향하는 깃발을 올렸다. 1600년 영국동인도회사에 이어 1602년 네덜란드 연합동인도회사가 출항의 고동을 울렸던 것이다.

하지만 향신료도 청화백자도 그들을 기다리고 있지 않았다. 네덜란드 상선들이 막상 남중국해에 도달했지만 시장침투가 어렵자 노략질에 나섰다. 1603년 2월 25일 새벽 제독 판 헴스키르크가 이끈 네덜란드 동인도회사 소속선박 3척이 말라카 해협에 매복해 있다가 포르투갈의 갤리언 선박 산타 카타리나 호를 나포했다.

포르투갈은 나포선과 포획물을 반환하라고 강력하게 요구했다. 하지만 네덜란드는 그 배에 실려 있던 청화백자를 비롯한 중국 도자기를 암스테르담 등지에서 경매를 통해 모두 팔았다. 그 노획물의 판매액은 네덜란드 동인도회사 자본금의 2배나 되는 엄청난 거액이었다. 타국선박의 나포와 적재화물의 강탈이 네덜란드 법체계에서 적법한지에 관한 논란이 제기되었다.

네덜란드에서도 사법공청회가 열려 그 문제를 놓고 뜨거운 찬반논쟁이 벌어졌다. 그 사건으로 인해 근대 자연법의 창시자이자 국제법의 아버지로 평가받는 네덜란드의 휴고 그로티우스(Hugo Grotius)에 의해 공해라는 개념이 정리되는 계기가 되었다. 1609년 그는 그의 저서 '자유의 바다'를 통해 자유로운 항해를 주장했다.

그는 그의 저서를 통해 바다는 국제영해로서 어느 나라나 해외교역을 위해 자유롭게 항해할 수 있다는 공해(公海)라는 개념을 주창했다. 그의 논지는 근대적 의미의 국제해양법 체계의 근간을 이루게 되었다. 하지만 그의 주장은 포르투갈과 스페인의 영해(領海)정책과 정면으로 배치되는 개념이었다.

 대항해 시대가 개막될 즈음 포르투갈과 스페인이 경쟁적으로 동인도를 찾아갈 채비를 서두르고 있었다. 두 나라의 충돌이 잦아지자 가톨릭 교황이 중재에 나섰다. 두 나라가 1494년 6월 7일 스페인 북부에 위치한 포르투갈과의 접경도시 토르데시야스에서 조약을 체결했다.

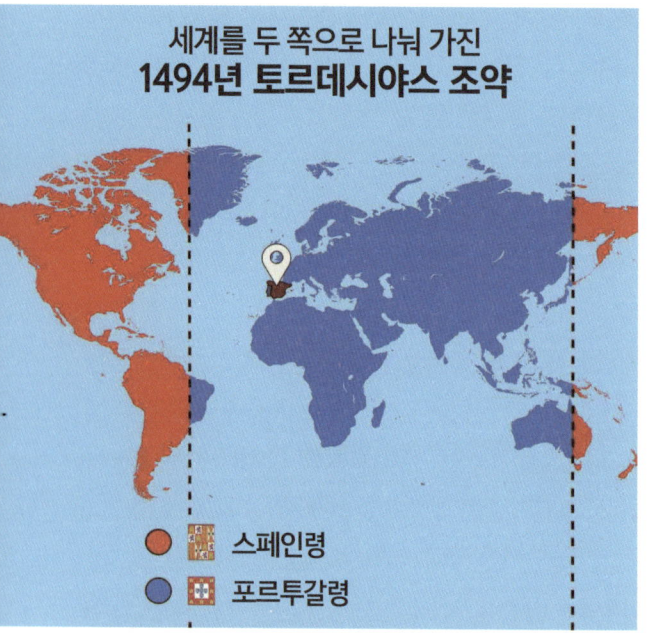

이 조약에 근거하여 포르투갈이 남아메리카의 브라질을 침탈할 수 있었다.

 그 토르데시야스 조약(Treaty of Tordesillas)의 내용은 복잡한데 간단하게 설명하면 로마 가톨릭 교황이 지구를 양분해서 포르투갈과 스페인에게 나누어 주는 것이었다. 그 장본인은 스페인 보르지아 가문 출신의 교황 알렉산더 6세였다. 그는 로마 가톨릭 교황청 역사상 가장 정치적이고 가장 세속적인 인물로서 슬하에 친자식을 여럿 둔 것으로 알려졌었다.

 그가 아프리카 서쪽 대서양에 있는 케이프 베르데(Cape Verde) 제도 서쪽에서 500km 떨어진 곳을 중심으로 가상의 경선을 그었다. 그 경선을 기점으로 새로운 땅이 발견되면 동쪽은 포르투갈이, 서쪽은 스페인이 차지한다는 내용의 조약을 맺었던 것이다. 바로 그 이유로 향신료를 찾아서 크리스토퍼 콜럼버스는 서쪽으로, 바스쿠 다 가마는 동쪽으로 갔던 것이다.

 또 같은 이유로 두 나라는 십자가를 앞세우고 어느 나라에나 쳐들어가서 제멋대로 살육과 약탈을 자행하며 식민지로 삼았다. 로마 가톨릭 교황이 영유권을 부여한 까닭에 두 나라는 그 같은 권한이 가졌다고 믿었고 남의 나라 침탈은 정당한 권리의 행사라고 여겼던 것이다.
 따라서 스페인과 포르투갈은 휴고 그로티우스의 공해개념을 로마 가톨릭 교황이 두 나라에 부여한 해양관할권에 대한 도전이자 해양독점권에 대한 도발이라고 받아들였다. 이른바 공해개념을 주권침해로 간주했던 것이다. 그 까닭에 두 나라가 영국이나 네덜란드의 대양진출을 단순히 자국의 경제적 이익을 침해하는 행위를 뛰어넘는 이념적 도발로 보고 응징하려고 별렀다.

그럼에도 네덜란드의 첫 동방항로 탐험대가 포르투갈의 영역인 희망봉을 돌아서 인도양에 진출하는 데 성공했다. 그것은 포르투갈이 동방항로를 개척한지 한 세기가 지난 무렵이었다. 네덜란드는 포르투갈이 지난 100년 가까이 구축한 향신료 독점체제를 깨기로 작정하고 포르투갈의 무역거점들을 차례로 공략하면서 양국의 무력충돌이 빈발해졌다.

40년 걸려 얻어낸 포르투갈의 마카오 거주권

포르투갈이 청화백자를 찾아 중국 땅에 첫 발을 디딘지 40년도 넘게 지나서야 마카오에 거주권을 얻어 낼 수 있었다. 그 과정에서 명나라와 무력충돌도 있었고 마카오에 정착한 다음에는 그곳을 뺏으려는 서유럽 후발경쟁국들의 도발이 그치지 않았다. 특히 네덜란드의 도전이 집요했다.

마카오를 중국무역의 교두보로 확보한 포르투갈은 그곳을 인도 고아와 일본 히라도(平戶-평호)를 잇는 동방교역의 중심축으로 삼았다. 마카오는 무역거점 말고도 일본과 중국의 가톨릭 포교거점 역할도 담당했다. 일본이 가톨릭 금지령을 내린 이 후에는 포르투갈이 포교대상을 베트남 등 인도차이나 반도로 방향을 바뀌었으며, 그에 따라 마카오가 그 전진기지를 맡았다.

포르투갈이 중국과 교역의 길을 트려고 인도 고아를 출발했던 시점은 1513년이었다. 그 후 포르투갈은 중국에 무역거점을 확보하려고 중국연안을 40년이 넘도록 배회하면서 밀무역업자들을 통해 청화백자 등 중국물자를 사서 팔았다. 그 사이에 포르투갈은 무역기지를 세우려고 오랫동안 염탐하다 물색해둔 지점이 있었다.

어느 날 포르투갈 선박 한 척이 그곳에 무턱대고 닻을 내리고서는 물에 젖은 화물을 말리려고 잠시 머물렀다는 핑계를 댔다. 그러고서는 광둥성 관리들에게 뇌물과 선물을 주기도 하고 왜구를 소탕하는 데 도움을 주기도 하여 환심을 샀다. 그렇게 해서 어물쩍 눌러 앉았으니 그곳이 바로 마카오가 되었다.

마카오(澳門-오문)라는 지명은 도교사원인 마쭈거(媽祖閣-마조각)에서 연유했다. 포르투갈이 몰래 뱃짐을 푼 곳이 마쭈거 근처였던 모양이다. 그곳 사람들에게 지명을 물으니 그들이 사원의 이름을 묻는 줄 알고 '마쭈거'라고 알려주었는데 그것이 마카오로 구전되어 지명으로 굳어졌다고 한다.

1557년에야 포르투갈이 광둥(廣東-광동)성한테서 마카오 거주권을 얻게 되었는데 그 때가 명나라 가정(嘉靖) 35년이었다. 1557년 포르투갈이 마카오를 식민지로 획득했다는 일부 기록은 잘못이다. 그 당시 명나라가 영토의 일부를 이른바 '서양 오랑캐'에게 할양해야 할 정도로 국력이 무력하진 않았다. 광둥성이 묵시적으로 양해하여 거주권만 인정받았다고 보아야 한다.

 그 후 포르투갈은 명나라한테 지대로 매년 은 500냥씩을 바쳤다. 그럼에도 포르투갈은 마카

마카오의 포르투갈 건축문화유산의 외벽을 장식한 청화벽화 아줄레주. 원화는 영국의 여행자이자 문필가인 피터 문디의 일기장에 실린 마카오 지도. 1637년작.

오를 무역거점으로 구축하기 위한 정지작업을 착착 진행했다. 포르투갈은 1583년 마카오를 시로 승격했으며 1584년 의회설치를 승인함으로써 자치권을 인정했다. 또 가톨릭 교황청은 1579년 마카오를 주교가 관장하는 관구로 승격하여 중국과 인도차이나 반도의 포교거점으로 삼았다.

 하지만 1644년 명-청 교체기의 전란으로 인해 포르투갈의 중국교역이 큰 타격을 받았다. 징더전(景德鎭-경덕진)이 파괴되어 청화백자를 비롯한 도자기는 물론이고 다른 물자도 구할 수 없었다. 명나라의 잔존세력인 정성공 일파가 타이완으로 퇴진하자 천계령(遷界令)이 내려진 바람에 해안접근이 봉쇄되었기 때문이었다.

그 직전에 일본이 1639년 가톨릭 금지령을 내리고 포르투갈을 축출함으로써 포르투갈은 일본과의 교역이 이미 단절된 상태였다. 포르투갈이 일본시장을 가장 먼저 개척했지만 가톨릭 선교활동이 빌미가 되어 일본시장을 잃고 말았다. 중국물자의 수요처이자 은 공급처인 일본시장을 상실했던 것이다.

포르투갈이 수십년간 공을 들여 1557년 마카오의 거주권을 인정받았지만 일본시장을 상실함으로써 그 가치가 반감되었다. 거기에다 17세기 들어서 동남아시아와 인도양 일대에서는

18세기말 펜하 언덕에서 바라본 마카오 전경. 작가미상. 홍콩역사박물관

네덜란드가 포르투갈의 무역거점을 탈취하려는 도발을 멈추지 않았다. 그 같은 상황변화에 따라 17세기 중반 들어 마카오는 폐쇄위기에 몰릴 만큼 곤경에 처해 있었다.

포르투갈이 마카오를 식민지로 만들려고 추진한 시기는 거주권을 얻은 지 300년 가까이 지난 1849년이었다. 영국이 1842년 1차 아편전쟁에서 승리하여 홍콩을 할양받자 포르투갈이 거기에 고무되어 마카오 식민지화에 나섰다. 포르투갈의 마카오 총독 페레이라 도 아마랄(Ferreira do Amaral)이 마카오를 자유무역항으로 개방했다.

그에 불만을 품은 중국 청년이 1849년 8월 22일 총독 아마랄을 암살했다. 그 사건이 발생하기 전까지는 포르투갈이 마카오를 점유한 대가로 청나라에 임차료 성격의 지대를 지불했었다. 청나라가 1차 아편전쟁의 패전으로 무력해진 틈을 타서 포르투갈이 지대지급을 거절하고

서방열강의 협조를 얻어 독자적으로 식민지화 작업을 추진했다.

청나라가 2차 아편전쟁에서도 영-불 연합군한테 패배하여 1862년 8월 텐진(天津-천진)조약이 체결됨에 따라 포르투갈이 마카오의 지배권을 공식적으로 인정받았다. 이어 1887년 12월 체결된 우호통상조약에 따라 마카오를 제3국에 양도하지 않는다는 조건으로 영구점유를 승인받았다. 그러나 이것은 어디까지나 통치권의 인정이지 영토권의 인정은 아니었다.

어쨌든 영국의 홍콩이 번창하면서 마카오는 쇠퇴의 길을 걷기 시작했다. 2차 세계대전이 일어나자 포르투갈은 마카오의 중립을 선언했다. 그 덕택에 마카오는 동아시아의 중립항구로서 번영을 누렸다. 하지만 일본의 중국침략에 따라 중국 피난민이 대거 유입됨으로써 많은 사회적 문제가 야기되었다.

2차 세계대전 이후에도 포르투갈은 마카오를 식민지로 유지하려고 애를 썼지만 1966년 중국계 반대폭동이 일어날 정도로 주민반발이 드셌다. 그에 따라 중국본토의 영향력이 강력하게 작용하면서 마카오의 지위가 흔들리기 시작했다. 1986년부터 중국과 영국 사이에 진행된 홍콩 반환협상과 병행해 마카오 반환협상도 개시되었다.

중국과 포르투갈은 1987년 반환시기를 1999년 12월 20일로 확정하는 협정을 체결했고 그에 따라 마카오는 중국으로 돌아가게 되었다. 하지만 일국양제(一國兩制)를 정한 기본법에 의거해 2049년까지 마카오는 현재의 자본주의 사회-경제체제가 보장되었다.

일본의 대외교역 200년간 독점했던 네덜란드

네덜란드의 VOC(연합동인도회사)가 인도네시아 바타비아를 무역거점으로 삼은 다음에는 동남아시아를 넘어서 중국, 일본까지 무역권역을 확장해 나갔다. 네덜란드를 떠나 동방으로 가는 선박들은 중국물자와 향신료를 유럽에 팔아서 벌어들인 은을 가지고 바타비아로 갔다.

VOC는 유럽에서 가져간 은과 아시아 역내교역을 통해 벌어들인 은을 가지고 중국에 가서는 도자기와 비단 등을, 그리고 인도에 가서는 면직물 따위를 사서 네덜란드로 가져갔다. 또는 그 물품을 일본으로 가져가서 팔거나 동남아시아로 가져가서 향신료 등과 바꿔서 네덜란드로 싣고 갔다.

VOC는 또 유럽의 사상과 기술을 중국, 일본을 비롯한 아시아에 전파하는 데도 상당한 역할을 했다. VOC는 개신교 선교단을 지원하기도 했다. 특히 VOC가 일본에서는 인도 아대륙이나 동남아시아에서와 달리 유화적인 자세를 취했다. 포르투갈이 가톨릭 선교

네덜란드는 1602년 난립해 있던 30개 해운회사를 통합, VOC(연합동인도회사)를 설립하고 VOC 깃발을 휘날리며 교역과 약탈을 병행하며 인도양과 태평양을 주름잡았었다.

활동을 무리하게 벌이다 축출당하는 과정을 똑똑히 지켜보았기 때문이다.

　네덜란드로서는 일본의 눈치를 보지 않을 수 없었다. 나가사키(長崎-장기) 부근에 조성된 인공 섬 데지마(出島-출도)라는 5,000평 규모의 통제구역을 무역거점으로 확보해 그곳에 기거하면서 200년 이상 일본의 대외거래를 독점하고 있었던 까닭이었다. 일본은 가톨릭 포교를 막기 위해 네덜란드를 제외한 모든 유럽국가와 교역을 단절한 상태였다.

　얀 반 리베크(Jan Van Riebeeck)가 이끈 VOC 원정대가 1652년 4월 6일 아프리카 남단의 희망봉을 점령하고 있던 포르투갈을 무력으로 축출하고 그곳을 무역기지로 확장하기 시작했다. VOC는 그곳에 수비대가 주둔하는 군사요새를 구축하고 점령지를 관리하는 한편 아프리카 동부지역, 인도, 동아시아로 운항하는 선박에 식수, 식량 등을 보급했다.

　그곳은 16세기부터 1869년 수에즈 운하가 개통되기까지 점령군이 세 차례나 바뀌면서 포르투갈, 네덜란드, 영국의 동방무역 전초기지로서 역할을 수행했었다. 그 사이에 네덜란드를 비롯해 유럽 각지에서 이주민들이 빠른 속도로 유입되었다. 그 기지가 나중에 검은 대륙 속의 백인국가 남아프리카 공화국이 태어나는 태동지로 떠오른 케이프타운이다.

　네덜란드 VOC는 그 희망봉을 포르투갈한테서 강탈한 데 이어 페르시아(이란), 벵골(방글라데시와 인도 중간지대), 실론(스리랑카), 말라카(말레시아의 믈라카), 시암(태국), 포모사(타이완), 그리고 인도 아대륙 남부에 걸쳐 광범위한 아시아 지역을 무력으로 점령하고 무역거점을 확장해 나갔다.

　네덜란드는 중국대륙에 무역기지를 확보하려고 명나라에 여러 차례 무력도발을 감행했지만 실패해 타이완에 자리를 잡고 있었다. 그런데 VOC가 청나라 강희제가 즉위한 다음 해인

1662년 타이완에서 쫓겨났다. 명나라의 잔존세력인 정성공 일파가 청군한테 패배하여 타이완으로 퇴진하면서 그곳에 무역거점을 구축하고 있던 네덜란드를 축출했던 것이다.

17세기 들어 거의 동시에 동방무역에 진출했던 네덜란드와 영국이 초기의 20년간에는 연합전선을 펴고 선발주자인 포르투갈을 결박했다. 하지만 시장침탈이 어느 정도 이뤄진 이후에는 양국이 경쟁관계로 돌아서 적지 않은 무력충돌을 벌여 피를 흘렸다. 특히 암보이나 학살 이후 양국간의 관계가 극도로 악화됐다.

1623년 암보이나에서 네덜란드의 바타비아 총독 헤르만 반 스페울트(Herman van Speult)가 영국인 10명, 일본인 10명, 포르투갈인 1명을 참수형에 처했다. 그 사건이 이른바 암보이나 학살이다. 암보이나는 오늘날 인도네시아의 암본이다. 암보이나는 향신료 제도에 위치한 섬인데 네덜란드가 그곳에 빅토리아 요새를 구축하고 수비대를 주둔시키고 있었다.

네덜란드측 주장은 영국 선박이 입항하는 시간에 맞춰 그곳의 영국인들이 총독 스페울트를 살해하고 빅토리아 요새를 전복하려는 음모를 꾸몄다는 것이다. 영국 동인도회사가 그 같은 음모를 획책했는지 아니면 고문에 의해 조작된 사건이었는지는 확실하지 않다. 어쨌든 그 사건으로 말미암아 양국간에 모색하던 화해의 노력이 무산되었다.

그 사건은 당시 유럽사회에서 큰 파장을 일으켰으며 그 후 영국과 네덜란드는 국지전을 4차례나 치렀다. 그 외에도 네덜란드 동인도회사는 곳곳에서 스페인, 포르투갈과 잦은 전투를 치루면서 재정상태가 극도로 악화되었다. 결국 네덜란드 동인도회사는 1798년 회사청산 절차를 밟았다.

동인도회사가 관장하던 네덜란드 동인도 식민지는 1815년 비엔나 회의의 결정에 따라 네덜란드 왕국으로 승계되었다.

영국과 네덜란드가 향신료 무역을 둘러싸고 암투를 벌이더니 마침내 학살로 이어졌다. 1623년 암보이나에서 네덜란드가 영국인 10명, 일본인 10명, 포르투갈인 1명을 참수했다. 그 사건으로 인해 두 나라는 네 차례나 국지전을 벌였다. 동판화. 1700년경 제작.

일본서 10년만에 빈손 철수한 영국동인도회사

1600년 네덜란드 해운회사의 난파선을 타고 일본에 표착한 항해사 윌리엄 애덤스(William Adams)는 일본 땅을 밟은 첫 영국인이었다. 그가 일본의 최고권력자 도쿠가와 이에야스(德川家康-덕천가강)의 눈에 들어 나중에 파란 눈의 사무라이로 발탁되어 영지까지 하사받았다.

그가 고향을 떠난 지 10년도 넘게 지나 영국동인도회사가 인도네시아 반텐에 정착했다는 기쁜 소식을 전해 들었다. 그 때가 1611년이었다. 애덤스는 그가 일본에 안착해 잘 지내고 있다는 안부를 영국에 사는 그의 가족과 친지들에게 전해달라는 부탁과 함께 편지를 써서 반텐으로 보냈다.

그는 그 같은 사실을 알리는 한편 영국도 일본에 진출할 의사가 있다면 동인도회사를 도와주겠다고 초청했다. 그 때 일본에는 이미 포르투갈과 네덜란드 동인도회사가 진출해 영업활동을 하고 있었다. 1613년 선장 존 사리스(John Saris)가 이끈 영국동인도회

윌리엄 애덤스의 도쿠가와 이에야스 알현

윌리엄 애덤스(1575~1620년)는 일본에 표착한 네덜란드 난파선의 항해사이자 일본을 방문한 첫 영국인이었다. 그림은 자문관으로 발탁된 그가 쇼군 도쿠가와 이에야스를 알현하는 모습. 그가 영지까지 하사받아 푸른 눈의 사무라이로 알려진 인물이다. 목판화. 윌리엄 달톤 1866 작품.

사의 클로브 호가 영국 선박으로서는 처음 일본 항구에 닻을 내렸다.

그 즈음 사리스의 당면한 과제는 향신료 주산지와 인접한 자바에 무역기지를 확보하는 일이었지만 그의 초청을 먼저 받아들여 일본에 갔다. 애덤스는 사리스와 함께 시주오카(靜岡-정강)에 가서 도쿠가와를 알현했다. 그리고 에도에 가서 도쿠가와의 아들이자 그의 후계자인 도쿠가와 히데타다(德川秀忠)를 면접했다.

그 자리에서 히데타다는 영국 국왕 제임스 1세에게 전해달라며 갑옷 2벌을 하사했다. 현재 한 벌은 런던탑이 소장하고 있고 다른 한 벌은 영국왕립갑옷박물관에 전시되어 있다. 귀로에 애덤스와 사리스는 다시 도쿠가와를 알현했는데 그 때 그가 영국동인도회사에게 무역특권을 부여했다.

영국 선박은 일본의 어느 항구에도 항구적으로 입출항이 가능하며 어떤 상품의 수출입도 허용한다는 내용이었다. 그 즈음 일본은 포르투갈 가톨릭 선교단의 활동에 대해 불만을 품고 있었다. 포르투갈이 선교한 가톨릭 신자들이 사회불안을 조성한다고 의심하던 터였다.

그 즈음 도쿠가와는 1543년 일본에 진출한 포르투갈과 교역관계를 끊고 영국과 교역을 개시하려는 의향을 가지고 있던 까닭에 사리스를 환대했다. 이듬해인 1614년

영국 국왕 제임스 1세가 선물로 받은 일본 갑옷

일본은 가톨릭 금교령을 내리고 포르투갈 예수회를 축출했다. 그 배경에는 신교도 신자인 애덤스의 영향도 작용했던 것으로 알려졌다.

그런데 1616년부터는 일본이 당초의 약속과 달리 영국 선박의 출입항을 히라도(平戶-평호)와 나가사키(長崎-장기)로 제한하였다. 애덤스는 사리스에게 히라도는 지역도 협소하고 오늘날의 도쿄인 에도, 오사카와도 멀리 떨어졌으니 에도와 가까운 우라가(浦賀-포하)를 선택하라고 권유했었다.

그런데 일본에 가면서 상품성이 별로 없는 싸구려 상품을 가지고 가서 빈축을 샀던 사리스가 네덜란드 동인도회사의 활동을 감시한다며 우겨 무역거점을 히라도로 결정했다. 애덤스는 1613년 11월 영국동인도회사의 제안을 수락해 그 회사의 직원으로 취직했다.

 직원 6명이 영국에서 파견되었는데 애덤스는 책임자 리차드 콕스 밑에서 근무했다. 다른 직원의 연봉은 40파운드였는데 그는 그보다 2.5배 많은 100파운드를 받았다. 그런데 영국동인도회사가 일본에서 10년 동안 무역거점을 운영했지만 수익을 내지 못해 문을 닫아야 할 처지가 되었다.

 영국상선 클로브 호가 일본에 처음 입항한 이후 동인도회사가 철수할 때까지 영국상선이 고작 세 차례 밖에 일본을 방문하지 않았다. 그 동안 무역거점을 유지할 수 있었던 것도 동남아 무역을 통해 수지를 냈기 때문이었다. 그것도 애덤스가 주인선을 타고 주로 동남아에서 사온 중국상품을 팔아서 수지를 채웠다.

 당시 일본은 수출할 만한 상품이 거의 없었다. 또 영국은 중국의 조공국이 아니기 때문에 중국에 접근하기도 어려워 공식적으로는 중국물자를 직접 조달할 수 없었다. 거기에다 선발주자인 포르투갈이 중국과 일본의 밀수꾼들과 손잡고 오랜 세월 거래관계를 맺고 있어 영국이 침투할 여지가 거의 없었다.

 그 시점에 영국은 인도 아대륙 침탈에 주력하고 있어 일본에 큰 관심을 둘 여유도 없었다. 결국 영국은 일본에 진출한지 10년만인 1623년 동인도회사의 무역거점을 폐쇄하고 철수했다. 여기서 주목해야 할 점이 있다. 영국이 일본에서는 무력을 동원하지 않았다는 사실이다.

 사무라이의 나라 일본은 조총과 칼로 무장하고 15세기 후반부터 17세기 초반까지 130여년간 센고쿠(戰國-전국)시대를 거치며 전투력을 연마했다. 이어 조선을 침략한 전력도 있어 전투력이 출중했다. 그 까닭에 영국이 함부로 덤벼들지 못했던 것이란 판단이 가능하다. 같은 이유로 포르투갈도 1639년 일본에서 축출되면서도 무력을 동원하지 못했다.

 결국 영국이 상업적 활동만으로는 수익을 창출하기 어렵자 철수를 단행한 것으로 보인다. 그 즈음 영국도 포르투갈, 네덜란드와 마찬가지로 인도 아대륙과 동남아시아, 아프리카에서는 군사력에 의존하여 시장을 침탈했다. 다시 말해 활과 창으로 저항하는 원주민을 소총과 대포를 쏘아 닥치는 대로 죽이고 땅과 재산을 약탈했다.

 그와 달리 영국이 일본 에서는 무력을 무턱대고 사용할 수 없자 스스로 떠났다는 판단이 옳다.

포르투갈-네덜란드의 유산

일본요리 덴뿌라, 카레는 포르투갈의 유산

　대항해 시대 초기에는 포르투갈이 일본의 대외교역을 독점했었다. 그런데 로마 가톨릭 예수회의 선교활동이 말썽 나는 바람에 일본이 1639년 선교단은 물론이고 모든 포르투갈인들을 축출했다. 포르투갈이 입주할 계획으로 짓고 있던 일본의 대외교역 창구인 인공 섬 데지마(出島-출도)도 네덜란드의 차지로 돌아갔다.

　그 후 일본은 사코쿠(鎖國-쇄국)정책에 따라 1639~1854년에 걸쳐 200년 이상 국가적 격리시대에 돌입했다. 일본은 네덜란드의 무역창구인 데지마 주재원 이외의 유럽인과는 접촉, 교류를 차단했다. 외국인의 입국과 함께 일본인의 출국도 금지했다.

　하지만 포르투갈이 100년 가까이 일본에 머물면서 남기고 돌아간 문화적 자취는 일본인 생활 속에 깊숙이 배어들어 오늘날에도 그 흔적이 역력하다. 명나라 닝보(寧波-영파)로 가던 중국 난파선이 1543년 8월 25일 일본 다네가시마(種子島)로 떠내려갔다. 그 배에 타고 있던 포르투갈인 3명이 조총을 가지고 있었다.

1543년 중국 난파선을 타고 일본에 표착한 3명의 포르투갈인이 조총을 소지하고 있었다. 일본은 그 첨단무기를 복제하거나 수입해서 일본열도를 통일하고 이어서 조선침략을 감행했다.

　그 조총의 살상력을 보고 놀란 일본이 조총을 수입하거나 대량으로 복제해서 무장했다. 그 일본산 조총을 일본은 그 섬의 이름을 그대로 따서 다네가시마 또는 다네가시마 뎃포(種子島 鐵砲-종자도 철포)라고 부른다. 다이묘(大名)들이 경쟁적으로 그 신병기로 무장함으로써 전법이 기마병 중심에서 조총을 쏘는 총수 중심으로 바뀌었다.

　또 성곽도 철포전에 적합하게 구조가 개조되었다. 결국 조총이 전국시대를 앞당겨 종식했다. 전국시대를 거치면서 전투력에 자신을 얻은 일본이 조선침략 전쟁을 감행했는데 그 조총이 임진왜란에서도 일본군의 주력무기로서 위력을 발휘했다. 조총 못지않게 포르투갈이 일본에 커다란 영향을 미친 것은 가톨릭이었다.

1543년 포르투갈인이 일본에 상륙한 이래로 예수회 선교사들의 헌신적인 포교에 힘입어 일본 남단지방에는 반세기만에 신자가 20만명으로 늘어났었다. 그 후 일본이 쇄국시대에 돌입하면서 가톨릭 탄압에 나서 많은 신자들이 순교했다.
사진은 나가사키의 오우라 주교좌성당. 유네스코가 일본 가톨릭 박해와 관련하여 등재한 세계문화유산 12개 중의 하나.

예수회의 창립자 6인중의 한 명이자 스페인 귀족 출신 신부 프란치스코 하비에르가 1549년 일본에 가면서 선교활동이 더욱 활발해졌다. 예수회가 일본에 첫발을 디딘지 불과 반세기만에 규슈 남부지역에는 20만명의 가톨릭 신자가 태어났다. 최고권력자 도요토미 히데요시(豊田秀吉-풍신수길)는 예수회를 통해 가톨릭을 알게 되었다.

서양문물에 대해 많은 관심과 호기심을 가졌던 그의 후원에 힘입어 가톨릭 문화가 일본에서 어학, 교육, 출판 등을 통해 꽃을 피우기도 했었다. 그런데 그가 돌연 가톨릭이 말하는 평등사상이 일본의 봉건체제에 정면으로 배치된다고 보고 탄압하기 시작했다. 그는 끝내 기독교 포교 금지령을 내렸다.

포르투갈은 일본의 조선술과 항해술 발달에도 지대한 영향을 미쳤다. 일본의 무역선인 주인선(朱印船)은 포르투갈 갤리언 선의 장점을 따서 만들었고 포문도 6~8개나 장착한 전함이었다. 일본은 포르투갈 기술자들을 초빙해 그들의 도움을 받아가며 그들이 말하던 그야말로 '난반센'(南蠻船-남만선)을 건조했다.

그 주인선은 종래에 왜구의 해적선이 왕래하던 동중국해와 남중국해를 넘어서 동남아시아까지 운항해역을 확장해 나갔다. 항해술이 향상된 만큼 뱃길도 길어졌던 것이다. 그 즈음 중국은 조공무역에 안주해 상품을 앉아서 그것도 밀무역을 통해 팔았지만 일

본은 일찍이 터득한 유럽의 앞선 조선술과 항해술을 토대로 동남아시아 시장을 적극적으로 개척해 나갔다.

중국이 동남아시아를 '남만'(南蠻-남만)이라고 부르는 것과 마찬가지로 일본도 '난반'(南蠻-남만)이라고 일컬었다. 남쪽 나라의 야만국, 야만인이라는 뜻이다. 그런데 포르투갈 사람들이 일본을 찾은 다음부터는 그들도 '난반진'(南蠻人)이라고 불렀다. 포르투갈에 이어 네덜란드, 스페인이 히라도(平戶-평호)에 내항하여 교역이 이뤄지면서 그들도 '난반진'으로 취급했다.

그러다 나중에는 모든 서양인을 '난반진'이라고 부르기 시작했다. 유럽의 문화나 물건, 또는 그 영향을 받은 문물에 '난반'을 붙여 썼다. '난반음악', '난반미술', '난반무역' 따위가 그것이다. 물건에다 '난반'을 붙였으면 포르투갈 제품 또는 유럽 제품이라는 뜻이었다.

포르투갈이 일본에 진출하면서 일본인 식탁에도 큰 변화를 일어났다. 날 생선을 빼고 나면 거의 포르투갈이 남긴 유산이나 다름없다. 16세기 중반 일본에 상륙한 포르투갈인들은 덴뿌라, 빵과 함께 인도요리 카레도 가지고 갔다. 그 이전에는 일본인들은 피가 나는 붉은 고기를 먹지 않았었다. 말하자면 구운 소고기와 돼지고기를 기름에 튀긴 돈가스도 포르투갈인들한테서 배워서 응용한 요리라고 할 수 있다.

일본인이 즐겨 먹는 '카레'(curry-커리)는 원래 인도음식이다. 포르투갈이 인도의 고아를 점령하고 40년가량 체류하며 맛들인 커리를 일본에 소개했는데 그것이 토착화되었다. 또 '카루메라'(caramel-카라멜), '비수카우토'(biscuit-비스킷)도 포르투갈 사람들과 함께 일본에 상륙하여 오늘날에도 일본인의 사랑을 받고 있다.

한국인이 많이 쓰는 서양 외래어는 거의 영어이며 더러 프랑스어나 독일어가 있다. 그런데 보기 드물게 포르투갈에서 전래된 외래어가 있으니 그것은 '빵'이다. 아마 한국인이 일상생활에서 가장 많이 쓰는 외래어는 빵이 아닐까 싶다. 포르투갈어 'pão'이 그 어원이다.

 포르투갈이 일본에 진출하면서 조총, 담배, 호박, 고추, 감자 등과 함께 '빵'도 가지고 갔다. 그 '빵'이 일본을 통해 한국에도 전래되었다. 스펀지처럼 생긴 케이크의 일종인 카스텔라도 포르투갈을 통해 일본에 알려졌고 이어 한국에도 소개되었다. 일본이 말하는 '카수테라'는 '카스티야의 빵'이란 뜻의 포르투갈어 '팡 드 카스텔라'(pão de Castela)를 줄여서 부르는 말이다.

 막상 빵이란 말은 없어지고 카스텔라라는 지명만 남은 셈이다. '카수테라'는 스페인 중부지역의 역사적 지명인 카스티야(Castilla)를 가리킨다. 그 지명을 미뤄보면 '카수테라'는 스페인에서 포르투갈을 거쳐 그것이 다시 일본을 통해 한국에도 상륙했음을 알 수 있다.

 일본의 대표적 요리의 하나로 자리 잡은 튀김요리 '덴뿌라'도 포르투갈에서 전래되었다. 가톨릭에서는 사순절이라고 해서 부활절 이전 40일 동안 금욕생활을 하며 육식도 절제한다. 그 까닭에 일본에 체류하던 포르투갈 선교사들이 콩꼬투리를 물고기처럼 기름에 튀겨서 먹었다고 한다.

 일본인들이 무엇이냐고 묻자 절기를 묻는 줄 알고 금육일을 뜻하는 'tempora'라고 대답하여 튀김요리를 '덴뿌라'라고 부르게 되었다고 전해진다. 진위를 알 수 없지만 도쿠가와 이에야스(德川家康-덕천가강)가 튀김 도미를 먹다 너무 맛있어 과식한 탓에 배탈이 나서 75세에 죽었다는 일화가 있다.

 일본에서 40년간 선교사로 활동했던 루이스 프로이스의 저서 '일본사'에 따르면 도요토미 히데요시가 계란과 소고기를 먹었다는 내용이 있다. 당시 일본은 붉은 피가 나는 고기를 먹지 않았다. 제임스 클라벨의 소설 '쇼군'(將軍-장군)에도 일본 사람들이 육식을 하지 않았다는 내용이 나온다.

 일본인의 육식은 포르투갈인의 내방 이후 퍼지기 시작했다. 일본인들은 포르투갈 사람들이 붉은 고기를 먹는 것을 보고 깜짝 놀랐다고 한다. 아마 포르투갈 사람들도 일본인들이 붉은 고기를 먹지 않고 날 생선을 먹는 모습을 보고 혐오스럽게 여겼을 지도 모를 일이다.

 포르투갈이란 이국정서가 일본사회에 얼마나 큰 영향을 미쳤는지 '일본사'가 잘 묘사하고 있다. "교토에는 포르투갈풍의 의상과 물건을 갖지 않은 사람은 사람대접을 받지 못할 정도다. 많은 다이묘들이 서양식 외투, 서양식 모자, 서양식 셔츠, 서양식 바지를 즐겨 입는다"라는 대목이 그것이다.

 그 풍속이 오늘날에도 이어져 일본각료들이 중요한 국가적 행사에는 서양식 예복을 입고 참석한다. 막상 본거지인 유럽에서는 연미복(燕尾服 swallow-tailed coat)이 퇴조하는 추세와는 아주 대조적인 모습이다.

가톨릭 탄압하면서도 유럽 배워 선진국 발돋움

마닐라를 점령한 스페인은 포르투갈의 일본 활동에 주목했다. 포르투갈이 교역과 포교에서 동시에 성공했다는 점에 착상하여 1596년 그 전략을 답습하기로 작정했다. 먼저 포교를 위해 프란체스코 선교단을 일본에 파견했다. 그런데 도요토미 히데요시(豊田秀吉-풍신수길)가 스페인이 필리핀을 점령했던 방식으로 일본에 접근한다는 의구심을 갖고 긴장했다.

그는 또 다이묘(大名-대명)들이 포르투갈과 교역을 통해 자본을 축적함으로써 세력확장을 도모할 것을 경계했다. 다이묘는 중세 일본에서 지방을 다스리던 영주를 가리킨다. 급기야 그가 예수회 선교사 추방령을 내리고 1597년 나가사키에서 개종자들을 십자가에 매달아 처형했다.

그 때부터 일본은 점차 포르투갈 선교단의 포교활동에 대해서도 경계심과 함께 적대감을 드러내기 시작했다. 다른 한편 일본은 포교활동에 관심이 없었던 네덜란드와 영국을 접촉하려고 시도하고 있었다. 바로 그 시점에 네덜란드인들이 일본에 처음으로 나타났다. 1600년 네덜란드의 난파선 리프데(Liefde-사랑)호의 일본 표착이 그것이다.

그 선박의 항해사 윌리엄 애덤스(William Adams)는 영국인이었으며 그 역시 일본을 방문한 첫 영국인이었다. 당시 네덜란드는 종교와 국적에 상관없이 외국자본-기술-인력에 개방적이어서 외국인 취업을 허용했다. 그에 따라 네덜란드 해운회사에는 외국인 취업자가 많았다.

1605년 도쿠가와 이에야스(德川家康-덕천가강)가 네덜란드와 교역관계를 맺으려고 리프데 호의 선원 2명을 말레이 반도의 파타니 왕국으로 보내 네덜란드 무역관장을 초청했다. 이어 도쿠가와한테서 무역특권을 부여받은 애덤스가 주선에 나서 1609년 네덜란드 동인도회사의 야크 스펙스(Jacque Specx)가 두 척의 선박을 이끌고 히라도(平戶-평호)를 방문했다. 그 해 네덜란드는 히라도에 상관설치를 허가받아 일본에 무역기지를 세웠다. 당시 일본은 중국이나 조선과는 달리 서양문물에 지대한 관심을 갖고 바깥세상이 어떻게 돌아가는지 정세를 파악하곤 했다. 또 포르투갈 이외의 유럽국가와도 교역을 도모하고 있었다.

그와 달리 조선은 임진왜란을 통해 조총의 위력을 실감했지만 외래문물에 대해 더욱 배타적으로 돌아서 일본과는 대조적인 모습을 보였다. 도쿠가와 이에야스는 영국인 윌리엄 애덤스를 사무라이로 임용한 데 이어 에도만 남쪽에 있는 미우라 반도의 영주로 임용했다.

그 즈음 일본이 서양의 문물을 수용하기 위해 인종과 종교를 초월하여 인재를 발탁했다니 21세기 다국적기업에서나 볼 수 있는 탁월한 용인술이었다. 윌리엄 애덤스는 1975년 제임스 클라벨이 출판하여 세계적 인기를 얻었던 소설 '쇼군'의 주인공 존 블랙숀의 실존인물이다.

일본은 쇄국정책에도 불구하고 200년간 나가사키에 외국인 전용공간을 마련하고 해외문물을 선별적으로 도입했다. 그림은 네덜란드 상인의 격리시설인 데지마(出島-출도)와 나가사키 만 전경. 1820년경. 비단 위에 그림을 그린 견본채색(絹本彩色). 큰 배는 네덜란드 상선이고

작은 배는 중국 컹크 선이다.
 중국상인도 네덜란드 상인과 마찬가지로 성벽으로 둘러싸인 나가사키의 도진야시키(唐人屋敷-당인옥부)에 갇혀 생활함에 따라 행동반경이 제한적이었다.

네덜란드도 포르투갈과 마찬가지로 해적질을 했고 세계 곳곳에서 시장쟁탈전을 벌이느라 포르투갈, 스페인과 만나기만 하면 무력충돌을 벌였다. 그러나 네덜란드는 포교활동을 하지 않았으며, 그 이유로 일본에서 무역권을 확보했다. 네덜란드는 1636년 데지마(出島-출도)라는 무역거점을 확보하고 1641~1859년에 걸쳐 200년 넘게 일본의 대외교역 창구를 독점적으로 맡아 운영했다.

포르투갈이 동방항로 개척에 나선 최대의 목표는 선교활동과 식민지 개척이었다. 포르투갈은 한 세기 가까이 일본의 대외교역권을 독점적으로 운영함으로써 높은 경제적 성과를 올렸었다. 포교활동도 성공적이어서 가톨릭 신자가 급증세를 보였었다. 하지만 일본은 하느님이 국왕보다 높고 사람 위에 사람이 없다는 가톨릭의 평등사상이 체제안전을 위협한다고 판단하기에 이르렀다.

그 시점에 '시마바라(島原-도원)의 난'이 일어났다. 1637년 시마바라에서 약탈적 세금과 가톨릭 탄압에 항거하여 일어났던 민중봉기가 그것이었다. 거기에 가담한 가톨릭 신자가 3만 7,000여명에 달했다. 일본은 크리스천을 '기리시단'이라고 음역했는데 그들이 주도한 봉기에는 비신자들도 가세해 생존권 투쟁으로 번졌다.

일본이 12만명의 병력을 동원해 4개월 만에 진압했지만 그 후 '기리시단'에 대한 탄압은 더욱 가혹해졌다. 그 사건을 계기로 에도막부는 가톨릭을 불법단체로 규정하고 선교활동을 봉쇄하기 위해 모든 포르투갈인에게 추방령을 내렸다. 그 때가 1639년이었다.

일본은 히라도에 있던 네덜란드 동인도회사의 상관도 데지마로 이전시키고 일본인과의 접촉을 엄격하게 제한했다. 데지마는 에도막부가 1634~1636년 쇄국정책의 일환으로 나가사키에 조성했던 외국인 격리시설인 부채꼴 모양의 인공섬을 말한다. 그로써 일본은 대외교역을 위한 외국인 접촉대상을 중국인과 네덜란드인으로 제한했다.

데지마는 원래 나가사키에 흩어져 거주하던 포르투갈 사람들을 한 데 모아 격리함으로써 일본인과의 접촉을 차단하려는 목적으로 조성되었었다. 그런데 일본이 모든 포르투갈인을 추방하는 동시에 네덜란드 동인도회사를 그곳으로 이전시켰다. 그리고 데지마에 높은 담장을 쌓아 일본인과 네덜란드인의 접촉을 원천적으로 금지했다. 다만 일본인 담당관리의 출입만이 허용되었다.

일본은 예외적인 경우를 제외하고는 네덜란드인이 데지마를 벗어나지 못하도록 출입을 통제했다. 그럼에도 데지마는 200년 이상 일본이 서양문물을 도입하고 국제정세를 파악하는 창구역할을 해냈다. 네덜란드는 또한 그곳을 통해 일본의 상품교역을 담당하는 한편 일본문화를 서양에 소개했다.

**일본은 쇄국정책을 고수하면서도 정경분리 정책을 견지했다. 데지마를 통해 일본이 필요한 해외물자를 도입하는 한편 서양문물-제도를 선별적으로 수용해 국가발전 전략으로 활용했다. 그처럼 일본이 유럽의 선진문물을 수용함으로써 부국강병을 이룩했다. 반면에 쇄국정책에 집착하여 서양문물을 철저하게 배척한 중국, 조선은 훗날 일본에 의해 침탈당하는 굴욕을 겪었다.

그런데 1853년 미국 해군제독 매튜 페리(Matthew Perry)가 증기기관선 4척을 이끌고 에도만에 나타났으니 그것이 이른바 흑선(black ship)이었다. 그 함대는 함포사격을 통해 무력시위를 벌이면서 시장개방을 강요했다. 페리가 타고 일본에 나타난 흑선은 범선이 아닌 증기선으로 1,800~3,200t급의 거함이었다.

그 때까지 일본이 보아왔던 유럽의 무역선보다 규모가 훨씬 더 큰 선박이었다. 흑선도 철선이 아닌 목선이었지만 나무가 썩지 않도록 코르타르로 시꺼멓게 칠했다. 거기에다 굴뚝에서는 시꺼먼 석탄연기를 내뿜었으니 그야말로 흑선이었다. 이듬해 다시 8척이 나타나 개항을 요구하는 압력의 강도를 높였다.

일본이 미국의 통상압력에 못 견뎌 미국에게 최혜국대우를 주는 내용의 가나가와(神奈川-신나천) 통상조약을 맺었다. 뒤이어 영국, 러시아, 프랑스 등과도 유사한 조약을 체결함으로써 일본의 문호가 활짝 열렸다. 그에 따라 일본은 네덜란드와도 1855년 일-란(日-蘭)화친조약을 맺었다.

그 조약에 따라서 네덜란드인들이 200년만에 데지마 울타리를 벗어나 나가사키(長崎-장기) 시내로 자유롭게 활보할 수 있게 되었다. 그로써 네덜란드인 격리시설이었던 데지마는 효용가치가 없어졌으며 1859년 그곳에 유리되어 있던 네덜란드 공관도 폐쇄되었다. 오늘날에는 나가사키 시청이 1996년 데지마를 복원해 관광자원으로 활용하고 있다.

1853년 미국 해군제독 매튜 페리가 이끈 증기기관 외륜선(外輪船) 4척이 불쑥 일본해안에 나타나 함포사격을 퍼부으며 개항을 요구했다. 이른바 흑선의 출현이었다.

쇄국불구 화란의 무역창구 통해 유럽 배운 일본

대항해 시대를 맞아 일본인들은 포르투갈인을 남쪽 나라 오랑캐라는 뜻으로 '난반진'(南蠻人-남만인)이라고 부르다 나중에는 모든 백인을 '난반진'이라고 불렀다. 그러다 포르투갈보다 반 세기 이상 늦게 일본을 찾은 네덜란드인은 붉은 머리카락이라는 뜻으로 '코모'(紅毛-홍모)라고 일컬었다.

일본은 데지마에 상관까지 설치하고 일본에 상주하던 유일한 유럽인인 네덜란드인을 '난반진', '코모'라고 일컫는 멸칭에 부담감을 느꼈던 것 같다. 나중에 '오란다상'이라고 부르기 시작한 것을 보면 말이다. 오란다는 홀란드(Holland)의 일본식 발음이다. 홀란드는 네덜란드에서 가장 큰 주로서 국토의 절반가량 차지하는 상업 중심지인지라 상인들이 많다. 또 그 주는 다른 주에 비해 유독 독립성을 강조한다.

그 까닭에 네덜란드 사람한테 "어디서 왔느냐?"고 국적을 물으면 홀란드라고 대답하는 이들이 의외로 많다. 그 이유로 홀란드를 네덜란드의 또 다른 국명으로 잘못 아는 이들이 적지 않다. 출신국을 묻는 질문에 홀란드라고 대답하는 사람들이 많다보니 17세기 네덜란드 사람들이 일본에 처음 갔을 때도 그 같은 오해가 생겼던 모양이다.

한 네덜란드인 뒤에서 흑인노예가 우산을 펴들고 있다. 일본 데지마. 18세기. 작가미상. 대영박물관 소장.

일본이 네덜란드의 국명을 홀란드로 알고 '오란다'(阿蘭陀-아란타)라고 불렀던 것을 보면 알만한 일이다. 일본이 네덜란드 사람과 친숙해지면서 '오란다'에다 2인칭 존칭을 나타내는 '상'을 붙여 '오란다상' 이라고 부르다 점차 모든 백인을 '오란다상'이라고 불렀.

그래서 데지마를 통해 일본에 유입되는 서양의 학문을 오란다(阿蘭陀)에서 난초 '란'(蘭)자를 따고 배울 '학'(學)자를 붙여서 '난학'(蘭學)이라고 칭했다. 도쿠가와 요시무네(德川吉宗-덕천길종)가 실학을 장려하고 금서를 해금하자 데지마를 거쳐 유입된 네덜란드의 각종 서적들이 일본의 서양학문 연구를 촉진했다.

측량술, 조선술, 의학과 같은 실용주의적 학문이 높은 관심의 대상이었다. 특히 일본은 신체를 해부해서 눈으로 병인을 확인하고 치료하는 서양의술에 충격적 경이를 느꼈다. 일본이 서양의학을 받아들이고서는 오란다(阿蘭陀)에서 '란'(蘭)자를 따서 난방의학

(蘭方醫學)이라고 이름을 붙였다.

일본은 1774년 일본 해부학의 신기원을 세운 '해체신서'를 발간하는 획기적 발전을 이룩했다. 일본에서 전통의학인 한방의학이 중국, 한국과 달리 위축된 것은 서양의학이 일찍이 보급되었던 까닭이다. 유럽의 합리적 사고와 인간평등 사상이 난학을 통해 도입되어 막부말기의 일본에 큰 영향을 끼쳤다.

스페인의 지배를 받던 네덜란드가 독립을 선언하면서 1579년 건국헌장을 통해 종교의 자유를 선언했다. 그에 따라 당시 종교개혁의 여파로 유럽 전역에서 종교탄압을 받던 종교난민들이 대거 네덜란드로 이주했다. 많은 사상가, 철학자들이 고국을 등지고 그곳으로 이주해 집필활동에 몰두해서 세계적 이름을 남긴 이들이 적지 않다.

종교난민을 따라 유대교와 개신교의 자본과 기술이 대거 유입됨에 따라 네덜란드는 설탕, 무기, 화학, 담배, 초콜릿, 다이아몬드 같은 다양한 신규산업이 급속하게 발달했다. 그 결과 암스테르담이 세계금융-무역의 중심지로 성장했다. 그 네덜란드의 선진기술-학문-사상을 일본이 데지마를 통해 도입함으로써 일약 선진국으로 발돋움하는 도약대를 마련하게 되었다.

일본의 최고액권 1만엔에 등재된 초상화의 주인공은 후쿠자와 유키치(福澤諭吉-복택유길-1835~1901년)다. 그는 어린 시절 봉건적이고 계급적인 한학에 회의를 느낀 나머지 집을 떠나 나가사키로 갔다. 그는 그곳에서 네덜란드의 무역거점 데지마를 통해서 전해진 난학(蘭學)이라는 서양학문에 몰두했다.

서양학문에 대한 그의 갈증을 해소하기에는 네덜란드만으로는 부족하다고 느낀 그는 나중에 영어를 독학으로 공부하기 시작했다. 그 때 영국은 세계최대 강대국으로 도약하고 있었다. 서양을 더 넓고 더 깊게 알기 위한 그의 도전이었다. 그는 막부의 견외(遣外)사절로 3차례 해외여행을 하면서 당시로서는 남다른 견문을 넓히고 선진문물을 익혔다.

일찍이 해외문물을 터득한 그는 일본 개화기의 계몽적 사상가이자 교육가, 저술가로서 활동했었다. 그는 또한 1860년대부터 막부철폐와 구습타파를 주장하며 부국강병론을 역설하기도 했다. 그는 '서양사정', '학문의 권유' 등의 저서를 통해 도쿠가와 막부가문의 지배를 종식시키고 메이지 유신을 세우는데 크게 기여했다.

그는 유럽문화-문물에 심취한 나머지 일본은 아시아를 벗어나 유럽으로 들어가자는 논지인 탈아입구(脫亞入毆)를 주창했다. 중국과 조선이 근대화를 거부하니 일본은 인접국과 결별하고 서방열강에 합류하자는 것이었다. 그는 또 일본이 조선을 정벌해야 한다는 정한론(征韓論)을 주장하기도 했다. 일본의 입장에서는 그가 근대화의 기수이자 이론가였다.

네덜란드는 또 데지마를 통해 유럽에서는 동경의 대상이었던 신비의 나라 일본의 문화-문물을 유럽에 알리는데도 큰 역할을 했다.

08

유럽
귀족사회
풍미한
중국풍

신분과시의 상징물 청화백자

명대 청화백자 쟁반으로 천장을 장식한 포르투갈 산토스 궁전.

08 신분과시의 상징물 청화백자

수요 넘치자 가짜까지 판쳐

16세기 이후 포르투갈이 중국 도자기 직접 수입

기원후 1세기가 지나서야 유럽에서 역사학자와 지리학자들 사이에 중국의 존재에 관한 이야기가 나오기 시작했다고 한다. 중국과 유럽을 잇던 초기의 무역로는 바다로 페르시아 만과 실론을 거쳐 광둥으로 가는 바다 비단길이 있었다. 또 다른 무역로는 폴란드를 거친 다음에 카스피 해 북단을 지나서 몽골 쪽으로 가는 뭍의 비단길이 있었다.

그 길을 따라 중국의 도자기와 비단이 이슬람 상인에 이어 베네치아 상인의 손을 거쳐 소량이지만 유럽까지 퍼져나갔다. 중국상품이 낙타와 배를 번갈아 갈아타고 서쪽으로, 서쪽으로 가서 유럽의 왕족과 귀족을 만났던 것이다. 그 같은 간접적인 접촉 말고 유럽과 중국이 얼굴을 맞댄 직접적인 대면은 16세기 이후에야 남중국해안에서 처음 이뤄졌다.

당삼채 낙타용(唐三彩 駱駝俑). 당삼채는 당나라 때 부장품으로 제작되었던 채색토기를 말한다. 그 시기에는 중국과 서아시아의 교역이 활발했던 까닭에 낙타 등에 짐을 실은 대상의 왕래가 많았다. 서아시아인의 눈빛이 중국인과 다르다고 해서 색목인(色目人)이라고 불렀다.

당나라의 당삼채(唐三彩) 파편이 근동 지역에서 종종 발견된다. 동남아시아의 여러 지역에서는 송나라의 조잡한 청자 조각이 아직도 출토된다. 이집트에서도 그곳과 비슷한 중국 도자기 파편이 나온다. 그것은 당대, 송대에도 중국 도자기가 아시아 각지로 팔려나갔음을 말하며 더러는 멀리 유럽까지 퍼져 나갔다.

그 무역로의 동쪽 기점이자 당나라의 수도였던 창안(長安-장안), 즉 오늘날의 시안(西安-서안)에는 국제시장이 형성되어 있었다. 그곳에는 서역 물자를 가져가 팔아서 중국물자를 사려는 이슬람 상인들로 붐볐다. 그들은 사막의 배라는 낙타를 끌고 산을 넘고 사막을 건너

청화백자의 푸른빛을 내는 산화코발트 분말

는 길고도 긴 여로 끝에 그곳에 당도했다.

시안에는 오늘날에도 회민가(回民街)라는 이슬람 거리가 남아있다. 그곳에는 그 옛날 이슬람 상인들의 후손들이 살고 있으며 관광객들의 발길이 넘쳐난다. 중국에서는 이슬람을 회교(回敎), 무슬림을 회족(回族), 청색 도료로 쓰이는 코발트를 회청(回靑)이라고 부른다.

한국어의 '물건', 영어의 'thing'에 해당하는 의미를 가진 중국어로는 '똥시'(東西-동서)라는 단어가 있다. 그 어원은 시안에서 오랜 세월에 걸쳐 이뤄진 동서교역의 역사에 뿌리를 두고 있다. 시안의 동쪽에는 중국물자를 거래하는 재래시장이 있었고, 또 서쪽에는 서역에서 들여온 갖가지 이색적인 외국물자를 파는 국제시장이 형성되어 거래가 활발했었다.

두 시장을 아우르면 없는 것이 없다는 뜻으로 동쪽과 서쪽에서 따서 '똥시'라는 말이 생겼다. 오랜 세월을 걸치면서 그 말이 차츰 물건을 의미하는 보통명사로 변해갔다. 그 단어의 유래만 봐도 중국 시안에서는 옛날부터 동서교역이 왕성하게 이뤄졌음을 알 수 있다.

9세기부터 중국 도자기가 동남아시아, 인도, 중동으로 수출되기 시작했다. 원대 들어 징더전(景德鎭-경덕진)의 도자산업이 빠른 속도로 성장하면서 수출물량도 크게 늘어났다. 명나라 초기에 정화의 대양원정대가 인도양을 거쳐 아프리카 동해안까지 조공무역 개척에 나섬에 따라 중국 도자기의 명성이 더욱 널리 퍼져 나갔다.

대영박물관에는 송나라의 영청자병(影靑瓷甁)이 있다. 영청자라는 이름은 백자는 백자인데 유약이 고여 두껍게 입혀진 부분에 푸른빛이 아련하게 띠는 까닭에 생겼다. 그 색조에 대해 중국인들은 푸른 청(靑)에 그림자 영(影)에 더해 영청자라는 시적인 이름을 붙였다.

푸른빛이 난다고 해서 청백자(靑白瓷)라고도 부른다. 송나라 때만 해도 기술이 부족한 탓에 유약에 철분이 조금 남아 그런 현상이 나타났다. 영국에서는 그 신비하고 값비싼 기물이 다치지 않도록 소중하게 보호하려고 은제 장신구를 만들어 입혔다.

프랑스 파리 국립도서관에는 마르코 폴로가 원나라 쿠빌라이 칸의 궁궐에 도착했을 무렵에 만든 큰 물병 노년이 있다. 그 도면은 비단길을 통해 이슬람 상인에 의해 수입되었고, 다시 이탈리아 상인의 손을 거쳐 지중해를 건너서 서유럽까지 전해진 것이 분명하다.

오스트리아 대공 페르디난트 2세가 15세기 중반에 수집한 중국 도자기들은 암브라스 성의 미술관에 소장되어 있다. 그의 애장품은 주로 청화백자이며 귀금속으로 정교하게 만든 장신구를 입혀 깨지지 않도록 보호하고 있다. 그 도자기들은 포르투갈이 동방무역에 진출하기 이전에 이슬람 상인과 베네치아 상인들의 손을 거쳐 수입되었다고 보면 틀림없다.

　페르시아 아르데빌 사원은 14세기 말기부터 15세기 사이에 만든 갖가지 기형의 중국 청화백자들을 많이 소장한 것으로 알려졌었다. 그와 함께 같은 시기에 만든 비슷한 기형의 중국 청자도 많았다고 한다. 또 이스탄불의 톱카프 사라이 박물관은 중국 박물관에서도 쉽게 볼 수 없는 다양한 중국도자기 소장품을 자랑하고 있다.

　그것은 징기스칸의 유라시아 정벌 이후 중국 도자기가 근동 지역에 많이 수출되었다는 사실을 뜻한다. 15~16세 이스탄불을 방문한 유럽 여행자들이 그곳에서 중국 도자기를 구매했다는 기록이 있다. 그것은 명조의 쇄국정책에도 불구하고 적지 않은 도자기가 수출되었음을 의미한다. 그 연유로 동방항로를 처음 개척한 포르투갈이 중국에 진출하기에 앞서 인도에서 중국도자기를 발견할 수 있었다.

　그 즈음 중국에서 팔려나간 도자기는 거의 청화백자였다. 바스쿠 다 가마는 인도에서 입수한 중국 도자기를 가지고 귀국해 국왕 마누엘 1세에게 진상했다. 그 후 얼마 지나지 않아 말라카에 무역기지를 구축한 포르투갈을 통해 유럽인들이 더러 중국 도자기를 샀다고 전해진다. 그 도자기들도 청화백자일 가능성이 높다.

　중국해안에 가장 먼저 나타난 유럽인은 포르투갈인이었다. 그 때가 1513년이었다. 바스쿠 다 가마가 아프리카 남단을 돌아서 1498년 인도 캘리컷(Calicut)에 도착한지 15년만의 일이었다. 그 즈음에는 중국의 문이 굳게 닫혀 있어 외국인은 중국인과 접촉조차 어려운 시절이었다.

　그 때부터 포르투갈은 남중국해안을 맴돌면서 중국시장을 넘보기 시작했다. 그 후 어렵게 거래관계를 이룩한 푸젠(福建-복건)성 밀수꾼들을 통해 포르투갈이 국왕 마누엘 1세(1495~1521년)의 문장을 그린 청화백자를 특별히 주문해 사갔다. 16세기 후반 들어 포르투갈이 비공식적이지만 구매통로를 확보하면서 청화백자를 비롯한 중국 도자기가 유럽에 더 널리 알려지게 되었다.

　그 이전에는 중국 도자기가 이슬람 상인들의 손을 거쳐 유럽에 유입되었으나 그 수량이 워낙 미미하여 일반인들은 구경조차 하지 못했었다. 이슬람 대상(caravan)들이 중국에서 사서 낙타 등에 싣고 중동으로 가져간 도자기들을 베네치아 상인들이 그곳에 가서 사가지고 갔다. 그들이 높은 이윤을 붙여 유럽 전역에 팔았으나 수량이 워낙 적어 희소가치가 아주 높았다.

　포르투갈의 뒤를 이어 네덜란드가 17세기 중국시장을 개척하면서 유럽의 왕족과 귀족 사이에 중국도자기 수집열풍이 더욱 뜨겁게 달아올랐다. 볼커(T. Volker)의 저서 '도자기와 네덜란드 동인도회사'에 따르면 그 회사는 1602~1682년에 걸쳐 중국-일본 도자기 3,000만

마르코 폴로의 대상(隊商)여행. 몽골제국 시절에 낙타를 이끌고 동-서양을 오가던 대상무역을 묘사한 그림.

~3,500만점을 수입했다.

 네덜란드 말고도 1766~1786년 유럽이 수입한 중국 도자기 물량은 영국 3,000만점, 프랑스 1,200만점, 포르투갈 1,000만점, 스웨덴 2,000만점 등이었다. 17~18세기 유럽 동인도회사들은 중국에서 도자기 이외에도 차, 비단, 칠기를, 동남아시아에서는 다양한 종류의 향신료를 수입했다.

 그처럼 중국 도자기가 대량으로 수입되면서 유럽의 왕족과 귀족 사이에 일어났던 수집 열풍이 갈수록 뜨거워졌다. 많은 궁궐과 성들이 '중국방'(China Room)이라는 진열공간을 따로 마련하고 소장품을 자랑했다. 프랑스 국왕 루이 15세는 청화백자를 전시하기 위해 1670~1672년 바로크 양식으로 도자기 전시관을 세웠다. 네덜란드가 만든 청화타일로 내외 벽면을 장식해서 지었던 그 건축물은 안타깝게도 1687년 파괴되었다.

신분과시의 상징 중국방

17세기 들어 유럽에서는 국왕과 영주들이 앞 다투어 왕궁과 성에 중국 도자기와 가구로 장식한 중국방(China Room)을 차리고 권력과 금력을 과시했다. 중국풍은 마치 사회적 신분의 상징마냥 보이기도 했지만 시대사조에서도 앞서가는 선각자처럼 여겨지던 시절이었다.

사진은 독일 베를린 교외의 샤를로텐부르크 궁전 중국방. 프러시아 국왕 프리드리히 1세가 아내 조피 샤를로테를 위해 1713년 완공한 여름별장. 진열대를 금채로 장식한 중국방에는 갖가지 기형과 문양의 청화백자들이 진열되어 있는데 간간이 백자인물상이 보인다. 그것들은 중국 덕화요(德化窯)에서 만든 관음상인데 유럽인들이 마리아상인 줄 알고 많이 수입했었다.

청화백자 유럽에 알린 포르투갈 상선 습격사건

 동방항로를 가장 먼저 개척한 선발주자 포르투갈과 한 세기 늦게 동방무역에 진출한 후발주자 네덜란드는 세계 곳곳에서 만나기만 하면 무력충돌을 벌였다. 그 전쟁은 남중국해, 동남아시아, 인도 아대륙은 물론이고 아프리카, 아메리카까지 확산되었다. 그것은 식민지 쟁탈전이자 세계시장 장악을 노린 각축전이었다.

 종교개혁 이후 스페인이 신교도, 유대인, 무슬림에 대한 대대적인 종교탄압에 나서 재산을 몰수하고 처형하거나 해외로 추방했다. 스페인 지배를 받던 네덜란드가 종교탄압에 반발해 독립을 선언했다. 신교도가 많았던 네덜란드는 종교의 자유를 보장하는 한편 종교난민에게 문호를 개방했다.

 스페인을 비롯한 유럽 각지에서 추방된 많은 유대인들과 신교도들이 피난처를 찾아 네덜란드로 이주하면서 두 나라 사이에 전쟁이 일어났다. 1568~1648년에 걸쳐 지구적으로 전개된 그 전쟁을 '네덜란드 독립전쟁' 또는 한 세기 가까이 벌어진 장기전이라 '80년전쟁'이라고도 부른다. 스페인의 입장에서는 반란이니 '네덜란드 반란'이라고 일컫는다.

 포르투갈과 스페인은 이베리아 반도에 위치한 같은 가톨릭 국가인데다 그 즈음 스페인 국왕이 포르투갈의 왕위를 승계한 상황이라 두 나라는 특수한 관계에 있었다. 다시 말해 당시 네덜란드와 전쟁상태에 있던 스페인이 포르투갈과 왕관연합(Crown Union)을 맺음으로써 네덜란드는 포르투갈과도 적대관계가 형성되었다.

 그에 따라 두 나라의 선박들은 해상에서 만나기만 하면 서로 죽이고 화물을 뺐었다. 그 이전에 두 나라의 관계를 파탄으로 몰고 간 사건이 잇달아 일어났었다. 그 대표적 사건 중의 하나가 1602년 발생했다. 네덜란드 해운회사 선박들이 말라카 해협에서 포르투갈 상선을 습격하여 화물을 약탈한 사건이다. 그 때 네덜란드는 동방무역에 막 진출한 상태였다.

 그 네덜란드 해운회사가 포르투갈의 피랍선박과 함께 강탈한 화물을 암스테르담으로 가져가 매각했는데 중국 청화백자는 그리 많지 않았다. 바로 그 해 네덜란드는 해외시장에서 과당경쟁을 벌이며 난립해 있던 30개 해운회사들을 통합해 연합동인도회사라는 단일회사를 출범시켰다.

 그 통합회사 소속 선박 3척이 1603년 2월 25일 새벽 싱가포르 동해안에 정박해 있던 포르투갈 상선 산타 카타리나(Santa Catarina)를 급습해서 나포했다. 그 상선은 1,500t급의 카락 선이었으며 일본에서 화물을 싣고 마카오에 들려 중국물자를 가득 선적한 다음에 말라카 해협을 거쳐 인도 고아로 항해하려던 참이었다.

 그 선박에서 중국 청화백자가 수천점이나 쏟아져 나왔다. 그 이외에도 생사 1,200 짐

네덜란드 동인도회사 소속 선박 3척이 1603년 2월 말라카 해협에 매복하고 있다가 포르투갈 무역선 산타 카타리나를 나포했다. 그 배에서 청화백자 수천점이 쏟아져 나오자 흥분한 유럽 귀족사회가 중국도자기 수집열풍에 휩싸였다. 또 항해의 자유를 보장해야 한다는 공해론이 제기되는 계기가 되었다.
목판화. 1604년 작. 작가미상.

짝, 수백 온스의 사향이 실려 있었다. 네덜란드 동인도회사가 약탈품을 미델버그와 암스테르담으로 가져가 경매에 붙였는데 유럽의 귀족사회에서 폭발적 관심과 인기를 모았다.

청화백자는 동경의 나라 중국에서 왔다는 신비감이 겹쳐 크리스털보다 훨씬 비싼 값에 팔리는 대성황을 이뤘다. 영국 국왕 제임스 1세와 프랑스 국왕 앙리 4세도 대리인을 보내 참여할 정도로 그 경매는 유럽사회를 흥분시켰다. 예기치 않았던 횡재를 챙긴 네덜란드 동인도회사는 자본금을 50%나 증액했다.

중국 청화백자가 유럽에서 그처럼 대량으로 유통되기는 그 습격사건이 처음이었다. 그 사건으로 말미암아 네덜란드와 포르투갈의 관계가 극도로 악화되었다. 또한 그 사건이 계기가 되어 포르투갈이 한 세기 동안 향유하던 중국 청화백자와 동아시아 향신료의 독점시대에도 격랑이 일기 시작했다.

포르투갈의 카락(Carrack)선에 실려 온 중국 청화백자는 그 선형의 이름을 따서 유럽에서는 크라크 자기(Kraak porcelain)라는 이름이 붙었었다. 그 사건 이후 유럽에는 왕가, 귀족, 거상들이 앞 다퉈 왕궁이나 저택에 청화백자를 진열하는 중국방(China Room)을 차려 신분과 재력을 과시하는 유행이 더욱 뜨겁게 불기 시작했다.

네덜란드 동인도회사가 1602, 1603년 포르투갈 상선을 나포했을 때는 네덜란드가 막 동방무역에 진출했던 무렵이었다. 네덜란드는 남중국해에 겨우 진출한 상태라 밀무역 거래처를 확보하지 못해 청화백자를 비롯한 중국물자를 사기 힘들었다. 그 즈음 네덜란드는 동남아시아의 향신료나 겨우 구입하던 실정이었다.

그것이 네덜란드 동인도회사로 하여금 포르투갈 상선을 습격한 빌미가 되었다고 볼 수도 있다. 포르투갈도 밀무역에 의존해 중국물자를 구매하기는 마찬가지였지만 오랜 세월 거래관계를 가진 단골업자를 확보하고 있었다. 그 즈음 중국은 명대 만력제의 재위기간으로 임진왜란이 끝난 지 4~5년 밖에 지나지 않아 재정악화가 심각한 상황이었다.

그 탓에 비공식적이지만 중국의 수출문호가 크게 열려있었다. 그럼에도 명나라가 공식적으로는 조공국이 아닌 국가와는 교역을 거절하는 바람에 네덜란드가 중국물자를 구매하기 어려웠다. 그 두 사건을 계기로 네덜란드 동인도회사는 청화백자를 최대의 수익상품으로 보고 경영전략의 초점을 중국교역 극대화에 맞추었다.

두 나라의 시장쟁탈전은 향신료 제도에서 동아시아로도 번져 중국에서는 마카오를 둘러싸고 무력충돌이 더욱 격화되었다. 일본에서 두 나라가 교역독점권을 놓고 암투를 벌이다 종국에는 네덜란드가 이겼다. 포르투갈이 일본의 국가이념과 맞지 않는 가톨릭을 포교한다는 이유로 추방되는 바람에 네덜란드가 일본의 대외교역을 독점하게 되었던 것이다.

17세기 후반 들어 프랑스 국왕 루이 14세가 네덜란드 동인도회사의 성공에 고취되어 아예 '중국회사'를 만들고 중국 광저우에 가서 직접 청화백자를 사들였다. 프랑스가 중국시장에 훨씬 먼저 진출했던 네덜란드를 제치고 1728년 영국에 이어 두 번째로 중국대륙에 상륙하여 광저우에 무역거점을 확보했다.

파도 위에 만개하는 릴리. 국왕 루이 13세가 추기경 리슐리외와 손을 잡고 부르봉 왕조의 전성기를 열었다. 그 프랑스 왕조를 대양으로 나가는 선박에 비유한 판화. 1630~1640년 제작. 작가미상.

일본-페르시아 도자 중국제로 속여 판 네덜란드

 1603년 네덜란드 동인도회사가 대망의 꿈을 안고 남중국해에 진출했지만 막상 청화백자를 살 수 없었다. 그 즈음 명나라가 수출용 도자기를 대량으로 생산하고 있었지만 네덜란드는 조공국이 아니라는 이유로 시장접근조차 허용되지 않았다. 거기에다 명조말기의 정정불안마저 겹친 바람에 해금령이 내려져 뱃길이 끊겨있었다.

 명나라는 그 이전부터 북노남왜(北虜南倭)에 시달리고 있었다. 글자 그대로 북방은 이른바 오랑캐인 유목민족의 침탈이 기승을 부리고 남방은 왜구의 발호가 극성을 떨던 상황이었다. 거기에다 명-청 교체기가 맞물리면서 전란마저 겹쳐 중국은 그야말로 난리통이었다. 사회적-경제적 혼란이 날로 고조되는 가운데 도자산업은 마비상태에 빠져있었다.

 한편 유럽에서는 청화백자 수요가 빠른 증가세를 보이고 있었지만 중국에서 물량공급이 거의 중단상태에 빠져 값이 가파른 상승세를 타고 있었다. 중국의 물량공급이 막힌 상황에서 유럽의 청화백자 수요를 충족할 방도가 없자 네덜란드가 새로운 공급처를 찾아 나섰다. 네덜란드가 베트남과 일본으로 달려갔던 것이다.

 하지만 두 나라는 기술수준이 중국에 비해 워낙 뒤져 만족할 품질을 만들지 못했다.

페르시아 청화백자사자문반(青畫白磁獅子紋盤) 15세기 후반 제작. 이 쟁반은 작품성이 뛰어나고 중국 청화백자와 아주 흡사하지만 자기가 아닌 도기다. 페르시아 문화에서 사자는 권력과 왕위를, 사자 위의 연꽃은 태양을 상징한다. 미국 휴스턴미술박물관의 호세인 아프샤르 소장품.

중국도자기에 익숙해진 유럽 소비자의 안목과 취향을 맞추기에는 품질이 조악했던 것이다. 뿐만 아니라 물량도 충분히 공급하지 못했다. 그러자 네덜란드 동인도회사가 페르시아 남부지역의 도자기 가마로 눈을 돌렸다.

 거기서 만든 중국 청화백자 모조품이 네덜란드 상인의 손을 거쳐 유럽시장에 침투하기 시작했다. 네덜란드 동인도회사는 그 페르시아 도자기를 유럽에서 중국 청화백자라고 속여서 팔았던 것이다. 많은 유럽인들이 생전에 중국 청화백자를 구경조차 해본 적이 없으니 소비자들이 속기 십상이었다.

 그 사기행각에 대해 페르시아의 이스파한에 주재하던 베네치아 대사관이 개탄했다고 전해진다. 크리스천이 무슬림 제품을 사다가 크리스천에게 속여 판다며 걱정을 토로했다고 한다. 네덜란드는 또 1652~1682년 페르시아에서 만든 중국 청화백자 모조품을 대량으로 사서 일본으로도 가져갔다.

 대부분의 물량은 조공무역이 단절되어 중국 도자기를 구입할 길이 막힌 일본의 내수시장을 겨냥한 것이었다. 일본에서도 페르시아에서 만든 가짜를 진짜로 팔았다는 소리다. 그것은 일본이 임진왜란 때 납치해간 조선도공의 손을 빌려 1616년 백자를 개발했지만 그 때까지 양산체제를 갖추지 못했고 품질도 크게 향상되지 않았다는 뜻이다.

 페르시아 제품의 일부는 일본에서 중국 청화백자 모조품을 만들기 위한 견본용으로도 쓰였다. 그것은 그 때 페르시아의 도자기술이 상당히 높은 수준이었다는 사실을 말한다. 따지면 청화백자의 원류가 서아시아였다는 점에서 그 때 페르시아 도자기의 품질이 일본이나 베트남보다 월등히 우수했던 것 같다.

일본 청화백자화초문관(靑畫白磁花草紋罐). 아리타(有田) 자기. 17세기말.

 그 즈음 네덜란드는 타이완에 구축했던 무역기지를 잔명세력한테 뺏기고 쫓겨난 처지였다. 또 청조가 천계령을 내려 선박의 입출항을 봉쇄한 바람에 네덜란드는 중국해안에 얼씬도 하지 못하던 시절이었다. 결국 네덜란드는 일본의 조선인 가마에 가짜 중국 청화백자를 주문하는 모험을 감행했다.

 일종의 실험주문을 거친 네덜란드는 1659년, 1662년 두 차례에 걸쳐 일본에 유럽 수출용 도자기를 대량으로 주문했다. 1659년 조선인의 아리타 가마에 주문한 1차 물량이

6만5,000점이었다. 품질은 만족할 만한 수준이 아니었고 파손율도 높았지만 네덜란드로서는 불가피한 차선의 선택이었다.

네덜란드는 이어서 1662년 또 일본에 방대한 물량의 유럽 수출용 청화백자를 주문했다. 그 즈음 페르시아는 저온에 굽는 도기를 생산하고 있었지만 일본은 고도에 굽는 자기를 생산하고 있었다. 거기에다 네덜란드가 중국도공들을 데려다 중국의 선진기술을 보탬으로써 기술격차가 벌어지고 있었던 상황이었다. 또 일본은 채색자기 제작도 성공하여 상품선택의 폭이 더욱 커졌다.

모조품, 모방품, 복제품은 구분하는 기준이 애매할 뿐만 아니라 그것을 판별하기도 어렵다. 상업적 이득을 노려 모조품을 만들고 그것을 속여서 팔았다면 그것은 가짜라고 보아야 한다. 중국 청화백자는 돈이 되니까 중국에서도 가짜 관요자기들이 무수하게 만들어졌으며, 또 유통되어 왔다.

그 가짜들이 오늘날까지 진짜로 둔갑하여 골동품이란 가면을 쓰고 고가에 거래되고 있다. 또 오늘날 만든 가짜 관요자기와 옛날에 만든 가짜 관요자기가 섞여있어 수집가의 눈을 속인다. 그것은 지난 수백년간 중국 청화백자를 갖기를 갈망하는 중국인은 물론이고 세계인의 소유욕과 수집욕을 노리는 사기다.

그처럼 중국에서 해금령이 내려져 청화백자 공급이 막히자 유럽시장을 겨냥해 해외에서도 가짜가 양산되었던 것이다. 페르시아, 베트남, 일본에서 만든 중국 청화백자 모방품은 거의 다 중국제품을 열심히 베끼는 데만 충실하여 독창성을 찾아보기 어려웠다.

그러나 일본은 점차 중국색채에서 벗어나 특유의 독특한 일본색채를 나타내면서 일본도자로서 고유의 영역을 굳혀 나갔다. 한편 네덜란드의 델프트웨어와 터키의 이즈니크 도자기는 처음부터 다른 나라의 도자기와는 다른 나름대로의 특색을 지녀 고유의 영역을 꾸준히 지켰다.

청조가 타이완을 정복하고 1683년 징더전이 생산을 재개함에 따라 해마다 4만~12만점의 중국도자기가 유럽으로 수출되었다. 그에 따라 페르시아의 도자기 가마들이 중국 도자기에 밀려 도태의 길을 걸었다. 그럼에도 페르시아로서는 대처할 방도가 없었다. 네덜란드가 해상운송과 유럽판매를 전담하고 있었던 까닭이었다.

중국 도자기의 공급이 원활해지자 초과수요를 보이던 유럽시장이 공급초과로 돌아서기 시작했다. 중국 도자기가 저가공세를 펴는 가운데 일본이 이마리 도자기와 네덜란드의 델프트웨어까지 가세하는 바람에 페르시아 도자기는 유럽시장에서 입지가 점점 좁아졌던 것이다.

결국 페르시아의 청화도기는 유럽시장에 퇴출되고 말았다. 그러나 페르시아의 고품질 연질백자는 18세기 중반까지 중국백자로 행세하며 유럽시장에서 강세를 누렸다.

청화백자 쟁반으로 천장 장식한 포르투갈 궁전

 이베리아 반도를 관통하는 타구스 강은 포르투갈 리스본 항을 거쳐 대서양으로 빠져나간다. 그 강어귀의 높다란 언덕 위에 우뚝 선 산토스 궁전(Santos Palace)이 저 멀리서 펼쳐지는 리스본 항의 전경을 내려다보고 있다. 그곳에는 유럽의 여느 궁전과는 다른 모습의 중국 청화백자 소장품을 자랑하는 중국방이 있다.
 그 궁전의 중국방은 16~17세기 명나라에서 만든 크고 작은 청화백자 쟁반들이 천장을 뒤덮고 있다. 대반(큰 쟁반) 263개와 접시 96개의 가장사리를 쇠갈고리로 걸어서 피라미드형으로 천장에 고정시켰다. 원형쟁반 사이사이의 빈틈은 금붙이로 장식했다.
 그 중국방은 문이 열리는 순간에 머리 위에서 보석청과 황금빛이 찬란하게 빛나는 거대한 보석금고에 들어선 느낌이다. 그 옛날 유럽에서는 백자를 흰 금이라고 일컬을 만큼 값이 금값 못지않게 비쌌으니 쟁반들 사이사이를 금붙이로 장식했을 듯싶다. 그 궁전의 소장품은 다른 수장가의 소장품과는 사뭇 상이한 특색을 지니고 있다.
 도자기 수장가들은 일반적으로 시대를 구분하지 않고 모든 기형을 수집대상으로 삼는다. 그와 달리 산토스 궁정의 소장품은 모두 원형의 청화백자이고 제작연간도 명조 중후반기로 거의 비슷하다. 다만 쟁반의 크기와 문양만 다를 뿐이다. 가장 오래된 소장품은 그 나이가 포르투갈 국왕 미누엘 1세(1495~1521년)의 시대로 거슬러 올라간다. 500년이 넘었다는 소리다.
 미누엘 1세는 동방항로를 개척하기 위해 바스쿠 다 가마의 원정대를 파견한 군주였다. 그는 이어서 중국항로도 열어 포르투갈이 유럽에서 가장 먼저 중국해안에 진출했다. 그는 유럽왕가들에게 그 왕가의 문장으로 장식한 청화백자를 선사했다. 청화백자도 신기한데 문장까지 그려져 있으니 유럽왕가들이 그야말로 환호했다. 그가 유럽왕가에 청화백자 수집열풍을 지핀 셈이다.
 그는 명나라 정덕제와 동시대인이었는데 두 사람은 같은 해에 운명했다. 정덕제(正德帝)는 개항을 요구하며 무력도발을 감행한 포르투갈의 원정대를 격퇴시킨 인물이다. 산토스 궁전의 소장품은 홍치제(1488~1505년), 정덕제(1506~1522년), 융경제(1522~1566년), 가정제(1567~1572년), 만력제(1572~1620년) 재위기간에 제작된 기물이다.
 포르투갈이 1513년 남중국해안에 첫 닻을 내렸는데 그 때부터 그 소장품을 수집하기 시작하여 1613년을 마지막으로 끝났다. 꼭 100년간 모은 셈이다. 그런데 나중에 청나라 초기 작품 10여점이 추가되었다. 청화백자를 잘 아는 이라면 첫눈에 그 소장품이 걸작이라는 사실을 알 만큼 작품성이 뛰어나다.

명대 중반의 청화백자 대반 359개로 천장 장식한 포르투갈의 산토스궁전

포르투갈 리스본을 끼고 흐르는 강어귀의 높다란 언덕 위에는 산토스 궁전이 우뚝 서 있다. 그 궁전의 중국방은 천장이 보석청과 황금빛으로 찬란하게 빛나는 거대한 보석금고에 들어선 느낌을 준다. 350개가 넘는 명나라 청화백자 쟁반-접시들이 천장을 뒤덮고 그 사이사이의 빈틈은 금붙이로 장식했다.

1513년 남중국해에 첫 닻을 내린 포르투갈은 그 때부터 그 소장품을 수집하기 시작하여 1613년을 마지막으로 마쳤다. 꼭 100년간 모았으니 그 쟁반들의 나이가 500년이 넘는다. 이제는 궁궐의 주인이 바뀌어 프랑스가 대사관과 문화원으로 쓴다. 그 소장품은 사료적 가치가 풍부하나 유럽과 중국의 도자교역사의 첫 장을 쓴 포르투갈이 그 산 증거를 지키지 못해 프랑스에게 넘어갔다.

그 궁전은 1497년부터 왕족의 저택으로 쓰이다 한 때는 폐가처럼 방치되었었는데 1629년 란카스터 가문이 사들였다. 그 소장품을 천장에 매달아 장식하는 작업은 1664~1687년 이뤄졌디. 그 천장의 장식양식은 모스크 돔의 내외벽면을 청화타일로 치장하는 이슬람 양식에서 영감을 얻은 듯하다.

명나라 만력연간의 수출용 크라크 자기. 청화백자반. 직경 31cm, 31.5cm.

이베리아 반도는 800년 가까이 이슬람 세력의 지배를 받았던 연유로 그 문화적 영향이 생활 속 깊숙이 배어들어 있다. 그 궁전 부근에는 란카스터 가문이 운영하던 도자기 가마가 있었는데 그곳에서 만든 아줄레주 타일로 산토스 궁전의 외벽과 정원을 치장했다. 그 까닭에 산토스 궁전은 이슬람 궁전의 정취가 물씬 풍긴다.

그 가마는 또 아줄레주 제작방식으로 중국 청화백자를 모방하여 도자기를 만들고 있었는데 산토스 궁전의 소장품으로부터 많은 영감을 얻었다. 산토스 궁전이야 말로 중국과 이슬람의 문화적 교류가 직접 이뤄졌던 보기 드문 현장이었다. 그 소장품은 또 포르투갈과 중국의 도자기 교역의 역사를 보여주는 한 단면이기도 하다.

란카스카 가문이 그 궁전을 3세기 가까이 소유했었는데 주인이 또 바뀌었다. 리스본에 거주하던 프랑스의 한 백작이 1870년 임차해서 살았는데 프랑스 정부가 1909년 매입했다. 오늘날에는 프랑스 정부가 대사관과 문화원으로 사용하고 있다. 프랑스 대사관은 산토스 궁전을 종종 일반에 공개하기도 하고 더러 그곳에서 문화행사를 열기도 한다.

1981년 프랑스 파리의 기메 박물관이 용역을 맡아 천장에 매달린 소장품을 모두 떼어내어 소제하고 목록을 작성한 다음에 다시 설치했다. 문화재를 값으로 따진다면 천박한 느낌을 주겠지만 소장품 하나, 하나가 명대 청화백자로서 명품의 가치를 지녔으니 그 소장품이 그 궁전보다 가치가 훨씬 더 나갈지도 모를 일이다.

또 그 청화백자 쟁반들은 중국도자발달사에서 어떤 역사적 문서보다도 사료적 가치가 풍부하다. 역사의 아이러니라고나 할까 유럽과 중국의 도자교역사의 첫 장을 쓴 포르투갈이 그 산 증거를 지키지 못해 프랑스에게 넘어갔다.

미국 백악관 벽난로 장식했다 사라진 명대자기

17세기 들어 유럽은 중국이 모든 분야에서 앞서 있다고 생각했다. 국왕과 영주들이 앞다투어 왕궁과 성에 중국방을 차리고 중국 청화백자와 중국 가구로 장식하여 권력과 금력을 과시했다. 중국풍은 마치 사회적 신분의 상징마냥 보이기도 했지만 시대사조에서도 앞서가는 선각자처럼 여겨지던 시절이었다.

그 즈음 유럽 귀족사회에서는 벽면을 중국 벽지로 도배하거나 중국 칠기를 모방해서 까맣게 칠하고 그 위에 금채로 그림을 그리는 실내장식이 유행했다. 귀족들 사이에는 실내장식뿐만 아니라 중국의상을 차려입고 뽐내는 유행도 번졌다. 상류층은 너나없이 **중국 따라 하기에 바쁘던 모습이었다.**

독일 베를린 교외에 있는 샤를로텐부르크 궁전에는 이름난 중국방이 있어 관광객들의 발길이 넘쳐난다. 그곳은 프러시아 국왕 프리드리히 1세(Friedrich I)가 아내 조피 샤를로테(Sophie Charlotte)를 위해 여름별장으로 지어준 궁전이다. 그녀의 이름을 따서 샤를로텐부르크 성(Schloss Charlottenburg)라고 부른다.

그 궁전은 1695년 착공되어 1713년 준공되었는데 그 후 신관이 증축되었다. 그런데 2차 세계대전 막바지인 1945년 연합군의 포화로 많이 파손되었으나 복원되어 오늘날의 모습을 갖추고 있다. 그 궁전의 중국방은 청화백자를 비롯한 중국 도자기 2,700점을 소장하고 있다.

모든 실내공간을 금채로 장식한 중국방에는 갖가지 기형과 문양의 중국-일본 도자기들이 모든 벽면을 천장까지 꽉 채워 진열되어 있다. 금채로 채색한 황금빛 벽면장식이 거울에 반사되어 청화백자의 보석청이 더욱 찬란하게 빛난다. 많은 도자기를 진열했지만 전문적 안목이 부족한 탓인지 잡다하고 산만하다는 느낌을 준다.

프랑스 국왕 루이 15세의 후궁인 후작부인 퐁파두르(Marquise de Pompadour)의 중국방도 유명하다. 다양한 예술적 취향을 가졌던 그녀는 프랑스의 문예진흥에 지대한 공헌을 세운 인물이다. 그녀는 도자기, 가구, 의상, 보석, 그림, 책 등에도 일가견을 가졌던 다양한 분야의 수집가였다. 그녀는 젊은 나이에 요절했지만 소장품이 워낙 많아 유품을 정리하는 데에만 꼬박 1년이나 걸렸다고 한다.

프랑스는 유럽에서 백자를 뒤늦게 개발한 편이다. 그런데 프랑스의 세브르는 오늘날 세계 최고급 도자기로 이름났다. 그 뒤에는 퐁파두르가 이끌어낸 왕실의 후원이 있었다. 세브르는 초기에 중국의 청화백자를 모방하다가 점차 유럽인의 취향에 맞는 독특한 제품을 개발해 냈다. 화려한 채색에다 금채를 입히고 풍속화를 그려 넣었던 것이다.

영국 국왕 조지 4세는 잉글랜드 남부의 휴양도시에 별궁을 짓고 실내를 중국풍으로 꾸몄다.

덴마크 코펜하겐의 로젠보리 궁전은 1616년 벽면을 중국 칠기처럼 흑색으로 칠하고 금채로 중국풍의 그림을 그렸다. 합스부르크의 왕궁에도 중국방이 따로 차려져 있다.

그 밖에도 유럽에는 크고 작은 중국방을 차린 왕족, 귀족의 고성들이 많다. 어떤 곳은 아예 훔쳐가지 못하도록 도자기를 벽면에 석회를 발라 붙이기도 했다. 웬만한 부자들도 응접실이나 서재는 으레 중국도자기로 장식해야 재력가로 행세하는 줄 알았었던 시절이다.

한편 20세기 진입을 전후하여 미국사회는 그야말로 황금으로 도배한 듯한 시대를 살았다. 독점적 산업자본의 노동착취가 극심해 대도시에서는 이민자와 흑인들이 극빈자로 전락했고 거리에는 걸인들이 넘쳐났다. 반면에 급속한 공업화, 도시화에 힘입어 성장한 산업자본이 독점이득을 누리면서 신흥부호들의 탄생을 알렸다.

그들이 동부에 거대한 저택을 짓고 아버지 나라의 귀족들을 흉내 내기 시작했다. 신흥부호들은 고급저택을 유럽의 그림과 골동품으로 치장하고 호화판 연회를 열며 유럽 귀족처럼 행세하느라 여념이 없었. F. 스콧 피츠제럴드의 소설 '위대한 개츠비'(The Great Gatsby)가 그 시대상을 말한다.

미국에서 석유재벌 록펠러, 철강재벌 카네기, 자동차 재벌 포드 같은 전설적 대부호들이 탄생하던 그 시절을 소설가 마크 트웨인이 '도금시대'(Gilded Age)라고 명명할 정도였으니 상류층의 호사를 짐작할만하다. 그 때 유럽을 풍미했던 중국풍, 즉 '시누아즈리'의 바람이 미국에도 불어 중국 도자기가 값비싼 장식품으로 각광을 받았다.

미국 백악관에도 중국방이 있다. 1917년 대통령 우드로 윌슨의 부인이 설계해서 백악관이 소장한 도자기를 진열하고 있다. 그런데 유럽 왕족과 귀족의 중국방과는 사뭇 다른 모습이다. 소장품 중에 중국 도자기는 거의 없고 유럽 도자기로만 꽉 채워져 있다. 중국방이란 뜻의 'China Room'이 아니라 그냥 도자기방이란 뜻의 'china room'이나 다름없다.

중국풍이 유럽 상류층의 대저택 접객실, 집무실 벽난로에도 불었다. 그 바람이 유럽을 뛰어넘어 유럽 국가들이 지배하던 이른바 신대륙에도 일어 신흥부호와 세도가들은 벽난로 선반 위에는 으레 중국도자기 한 쌍으로 장식해야 하는 줄 알았었다. 미국 백악관도 그 영향을 받아 대통령 집무실(Oval Office) 벽난로 선반을 중국 도자기 한 쌍으로 장식했었다.

그 한가운데에는 관상용 덩굴과 화분을 놓고 그 양쪽에는 명대 오채자기 한 쌍이 진열되어 있었다. 전통적으로 그 벽난로 앞에서 미국 역대 대통령들이 외국정상과 마주 앉아 회담내용을 언론에 발표한다. 그런데 조지 W. 부시 집권기에 들어 어느 날 그 중국도자기가 오랫동안 지키던 그 자리에서 슬그머니 사라졌다.

그 빈자리에는 화분 두 개를 더 놓아 화분 세 개를 나란히 놓더니 더러 네 개로 늘어나기도 한다. 21세기 들어 중국이 경제적-군사적 강대국으로 굴기하면서 미국과 중국이 세계패권을

백악관 집무실 벽난로서 사라진 명나라 오채자기

유럽 왕족과 귀족 사이에 풍미하던 중국풍이 대저택 접객실과 집무실의 벽난로에도 불었다. 그 바람이 미국에도 상륙하더니 신흥부호와 세도가들은 벽난로 선반 위에는 으레 중국 도자기 한 쌍으로 장식해야 하는 줄 알았었다. 백악관도 그 영향을 받아 대통령 집무실(Oval Office) 벽난로 선반을 중국 도지기 한 쌍으로 장식했었다.

 그런데 조지 W. 부시 행정부 들어 어느 날 그 중국도자기가 오랫동안 지키던 자리에서 슬그머니 사라졌다. 21세기 들어 중국이 G-2로 굴기하면서 미국과 중국이 세계패권을 둘러싸고 암투를 벌이는 사안이 빈발하더니 나타난 현상이다. 그 모습이 부시 이후에도 그대로 이어지고 있어 백악관의 문화적 편협성을 드러낸다.

둘러싸고 암투를 벌이는 사안이 빈발하더니 나타난 현상이다. 그 모습은 부시의 후임 버락 오바마, 도널드 트럼프, 조 바이든의 집정기에도 그대로 이어지고 있어 백악관의 문화적 편협성을 드러낸다.

미국 백악관 대통령 집무실(Oval Office)의 달라진 벽난로 선반의 장식.
위는 조지 W. 부시 이전의 모습, 아래는 이후의 모습.

중국 배우고 따르자는 사조

유럽귀족들이 열광했던 중국풍의 문화적 현상

17세기 들어 네덜란드가 포르투갈의 뒤를 이어 동방무역에 진출하면서 유럽에 청화백자, 비단, 칠기, 벽지 등 중국물자가 본격적으로 수입되기 시작했다. 유럽이 중국 특산물을 보는 순간에 경탄을 쏟아냈지만 값이 워낙 비싼 탓에 웬만한 부자는 엄두조차 낼 수 없었다.

하지만 왕족과 귀족 사이에는 중국의 청화백자, 칠기를 사서 모으는 수집경쟁이 붙어 저택을 중국풍으로 장식하는 취향이 유행병처럼 번졌다. 유럽 상류층에 불었던 그 같은 중국풍의 문화적-예술적 현상을 '시누아즈리'(Chinoiserie)라고 말한다. 그 단어의 어원은 영어로 중국을 뜻하는 China의 형용사 Chinese에 해당하는 불어의 Chinois다. '시누아즈리'는 실내장식, 정원, 건축, 문학, 연극 등 중국의 전통적 예술과 문화를 모방하고 이해한다는 점에서 한국어로는 중국풍이라고 표현하면 그 의미에 가까울 것 같다. 넓게는 일본을 포함한 동아시아의 전통적 문화를 모방한다는 뜻을 내포하기도 한다.

16세기부터 지구의 반대편 중국에서 서서히 불어온 바람을 타고 유럽이 중국문물에 몰입하더니 18세기에는 중국풍이 유럽 전역으로 퍼져나갔다. 처음에는 이국적 취향에 관심을 갖고 도자기, 칠기, 벽지 등 중국 공예품을 그대로 모방했지만 점차 바로크와 로코코 양식이 가미되면서 '시누아즈리'라는 새로운 미술양식이 탄생했다.

중국 청화백자를 본떠서 만든 네덜란드의 청화도기인 델프트웨어도 따지면 여기에 해당한다. 19세기 들어서는 '시누아즈리'가 유럽을 넘어서 유럽인이 대거 이주했던 미국, 호주로도 퍼졌다. '시누아즈리'는 여성적 성격이 짙다. 응접실, 서재 이외에도 침실, 의상실과 같은 사적공간을 장식하다보니 여성적 취향이 많이 스며들었다.

'시누아즈리'가 상류층 중심으로 유행하다보니 대중적 인기와는 거리가 멀었다. 왕족이나 귀족들이 경쟁적으로 왕궁이나 성에 중국 도자기로 장식한 중국방(China Room)를 따로 꾸미기도 했다. 유럽이 중국의 이국적 정서에 매료되었지만 중국문물이 상류층 중심으로 도입되다보니 대중에게는 접근이 제한적이어서 더욱 신비감을 자아낸 측면이 있었다.

'시누아즈리'가 유행한 배경에는 18세기 들어 빠르게 퍼져나간 중국차를 마시는 끽다(喫茶)풍속도 자리 잡고 있다. 유럽 사람들이 중국차를 즐겨 마시기 시작하면서 중국다기를 많이 수입했다. 하지만 18세기 들어서는 유럽이 도자기를 생산하면서 유럽 고유의 취향을 살린 찻잔이 많이 생산되었다.

남자들보다 여자들이 차 마시는 사교 모임을 많이 갖다보니 '시누아즈리'에 여성적 취향이 더욱 가미되었다. 영국은 1750년 이후 매년 500만 t 이상의 중국차를 수입했었다. '시누아즈리'가 여성귀족 중심으로 유행하다보니 중국 도자기 수집열기도 그들 사이에 뜨겁게 달아올랐다. 영국의 여왕 메리, 여왕 앤도 중국도자기 수집가로 유명했었다.

영국의 유명한 고전건축가였던 윌리엄 챔버스(William Chambers-1723~1796년)가 젊은 시절에 중국 광둥성 광저우를 다녀가서 1757년 '중국 건축물 설계'라는 책을 펴냈다. 그는 이어 런던 교외에 있는 정원에 중국식 건축물을 여러 채 지어 이국적 환상을 불러일으키는데 한 몫을 했다.

그의 건축물은 실제 중국 건축물에 근거하기 보다는 동시대의 환상적인 창조물과 조화를 이루도록 노력했다. 그가 그곳에 지은 탑은 영국에서 가장 유명한 중국풍 건축물로 남아 있어 그 옛날 유럽대륙을 풍미했던 중국풍의 한 단면을 말하고 있다.

그러나 19세기 중반 들어 '시누아즈리'가 시들해지기 시작했다. 영국에서는 열렬한 중국예술품 애호가였던 국왕 조지 4세가 1830년 죽고

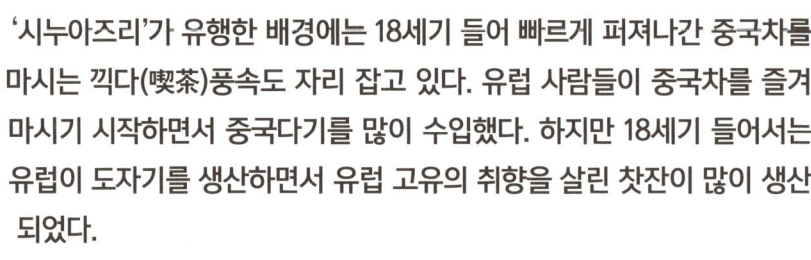

영국 런던 남서부의 큐 정원에 있는 대탑(Great Pagoda). 유럽에서 대표적인 중국풍의 건축물로서 유명하다. 중국을 두 차례 방문했던 윌리엄 체임버스가 설계해 1761년 완공. 높이 10층, 49.4m, 253 계단.

영국이 중국과의 아편전쟁에서 이기자 중국에 대한 신비감이 깨지면서부터였다. 한 세기 가까이 '시누아즈리'가 퇴조하더니 20세기 들어서는 아예 그 모습이 사그라졌다. 거기에는 세계가 동서진영으로 나눠져 대결하던 냉전체제도 큰 몫을 했다.

공산주의 체제를 도입한 중국이 죽의 장막을 치고 서방세계와 문화적 교류를 차단했던 까닭이다. 그런데 21세기 들어 중국이 붉은 구각을 벗고 급속한 경제성장의 가도를 달리면서 G-2로 굴기(崛起)하자 중국 문화재와 미술품에 대한 세계적 관심이 다시 고조되고 있다.

그에 따라 송대, 원대, 명대, 청대의 중국 미술품에 대한 재평가가 이뤄지면서 엄청난 고가에 거래되고 있다. 잊어버렸던 '시누아즈리'의 재발견이다.

유럽대륙 휩쓴 중국문물 배우자는 계몽주의

계몽주의는 17~18세기에 걸쳐 유럽과 서유럽 국가의 식민지 아메리카 대륙에서 정치, 경제, 사회, 철학, 과학 등 광범한 분야에 걸쳐 일어났던 진보적 사상운동을 말한다. 계몽사상을 영어로는 enlightenment, 독어로는 Aufklärung, 불어로는 lumières라고 표현한다.

영어도 불어도 빛을 뜻하며 독어는 깨끗하게 하다 또는 밝게 하다는 의미니 빛과 상통한다. 한자로는 계몽(啓蒙)으로 표현하니 몽매함을 깨우친다는 의미다. 계몽주의는 문자 그대로 어둠에 갇힌 인간을 빛으로 깨어나게 하거나 눈을 뜨게 한다는 뜻이다.

중세 이래로 유럽은 미신적-종교적 광신, 무지몽매한 인습, 불합리한 관습-전통에 얽매여 살았다. 그 당시의 시대상은 그야말로 종교재판, 종교탄압, 마녀사냥이 인간의 이성을 마비시키던 광신적 사회였다. 그 같은 사회에서 합리와 이성의 빛이 인간을 깨우치게 할 수 있다고 믿었기에 계몽주의가 유럽과 아메리카를 풍미했다.

계몽주의 사상의 특징은 세속성과 합리성에 있다. 기독교적인 관점에서 벗어나 세속적인 눈으로 사물을 바라보기 때문에 합리성이 중요한 판단기준이 되었다. 그 까닭에 계몽주의 사상은 어떤 철학보다 훨씬 폭 넓은 대중적 사상체계라고 할 수 있다.

계몽주의 사상이 교양 있는 문필가, 언론인, 교수, 교사, 예술가들을 중심으로 발전한 것도 그 때문이었다. 계몽주의는 형이상학보다는 실제적 도덕을 지향하기 때문에 상식, 경험, 과학에 근거한다. 또 권위주의보다는 개인의 자유를, 그리고 특권보다는 평등권을 존중한다.

또한 인간은 이성으로 적정성을 판단할 수 있는 까닭에 이성이야말로 권위의 요소이자 권위를 판단하는 기준이라고 여긴다. 그 연유로 계몽주의 사상은 합리적인 근대문명을 발전시키고 나아가서 미국 독립과 프랑스 혁명에 결정적 영향을 미친 사상으로 평가된다.

중국 도자기가 대항해 시대 이전에도 유럽에 선을 보였지만 그 수량이 극히 미미해서 일반인들은 구경은커녕 말도 들어보지 못했다. 17세기 들어 포르투갈과 네덜란드가 무역선에 청화백자를 한꺼번에 수백, 수천 점씩 실어 나르면서 유럽은 그 천상의 신비에 탄성을 연발하기 시작했다.

청화백자가 자아내는 신비감에 매료된 유럽에게 중국은 동경의 나라로 다가갔다. 거기에 계몽주의와 맞물려 중국의 문물과 제도에 대한 유럽의 관심도 더욱 뜨거워졌다. 종교개혁 이후 유럽은 중국에 대해서는 무비판적 자세로 접근할 만큼 몰입되었었다.

반면에 유럽이 안고 있던 고질적 환부에 대해서는 매서운 질타와 함께 맹성을 촉구했다. 몽테뉴, 라이프니츠, 볼테르, 몽테스큐, 흄, 디드로 등등 사상가, 철학가가 그 대열에 있었다. 볼테르는 중국의 정치, 종교, 철학이 합리적 원칙에 근거해 존재한다며 유럽의 비합리적인 세습적 귀족제도에 대해 질타의 소리를 높였다.

 그는 기독교에 대해서도 아주 비판적이었다. 중국의 유교는 자연에 기반하여 이성적이고 조상을 존중하지만 기독교는 미신적이고 부패하다는 것이 그의 주장이었다. 그 이외의 사상가들도 기독교의 유일성에 대한 자부심을 타파하기 위해 유럽과 대비되는 중국의 제도, 사상, 문물에 대해 전폭적인 찬사를 보냈다.

 중국의 무위(無爲)개념은 프랑스에서 laissez-faire(불간섭주의)로 번역되어 시장주의에도 큰 영향을 주었다. 경제발전을 이룩하려면 자연질서의 원칙을 존중해 중국의 무위사상을 따라야 한다는 주장이었다. 계몽사상가들은 중국 관료제도의 도입을 역설하며 그 월등성과 우수성을 극찬했다.

 유럽은 국왕이 귀족의 자제를 임의로 뽑아서 측근으로 중용했다. 그와 달리 중국은 경쟁체

1755년 지오프랭 부인의 살롱에서 열린 볼테르의 비극 '중국의 고아' 낭독회. 역사적 사건을 주로 그린 프랑스 화가 아니세트 샤를 가브리엘 레모니에르(Anicet Charles Gabriel Lemonnier)의 1812년 작품. 유화. 높이 129.5cm, 너비 196 cm. 프랑스 말메송 성 소장.

제를 통한 인재등용이 제도화되었다는 점을 그들은 강조했다. 중국은 과거제도라는 엄격한 기준에 따라 인재를 발탁하는 관료제도를 운영함으로써 합리적 행정체계를 구축했다는 것이었다.

그들은 중국의 황제도 형식상으로는 전제군주이지만 규제와 세금을 줄이려고 노력하며 자연의 섭리에 따라 조화와 균형이 이뤄지도록 노력한다는 점을 역설했다. 또 항상 천리(天理)에 따라 행동하고 순응한다며 유교적 사고를 소개했다. 무엇보다도 황제도 법에 따라 행동한다고 믿었다.

그 같은 시대적 사조는 유럽에 중국의 문화와 예술에 관한 열정적 광풍을 불러 일으켰다. 대항해 시대 이후 유럽의 상류사회에 풍미하던 중국 도자기 수집열풍도 같은 맥락에서 해석할 수 있는 대목이라는 뜻이다.

'중국의 고아'는 프랑스의 철학자이자 저술가인 볼테르가 1756년 펴낸 비극이다. 고대 중국에서 황제의 아들로 입양된 한 고아가 황태자로 자라 왕관을 차지했다. 그 순간 그의 출생의 비밀이 폭로되는 바람에 배반과 암투가 난무하면서 궁중비극이 벌어진다. 중국문화에 관한 그의 해박한 지식이 대중적 인기를 끌어냈다. 그는 또한 책과 공연을 통해 그의 철학과 이념을 널리 전파했다.

09

도자기 수출해 만리장성 축성

세계의 '은'은 중국으로 갔다

09 세계의 '은'은 중국으로 갔다 | 은이 대항해 시대의 국제통화

스페인을 사상최강의 제국으로 만든 포토시 은광

 스페인이 아메리카 대륙에서 은광을 발견하지 못했다면 그곳에 거대한 제국을 건설했을지 의문이다. 아메리카에 큰 은광이 없었다면 중국과 유럽의 교역은 미미한 수준에 머물렀고, 그에 따라 서방열강이 중국을 침탈하는 사태도 일어나지 않았을지도 모를 일이다. 만리장성도 오늘날과 같은 장대한 모습을 드러내지 못했을 것 같다.

 대항해 시대의 그 엄청난 은 유통량을 미뤄보면 스페인이 아메리카 대륙에서 200년 동안 오늘날 가치로 30조달러에 해당하는 은을 채굴해냈다는 주장이 결코 과장이 아닐 듯싶다. 아메리카 대륙에서 제국의 꿈을 꾸던 스페인이 1545년 페루 안데스 산맥 고원에서 은으로 뒤덮인 산을 발견했다. 오늘날 볼리비아의 포토시(Potosi) 은광이다.

 스페인은 이듬해인 1546년 멕시코 사카테카스(Zacatecas)에서도 은광을 발견했다. 그 후 스페인은 수년간에 걸쳐 멕시코에서 채굴량은 소량이지만 금광을 비롯해 각종 금속광을 찾아냈다. 한편 동방무역에 나선 포르투갈은 그 즈음 중국시장에 접근한 데 이어 일본시장에 막 진출한 상태였다.

 포토시 은광은 2억년전 대륙판의 충돌로 인해 안데스 산맥이 융기하면서 생겼다고 한다. 그 때 마그마가 지하에 매장되었던 거대한 은광맥을 지표면으로 밀어 올려 노천광이 형성되었다는 것이다. 바로 그 포토시 은광은 노천광(露天鑛)이라 개발초기에는 채굴작업이 비교적 용이해 비용이 크게 들지 않았다.

 그 은광의 절정기인 17세기 초엽에 채굴작업에 동원된 잉카인, 아프리카인이 15만명에 달했다. 연간 220만t의 은을 생산하고 3개의 거대한 용광로에서 해마다 250만개의 은화를 제조해냈다. 그 은괴와 은화가 스페인으로 가려면 긴 여정을 거쳐야만 했다.

 먼저 노새 등에 실려 태평양 연안으로 운반되었다. 그곳에서 배로 갈아타고 태평양 해안을 따라서 멀리 파나마까지 실려 갔다. 그 때는 파나마 운하가 개통되지 않아 그곳에서 노새로 바꿔 타고 육로로 카리브 해안까지 갔다. 거기서 다시 배로 갈아타고 쿠바의 아바마 항에 당

세계최초의 국제도시 포토시

안데스 산맥 고원에는 스페인어로 풍요한 산이라는 뜻을 가진 '세로 리코'(Cerro Rico)라는 산이 있다. 그 산자락에는 그 옛날 세기적인 번영과 영광을 누렸던 포토시라는 한산한 광산촌이 자리하고 있다. 오늘날의 모습과는 달리 그 포토시가 대항해 시대에는 세계적으로 이름을 날렸던 세계 최초의 국제도시였다.

정복자 스페인이 1545년 그곳에서 은광산을 발견하는 순간 제국으로 웅비하기 시작했다. 한 때 매장량이 지구상에 가장 많았던 그 은광산이 포토시를 아메리카 대륙에서 두 번째로 큰 도시로 떠받들었다. 은광이 발휘한 금력은 마력을 지녔는지 세계 각지에서 온갖 인종과 갖가지 값비싼 특산물을 빨아들였다.

사진은 가스파르 드 미구엘 베리오 (1706~1761년)의 유화. 볼리비아 차르카스 박물관 소장.

도했다.

　아바마 항에서 더 큰 배로 바꿔 탄 은괴와 은화가 긴 항해 끝에 대서양을 건너서 스페인 땅을 밟았으니 그곳이 항구도시 세비야였다. 그 은화와 은괴 중의 일부는 동남아의 향신료, 중국의 도자기, 비단, 차를 사기 위해 다시 동방으로 가는 항해 길에 올랐다. 그 길고도 험난한 여정을 거치는 동안 해적을 만나기도 했다.

　포토시에서 채굴되어 제련된 은괴와 주조된 은화의 일부는 멕시코의 항구 도시 아카풀코로 운반되었다. 멕시코 아카풀코~필리핀 마닐라 항로가 개척됨에 따라 아카풀코가 스페인 동방무역의 전진기지 역할을 맡았던 까닭에 은괴와 은화가 그곳으로 갔던 것이다. 그 중에서 상당량은 청화백자를 비롯한 중국물자를 수입하기 위해 쓰였다.

　스페인은 다른 유럽국가처럼 아프리카 남단을 돌아서 인도양을 거쳐 중국으로 가지 않고 멕시코에서 은을 가지고 태평양을 횡단하여 필리핀 마닐라로 갔다. 그곳에서 그 은으로 중국화교들이 사오는 중국상품을 사서 멕시코로 가져간 다음에는 다시 중앙-남아메리카와 스페인으로 실어 날랐다.

　페루의 작은 잉카 마을 포토시에 광산촌이 들어섰던 때는 1546년이었다. 그 포토시가 세기를 넘기면서 아메리카 대륙의 최대도시로 성장했다. 1672년에는 인구가 20만명으로 늘어 세계에서 가장 부유한 도시의 하나로 발전했다. 크리스천 권역에서는 그 포토시가 런던, 밀라노, 세비야, 암스테르담에 비견할 만큼 화려한 도시로 변모했던 것이다. 그곳의 스페인 정복자들은 그 은으로 온갖 호사를 누렸다. 포토시는 세계적으로 유명한 사치품과 고가품의 전시장 같은 모습이었다. 심지어 조선의 인삼도 마닐라 중국상인의 손을 거쳐 그곳으로 갔다는 기록이 있다. 중국의 도자기, 비단, 칠기, 페르시아의 융단, 프랑스의 모자, 독일의 칼, 베네치아의 유리제품, 자바의 정향, 인도의 후추, 실론의 계피, 말라카의 향수 등등이 넘쳐났다.

　포토시는 없는 것이 없는 풍요의 도시요, 탐욕의 도시임을 자랑했다. 여느 광산도시와 마찬가지로 도박꾼과 창녀들이 몰려들어 향락의 도시, 타락의 도시의 면모도 과시했다. 그 포토시의 은이 스페인을 200년 동안 인류역사상 가장 부유한 제국의 하나로 떠받혔던 것이다.

동아시아 은화결제 시장경제에 참여한 유럽국가들

조공무역을 고수한 명나라는 해금령을 내려 바다로 나가는 뱃길을 통제했다. 하지만 명나라의 그 같은 정책의지와는 무관하게 16세기 중반 이후 동아시아에는 커다란 비공식 시장경제가 형성되기 시작했다. 밀무역 형태이기는 하지만 중국이 그 시장경제의 중심축을 이루고 있었다.

거기에는 중국, 일본, 그리고 포르투갈, 네덜란드, 스페인과 그 식민지인 멕시코와 필리핀 등으로 참여국가가 차츰 늘어났다. 중국이 공무역을 통제하자 밀수꾼에 의한 사무역이 번성했다. 취급품목은 도자기, 비단, 칠기 등 중국 특산물이 주류를 이뤘다. 나머지 국가의 수출품은 잡제품 수준이었고 주로 중국물자를 수입했다.

조선은 지리적으로는 그 시장과 인접해 있었지만 바깥세상이 어떻게 돌아가는지 관심조차 두지 않아 고도처럼 제외되어 있었다. 하멜 표류기나 다른 문헌을 보면 조선이 포르투갈, 네덜란드, 스페인 등 서유럽 국가들의 아시아시장 진출에 관해 거의 몰랐다. 다만 남쪽 나라 오랑캐들이 중국해안과 일본을 오가며 물건을 사고판다는 사실은 어렴풋이 아는 듯했다.

포르투갈이 16세기 초엽에 남중국해에 진출했지만 대륙에는 상륙하지 못하고 연안 일대를 배회하면서 밀무역을 통해 중국물자를 사서 유럽이나 일본으로 재수출했다. 포르투갈은 일종의 중계무역에 종사하며 대륙에 무역기지를 확보하려고 탐색하고 있었던 것이다. 중국해안에 도달한지 40년 넘게 지난 1557년에야 포르투갈이 광둥성의 묵시적 승인을 얻어 무역거점을 마련했으니 그곳이 마카오다.

중국은 일본과의 조공무역에 대해 평소 거부적이었다. 조공품으로 가져가는 물자도 중국에서는 별로 필요 없는 저급품인데다 조공에 참여하는 인원도 불필요하게 많다고 여겼기 때문이었다. 무엇보다도 일본해적의 노략질이 극성을 부려 동중국해와 남중국해 일대의 피해가 갈수록 커진 데에 큰 이유가 있었다.

그에 따라 명나라 가정제(嘉靖帝-1522~1566년)가 1551년 일본과의 조공무역을 아예 단절해 버렸다. 하지만 일본은 큰 불편을 느끼지 않았다. 일본이 중국과 일본의 밀수꾼이나 해적의 손을 거쳐 필요한 물자를 살 수 있었기 때문이었다. 거기에다 일본이 포르투갈과 교역의 문을 연 1543년 이후부터는 사정이 크게 호전되었다.

일본이 포르투갈 상인을 통해 중국물자는 물론이고 동남아 특산물, 유럽물자도 어렵지 않게 구할 수 있었던 것이다. 또 포르투갈이 일본물자의 수출도 맡았었다. 거기에다 일본이 스스로 해외시장 개척에 나섰다. 주인선을 타고 문을 닫은 중국 대신에 동남아시장에 가서 필요한 물자를 조달하기 시작했던 것이다.

스페인은 아메리카 대륙을 정벌한 다음에 포르투갈보다 훨씬 늦게 멕시코에서 태평양을 건너서 아시아에 진출했다. 스페인은 1571년 필리핀 마닐라를 점령하고 나서 중국과 직접교역을 시도했으나 실패했다. 스페인은 그 대안으로 마닐라에 거주하던 중국화교들을 통해 중국물자를 사는 간접교역의 길을 열었다.

중국화교들이 정크 선을 타고 중국에 가서 물건을 사오면 스페인은 그 물건을 사서 멕시코로 보내는 간접교역 방식에 의존했던 것이다. 여기서 멕시코는 아메리카 대륙의 허리를 차지하고 있던 스페인의 식민지 누에바 에스파냐(Nueva España-뉴 스페인)를 말한다. 그곳에서 중국 수입품이 다시 스페인이나 남아메리카로 팔려나갔다.

일본은 또 스페인의 아시아 무역기지인 필리핀 마닐라를 통해서도 필요한 물자를 조달했다. 일본 장사꾼들이 마닐라에 가서 중국물자를 사서 일본으로 돌아갔던 것이다. 당시 마닐라에는 스페인이 경계할 정도로 중국화교가 빠르게 늘어나 중국과의 교역규모가 급증했음을 짐작할 수 있다. 또 상당수의 일본인들이 그곳에 상주하고 있었다.

중국은 결제수단으로 은을 요구했다. 따라서 동아시아 시장에서는 은이 결제통화로서 통용되었다. 페루와 멕시코에서 큰 은광을 발견한 스페인은 풍부한 자금력을 바탕으로 동방교역에 나섰다. 포르투갈은 노예무역을 통해 번 돈을 가지고 동방무역에 종사했다. 포르투갈이 아프리카 서해안과 중부지역에서 사람들을 사냥해서 아메리카 대륙에 팔아서 은화를 조달했던 것이다.

일본은 16~17세기 다이묘(大名-대명)들이 군자금을 조달하기 위해 앞 다퉈서 은광개발에 나섰다. 초기에는 노천광을 채굴하거나 하천에서 사은(沙銀)을 채취하는 방식으로 은을 캤기 때문에 채은량이 만족할 만한 수준이 아니었다. 그런데 회취법(灰吹法)이란 획기적인 채은법을 새로 도입해 생산량이 배가되었다.

회취법은 쉽게 말해 납이 섞인 은광석에서 납과 은을 분리해서 순은을 채취하는 제련방식이다. 다이묘들이 그 기술을 경쟁적으로 이용해 은광석을 제련함으로써 16세기 후반 들어 일본의 은 생산량이 세계 공급량의 1/3수준에 달했었다. 그 은이 도요토미 히데요시(豐臣秀吉-풍신수길)의 돈줄이 되어 전국시대를 조기에 종식시키고 나아가서 임진왜란의 전쟁비용으로 쓰였다.

일본이 그 은으로 포르투갈에서 첨단무기인 조총을 수입하고 자력으로도 제작하여 조선 침략을 준비하고 있었다. 그런데 조선은 스스로 대외관계를 차단한 채 고립상태에 있었기 때문에 그 같은 사실도 몰랐을 것이 분명하고 은광채굴에도 별다른 관심이 없었다.

바로 그 회취법은 조선의 김감불과 그의 노비 김검동이 개발한 것으로 알려졌다. 하지만 조선 조정은 그 가치에 대해 주목하지 않았던 것 같다. 그런데 조선에 들락거리던 일본 상인들이 회취법을 눈여겨보고 일본에 전파했다고 한다. 일본은 그 은으로 유럽의 선진문물을 도입하여 선진국으로 발돋움하고 있었던 것이다.

은이 동아시아에서는 오늘 날 미국의 달러화처럼 세계의 기축통화로 쓰였다. 그런데 임진왜란 당시 조선에 참전했던 명군들이 주막에서 은을 내고 아무 것도 사먹지 못했다고 한다. 그즈음 조선은 동아시아에 형성된 시장경제와 유리된 상태에 놓였던 까닭에 은이 결제수단으로서 통용되지 않았다는 뜻이다.

세계 은의 종착역 중국

수출해서 번 은으로 세금 내는 은납제 실시한 명조

중국에서는 한나라(BC 206~AD 220년) 때부터 은을 결제수단으로 사용했다. 하지만 중국은 은 생산량이 충분하지 않아 동전을 주로 통화로 통용했으며 송나라 이전에는 은이 주로 가치저장의 수단으로 사용되었다. 은이 부족하다보니 중국은 그 대안으로 세계에서 가장 먼저 명목화폐인 지폐를 발행했다.

1024년 송나라가 지폐를 처음 통화로 발행했지만 은괴도 여전히 중요한 결제수단으로 쓰였다. 송나라는 흉노족과의 전쟁비용을 조달하기 위해 수출을 독려했다. 원나라도 수출을 장려했으나 지폐를 과도하게 발행한 바람에 통화팽창을 유발했다. 원나라는 은괴를 배나 신발의 모양을 본떠서 정형화해 사용했다.

명나라(1368~1644년) 들어서는 건국 60여년이 지나서야 은이 동화로서 자리를 잡아가기 시작했다. 명나라의 창건자 홍무제(洪武帝-1368~1398년)는 시장경제에 대해 아주 부정적이었다. 그는 결제수단으로서 은의 사용을 금지하는 한편 1375년 지폐를 발행했다.

지폐는 발행비용이 저렴하지만 그 전제조건으로 정부의 신용이 중요하다. 또한 정교한 인쇄

기술과 제지기술이 필수적이다. 송나라, 원나라가 지폐를 발행했다는 사실은 그 즈음 중국의 제지기술과 함께 인쇄기술이 고도로 발달했었다는 사실을 의미한다.

홍무제의 아들 영락제(永樂帝-1403~1425년)가 대양원정에 막대한 재정을 투입한 데다 수도를 난징(南京-남경)에서 베이징(北京-북경)으로 천도했고, 또 대운하를 개-보수한 바람에 재정지출이 폭발적인 증가세를 보였다. 그에 따라 해안지대에 대한 증세만으로는 재원조달이 한계에 부닥쳤었다.

영락제-선덕제(宣德帝)가 막대한 지폐발행을 통해 재원을 조달했으나 통화팽창으로 인해 통화가치를 상실함으로써 민간경제에서는 지폐가 아예 통용되지 않았다. 1436년 정통제(正

중국에서 통화로 쓰인 서유럽 은화

중국은 고대부터 은을 결제수단으로 써왔으나 은화를 화폐로 발행하지는 않았다. 은화를 발행하기에는 은 생산량이 절대적으로 부족한 때문이었다. 그에 따라 큰 상거래는 은괴의 무게를 따져 이뤄졌다. 그런데 16세기 들어서는 서유럽 국가들이 은괴와 은화를 가지고 와서 도자기 등 중국의 특산물을 사가면서 은 유입량이 급증하기 시작했다.

청나라 중기부터는 대외거래가 왕성했던 남중국해를 중심으로 서유럽 은화가 은괴보다 훨씬 더 많이 통용되었다. 은괴는 민간이 주조하는 까닭에 모양이 불규칙적이고 무게와 순도가 정확하지 않았다. 그런데 규격화된 서유럽 은화는 중량과 순도가 정량화되어 중국인의 신뢰가 높았다. 대체화폐로 통용되었던 서유럽 은화를 중국에서는 양은(洋銀) 또는 번전(番錢)이라고 불렀다.

統帝-1436~1449년)가 즉위하자마자 은 사용금지를 해제했다. 그것은 정화의 대양원정이 끝 난지 3년만의 일이었다. 그 후 은은 물자교환과 세금납부의 수단으로 쓰였다.
 포르투갈과 스페인에 뒤이어 네덜란드도 남중국해역에 나타나 무력까지 동원하면서 명나라와 교역의 길을 트려고 여러 차례 시도했지만 실패했다. 조공국이 아니라는 것이 그 이유였다. 중국이 국가 차원의 공무역은 금지했지만 네덜란드까지 개항을 압박하고 나서 밀무역이 더욱 번창했다. 그에 따라 은 유입량이 더욱 증가하면서 은 사용량도 급증하기 시작했다.
 수출물량이 늘어나자 민요를 중심으로 도자산업도 활기를 띠었다. 소수의 상인들이 막강한 부를 축적하자 토지투기가 성행했고 고리대금도 번성했다. 대외거래가 밀무역 형태로 이뤄졌기 때문에 세원을 포착하기도 어려웠지만 그에 따른 세정문란으로 인한 조세불만 또한 컸다.
 만력제(萬曆帝-1573~1619년) 재임 9년째인 1581년 재상 장거정(張居正)이 모든 세금과 강제노역을 은으로 납부하도록 하는 세제개혁을 단행했다. 이른바 은납제(銀納制)의 실시였다. 은납제는 현물을 세금으로 납부하는 물납제(物納制)에 비해 창고비용과 운송비용을 크게 절약할 수 있는 획기적인 제도개혁이었다. 은납제 실시에 따라 납세자뿐만 아니라 정부도 많은 불편과 비용을 덜 수 있었.
 그 세제개혁의 문제점은 모든 국민이 세금을 은으로 납부해야하기 때문에 막대한 은을 소요로 한다는 점이었다. 당시 명나라의 인구는 1억6,000만명으로 추정된다. 그 즈음 영국이나 프랑스의 인구는 1,000만명 수준이었다. 인구규모의 차이만 보더라도 명나라의 경제규모가 얼마나 방대했는지 대충 짐작된다. 그것은 은납제를 실시하려면 경제규모만큼이나 은의 소요량도 컸다는 점을 의미한다.
 그런데 중국이 은납제를 실시하기에는 은 생산량이 턱없이 부족했다. 따라서 그 세제개혁은 성공여부를 떠나서 서유럽 국가들을 통해 막대한 은이 중국에 유입된다는 사실을 전제로 했다고 보아야 한다. 그 점에서 보면 당시 중국의 수출규모와 은 유입량이 얼마나 방대했는지 간접적인 유추가 가능하다.
 명나라가 표면적으로는 조공무역을 내세워 유럽국가와는 공식적인 교역을 거부했다. 하지만 내면적으로는 밀무역 형태로 방대한 규모의 교역이 이뤄져 막대한 은이 유입되고 있었음을 알 수 있다. 그것은 만리장성 증축과 은납제 실시가 간접적으로 방증한다.
 청나라(1644~1911년) 들어서도 은괴는 여전히 통용되었다. 청나라 중기부터는 대외거래가 왕성했던 남부 해안지역을 중심으로 스페인 은화가 은괴보다 훨씬 더 많이 사용되었다. 은괴는 모양이 불규칙적이어서 취급하기가 불편했고 순도도 정확하지 않았기 때문이었다. 또 스페인 은화, 멕시코 은화와의 교환비율을 따지기도 복잡했다.
 하지만 청나라는 자국의 은화를 발행하는 데 대해 부정적이었다. 1890년에 들어서야 광둥(廣東)성이 처음 은화를 발행하여 통용하기 시작했다. 그 은화는 멕시코 은화와 가치가 동등했으며 다른 성들도 뒤를 따랐다. '위안'(圓)이란 표준화폐 단위는 1910년부터 쓰기 시작했으며 1914년 은 본위제도가 법제화되었다.

영어의 bank가 중국어로 '은 가게'라는 뜻을 가진 은행(銀行)으로 번역된 것만 보아도 중국에서 은이 통화를 대신할 만큼 많이 통용되었음을 말해준다.

중국서 통용된 스페인 국왕 얼굴 새긴 멕시코 은화

16~18세기에 걸쳐 아메리카와 유럽 사이에 이뤄진 은 교역, 그리고 두 대륙과 중국의 은 교역은 세계경제에 심대한 영향을 미쳤다. 스페인이 200년간 페루와 멕시코에서 생산한 은은 세계생산량의 85%에 해당하며 그 중에서 30%는 중국으로 갔다는 추정이 있다. 그 같은 대규모의 은 교역은 상업자본주의 시대를 개막했고 중세와 근대를 연결하는 교량역을 일구어냈다.

크리스토퍼 콜럼버스와 바스쿠 다 가마가 개막한 대항해 시대에는 중국은 신비의 나라이자 동경의 대상이었다. 그 당시 돈 많은 유럽인이라면 너나없이 도자기, 비단, 칠기 등등 중국물건을 갖기를 갈망했다. 그 까닭에 유럽인의 손에 들어간 은은 돌고 돌아 종국에는 중국으로 흘러들어갔다.

그 시절에 오늘날 멕시코 땅을 차지하고 있던 누에바 에스파냐(Nueva España-뉴 스페인) 은화는 페루 은광의 엄청난 매장량을 배경으로 세계 어디에서나 통용되는 기축통화로서 자리를 잡았었다. 그 은화가 중국에서도 일상생활에 깊숙이 파고들어 통용될 만큼 널리 보급되어 사실상 세계의 통화로서 인정받고 있었다. 오늘날의 미국 달러와 비슷한 위상을 누리고 있었던 것이다.

그 중에서도 스페인 국왕 카를로스 4세(Carolus IV-1788~1808년)의 초상화가 인화(印畫)된 누에바 에스파냐의 페소가 중국에서는 다른 은화보다 훨씬 더 큰 인기를 얻었다. 그 은화에 등재된 스페인 국왕의 얼굴모습이 부처처럼 뚱뚱하게 생겼다고 해서 '뚱뚱한 부처', '부처머리'와 같은 별칭이 붙었었다.

그 은화는 카를로스 4세의 사후에도 중국에서 큰 인기를 누려 다른 은화보다 가치가 높게 평가되어 통용되었다. 스페인의 경쟁국이자 적대국인 네덜란드가 그 멕시코 페소를 위조해 통용시킬 정도로 통화가치가 높았다. 그 은화는 오늘날에도 중국의 고전수집가들 사이에 인기가 높고 값도 비싸 가짜가 만들어지고 있다.

중국에서 스페인과 멕시코의 은화가 통용되면서 그 은화의 통화단위가 중국인의 일상생활과 밀접한 관계를 갖고 거래되었다. 예를 들면 토지거래계약서에 매매가격을 중국 통화로 표기하고도 그 옆에 작은 글씨로 멕시코 페소나 스페인 페소로 가격을 병기하기도 했다.

중국이 유럽국가와는 공식적인 교역관계가 없는데도 멕시코와 스페인의 은화가 중국인의 경제생활에 깊숙이 파고들어 엄청난 영향을 미치고 있었던 것이다. 중국의 조공무역 정책이 무색하게도 16세기 후반 들어 스페인과 멕시코의 은화와 함께 감자, 고구마, 옥수수, 땅콩, 고추 등 아메리카 농산물이 유럽과 거의 동시에 중국 땅을 밟기 시작했다.

중국과 서유럽 국가의 교역이 비공식적이지만 활발해지면서 18세기부터는 중국인의 식탁에도 큰 변화가 일어났다. 토마토 없는 이탈리아 요리를 생각하기 어렵듯이 고추 없는 중국 쓰촨(四川)요리를 떠올릴 수 없게 되었다. 유럽 국가와의 교역확대가 중국인의 입맛마저 바꿔 놓았던 셈이다.

중국이 사랑한 멕시코 은화, 불두은(佛頭銀)

대항해 시대에는 오늘날 멕시코 땅을 차지했던 누에바 에스파냐(Nueva España-뉴 스페인) 은화가 세계 기축통화의 역할을 맡았었다. 그 멕시코 은화가 중국인의 일상생활에도 깊숙이 파고들어 통용되었다.

특히 스페인 국왕 카를로스 4세가 부처를 닮았다고 해서 그의 얼굴을 새긴 페소가 다른 은화보다 더 널리 통용되었다. 중국인들이 불두은(佛頭銀)이라고 불렀던 그 은화는 오늘날에도 고전수집가 사이에 인기가 높아 비싸기도 하지만 가짜도 많다.

무엇보다도 아메리카가 원산지인 감자, 고구마, 옥수수가 만성적인 식량난에 허덕이던 중국인의 허기를 달래주었다. 그것도 따지면 청화백자의 덕택이었다. 중국이 바다로 오가는 문을 굳게 걸어 잠그고 겉으로는 외부세계와 접촉을 거부하고 있었다. 하지만 속으로는 서유럽에서 불어온 세계화의 물결이 중국, 중국인의 일상생활에도 엄청난 변화의 바람을 일으키고 있었던 것이다.

16세기 세계의 은 빨아들여 지은 중국 만리장성

중국의 만리장성(萬里長城)은 널리 알려진 것과 달리 진시황이 처음 축성한 것이 아니다. 진시황 이전인 기원전 3~4세기 전국시대에 유목민족인 흉노족이 말을 타고 넘어 오지 못하도록 쌓은 방벽이 만리장성의 효시였다. 그 후 진시황은 그 방벽을 증축하고 개축했다. 또 상당히 많은 부분은 명나라 중반기에 축성되었다.

원나라가 패망하여 몽골족이 고향인 북방의 초원으로 쫓겨났다. 하지만 그들은 오랫동안 중국 변경지역을 맴돌며 침탈을 멈추지 않았다. 그에 따라 명나라 성화제(成化帝 1465~1487년), 가정제(嘉靖帝 1521~1566년)가 대대적인 만리장성 축성공사에 나섰다. 당시로서는 명조의 시급한 과제가 몽골족의 일족인 오이라트 부족의 잦아지는 침탈에 대비하는 것이었다.

명나라가 오이라트 부족의 근거지인 서북지역을 방비하기 위해 서쪽의 간쑤(甘肅-감숙)성에서 동쪽의 산시(山西-산서)성에 이르는 경계지역 1,200km에 장대한 성벽을 쌓았다. 그 지역은 기후가 건조하고 강수량이 적은 편이어서 흙벽돌(土壁-토벽)로 토성을 쌓아 비교적 단기간에 축성이 가능했다.

오이라트 부족의 침입이 뜸해진 사이에 몽골 동쪽의 타타르족이 오로도스 지역을 넘어서 침입했다. 명나라는 그 방비책으로 그곳에서 북쪽의 황하 기슭까지 270km를 흙벽돌과 벽돌(塼-전)을 섞어서 축성했다. 동쪽은 강우량이 많은 편이고 계절적 기온차가 커서 불로 구워 돌처럼 단단하게 만든 벽돌로 장성을 쌓았다. 그로써 서편지역의 토벽장성과 연결하는 오로도스 안쪽의 장성을 완공했다.

그 후에도 몽골부족이 인산(陰山-음산)산맥을 가로질러 침입해 오자 산하이관(山海關-산해관)에서 쥐융관(居庸關-거용관)에 이르는 험준한 산의 능선을 따라서 700km를 화강석과 벽돌로 장성을 증축했다. 또한 쉬안화(宣化-선화)와 따둥(大同-대동)을 포함하는 산시성 북쪽의 장성도 개축했다.

만리장성 공사장은 장정들의 무덤이나 다름없었다. 축성 초기에는 성벽주변에 사는 장정들을 강제로 동원해서 지었다. 산꼭대기에 장성을 쌓는 작업은 워낙 고역이기도 했지만 너무 위험해 목숨을 부지하기 어려웠다. 맨몸으로 올라가도 죽음을 부르는 칼날 같이 험준한 산비탈을 돌을 지고 올라가서 쌓았으니 한 발자국, 한 발자국이 그야말로 생사의 갈림길이었다.
  또 혹사가 워낙 심해 제 수명까지 살아남는 사람이 거의 없었다. 일꾼들이 틈만 나면 살 길을 찾아 도망치는 바람에 아예 지리에 어두워 고향에 찾아갈 엄두를 내지 못하도록 멀리 남쪽에서 일꾼을 끌어다 부렸다. 장성에서 천리, 만리 떨어진 화남지역에서 일꾼을 징발해 데려갔던 것이다.
  중국에 거주하면서 만리장성을 연구하는 영국인 학자 윌리엄 린치의 연구에 따르면 축성기간 276년간에 걸쳐 해마다 100만명의 인력이 동원되었다고 한다. 사망자가 얼마나 많았던지 1, 2차 세계대전 전사자를 합친 것보다 훨씬 더 많았다고 한다. 만리장성 축성에 들어간 그 어마어마한 돈은 어디서 나왔을까?
  그 돈은 은의 형태로 16세기 이후 서유럽 국가의 무역기지가 설치되었던 일본, 마닐라, 마카오, 타이완을 통해 중국으로 들어갔다. 중국은 은을 오랫동안 통화로 써왔기 때문에 교역의 대가로 은을 요구했다. 서유럽 국가 중에서 중국을 가장 먼저 찾은 포르투갈이 노예장사, 향신료 장사를 해서 벌어들인 은을 가지고 갔다.
  지하 수백m 밑에 은광석이 매장된 나라는 채굴기술이 크게 발달한 다음에야 채광이 가능했다. 하지만 일본은 달랐다. 일본은 화산지대라 은과 구리를 노천광에서 비교적 쉽게 채굴할 수 있었다. 화산이 용암을 분출하면서 지하의 은광맥을 지표면으로 밀어 올렸기 때문이다.
  중국이 일본과는 조공무역을 제한하거나 금지했다. 하지만 일본이 포르투갈이나 중국 밀수꾼을 통해 필요한 중국물자를 수입함으로써 일본 은도 중국으로 많이 유입되었다. 페루와 멕시코에서 파낸 그 엄청난 스페인 은도 상당량이 태평양을 건너서 마닐라를 거친 다음에 중국으로 갔다.
  스페인은 그 은으로 필리핀 마닐라의 화교와 마카오의 포르투갈인을 통해 중국의 도자기, 비단 등등 값비싼 중국물자를 샀다. 스페인의 항구도시 세비야로 들어갔던 은도 유럽에서 돌고 돌아서 중국물자, 동남아 향신료를 팔아 큰돈을 벌던 포르투갈의 손에 들어갔고 그것이 다시 마카오로 흘러갔다.
  세계의 은을 빨아들여 지은 만리장성은 총연장이 2,700km이지만 본성에서 뻗어나간 지성까지 합치면 전체길이가 8,851km로 뉴욕~런던 왕복거리와 거의 맞먹는다. 인류최대의 토목공사인 만리장성은 1987년 유네스코의 세계문화유산에 등재되어 오늘날에는 중국최대의 관

청화백자 팔아 만리장성 축성

 대항해 시대 명나라는 세계의 은을 빨아들이는 블랙홀이었다. 명나라는 그 은으로 세금을 납부하는 은납제(銀納制)를 실시했다. 은납제는 현물을 세금으로 납부하는 물납제(物納制)에 비해 창고-운송비용을 크게 줄일 있는 획기적인 세제개혁 이었다.

중국은 또 그 은으로 만리장성을 대대적으로 축성했다. 만리장성은 진시황이 많은 부분을 증-개축했지만 그 장대한 모습은 명나라 후반기 들어서야 드러냈다. 그 만리장성만 봐도 중국이 얼마나 많은 청화백자를 유럽에 수출해서 돈을 벌었는지 짐작된다.

광자원으로서 세계의 달러를 빨아들인다.

유럽 은과 중국 금 바꾸면 환차익이 2배나 생겼다

 스페인이 아메리카에서 금을 찾느라고 광분했었다. 금붙이에 눈이 먼 정벌군이 원주민의 사원을 파괴, 약탈하고 원주민의 장신구를 강탈해 녹여서 스페인으로 가져갔다. 그것도 모자라 유적지를 파헤쳐 귀금속을 털어갔다. 그들의 눈에 비친 마야, 잉카, 아즈텍, 모체, 톨텍, 올멕, 카호키아 문명의 유물은 문화재적 가치가 없는 한낱 금붙이에 불과했다.

 원주민을 잡아다 금이 있는 곳을 대라고 주리를 틀었지만 없는 금이 나올 리 없었다. 그러다 스페인은 금광 대신에 페루에서 세계최대의 은광을 발견했다. 스페인은 이어 멕시코에서도 페루보다 규모가 작지만 은맥을 잡았다. 그 두 곳에서 스페인이 장차 200년 이상 먹고 살 은광을 찾아냈던 것이다.

 멕시코의 사카데카스 은광과 페루의 포토시 은광은 1546년부터 채광이 개시되었다. 두 은광은 스페인이 캘리포니아에서 파타고니아에 이르는 거대한 제국을 건설하는 데 소요되는 자금을 공급하는 보고가 되었다. 포토시는 나중에 볼리비아로 편입되었다.

 세계최대의 은 생산국이 된 스페인은 그것을 배경으로 포르투갈보다 늦었지만 동방무역에 나섰다. 아프리카 희망봉을 돌아서 중국으로 간 포르투갈, 네덜란드, 영국과 달리 스페인은 멕시코 아카풀코(Acapulco)에서 태평양을 횡단하여 필리핀 마닐라에 무역기지를 구축한 다음에 중국으로 갔다.

 아카풀코~마닐라 항로를 개척한 스페인은 은과 함께 옥수수, 감자, 고구마, 땅콩, 토마토 등 중국에서는 나지 않는 농산물을 마닐라로 실어 날랐다. 교역량이 증가함에 따라 아카풀코는 아메리카 최대의 무역항으로 부상했다. 스페인은 그 항로를 개척함으로써 카리브 해안에서 무역선을 기다리고 있던 영국 해적선들도 피할 수 있었다.

 은 생산량의 20%를 스페인 왕실에 바치고 남은 은의 상당량은 중국으로 갔다. 다른 유럽 국가들도 대외거래를 통해 생긴 은을 가지고 청화백자 등 중국물자를 사들였다. 그 바람에 중앙-남아메리카 은 생산량의 1/4~1/2이 중국으로 갔다는 주장이 설득력을 갖는다.

 중국이 세계 은 유통량의 거의 절반을 끌어들이는 엄청난 자력을 발휘했다는 표현이 지나친 과장이 아니었다. 은 유입량이 늘어나자 명나라 만력제가 1581년 은으로 세금을 내는 은납제를 골자로 하는 세제개혁을 단행할 수 있었다. 중국이 세계의 그 엄청난 은을 빨아들이는 거대한 블랙홀이 된 또 다른 이유가 있었다.

 그것은 중국에서는 은의 가치가 유럽보다는 2배 가까이 높게 평가되고 있었다는 사실이다. 17세기 중국에서는 금과 은의 교환비율이 1:6~8이었지만 유럽에서는 그 비율이 보통 1:12였다. 유럽에서 금 1kg을 은 12kg과 바꾸어서 중국으로 가져가면 금 1.5~2kg과 교환할 수 있었던 것이다. 오늘날 말로 하면 환차익이 1.5~2배나 났다는 이야기다.

 실제 유럽 동인도회사들이 유럽에서 은을 중국으로 가지고 가서 밀수꾼을 통해 금과 바꿔 가져가는 이른바 환투기가 성행했었다. 또 일본에서 물건을 팔고 받은 은을 중국에 가져가서 금과 교환하여 유럽으로 가져가기도 했다. 그 까닭에 모든 은의 종착역은 중국이란 말이 결코 과언만은 아니었다.

 18세기 말엽 들어 중국과 유럽 국가의 무역불균형이 세계경제의 심각한 문제로 대두되기 시작했다. 유럽의 주요 수출품목인 면직물과 모직물 그리고 시계와 같은 기계류에 대한 중국의 관심이 그리 높지 않아 무역역조가 갈수록 심화되었다. 청나라의 은 유입량이 1760년 300만냥에서 1780년 1,600만냥으로 급증할 정도였다.

 1820년대 들어서는 세계적인 은 부족현상이 대두되면서 은 위기가 고조되었다. 그에 따라 중국의 은 유출량이 1820년 200만냥에서 1830년 900만냥으로 급증했다. 중국에서 은 부족 사태가 일어나자 상인과 농민들이 세금을 내기 위해 동전을 가지고 은을 비싸게 사야만 했다. 그 때문에 은 가치가 더욱 올라갔고, 또 그에 따라 물가가 폭등했다.

 그 즈음 청나라 재정악화의 근본적인 원인은 아편수요의 폭증에 있었다. 중국에 아편중독자가 빠르게 늘어나면서 아편수입이 급증했고, 그에 따라 은 유출량이 급속하게 증가했다. 그와 동시에 중국의 특산품인 도자기, 비단, 차 등 수출상품의 대외경쟁력은 날로 약화되면서 수출이 감소세로 돌아섰다.

 19세기 들어 중국의 주요 수출상품들이 수세기 동안 누려왔던 독점적 공급지위를 상실하면서 수출물량이 줄어들었던 것이다. 유럽에서 도자기를 생산하는 데 이어 동남아, 인도에서 비단을 생산하고 차도 재배하기 시작하여 중국상품에 대한 수요가 빠르게 줄어들었기 때문이었다.

 한마디로 아편전쟁을 전후하여 중국에서는 은 유출량이 폭증하는 데 더해 수출감소에 따라 은 유입량이 격감하면서 중국의 재정상태가 급속하게 악화되었던 것이다. 결국 중국은 900년 이상 사용해오던 은 본위제도를 1935년 포기하고 말았다.

10

동방의
신비
자아낸
일본풍

일본판화에 매료된 유럽

가나가와 해변의 높은 파도(神奈川沖浪裏-신내천충량리). 가쓰시카 호쿠사이(葛飾北齊-갈식북재)의 1825년작. 목판화. 38x26cm. 런던 대영박물관 소장.
 바다는 거대한 격랑이 몰아쳐 곧 배를 삼킬 태세이나 저 멀리 눈 덮인 후지(富士)산은 평온한 모습을 하고 있어 대비를 이룬다. 이 목판화는 가쓰시카의 작품 중에서 가장 유명하며 일본이 자랑하는 대표적인 우키요에다.

10 일본판화에 매료된 유럽 | 문학, 정원에도 풍미한 일본풍

대중적 인기 업고 예술로 승화한 일본풍 미술

유럽은 고대부터 중국에 관해서는 희미하나마 알았지만 일본에 대해서는 16세기 이전에는 존재조차 몰랐었다. 그 유럽이 1800년대 들어 중국풍을 뜻하는 시누아즈리에 관한 관심을 되살리는 듯하더니 곧 이어 일본의 예술과 문화에 심취한 모습을 보이기 시작했다.

일본은 1800년대 중반 들어 미국흑선의 개항압력에 눌려 쇄국정책을 버리고 개방의 문호를 활짝 열었다. 그 때부터 일본이, 그리고 일본미술이 유럽에 알려지기 시작했다. 그와 동시에 유럽이 일본미술을 중국미술의 아류가 아닌 일본고유의 특색을 가진 미술로 인식하기 시작했다.

19세기 중-후반 들어 유럽에서 일본판화가 인기를 얻으면서 유럽사회에 불었던 일본풍의 사조를 '자포니슴'(Japonisme)이라고 일컫는다. 자포니슴은 단순한 '자포네스리'(Japoneserie-일본취향)에 그치지 않고 일본풍을 예술로 승화시키는 새로운 미술운동을 말한다.

중국풍의 시누아즈리가 왕족과 귀족을 중심으로 일어났었기 때문에 자포니슴은 구체제가 붕괴되기 이전까지는 널리 알려지지 않았었다. 프랑스 혁명 이후 유럽에 풍미했던 자유와 평등을 존중하는 사상적 사조에 힘입어 자포니슴이 차츰 대중적 인기를 얻어가기 시작했다.

자포니슴이 유럽에서 높은 인기를 얻어 동아시아의 대표적 미술로 자리매김하면서 시누아즈리를 대체했다. 자포니슴이란 단어는 1872년 프랑스에서 처음 쓰였고 그 인기가 20세기까지 이어졌으나 일본이 태평양 전쟁을 일으키고 2차 세계대전이 확전되는 바람에 시들해졌다.

자포니슴이 넓게는 17세기부터 20세기 초반까지 일본의 문화와 예술이 유럽에 미친 전반적인 영향을 뜻한다. 또 좁게는 일본의 문화와 예술이 유럽의 도자기, 정원, 건축 등과 순수미술에 미친 한정적 영향을 일컫는다. 다시 말해 자포니슴은 프랑스에서는 순수미술에 미친 영향을 말하지만 영국에서는 정원 등 장식미술에 끼친 영향을 뜻하는 경향이 짙다.

 중요한 사실은 자포니슴이 일본의 목판화인 우키요에(浮世繪-부세회)가 19세기 프랑스를 중심으로 유럽미술에 영향을 미친 화풍을 의미한다는 점이다. 일본의 목판화인 우키요에는 당시 파리에 거주하던 많은 인상파 화가들에게 깊은 영감을 주었다.

 더 넓게는 아르 누보(art nouveau), 입체주의(cubism) 등 새로운 미술경향에도 큰 영향을 미쳤다. 아르 누보는 신미술이란 뜻으로서 프랑스에서 발아해 19세기 말엽에 정점에 달했던 서정성이 강한 표현운동을 말한다. 또한 유럽의 전통적 예술에 반발해 새로운 양식을 창조하려는 자연주의를 지향했다. 입체주의는 유럽의 회화를 사실주의적 전통에서 해방시킨 화풍을 뜻한다.

 일본의 전통적 니시키에(錦繪-면회)는 목판으로 인쇄한 에도시대의 채색화를 말한다. 일본에서는 17세기부터 일본 특유의 목판화인 우키요에(浮世繪-부세회)가 발달했었다. 그런데 1700년대 들어 색깔별로 목판을 따로 만들어 차례에 따라 찍어내는 인쇄방식인 니시키에가

가쓰시카 호쿠사이(葛飾北齊-갈식북재)의 따듯한 바람, 맑은 하늘(凱風快晴-개풍쾌청).
목판화. 1830~1832년. 25.7x38cm. 런던 대영박물관 등 소장

(좌)는 우타가와 히로시게(歌川廣重-가천광중)의 1857년 작. 목판화 '카메이도(龜戸-구호)의 매화정원(梅屋鋪-매옥포). 에도 도쿄박물관 소장.
(우)는 네델란드 인상주의 화가 비센트 반 고흐의 1887년작. 유화. 암스테르담 반 고흐 박물관 소장.

일본 목판화 우키요에(浮世繪)에 심취했던 고흐가 그린 이 그림은 모사의 단계를 넘어 복사한 듯 느낌을 준다. 심지어 뜻 모를 한자까지도 그대로 베껴 그 무렵 파리 화단이 추구하던 화풍의 한 단면을 짐작케 한다. 일본판화야 말로 고흐가 예술적 영감을 얻은 원천이라는 말을 심감하게 하는 작품이다.

창안되었다.
 니시키에는 채색 목판화로서 오늘날 말로 표현하면 일종의 색채인쇄와 비슷하다. 무엇보다도 중요한 사실은 목판화는 반복적으로 제작할 수 있어 대중적 보급이 가능하다는 점이다. 채색 목판화는 1868~1913년 메이지(明治-명치)시대에 들어 크게 유행했었다. 소재는 풍속화가 많았는데 해외에서 들어온 새로운 문물도 많이 다루어 더욱 큰 인기를 끌었었다.
 오늘날 우키요에는 주로 채색 목판화인 니시키에를 말한다. 일본이 채색 목판화로 도자기를 포장해 수출하면서 우키요에가 유럽에 널리 알려지게 되었다. 그 포장지를 보는 순간에 유럽, 특히 파리의 미술계가 일본 특유의 이국적 정취와 선명한 채색에 매료되어 탄성을 연발했다.
 자포니슴의 특징은 일본미술의 비대칭성과 불규칙성에 관심을 둔다는 점이다. 일본미술은 선명한 색채를 바탕으로 하며 명암법과 원근법을 무시하는 한편 중심배치에서 벗어난 편심(偏心)배치로 구성된다. 그러한 요소들은 중심배치를 강조하는 그레코-로만

(Greco-Roman) 미술양식과 직접적으로 대비된다.

그 까닭에 인상파 화가들은 자포니슴이 그들을 오랫동안 길들여온 예술적 관습의 사슬을 끊고 자유롭게 했다고 믿었다. 자포니슴이 유럽 미술계를 휩쓰는 가운데 유럽인들이 일본풍으로 만든 물건과 그 제작양식인 자포네스크(Japonesque) 또한 인기를 탔었다.

자포네스크는 일본인이 그린 그림이나 일본인이 만든 도자기를 흉내 내서 만든 일종의 모방품을 일컫는다. 게르만족이 로마의 건축물을 모방한 건축양식을 로마네스크라고 말하는 것과 마찬가지다. 18세기 중반 들어 유럽에서도 백자가 생산되면서 많은 가마들이 일본의 가키에몬(柿右衛門-시우위문)자기를 본떠서 만들기 시작했다. 대표적인 사례가 마이센 자기다.

프랑스의 화가이자 조각가 에드가 드가(Edgar Degas)의 관중석 앞의 경주마들. 1866~1868년작. 유화. 46x616cm. 프랑스 파리 오르세미술관 소장.

에드가 드가도 인상주의를 추구했지만 사실주의자라고 불리기를 바랐다고 한다. 그의 작품은 사물이 움직이는 순간적 동작을 포착한 묘사가 주류를 이룬다. 그 까닭에 그의 작품에는 무용수와 경주마가 많이 등장한다.

그의 작품 '관중석 앞의 경주마들'을 보면 그 그림의 주체인 관중과 경마는 가장자리로 밀려나 있고 한 가운데는 텅 빈 느낌을 준다. 중심배치에서 벗어난 편중배치가 일본미술의 영향을 받은 인상주의를 말한다.

정원, 문학, 음악에 일본풍 일으킨 자포니슴

일본은 1862년 영국 런던 만국박람회를 일본의 예술과 문화의 진수를 유럽에 널리 알린 역사상 가장 중요한 국제행사로 여긴다. 그 까닭에 일본은 1867년 열린 프랑스 파리 만국박람회에 국가관을 설치하고 5년 전에 비해 훨씬 많은 미술작품을 출품했다. 그 즈음 중국은 2차 아편전쟁(1856~1860년)에서 영-불 연합군한테 패배하여 중원이 서방열강에 의해 유린되고

이탈리아 작곡가 지아코모 푸치니의 미국 해군장교와 일본 게이샤의 사랑을 다룬 오페라 '나비부인'의 선전벽보. 이탈리아 화가 레오폴도 메틀리코비츠의 1904년작.

있었다.

만국박람회가 열릴 때마다 일본 도자기에 대한 세계인의 찬탄이 잇달았다. 임진왜란 때 왜군에 의해 납치되어 일본에 끌려간 조선인 도공 심당길의 12대 후손 심수관의 작품들이 그 중심에 있었다. 그의 사쓰마 가마가 1867년 파리 만국박람회를 계기로 탁월한 작품성과 예술성이 세계적으로 각광을 받았던 것이다.

사쓰마 가마는 1873년 오스트리아 빈 만국박람회에 금채로 채색한 높이 155cm의 긴란데(金襴手-금난수) 대화병 한 쌍을 출품했는데 세계적인 환시의 대상이 되었다. 심수관 자기는 1893년 미국 시카고 만국박람회에서 또 한 차례 절찬을 받으면서 세계최고의 반열에 올랐다. 그로써 '사쓰마 웨어'는 일본 도자기의 대명사로서 명성을 날리며 일본자기의 수출 길을 활짝 열었다.

파리 박람회 이후 일본 화상들이 파리에 주재했으며 1870~1890년 프랑스의 화가, 작가, 수집가, 비평가들이 잇달아 일본에 다녀가서 일본미술에 관한 많은 글을 간행물에 기고했다. 그 중에서 경제학자이자 미술품 수집가였던 앙리 세르누치(Henri Cernuschi), 비평가 테오도르 뒤레(Theodore Duret)와 같은 인물들의 활동이 두드러졌었다.

그들의 노력에 힘입어 일본 판화가 유럽, 특히 프랑스에서 큰 인기를 얻어 날개 달린 듯이 팔려 나갔다. 일본 판화의 영향을 받아 응용미술에서도 일본적 요소, 일본적 양식이 폭넓게 채택되었다. 가구, 직물, 보석 등에 나타난 자포니슴이 그것을 말한다. 자포니슴이 미술의 영역에만 머물지 않고 문학과 음악에도 적지 않은 영향을 미쳤다.

소설가를 활동했던 프랑스 해군장교 피에르 로티(Pierre Loti)는 1885년 일본에 잠시 체류했다가 귀국한 다음에 자전적 소설 '국화부인'을 썼다. 그 소설은 일본의 개항기에 프랑스 해군장교가 나가사키에 주재하는 동안 일본 기생인 게이샤와 결혼했으나 이별한다는 애틋한 사랑의 이야기를 다루었다.

나중에 이탈리아의 지아코모 푸치니(Giacomo Puccini)가 그 소설에서 영감을 얻어

영국 여왕 엘리자베스 2세가 1955년 열린 첼시 꽃박람회를 둘러보고 있다. 사진에 등장한 동행자는 그의 외삼촌 데이비드 보우스 라이온 경이다.

오페라 '나비부인'을 작곡했다. 두 작품은 유사성이 너무 많다. 같은 항구도시 나가사키가 지역적 배경으로 나오고 둘 다 일본 게이샤와 사랑을 나누다 남자가 귀국하는 바람에 헤어진다는 내용이다. 다른 점은 주인공이 국화부인에서는 프랑스 해군장교이고, 나비부인에서는 미국 해군장교라는 점이다.

일본미술을 영국에 본격적으로 소개한 인물은 제임스 휘슬러(James Whistler)다. 휘슬러는 파리에 체류하는 동안 많은 일본 미술품을 수집해서 1859년 영국으로 가지고 돌아갔다. 그 즈음 영국에서도 일본미술에 관한 연구와 함께 구매열기도 뜨거웠다. 그는 영국에서 주로 활동하면서 미국과 유럽의 미술계를 잇는 가교 역할을 했던 화가로도 유명하다.

자포니슴은 유럽 정원에도 많은 영향을 미쳤다. 일본문화에 심취했던 프랑스의 인상파 화가 클로드 모네(Claude Monet)는 구름다리와 수선화가 등장하는 일본식 정원을 만들었다. 그는 계절과 시각에 따라 변화하는 그 정원의 풍경을 수많은 작품에 담아냈다.

 조지아 콘도(Josiah Conder)는 일본 정원의 미학을 영어권에 처음 소개했다. 1893년 펴낸 그의 저서 '일본 조경'은 유럽에서 일본 정원에 대한 관심을 불러일으켰다. 콘도는 그의 저서를 통해 일본 정원의 미적 원칙은 어느 나라 정원에도 응용이 가능하다고 강조했다.

 사무엘 뉴섬(Samuel Newsom)이 1939년 출판한 '일본 정원 만들기'는 암석정원을 만들 때 생기는 문제점을 고치는 방안으로 일본 정원의 미학을 살리도록 제안했다. 일본 정원 조경사 세이몬 쿠수모토는 영국에서 200여개의 정원을 만드는 데 참여했다. 그는 1937년 첼시 꽃 박람회에 암석정원을 만들어 전시하기도 했다.

미국속의 일본 정원. 샌프란시스코 금문원(金門園-Golden Gate Park)

워싱턴 벚꽃 길은 태프트-가쓰라 밀약의 보답

 미국의 대도시에는 자포니슴의 영향을 받아 조성된 일본식 정원이 더러 있다. 그 중에서 가장 오래된 곳은 샌프란시스코 금문원(金門園-Golden Gate Park) 안에 있는 일본다원(日本茶園-Japanese Tea Garden)이다. 금문원은 뉴욕 센트럴 파크와 같은 직사각형의 모양이나 크기는 그것의 1/5 정도다.

 금문원은 1894년 샌프란시스코 만국박람회가 열렸던 곳에 자리 잡고 있다. 그 중에서 일본다원은 미술품 거래상 조지 터너 마시가 일본 원예가 마코타 하기와라에게 설계를 맡겨 조성한 정원이다. 내방객은 그곳에 발을 들여놓는 순간에 일본에 왔다는 착각에 빠진다. 미국 속의 그 일본정원이 너무나 일본적이다.

미국속의 일본 벚꽃잔치. 워싱턴의 수령 100년 벚꽃나무 3,000그루

돌다리 밑으로 흐르는 작은 시내, 비단잉어 떼가 노니는 연못, 잘 전지된 소나무와 향나무, 가을이면 붉게 불타오르듯 물드는 단풍나무, 봄이면 흰 꽃눈으로 뒤덮는 벚꽃나무, 그리고 정자, 석등롱, 석탑, 부처상, 종각이 일본정취를 물씬 풍긴다. 1년에 300만 명이 찾는다는 그곳에서 조용히 산책하노라면 자신도 모르게 깊은 명상에 빨려 들어가는 느낌이다.

미국 워싱턴 D.C에는 20세기 초입에 일본 도쿄시장이 벚꽃나무 3,000그루를 기증해서 조성된 벚꽃 길이 있다. 그 벚꽃나무들이 무성해져 1935년부터 해마다 봄이 오면 벚꽃축제(National Cherry Blossom Festival)가 열리는데 2025년이면 90주년을 맞는다. 벚꽃축제 앞에 붙은 'national'이 워싱턴 D.C를 너머선 국가적 행사임을 말한다. 그 벚꽃 길도 자포니슴의 영향을 받아 조성되었다.

1907년 필리핀 마닐라에 체류하고 있던 미국 육군부장관 윌리엄 태프트가 일본을 급거 방문했다. 일본이 극동에서 러시아를 축출하여 맹주로서 군림하려고 벌인 노-일(露-日)전쟁의 향배와 장차 동북아시아 정세를 논의하기 위한 방문이었다. 그의 부인 헬렌 태프트가 그를 동행했다.

그 때 그녀가 흐드러지게 피어 화사함을 자랑하는 도쿄의 벚꽃에 매료되어 탄성을 자아냈던 모양이다. 2년 후인 1909년 그녀의 남편 태프트가 미국 27대 대통령으로 취임했다. 그녀의 그 모습을 잊지 않고 있던 일본이 벚꽃나무를 축하의 사절로 선사했다. 일본이 외교에서도 자포니슴을 이용할 줄 알았던 것이다.

그 태프트가 바로 일본의 조선지배를 묵인한 '태프트-가쓰라 밀약'(Taft-Katsura Secret Agreement)의 장본인이다. 결국 일본은 조선을 넘나보던 러시아와 청나라를 물리치고 조선을 강제로 병탄하는 데 성공했다. 거기에는 앞으로 도래하는 태평양 시대에 새로운 강대국으로 떠오른 미국의 암묵적인 동의가 있었던 것이다.

1912년 3월 태프트의 부인이 참석한 가운데 워싱턴의 타이들 베이슨 호수 기슭에서 벚꽃나무 식수행사가 있었다. 100년을 훌쩍 넘긴 오늘날에는 벚나무가 타이들 베이슨 둘레에만 3,750그루나 자라고 이스트 포토맥 공원과 워싱턴 기념탑 주위도 에워싼다. 해마다 봄이 오면 흐드러지게 핀 벚꽃의 향기가 워싱턴 D.C의 온 시가지에 퍼져 진동한다.

바람이라도 불어 하얀 꽃눈이 쏟아지면 워싱턴은 해마다 그 풍경에서 도쿄를 다시 생각한다. 19세기에만 해도 동양은 서방세계의 눈에 미지의 세계로 비쳤다. 그 까닭에 일본은 신비감을 자아냈고 서방세계는 일본에 대해 환상에 빠지곤 했다. 그것이 서방세계를 매혹시킨 자포니슴의 한 측면이기도 하다.

해마다 봄이 오면 일본이 미국에 외교사절로 보낸 그 무수한 벚꽃나무들의 만개한 모습을 보려고 많은 이들이 워싱턴 D.C를 찾는다. 그 아름답고 화려한 장관에 감탄사가 절로 쏟아진다. 그런데 그 벚꽃 길이 풍기는 꽃향기가 한국으로서는 그 옛날의 슬픈 사연을 떠올리게 한다.
  일본의 조선지배를 인정한 '태프트-가쓰라 밀약'에 대한 보답의 냄새가 너무나 짙게 풍기는 까닭이다.

일본의 채색 목판화를 접목한 인상파 화가들

  1853~1854년 미국 흑선의 개항압력에 눌려 일본은 200년 넘게 지켜오던 쇄국시대의 종막을 걷어냈다. 개방의 문이 활짝 열리자 사진술, 인쇄술과 같은 서양문물이 밀물처럼 일본으로 몰려들었다. 그와 함께 일본이 수출한 도자기, 목판화, 직물, 칠기, 법랑이 유럽과 미국에서 열광적 인기를 얻었다.

  17세기부터 서서히 일기 시작하여 20세기 초반까지 유럽사회를 풍미했던 자포니슴은 일본 미술품 수집에서 출발했다. 기록을 보면 광적이라는 표현이 나올 정도로 유럽사회는 일본 미술품 중에서도 판화수집 열기가 뜨겁게 달아올랐다. 자포니슴이 프랑스에서는 특히 인상주의 화가들 사이에서 폭풍 같은 열풍을 일으켰다.

  그들은 일본산 도자기, 직물, 부채, 판화를 통해 영감을 얻었다. 그 중에서도 복사가 가능한 우키요에는 값이 비교적 저렴한 편이어서 화가들이 손쉽게 사서 곁에

사진은 앙리 드 툴루즈 로트레크의 물랭 루주 선전벽보. 1891년작. 석판화. 170x118.7cm. 프랑스 국립도서관 전시.

두고 감상할 수 있었다. 그 까닭에 많은 화가들이 우키요에에 등장하는 벚꽃, 초롱, 기모노, 사찰 등을 작품에 접목하기도 했다.

　1856년께 프랑스 화가 펠릭스 브랑크몽(Felix Bracquemond)이 인쇄소 작업실에서 우연히 일본 작가의 스케치 북에 있는 우키요에를 보고 깜짝 놀랐다. 그 순간부터 우키요에가 프랑스 미술계에 선풍을 일으키기 시작했다. 브랑크몽이 조우했던 우키요에는 주로 고전걸작이었다. 그 후 흑백 우키요에 복사판이 책으로 제작되어 많이 팔렸는데 고객은 주로 화가들

사진은 영국 화가 제임스 휘슬러(James Whistler-1834~1903년)의 '도자기 나라에서 온 공주'. 유화. 1864년작. 116x201cm, 미국 워싱턴 D.C 스미소니언 재단 산하 프리어 미술관의 공작 방(Peacock Room) 전시.

이었다.

 그런데 당시 유럽에 수입되던 우키요에는 1860~1880년 동시대 작가의 작품이 주류를 이뤘다. 프랑스 화가 툴루즈 로트레크(Henri de Toulouse-Lautrec)의 포스터는 우키요에의 체취를 짙게 풍긴다. 그는 물랭 루주의 선전 포스터를 많이 그렸는데 그것들은 보는 순간에 일본풍을 강렬하게 느낄 수 있다.

 물랭 루주(Moulin Rouge)는 빨간 풍차라는 뜻인데 1889년 파리 몽마르뜨 언덕에 세워진

그림은 도자기 나라에서 온 공주가라고 하는데 막상 그림 주위에 진열된 도자기 중에는 일본 도자기가 보이지 않는다. 거의 중국 토기와 도기다. 아마 담당 학예사가 도자기에 조예가 깊지 않거나 작품에 대한 이해가 부족하지 않나싶다.

카바레를 말한다. 프랑스가 근대 유흥문화의 상징처럼 여기는 물랭 루주는 오늘날에도 관광명소로 유명한데 광고물이 여전히 그 옛날의 일본풍을 그대로 자아낸다.

 영국의 제임스 휘슬러(James Whistler-1834~1903년)도 일본문화에 열광했던 화가였다. 그는 우키요에를 수집하면서 그것을 통해 일본미술의 평면적 채색효과를 터득했다. 그의 작품 '도자기 나라에서 온 공주'에 나오는 인물은 일본 기모노를 입고 일본 부채를 들고 있다. 그녀는 서양인이지만 일본판화의 기모노 입은 여인을 그대로 연출한 모습이다. 그 그림의 후면에는 일본풍의 병풍이 펼쳐져 있다.

 그 작품은 미국 워싱턴 D.C에 있는 스미소니언 재단 산하의 프리어 미술관의 공작 방(Peacock Room)에 걸려 있다. 벽면과 천장을 짙은 녹황색으로 채색한 그 방은 격자 모양의 진열대를 금채로 치장한 도자기 전시관이다. 청화백자에 둘러싸인 그 그림은 한 벽면의 가운데를 차지하고 있다. 그 그림처럼 휘슬러의 작품 중에는 더러 그가 만들어 금채를 칠한 병풍이 등장한다.

 고흐나 모네의 그림 중에도 더러 우키요에를 배경으로 삼은 작품이 있다. 에드가 드가(Edgar Degas-1834~1917년)도 우키요에의 영향을 받은 화가로서 조각과 소묘에도 조예가 깊었다. 그는 인상파에 속하면서도 나름대로 그 자신만의 독특한 화법을 정립했다. 인상주의가 빛과 색의 자유를 추구했다면 드가는 구도의 자유를 추구했다.

 드가는 1860년께부터 귀족사회에서 인기 높았던 경마와 발레를 주제로 하는 그림을 많이 그렸다. 그의 그림 '경마들의 행진'은 중앙에서 벗어난 작품구도가 중요한 사물을 한가운데에 배치하던 전통적 관습을 뛰어넘는다. 종래의 가치관에 따른다면 중요한 부분이 중앙을 차지해야 하나 그의 화폭에서는 그것이 주변으로 밀려나 있다.

 한 가운데는 텅텅 비어 있고 가장자리가 꽉 찬 모습이다. 중심배치에서 탈피한 그의 편심(偏心)배치야 말로 일본미술의 비대칭성과 불규칙성의 영향을 받아 나타난 자포니슴의 특징이다. 또 그의 '경마들의 행진'이 말해주 듯이 그의 작품은 찰나적 순간의 표현이 주류를 이룬다.

 전통적인 인습을 타파하려는 인상주의는 고루한 주제와 기교에 얽매이지 않고 일상생활 속에서 주제의 동기와 대상을 찾았다. 인상파 화가들은 빛과 색의 조화를, 그리고 평면의 구성을 나름대로 실험했다. 대표적 화가로는 폴 세잔, 빈센트 반 고흐, 폴 고갱, 클로드 모네, 에드가 드가를 꼽는다.

 그들 말고도 카미유 피사로, 에두아르 마네, 피에르 오귀스트 르누아르, 프란치스코 고야, 툴루즈 로트렉, 구스타브 카유보트, 베르트 모리조, 장 프레데릭 바지유 등이 그 대열에 서서 인상주의의 꽃을 피웠다.

격정의 고흐, 햇빛의 모네는 일본판화 수집광

빈센트 반 고흐(Vincent Willem van Gogh-1853~1890년)는 네덜란드에서 태어나 화랑점원, 서점점원, 전도사 등등 일정치 않은 일을 전전하다 1880년 27살이라는 늦은 나이에 화가의 길로 들어섰다. 그가 화폭에 삶을 건지 11년만인 1890년 37살 젊은 나이에 권총을 쏘아 스스로 목숨을 끊었다고 한다. 천재는 요절한다는 말이 맞나보다. 한창 왕성하게 일할 나이에 생을 비극적으로 마감했으니 말이다.

고흐는 궁핍한 생활에 지친 동생 테오가 그의 생계비마저 꾸려주느라 온갖 고초를 겪는지라 늘 가슴아파했다. 그런 동생이 매독에 걸려 고생한다는 소식을 듣고 그가 비관한 나머지 극단적인 선택을 한 것으로 전해진다. 하지만 그의 죽음은 자살이 아닌 타살이라며 의문을 제기하는 소리가 여전히 꼬리를 물기도 한다.

그가 단명을 예감했던지 그의 생애에서 마지막 3년은 불꽃같은 삶을 살다갔다. 그 즈음 그가 화폭에 쏟아 부은 강렬한 채

사진은 빈센트 반 고흐의 '탕기영감 초상화'. 유화. 51x65cm. 1887년작. 프랑스 파리 로댕박물관 소장. 탕기는 그 시절 처절하리만치 절망감에 빠져있던 고흐를 도와주던 화구상. 고흐의 대표작 중의 하나인 그 작품은 그가 우키요에에 얼마나 매료되었는지 보여주는 듯하다. 배경을 장식한 6장의 우끼요에가 말이다.

눈 덮인 후지산, 키모노 입은 여인, 눈 내리는 시골풍경, 벚꽃이 핀 봄절의 시골마을, 그리고 사무라이의 얼굴을 묘사한 판화들이 벽면을 꽉 채워 치장하고 있다. 한 장, 한 장이 일본의 전통풍물을 전해준다. 격리의 세계에 살던 먼 나라의 신비가 다가오자 우끼요에에 놀란 파리화단의 모습을 전달하는 듯하다.

색과 격렬한 화필에는 그가 겪은 영혼의 번민과 고뇌가 그대로 묻어난다. 그가 37세라는 박명의 일생을 사는 동안 800점의 유작을 남겼건만 생전에 1점 밖에 팔지 못했다니 그의 가난하고 고달팠던 생활상이 엿보이고도 남는다.

그의 화필은 그의 삶을 말하듯이 그야말로 화염을 토하는 격정적인 느낌이다. 그가 그린 들판을 붉은색으로 물들인다면 활활 타는 불바다와 다름없는 모습으로 변해가고, 나무는 하늘로 치솟는 불기둥을 닮을 것 같다. 화가로서 그의 삶은 그야말로 영혼을 불태운 고뇌의 11년이란 짧디 짧은 세월이었다.

처절하리만치 불운했던 일생을 살다간 그였지만 근대미술사에서 그는 표현주의(expressionism)의 흐름을 이끈 거목으로 우뚝 서있다. 네덜란드 수도 암스테르담에 있는 고흐 미술관은 그의 유작과 함께 화첩, 편지를 소장하고 있다. 그 밖에 400여점의 일본판화가 있다. 고흐가 그의 동반자이자 후원자였던 동생 테오와 함께 모은 수집품이다.

모네와 마찬가지로 파리에서 그림을 공부했던 고흐는 한 전시회에서 일본 그림을 처음 보는 순간의 느낌은 충격 그 자체였다고 한다. 일본판화가 값이 저렴하기도 했다지만 그의 빈한했던 삶을 미루어 보면 그가 얼마나 열정적으로 일본판화를 수집했는지 알만하다. 아마 새로운 일본판화와 마주치면 허기조차 잊어버린 채 주머니부터 뒤지지 않았나 싶다.

그의 대표작 중의 하나인 '탕기 아저씨의 초상화'를 보면 그가 우키요에 판화에 얼마나 매료되었는지 알 듯하다. 초상화의 주인공은 1887년 파리에서 그의 동생 테오가 그에게 소개해준 화방 주인 줄리앙 탕기다. 그 작품은 6장의 우끼요에가 붙은 벽면을 배경으로 하고 있다.

눈 덮인 후지산, 키모노 입은 여인, 눈 내리는 시골풍경, 벚꽃이 핀 봄의 시골마을, 그리고 사무라이의 얼굴을 묘사한 판화들이 나란히 벽면을 장식하고 있다. 한 장, 한 장이 일본의 전통적인 풍물을 전해준다. 화방 주인이 아닌 우끼요에를 그리려고 그 그림을 그리지 않았나 하는 느낌을 준다.

고흐가 동생 테오에게 보낸 편지에는 이런 글귀가 있다. "…내 모든 작품은 일본 미술에 바탕을 두고 있다. 일본미술이 일본에서는 피폐해졌어도 프랑스 인상주의 작가들 사이에서 다시 그 뿌리를 내렸다. 내 관심을 끄는 것은 일본문물의 상업적 가치보다는 예술가를 위한 실질적 가치에 있다…." 이렇게 그가 자포니슴에 심취했던 까닭을 말했다.

그와 달리 동시대인인 클로드 모네(Claude Monet-1840~1926년)는 계절과 시간에 따라 달라지는 햇빛의 변화를 관조하고 화폭에 담으며 노년의 삶을 즐겼다. 인상주의는 빛의 변화에 따라 순간적으로 나타나는 색채의 변화를 포착하여 자연을 묘사했다. 그는 인상주의를 이끈 프랑스 미술계의 거장이다.

신고전주의의 영향에서 벗어나려는 변화의 중심에는 모네가 있었다. 인상주의라는 표현도 그의 작품 '인상, 해돋이'(Impression, Sunrise)에서 연유했다. 인상주의는 전통적인 회화기법을 거부하고 색채, 색조, 질감 자체에 관심을 둔다. 그가 말년에는 대가로서 대중적 인기와 찬사를 누렸지만 초년에는 냉대와 가난에 시달리는 고난의 세월을 살았다.

그의 아내 까미유는 그 시절에 창녀나 다름없이 여겼던 모델 출신이었다. 집안에서 그의 결혼을 반대한 바람에 그 고통 또한 헤아릴 수 없이 컸다. 하지만 그의 곁에는 늘 사랑하는 아내가 있었다. 그런데 그녀가 서른 두 살이란 젊은 나이에 안타깝게도 그의 곁을 떠나고 말았다.

모네는 그녀를 모델로 많은 그림을 그렸는데 그 중의 하나가 유명한 '기모노 입은 까미유'다. 그 그림은 '일본 여인'으로도 알려져 있는데 빨간 기모노를 입은 까미유가 춤추면서 일본 부채를 부친다. 그 그림은 여러 개의 일본 부채를 배열한 벽면을 배경으로 삼고 있다. 그 작품만 보더라도 그가 일본 미술에 얼마나 심취했는지 알만 하다.

사진은 에밀졸라의 초상화. 프랑스 인상주의 화가 에두아르 마네의 1868년작. 유화. 146x114cm. 파리 오르세박물관 소장.
　화면배경에는 화조화(花鳥畵)를 그린 일본 병풍과 일본 전통의상인 하카마(袴-고)를 입고 일본도를 차고 있는 사무라이 목판화가 등장한다. 그 무렵 파리화단을 사로잡았던 일본풍을 말하는 대목이다.

모네는 17세부터 일본판화를 모은 열정적 수집광이었다. 그는 자택의 벽면을 일본 판화로 장식했는데 그 벽면이 작품소재로도 자주 등장했다. 그는 일본의 전통의상이나 일본풍이 배경을 즐겨 그렸다. 우키요에에 심취했던 그는 말년에는 파리 교외의 지베르니에 일본풍의 정원을 만들어 그곳에서 일본의 예술과 문화에 탐닉했었다.

그의 일본식 정원에는 수련이 피는 연못 위로 구름다리가 걸려있다. 그는 그곳에서 노년을 만끽하며 계절과 시간에 따라 달라지는 정원의 모습을 수 없이 담아냈다. 일본식 정원을 묘사한 그의 작품은 세계의 유수한 미술관마다 빠짐없이 걸려 있다고 해도 과언이 아니다.

고흐도 모네도 우키요에에 심취하고 일본을 사랑했던 까닭에 일본은 그들이 일본을 사랑했던 만큼이나, 아니 그보다 더 그들을 사랑하는 듯하다. 두 거장의 작품들은 일본 교과서에 빠

프랑스 화가 클로드 모네(1840~1926년)의
'수련이 피는 연못과 구름다리'.
1899년작 89.7x90.5cm.
프린스턴대학교 미술박물관 소장.

짐없이 등장하고 미술도록에도 어느 화가들보다 많이 수록되어 있다. 아마 그들은 네델란드와 프랑스에서보다 일본에서 더 유명하지 않나 싶을 정도다.

한국에서도 일제치하에 일본교육을 받은 세대의 영향을 입어 그들은 유럽의 어느 화가보다도 많은 사랑을 받으며 교과서에서도 많이 등장한다.

빛의 화가 모네의 일본미술 탐닉. 클로드 모네는 파리 교외에 수련이 피는 연못 위로 구름다리가 걸려 있는 일본풍의 정원을 만들었다. 그리고 그는 그곳에서 일본예술-문화에 탐닉하며 노년을 즐기고 있었다. 다작의 화가인 그는 30년 동안 계절과 시간에 따라 달라지는 정원의 모습을 200점 넘게 담아냈다고 한다. 세계의 유수한 미술관, 박물관은 그의 작품 한두 점을 가지지 않은 곳이 없을 정도로 말이다.

11

패망 재촉한 중화사상

멀고 먼 중국 가는 길

사진은 자희태후(慈禧太后)와 4명의 어의. 중국 시각예술가 후앙 종 양(黄中羊-황중양-1949년 출생)의 작품. 청나라 말기의 절대권력 서태후는 어느 누구도 그녀 앞에서 입도 뻥긋하지 못하던 천상천하 유아독존의 존재였다. 그녀는 어린 동자황제 동치제-광서제 위에 군림하여 청나라를 패망으로 몰고 간 여제였다.

11 멀고 먼 중국 가는 길 | 조공과 고두례가 기다렸다

조공무역에 적극 참여한 유럽국가는 네덜란드

16세기 이후 아주 드물었지만 가톨릭 선교사들이 중국 땅을 밟으면서 유럽인과 중국, 중국인 사이에 대면접촉이 이뤄졌다. 그 후 150년이란 긴 세월이 지나서야 청나라가 개방의 문을 빠끔히 열고 바깥세상의 동태를 살피면서 통상을 목적으로 하는 유럽국가의 조공이 더러 있었다. 뒤이어 보기 드물지만 황제알현도 성사되었다.

청나라 말기의 국가기록에 나오는 조공국 명단에는 로마 가톨릭 교황청과 대영제국도 등장한다. 청나라의 그 같은 정책변화는 선교사들에 의해 유럽문물이 중국에 더러 소개되었고, 그에 따라 중국에서도 유럽과의 문화적-경제적 교류에 관한 욕구가 조금씩 생겼기 때문이었다. 문제는 조공무역이 책봉을 전제로 한다는 점이 뒤따랐다.

공화정인 네덜란드와 종교국가인 로마교황청을 제외하면 나머지 유럽 국가들은 왕정제인 까닭에 그 점에 동의했을 리 만무하다. 또 유럽 국가들이 동의했을 이유도 없었다. 중국과 유럽은 지리적으로 멀리 떨어져 있어 중국이 군사적으로 어떤 영향력을 미칠 수도 없었지만, 또 그 즈음 중국은 그럴 처지도 아니었다.

실제로 중국은 국가적 차원에서 아프리카 동해안을 넘어서 항해한 적이 없었다. 그 같은 현실을 감안하면 중국이 겉으로는 드러내지 않았지만 조공무역이 책봉은 빼고 단지 통상의 목적으로만 이뤄지기 시작했다는 판단이 가능하다. 유럽 국가의 입장에서도 조공이란 형식적인 의미에 무게를 두기보다는 단지 경제적 이득만 따졌었을 것이란 소리다.

청나라 건륭연간(1736~1795년)을 기준으로 1년간의 조공횟수를 보면 오키나와(琉球國-유구국) 19회, 필리핀(蘇祿國-소록국) 5회, 베트남(安南-안남) 15회, 태국(暹羅國-섬라국) 12회, 라오스(南掌國-남장국) 8회, 버마(緬甸國-면전국) 8회 등이다. 그 자료에 따르면 청나라가 남방국가와는 경제적 교류가 비교적 활발했다는 사실을 알 수 있다.

남방국가들은 조공무역의 공물로 중국에서 나지 않는 토산품과 특산물을 많이 가지고 갔다. 베트남의 중요한 조공품은 상아, 서각이었고 태국은 코끼리, 서각, 상아, 공작꼬리, 약재, 목재 등이었다. 필리핀은 진주, 베, 원숭이 등을 조공품으로 바쳤다. 여기서 서각(犀角)은 중국인이 정력제라고 믿는 코뿔소의 뿔을 말한다.

청나라 건륭제 재위기간에 통상을 목적으로 조공한 유럽국가는 로마 교황청(西洋國-서양국), 포르투갈(葡萄牙-포도아), 네덜란드(荷蘭-하란), 러시아(俄羅斯-아라사), 영국(英吉利-영길리) 등이었다. 로마 교황청은 통상의 목적이 아닌 포교의 목적으로 중국과 우호적 관계를 가질 필요가 있다고 판단하여 조공품을 보낸 것으로 사료된다.
그 즈음 청나라는 일부 유럽국가에 대해 문호를 극히 부분적이지만 개방했었다. 광둥(廣東-광동)성 광저우(廣州-광주)에 한해 유럽의 상인과 선교사들이 제한적으로 교역과 포교활동에 종사하도록 허용했던 것이다. 네덜란드는 유럽국가 중에서 유일하게 조공무역의 공기(貢期)를 정하고 공물을 바쳤다.

네덜란드는 스페인한테서 독립하여 공화정을 채택하고 있었다. 그 까닭에 네덜란드는 왕정제 국가와는 달리 공물을 바치는 조공무역에 대해 거부감이 적었다고 볼 수 있다. 그에 따라 상업적 이익을 도모하기 위해 조공이라는 까다롭고 복잡한 절차에 크게 개의하지 않았을 것으로 짐작된다.
네덜란드는 청나라 건국초기인 순치 13년인 1656년부터 광둥성을 통해 8년에 1회 조공무역을 가졌다. 청나라는 그 후 강희 25년인 1686년 네덜란드에게 푸젠(福建-복건)성을 경유하여 10년에 1회에 한해 조공무역을 허용했다. 건륭 재위기간에는 네덜란드의 요청에 따라 조공무역의 횟수가 5년에 1회로 늘어났다. 조공품은 서양직물, 말안장, 아프리카 상아, 유리그릇, 금으로 장식한 칼 등이었다.
교황청과 포르투갈은 조공무역의 횟수가 정해져 있지는 않았고 광둥성을 통해 조공무역이 이뤄졌다. 포르투갈은 아프리카를 거쳐 사자, 상아, 서각을, 그리고 동남아시아에서 정향을 가져갔다. 유럽에서 가져간 교역품은 산호, 보석, 수정, 포도주, 다이아몬드로 장식한 칼, 금박으로 장식한 서류상자 등이었다.

유럽국가들 상아, 서각 사서 팔아 도자기 매입

　세계 어느 곳의 중국 골동품점에 가보더라도 중국에서 나지 않는 코끼리 상아나 코뿔소 뿔로 만든 명-청대의 공예품이 고가에 거래된다. 그 중의 상당량은 동남아시아 국가들의 조공품이나 밀수품으로 제작했을 것이다. 나머지는 중국이 포르투갈과 네덜란드한테서 사들인 코끼리 상아와 코뿔소 뿔로 만들었을 것으로 추정된다.

　그 사실은 조공무역과 해금령에도 불구하고 중국과 포르투갈, 네덜란드 사이에 이뤄진 밀무역의 규모가 의외로 컸다는 사실을 간접적으로 말해주는 대목이다. 두 나라가 대항해 시대를 열었지만 막상 중국에 팔만 한 상품이 별로 없었다. 그 까닭에 두 나라는 노예무역, 향신료 무역, 중계무역을 통해 번 돈으로 중국의 청화백자, 비단, 칠기를 샀다.

　또 두 나라는 유럽에서 중국으로 가는 길에 동아프리카에 들려 약탈하거나 사들인 코끼리 상아와 코뿔소 뿔을 중국에 가져가서 팔아 중국상품을 샀다. 동남아시아 국가들의 조공품 중에는 상아가 많은 것을 보면 중국인들이 오랜 세월에 걸쳐 상아를 소중하게 여겼고 상아 조각품을 대단히 애호했다는 사실을 알 수 있다.

　타이완 고궁박물관이 소장하고 있는 상아투화운용문투구(象牙透花雲龍紋套球)를 보면 그 조각솜씨에 경탄해마지 않을 수 없다. 그 작품을 보는 순간에 사람의 손으로 저렇게 정교하게 만들 수 있는지 탄성이 절로 난다. 그 재간이 신기에 가깝다. 청대에 만든 그 작품은 하나의 상아 공 안에 여러 개

중국인의 상아 사랑

중국에는 코끼리가 살지 않아 상아가 나지 않는다. 그런데 중국인들은 예로부터 상아 조각품을 애호한다. 명대, 청대에는 상아 조각품을 동남아시아의 조공국들이 바친 조공품이나 밀수품으로 만들었을 것이다. 아니면 포르투갈과 네덜란드를 통해 샀을 것으로 추정된다.

　사진은 타이완 고궁박물관이 소장하고 있는 청대의 상아투화운용문투구(象牙透花雲龍紋套球). 하나의 상아 공 안에 점점 작아지는 공이 17개나 들어있다. 공 하나, 하나가 서로 떨어져서 돌아가며 원형의 구멍을 맞추면 모든 공이 일직선을 이룬다. 공마다 용이 구름 사이를 노니는 운용문(雲龍紋)을 새겨져 있는데 그 조각술이 신기에 가깝다.

의 공이 들어있는 다층구(多層球)다.

하나의 상아 토막으로 하나의 큰 공을 만들고 그 안에 또 공을 만들고 또 만들어 공이 17개나 들어있다. 붙이거나 잇지 않고 조각하여 공 하나 하나가 서로 떨어져서 돌아가며 원형의 구멍을 맞추면 17개의 공이 일직선을 이룬다. 믿기 어렵지만 3대에 걸쳐 만들었다는 소리도 있다. 공 하나하나에 투각으로 용이 구름 사이를 노니는 운용문(雲龍紋)을 새겼다.

중국에서는 코뿔소 뿔인 서각이 정력제로 알려져 오늘날에도 값비싼 한약재로 쓰인다. 중국인들은 서각으로 만든 술잔이나 찻잔에 술이나 차를 담아 마시면 약효가 우러난다고 믿는다. 그 까닭에 코뿔소 뿔을 정교하게 조각해서 만든 서각배(犀角杯)가 비싸게 팔린다. 명-청대의 서각배 골동품은 한국 원화로 보통 억대가 넘는다.

오늘날에는 코뿔소가 생물다양성협정에 의해 멸종위기 동물로 지정되어 포획과 거래가 금지되어 있다. 하지만 근자에도 간혹 아프리카 코뿔소 뿔이 중국인에 의해 밀거래된다고 언론에 보도되기도 한다. 베트남에도 그 수요가 있다. 뿔을 노린 인간의 탐욕이 빚은 남획으로 인해 코뿔소 개체수가 격감하여 희소가치가 날로 뛰고 있다. 무게를 재어서 파는데 보통 금값보다 30% 가량 비싼 값에 거래된다.

중국인의 서각 애호

사진은 중국인들이 정력에 좋다고 믿는 코뿔소 뿔을 정교하게 조각해 만든 서각배(犀角杯). 서각배에 술이나 차를 담아 마시면 약효가 우러난다는 것이다. 코뿔소는 중국에서 살지 않아 옛날이나 오늘날이나 그 뿔 값이 귀중품과 맞먹는다.

명-청대의 서각배 골동품은 한국 원화로 보통 억대가 넘는다. 코뿔소가 멸종위기 동물로 지정되어 포획이 금지되어 있지만 근자에도 더러 밀거래가 이뤄진다. 무게를 재어서 파는데 보통 금값보다 30% 가량 비싸다고 한다.

코뿔소와 마찬가지로 코끼리의 천적도 인간이다. 코끼리 상아도 생물다양성협정에 의해 세계시장에서 거래가 금지되어 있다. 그에 따라 주고객인 중국이 상아뿐만 아니라 그 가공품도 수입을 금지하여 중국에서는 상아공예품 값이 천정부지로 뛰어 암거래되고 있다.

2,000년 전에는 중국 황하 유역에도 고끼리가 살았었다. 그 연유에서인지 상아는 중국인 생활에 깊숙이 파고들어 도장, 안경테, 담뱃대, 마작패, 팔찌, 목걸이, 반지 등 장신구로 애용되었고 지금도 쓰인다. 코끼리 상아를 수입하는 길이 막히자 중국에서는 1만년 전에 멸종한 매머드의 상아(mammoth tusk)를 대용품으로 써서 만든 공예품이 호황을 누린다.

기후변화에 따른 지구온난화로 인해 시베리아 얼음층이 녹아내리고 있다. 오랜 세월 얼음에 갇혀 동면하고 있던 매머드 사체에서 발굴된 매머드 상아가 중국에서 고가에 거래되자 시베리아에는 매머드 상아 사냥이 한창이다. 러시아에서는 일찍부터 매머드 상아로 정교하게 조각한 공예품이 고가에 거래되어 왔다.

일본에서도 상아가 전통적으로 도장, 악기 부속품의 소재로 쓰이고 있으며 조각술 또한 출중하여 수요가 줄지 않고 있다. 베트남도 상아 공예술이 뛰어나며 그 수요가 적지 않다. 일본은 중국과 달리 상아거래시장을 폐쇄하여 코끼리를 보호하자는 국제사회의 호소를 무시하고 있다.

일본은 상아 조각품이 전통문화라고 강변하는가 하면 자국내의 상아거래와 국제밀수는 상관관계가 없다는 엉뚱한 주장을 펴며 국내시장을 유지하고 있어 국제사회의 빈축을 사고 있다. 일본은 상아뿐만 아니라 식용을 위한 고래사냥을 비난하는 국제사회의 외침도 전통문화라는 이유를 내세워 외면하고 있다.

일본에서 상아수입을 공식적으로 허용하고 중국에서 상아밀수가 근절되지 않은 탓에 아프리카에서 상아를 노린 코끼리 사냥이 아직도 성행하고 있다. IUCN(국제자연보호연합)에 따르면 아프리카 코끼리의 개체수가 1979년 134만 마리, 1987년 74만 마리, 2015년 41만5,000마리로 급격한 감소추세를 나타내고 있다.

청조 초기 130년간의 서양사신 접견은 11건뿐

만주족의 청나라가 중원을 차지하면서 유럽 국가에게 굳게 닫혔던 문호가 조금씩 열리기 시작했다. 유럽 국가들이 스스로 천자라고 일컫던 중국황제를 알현하는 기회도 드물지만 갖게 되었다. 그런데 유럽국가로서는 이해하기 어려운 조공이라는 제도 말고도 황제를 만나려면 넘어야 하는 또 다른 고개가 기다리고 있었다.

그것은 외국사신이 그의 면전에서 엎드려서 절을 해야 하는 고두례라는 의식이었다. 고두례는 사신이 황제 앞에 나가 바닥에 엎드려 그것도 여러 차례머리를 조아리는 그야말로 치욕적인 행사였다. 그 절차 또한 여간 까다롭지 않았다. 황제를 알현할 기회를 얻기도 힘들었지만 고두례라는 어려운 고비를 꼭 넘어야만 알현의 길이 열렸다.

청나라 자료를 보면 강희제부터 건륭제까지 130여년에 걸쳐 유럽 국가들이 파견한 사신이 조정에 나가 황제를 알현한 조근(朝覲)은 모두 11 차례에 불과했다. 로마 가톨릭 교황청(西洋國-서양국)은 선교사들의 헌신적인 노력에 힘입어 다른 나라에 비해 일찍이 광둥(廣東-광동)성을 경유해 사절을 파견하였다. 그 때가 강희 6년인 1667년였다.
 국가별로 사절단을 파견한 횟수는 러시아(俄羅斯國-아라사국) 2회, 포르투갈(葡萄牙-포도아) 2회, 네덜란드(荷蘭國-하란국) 3회, 로마 교황청(西洋國-서양국) 2회, 영국(英吉利-영길리) 2회였다. 청조 초기 130년간의 유럽사신 접견횟수를 보면 청나라가 유럽국가에 대해 아주 폐쇄적이었으며 조공과 알현을 아주 고압적으로 운영했음을 알 수 있다.
 러시아는 순치 13년인 1656년 사신을 파견하여 황제를 뵈려고 했다. 그런데 사신이 조정에 나아가서 황제를 알현하는 의식인 조의(朝儀)를 익히지 못했다는 이유로 공물을 물리고 사신을 돌려보냈다. 이듬해에도 표문과 공물을 보내기를 3차례나 시도하였으나 황제를 조근하지 못하였다. 표문이 체제에 맞지 않다는 것이 그 이유였다. 표문(表文)은 황제에게 올리는 외교문서의 일종을 말한다.
 그 후 37년이 지난 강희 32년인 1693년에 이르러서야 러시아 사신이 황제의 부름을 받아 강희제를 소견(召見)하고 음식을 대접받을 수 있었다. 러시아 사신이 청나라 황제를 알현했던 절차와 예식을 보면 외국 사절단이 청나라 황제를 뵙는 조근의례가 아주 엄격했음은 물론이고 매우 굴욕적이었음을 말해준다.
 포르투갈은 강희 55년인 1716년에야 비로소 사신이 강희제를 소견하고 차를 대접받는 기회를 얻었다. 그것은 포르투갈이 중국과 교역의 길을 트려고 황제를 알현한다며 대사를 대동하고 남중국해 가서 전투까지 벌인지 200년이 지나서야 성사된 일이었다. 또 포르투갈이 명조 가정 35년인 1557년 마카오의 거주권을 얻은 지 159년만이었다.

러시아는 1689년 청나라와 맺은 네르친스크 조약에 따라 아무르 강 이북의 땅을 숭국한테 할양했다. 그 조약을 체결한지 4년이 지난 1693년에야 러시아 사신이 청나라 강희제를 알현할 수 있었다. 사진은 17세기 중국을 방문한 러시아 사절단.

중국황제를 조근하려면 군신의 예의를 상징하는 삼궤구고두례(三跪九叩頭禮) 또는 삼배구고두례(三拜九叩頭禮)라는 의식을 반드시 거쳐야만 했다. 삼궤(三跪)는 세 번 무릎을 꿇고 절한다는 뜻이다. 배(拜)도 몸을 굽혀 절한다는 뜻이니 둘 다 비슷한 의미다. 구고두례(九叩頭禮)는 모두 아홉 차례나 바닥에 엎드려 머리를 조아려 경의를 나타낸다는 의미다.

고두례(叩頭禮)는 본래 신불이나 직계 존속과 친속에게 존경을 표시하는 예의였는데 명나라 들어서 황제에게 경의를 표시하는 의식으로 변화했다. 그 당시에는 오배삼고지례(五拜三叩之禮)를 행했었다. 무릎을 꿇고 절하고 일어나기를 다섯 차례나 반복하고 나서 바닥에 엎드려 세 차례 머리를 조아리는 의식이었다. 그것이 청나라 들어 삼궤구고두례로 바뀌었다.

삼궤구고두례를 행하는 방식은 "궤"(跪)라는 명령이 떨어지면 무릎을 꿇는다. "일고두"(一叩頭)라는 호령에 따라 두 손을 바닥에 댄 다음에 이마가 바닥에 닿아 쿵 소리가 날 정도로 머리를 조아린다. 그렇게 세 차례 엎드려 절을 한 다음 "기"(起)라는 호령에 따라 일어선다.

이어서 "재고두"(再叩頭), "삼고두"(三叩頭)라는 호령이 떨어질 때마다 거기에 맞춰서 동일한 행동을 반복한다. 그와 같이 한번 무릎을 꿇을 때마다 세 차례씩 엎드려 절을 하고 일어나는 일련의 행동을 세 번 반복하여 모두 아홉 차례 절을 하고 나면 의식이 끝난다.

영어에서는 고두(叩頭)를 음역해 kow-tow라고 한다. 신해혁명 이후에는 삼궤구고두례가 허리만 가볍게 굽히는 국궁(鞠躬)으로 대체되었다. 국(鞠)은 굽힌다는 뜻이고 궁(躬)은 몸, 신체를 말하니 허리를 굽힌다는 뜻이다.

사진은 타타르의 사신이 청나라 건륭제에게 군신의 예의를 갖추고 고두례를 마친 다음 백마를 조공품으로 진상하는 장면. 이탈리아 선교사인 화가 주세페 카스틸리오네의 1757년 작품. 두루마리.

대영제국 특사에 무릎 꿇는 굴욕적 의식 강요

 영국이 중국과 교역을 확대하면서 무역적자가 눈덩이처럼 불어났다. 영국이 과도한 은 유출로 인해 재정악화가 심화하자 그 타개책의 일환으로 청나라에 통상사절단을 파견했다. 그에 따라 1792년 9월 26일 특명대사 조지 매카트니(George Macartney)를 단장으로 하는 통상사절단 84명이 호위함 2척을 거느리고 64개의 포문을 장착한 전함을 타고 영국을 떠났다.
 대사일행은 대서양과 인도양을 거쳐 건륭 58년인 1793년 5월 마카오에 도착했다. 국왕 조지 3세의 친서를 가진 수행원을 베이징의 자금성으로 보냈다. 수행원이 그곳에서 두 달 가량 머물다 건륭제를 알현할 수 있다는 전갈을 받았다. 사절단은 다시 닻을 올려 그 해 7월 베이징의 관문인 톈진(天津-천진)항에서 닻을 내렸다.
 사절단 일행은 베이징에서 다시 여장을 꾸리고 건륭제의 82세 생신축하연이 열리는 장소로 발길을 옮겼다. 일행이 만리장성을 넘어 황제의 여름별장인 열하 피서산장에 도착하니 그 때가 마카오에 발을 디딘지 석 달이 지난 음력 8월이었다. 사절단이 영국을 출발한 지 꼭 1년만의 일이었다.
 청조가 영국 사절단이 황제를 알현하는 조건으로 중국식 의례인 삼궤구고두례를 요구했다. 거기서 영국의 특명전권대사 조지 매카트니가 무릎을 꿇고 앉았다 서기를 세 번이나 반복하며 바닥에 머리를 아홉 번이나 조아리는 고두례를 해야 하는지, 말아야 하는지가 쟁점으로 떠올랐다고 한다.

매카트니는 청나라의 요구를 단호하게 거절했다고 전해졌다. 중국이 영국을 대표하는 사신에게 고두례를 요구했다는 사실은 중국이 영국을 동등한 관계가 아닌 군신관계로 여겼다는 의미다. 다시 말해 수평적 관계가 아닌 수직적 관계를 강요한 것과 마찬가지였다.

1793년이면 세계의 제해권을 장악한 대영제국이 유니온 잭을 휘날리며 세계의 바다를 주름잡던 시기였다. 그 영국의 입장에서는 삼궤구고두례를 국가적 치욕으로 받아들였을 것이다. 그 때 청조는 쇠퇴기에 접어들던 무렵이었다. 그 문제에 관해서는 양측의 기록이 엇갈린다.

청나라는 영국 사절단을 조공사절로 여기고 황제를 알현하는 조건으로 고두례를 요구했다고 한다. 매카트니는 자신이 청나라 종속국의 신하가 아니라는 이유를 내세워 거절했다고 한다. 절충안으로 건륭제의 어좌 후면에 영국국왕 조지 3세의 초상화를 걸어놓고 매카트니가 자국국왕에게 의례를 행하듯이 예절을 표시하여 고두례를 대신했다는 주장도 있다.

사진은 영국 사신 조지 매카트니가 청나라 황제 건륭제를 알현하는 장면. 영국사절단 수행화가 윌리엄 알렉산더의 1793년 작품. 이 그림에서는 매카트니가 고두례를 하지 않고 있는데 그 점의 진위에 대한 논쟁은 아직도 살아 있다.

매카트니는 수행원 84명을 대동하고 중국을 방문했는데 그 중에는 화가가 있었다. 유럽에서는 궁중화가가 역사적으로 중요한 궁중행사를 기록으로 남겼다. 오늘날의 전속사진사 같은 역할을 했던 것이다. 그가 영국대사의 건륭제 알현장면을 묘사한 그림을 보면 등장인물들이 모두 키가 크고 얼굴 윤곽도 서양인처럼 그려져 있다.

 그 그림에는 매카트니가 머리를 바닥에 맞대지 않고 영국식 의례에 따라 무릎을 살짝 굽히고 어깨를 숙인 모습이 나온다. 또 건륭제 어좌 후면에는 영국국왕 조지 3세의 초상화가 걸려 있지 않다. 화가가 의도적으로 그리지 않았는지는 알 수 없는 일이지만 말이다.

 그 그림처럼 매카트니가 고두례를 하지 않고 영국식으로만 예의를 표시했다면 당시 중국에서는 이해하기 어려운 이변이 일어난 셈이었다. 훗날 그의 후임자도 건륭제의 아들 가경제를 알현하려다 고두례를 요구받고 거절하여 황제를 알현하지 못했다는 사실이 그 그림의 신빙성에 대한 의문을 자아낸다.

 사절단은 청나라와 교역을 증진하기 위해 중국측의 구매욕을 자극할 수 있는 물품을 건륭제에게 선사했다. 산업혁명 단계에 이른 영국이 최신기술로 제작한 소총, 대포, 기선모형, 천문측정기, 망원경, 철광석 융해기 등이 그것들이다. 특히 중국황제를 위해 영국이 유리로 공들여 제작한 천상의(天象儀-planetarium)가 있었다.

 매카트니가 휴대했던 조지 3세의 친서에는 통상증진을 위해 베이징에 영국 외교관의 상주를 허용하고 저우산(舟山-주산) 근처의 섬을 할양해달라는 내용이 들어 있었다. 중국차 최대수입국인 영국의 입장에서 무역적자가 크니 포르투갈의 마카오 선례에 따라 그 같은 요구를 했을 것으로 유추된다.

 하지만 조공무역을 고수하며 조공횟수와 조공장소는 물론이고 일시, 품목, 인원까지 지정하는 청나라의 입장에서는 상상하기 어려운 요구였을 것이다. 더욱이 민감한 영토문제를 거론함으로써 청조의 반감을 자극했을 것으로 추측된다. 매카트니는 건륭제의 82세 생신 축하연에서 그를 잠시 알현한 다음에 그가 베이징에 체류하는 동안 다시 건륭제를 만나지 못했다.

 그는 중국이 영국산 모직물과 면직물의 수입을 늘려주고 중국 대리인을 통해야만 거래를 할 수 있는 공행(公行)이라는 무역제도를 개선해달라고 청원할 참이었다. 영국은 중국차 수입으로 인해 무역수지 적자가 확대되니 그 완화방안을 논의하려고 했지만 빈손으로 돌아가야만 했다.

 청나라는 영국 사절단이 가지고 간 선물에 대해서도 별다른 관심을 보이지 않았다. 청조는 매카트니가 가져간 선물을 베이징 원명원에 비치했었다. 그 당시의 정황을 미뤄보면 영국이 가져간 국왕의 선물을 청조는 조공품으로 여겼던 것 같다. 그런데 그 후 67년이 지난 1860년 영국군이 2차 아편전쟁 막바지에 원명원을 파괴하고 약탈하면서 그 선물들을 도로 영국으로 가져가 버렸다.

 청나라가 산업혁명 단계에 이른 영국의 기계기술 발달수준을 파악할 수 있었던 좋은 기회를 스스로 저버려 훗날 우환을 키웠다는 평가가 가능하다. 매카트니 일행은 청나라가 지정해준 대로 육로를 통해 귀국해야만 했다. 그는 귀로에 중국 내륙지역의 지도를 만들어 가지고 돌아갔다.

 영국은 그 후 23년이 지난 1816년 윌리엄 애머스트(William Amherst)를 다시 특명대사로 청나라에 파견했다. 그 때는 건륭제의 아들 가경제가 재위 20년을 맞는 해였다. 영국은 청나라와 만족할 수준의 통상관계를 수립하기를 희망했지만 청나라가 전혀 변화를 보이지 않아 허사가 되고 말았다.

 청나라는 통례에 따라 가경제(嘉慶帝-1796~1820년)를 알현하는 조건으로 고두례를 요구했으나 영국대사 애머스트가 거절했다. 그는 결국 베이징에 입경도 하지 못한 채 빈손으로 돌아가야만 했다. 영국과 달리 네덜란드와 러시아는 고두례를 굴욕적으로 받아들이지 않고 중국의 요구에 따랐다.

 고두례는 군신관계를 훨씬 뛰어넘는 의미를 갖는다. 조선에서 반정을 도모하여 광해군을 폐위시키고 인조가 1623년 즉위했다. 그는 만주에 본거지를 둔 금나라를 배척하고 명나라와 친교를 유지한다는 친명배금(親明排金)을 표방하고 후금과의 외교관계를 단절했다. 태조 누르하치에 이어 즉위한 그의 아들 태종 홍타이지는 국호를 청(淸)이라고 개칭했다.

 홍타이지의 즉위식에 참석한 조선사신이 그에게 배례하지 않아 조선이 친명노선을 바꿀 의사가 없음을 드러냈다. 청조가 명조와 결전을 벌이기 이전에 배후의 위협을 제거하기 위해 먼저 조선을 치기로 작정했다. 홍타이지가 12만명의 대군을 이끌고 1636년 12월 2일 조선을 침략했으니 그것이 병자호란(丙子胡亂)이었다.

 조선조정은 왕세자 봉림대군(후일 효종)을 비롯한 왕실과 함께 역대임금의 신주를 강화도로 대피시켰다. 그런데 청군이 명군출신 수군장수를 앞장세워 1월 22일 새벽부터 강화성을 공략하니 하루 만에 힘없이 함락되고 말았다. 그 소식이 알려지자 인조는 1월 26일 항전의지를 잃고 남한산성을 포위한 청군에게 항복하고 말았다.

 1637년 1월 30일(양력 2월 24일) 인조와 세자를 비롯한 군신백관 500명이 한강 상류의 나루터인 삼전도(三田渡-오늘날의 서울시 송파구 삼전동 석촌호수 부근)에서 청조의 숭덕제를 향해 무릎을 꿇고 삼궤구고두례를 행하는 항복의식을 가졌다. 그것은 조공과 삼궤구고두례가 군신관계를 너머 굴욕적인 주종관계의 의미를 가졌음을 말해준다.

 만주족의 청나라는 한족의 명나라를 굴복시키고 1644년 중원을 차지했다. 그 청나라가 200년이 넘도록 외교관계 수립을 요구하는 유럽 국가들의 사신들에게 굴종적인 고두례를 강요하여 훗날 중원이 침탈당하는 화근을 키웠다. 청나라는 중원이 세계의 중심이라는 중화사상에 몰입되어 세계가 어떻게 돌아가는지 몰랐던 것이다.
 그 때 서유럽 국가들은 해양대국으로 도약하여 세계의 해상권을 장악하고 있다.

세계변화 거스르다 패망

영국특사가 청황제 알현하려 대동했던 기술자들

 영국이 포르투갈보다 1세기나 늦은 1596년 도자왕국 중국을 찾아 나섰으나 항로개척은 여전히 험난했다. 여왕 엘리자베스 1세(Elizabeth I-1558~1603년)에 이어 국왕 제임스 1세(James I-1603~1625년)도 명나라 황제에게 보내는 친서를 휴대한 사신을 여러 차례 파견했으나 중도에 조난사고를 만나 무산되었다.

영국이 중국과 통상증진을 위해 파견했던 특명대사 조지 매카트니(George Macartney).

 1600년 동인도회사를 설립한 영국은 포르투갈과 제휴해 명나라에 개항을 요구하며 통상교섭을 벌이려고 했으나 번번이 거절당했다. 이에 격분한 영국이 무력도발에 나섰으나 그마저 실패했다. 1637년 8월 존 웨델(John Weddell)이 이끄는 무장상선 4척을 파견하여 광저우(廣州-광주)의 후먼(虎門-호문)을 침공했으나 명군에 의해 격퇴되는 수모를 겪었던 것이다.

 1644년 한족의 명나라가 패망하고 만주족의 청나라가 중원을 차지했으나 중국의 쇄국정책에는 근본적인 변화가 없었다. 다만 강희제가 외국인에게 광저우를 제한적으로 개방하여 상업활동을 부분적으로 허용했을 뿐이었다. 영국이 후먼을 침공한지 156년이 지나서야 영국 특사가 중국황제를 알현하는 기회를 얻었었다. 그 때가 1793년 9월이었다.
 대영제국에는 해가 지는 날이 없다는 유명한 말을 남긴 조지 매카트니(George

Macartney)가 영국 특명대사로서 마침내 청나라 건륭제를 알현했다. 그 자리에서 그는 무역업무를 관장할 영국 대사의 베이징 주재를 허용해 달라는 국왕 조지 3세의 친서와 함께 천상의(天象儀)를 선물로 진상했다. 그러나 청조는 별다른 반응을 보이지 않았다.

 여기서 눈여겨 볼 대목은 그의 수행원들이었다. 그는 비서와 그의 11살 난 아들, 그리고 화가 윌리엄 알렉산더(William Alexander)말고도 기술자 3명을 대동했다는 사실이 중요하다. 그의 아들이 나이는 어렸지만 중국어를 공부해서 상당한 수준의 회화를 익혔던 모양이다.
 그는 베이징으로 가는 뱃길에서도 중국어를 열심히 공부했다고 한다. 영국이 중국을 알려고 중국어를 공부했다는 자세가 돋보인다. 건륭제가 일행을 접견한 자리에서 그들 중에 중국어를 말할 수 있는 사람이 있느냐고 묻자 그의 아들이 나서 중국어로 대답해 건륭제가 대견하게 여겼다고 전해진다.
 유럽의 궁정화가는 왕족의 초상화와 함께 국가적으로 중요한 행사나 사건을 묘사하는 기록화를 그렸다. 대사가 화가를 대동했다는 사실은 중국 황제의 알현을 중요한 사건으로 보고 생생하게 기록해서 국왕에게 보고하는 한편 역사적 기록으로 남기려는 의도로 풀이된다.
 그를 수행한 장인들은 금속, 직조, 도자기 전문가들이었다. 기술자들을 대동했다는 사실에서 영국이 중국의 선진기술 발달상황을 파악하고 배우려고 했던 자세가 엿보인다. 영국 모직물은 그 때도 오늘날과 마찬가지로 중요한 수출품목으로 높은 기술력을 자랑했다.
 면직기술은 식민지인 인도도 상당히 발달했지만 영국은 그 즈음 산업혁명 단계에 진입하여 면방산업의 기계화를 통한 대량생산 체제를 앞두고 있었다. 영국은 특히 중국의 이름난 특산품인 비단을 만드는 견직기술에 높은 관심을 보였을 것으로 짐작된다.
 영국은 견직기술이 뒤져 있어 다른 분야의 직조기술을 익히려고 했던 것으로 보인다. 비단은 그 즈음에도 중국의 값 비싼 수출품이었고 유럽에서는 로마제국 이래로 부유층 사이에 오랫동안 높은 명성을 누린 인기상품이었다. 비단은 유럽이 도자기보다 먼저 애호했던 중국 특산품이었다.
 영국은 중국의 뛰어난 금속세공과 합금기술에도 관심이 높았던 것같다. 중국의 철주조물과 청동기물에 나타난 섬세한 세공술이 기원전부터 고도로 발달한 금속기술을 말하고도 남는다. 중국이 일찍이 도자기의 채색원료로 산화철, 산화동, 산화코발트를 이용한 것으로 보아 금속의 성질을 잘 알았다고 보아야 한다.
 도자기는 그 즈음 영국도 이미 백자기술을 자력으로 개발한지 반세기 가까이 지나 상당한 기술축적이 이뤄진 상태였다. 특히 소뼈를 갈아 넣어 만든 영국 특유의 골회자기

(骨灰瓷器-bone china)를 개발해 중국의 박태자기(薄胎瓷器)만큼이나 얇고 가벼운 자기를 만들고 있었다.

하지만 영국은 다양한 채색자기의 첨단기술을 도입하려는 의지가 강했던 것으로 보인다. 매카트니 대사는 건륭제의 82세 생신을 맞아 값이 1만5,000파운드에 상당하는 생신축하 선물을 증정했다. 거기에는 유럽의 최신 천문기술로 만들어진 천상의(天象儀)가 포함되었는데 그 대목도 주목할 필요가 있다.

황제는 하늘의 아들인 천자라고 여기는 중국은 예로부터 하늘의 기운과 왕조의 흥망성쇠 사이에 깊은 연관이 있다고 믿고 있었다. 영국이 그것을 알기에 천상의를 선물로 들고 갔을 것이다. 다시 말해 영국은 중국이 갖고 싶은 첨단제품을 선물로 준 셈이다.

독일출신의 예수회 선교사인 요한 아담 샬 폰 벨(Johann Adam Schall von Bell-湯若望-탕약망)이 청나라 순치제(順治帝-1644~1661)에게 천체현상을 기록한 상주문을 올리면서 서양역법을 사용하도록 권유했다. 또한 천체현상을 계산하기 위한 천문측정기구의 제작을 건의했다.

베이징 고궁박물관이 소장하고 있는 신법 지평일구(新法 地平日晷)는 아담 샬이 청조 순치 원년에 제작한 것이다. 그 기구를 통해 중국 과학자들은 시간과 절기를 정확하게 계산할 수 있었다. 그 점에서 보면 천문기술은 당시 유럽이 중국보다 훨씬 앞서 있었음을 알 수 있다.

황제를 알현한 후 며칠이 지나 맥카트니 특사일행은 건륭제 82세 생신잔치에 초청을 받았다. 그러나 영국특사의 입장에서는 실망되게도 건륭제가 참석하지 않았다. 10월 3일 궁정에서 열린 공식행사에서 답변을 들었으나 그것은 듣고 싶지 않은 최악의 내용이었다. 베이징 상주대사를 불허한다는 것이었다.

매카트니는 무역제한이라도 풀어달라고 서면으로 요청했으나 그마저 거절당했다. 그 후 23년이 지나 영국은 또 윌리엄 애머스트(William Amherst)가 이끄는 2차 사절단을 파견했다. 건륭제의 아들 가경제(嘉慶帝-1796~1820)가 즉위한지 20년이 지난 1816년이었다.

그러나 애머스트도 황제를 알현하지 못한 채 매카트니와 마찬가지로 아무런 소득이 없이 빈손으로 돌아가야만 했다. 그럼에도 영국의 중국무역은 날로 번성했다. 영국은 모직물, 면직물을 팔아 중국의 도자기, 비단, 차를 샀는데 그 중에서도 차 수입액이 가장 컸다. 하지만 영국의 수출실적은 신통치 않았다.

영국과 중국의 무역규모는 점점 커졌지만 중국으로 가는 영국, 그리고 그 식민지 인도의 상품은 점차 줄어들어 영국의 무역적자가 갈수록 커져갔다. 차 수입대금을 지급할 은이 부족하자 영국은 그것을 보충할 새로운 상품을 찾기 시작했다. 그것이 바로 최고의 수익을 보장하는 아편이었다.

유럽인의 상업활동지역 제한하고 여성거주 금지

아편소탕의 임무를 띤 임칙서(林則徐)가 1839년 3월 10일 임지인 광저우(廣州-광주)에 부임하자마자 6~7일간에 걸쳐 현장조사를 실시했다. 임칙서는 이어 13명의 행상(行商)들을 소환해 심문했다. 그들은 대외거래를 독점적으로 전담하던 중국상인들로서 영국상인들의 대리인 역할을 하면서 그들의 아편밀매를 뒤에서 도왔다는 혐의를 받고 있었다.

중국의 대외거래를 맡았던 공행(公行)이란 제도가 1760년 건륭제의 칙령에 의해 처음 도입되었다. 공행은 청조가 광저우에 주재하던 유럽 상인과 상업적 거래를 할 수 있는 특권을 부여한 중국상인조합을 말한다. 그 조합에 가입한 상회를 양행(洋行), 상인을 행상(行商)이라

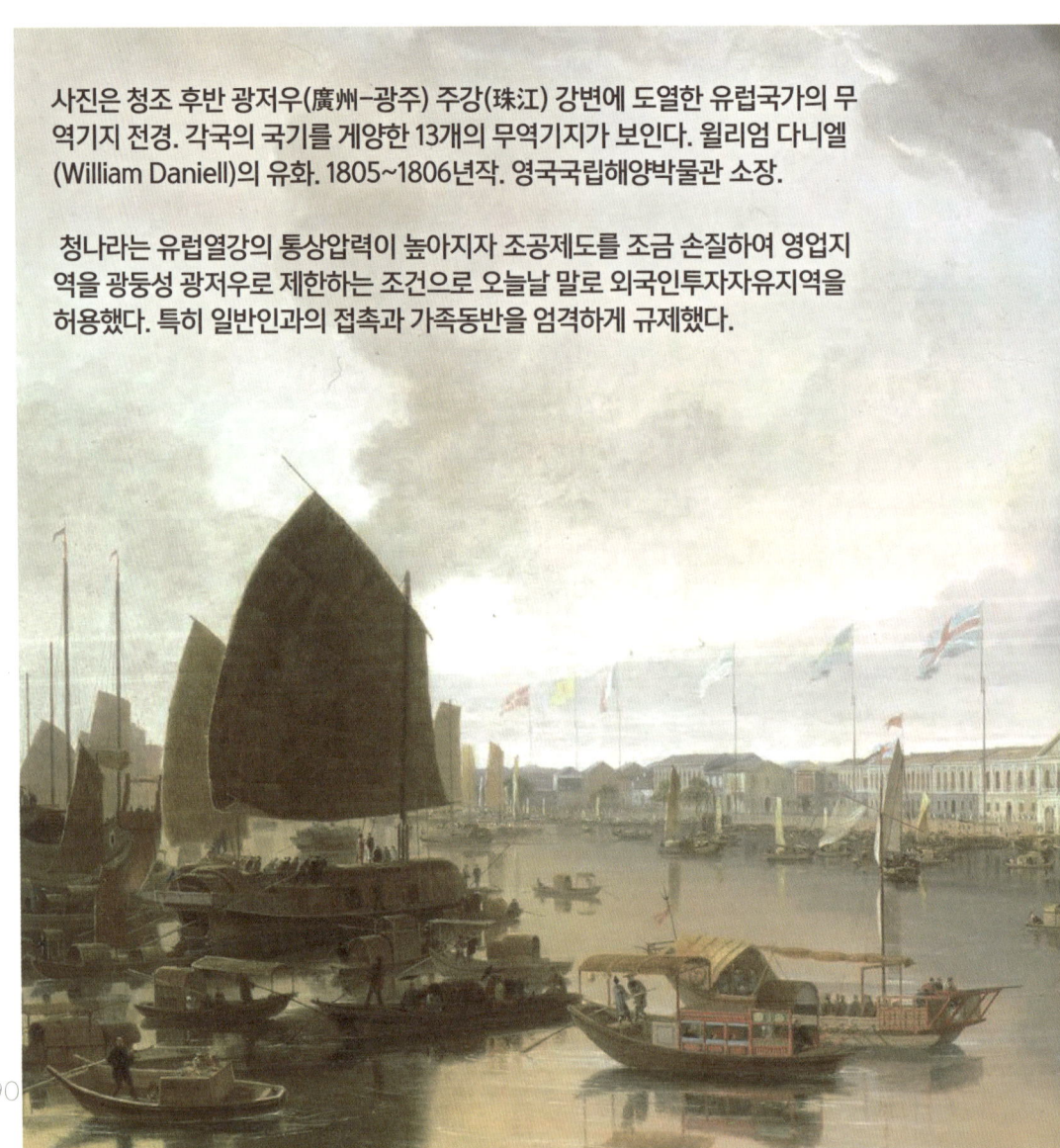

사진은 청조 후반 광저우(廣州-광주) 주강(珠江) 강변에 도열한 유럽국가의 무역기지 전경. 각국의 국기를 게양한 13개의 무역기지가 보인다. 윌리엄 다니엘(William Daniell)의 유화. 1805~1806년작. 영국국립해양박물관 소장.

청나라는 유럽열강의 통상압력이 높아지자 조공제도를 조금 손질하여 영업지역을 광둥성 광저우로 제한하는 조건으로 오늘날 말로 외국인투자자유지역을 허용했다. 특히 일반인과의 접촉과 가족동반을 엄격하게 규제했다.

고 지칭했다.

공행제도가 실시됨에 따라 광저우에 입항하던 모든 외국선박은 행상의 엄격한 감시-감독을 받아야만 했다. 소수의 상인에게만 수출입 업무에 관한 독점적 대리권을 주었기 때문에 행상들은 엄청난 재산을 축재했으며 그에 따라 정치적 영향력도 막강했다.

그러나 중국에서는 전통적으로 상인을 천시했던 까닭에 행상들은 지방관리와 세관관리의 엄격한 통제를 받았다. 행상이 돈은 많이 벌어 세도를 부렸지만 부패한 관리들이 달라는 대로 뇌물을 바쳐야만 했다. 그 대신에 그들은 외국상인들한테서 그 돈의 몇 배를 뜯어냈다.

행상은 상업적 특권을 누리는 한편 외국상인의 행실에 대해서도 책임져야만 했다. 그 까닭에 행상은 외국상인에게 고압적이었다. 세금이 나와도 그대로 외국상인들에게 전

가하여 그들의 불만이 아주 높았다. 외국상인들은 그 문제를 외교적으로 해결해 보려고 수없이 시도했으나 성사되지 않았다.

청나라는 유럽 상인에게 지역적으로는 광저우에서만 상업활동을 허용하는 한편 중국인과의 접촉을 최대한 제한했다. 공행제도를 실시한 목적이 바로 유럽인은 허가받은 중국상인 이외의 중국인과는 접촉하지 못하도록 막기 위한 방비책이었다. 그 조치의 일환으로 유럽인의 가족과 여자는 중국거주를 금지했다. 공행의 뜻이 나중에 외국상인들에 의해 변질되어 일반상인도 코홍(Cohong-공행)이라고 불렀다.

청나라가 시행한 공행제도는 오늘날 아라비아 반도의 사우디 아라비아, 바레인, 쿠웨이트, 카타르, 오만, 아랍에미리트 등 6개 왕국에서 실시하는 후견인(sponsor)제도와 흡사했다. GCC(Gulf Cooperation Council-걸프협력회의) 회원국은 외국인이 자국과 상업적 거래를 하려면 자국민을 후견인으로 지정해야 한다.

그런데 21세기 들어서는 후견인 제도가 크게 완화되어 입출국 규제도 많이 풀렸다. 모든 대외거래는 원칙적으로 후견인을 통해야만 허용되었다. 입국사증(visa)도 후견인을 통해야만 발급되고 취업도 후견인의 보증을 얻어야 가능했다. 외국인은 후견인에게 업무를 의뢰한 비용을 부담해야 했다.

특히 GCC 회원국은 외국여성의 입국도 금지했었다. 그런데 1990년 이라크의 쿠웨이트 침공에 따라 1991년 걸프전쟁이 발발하여 미국군대가 쿠웨이트와 사우디 아라비아에 주둔하면서 외국여성의 입국금지가 점차 완화되었다. 당시 여군비율이 8~9%에 달했던 미국군대의 주둔이 그 영향을 미쳤던 것이다.

영국은 청나라한테서 특별대우를 얻어내기 위해 베이징에 대사관을 설치하려고 백방으로 노력했으나 번번이 실패했다. 중국의 입장에서 영국은 서양 오랑캐일 뿐이었다. 중국이 세계의 중심이라는 중화사상에 비춰 보면 유럽 국가는 조공을 바쳐야 하는 주변국에 지나지 않는다는 것이었다.

그런 이유로 청나라가 개항도 광저우 한 곳만 지정하고 무역거래도 극히 일부의 상인으로 제한했다. 그것은 중국의 입장에서 보면 오랑캐인 유럽 국가의 사상과 문물에 오염되지 않도록 하려는 방책이었다. 문제는 극소수의 상인에게 무역거래를 허용함으로써 결과적으로 독점적 특권을 주는 꼴이 되었고, 그것이 관료부패의 온상이 되었다는 점이 심각했다.

그런 제도적 모순으로 인해 유럽 상인의 불만과 원성이 쌓였고, 이것이 훗날 유럽 국가들이 뭉쳐서 중국을 상대로 싸우게 만든 불씨를 키웠다.

중국전통도자 밀어낸 주문제작한 유럽풍 광채자

 청나라 강희제가 타이완으로 퇴각한 마지막 친명세력인 정성공 일파를 완전히 소탕한 다음에 닫았던 바다로 나가는 뱃길을 다시 열었다. 그 때가 1673년이었다. 단순히 입출항을 금지하는 해금령(海禁令)을 너머서 해안에서 50리 이내에 거주하던 주민들을 내륙지방으로 소개했던 천계령(遷界令)을 풀었던 것이다.

 그 후 40년이 지나 개방지역을 광저우(廣州-광주)로 국한했지만 유럽 국가들에게 무역거점 설치를 허용했다. 그에 따라 영국동인도회사가 가장 먼저 1713년 무역거점을 세웠다. 이어서 시차를 두고 프랑스 1728년, 네덜란드 1729년, 덴마크 1731년, 스웨덴 1732년 등으로 유럽 국가들이 광저우에 무역거점을 설치했다.

 무역거점은 사무실과 함께 수출입 물자를 보관하는 창고, 숙소를 포함한 부대시설을 갖추고 있었다. 동인도회사들은 무역거점을 공장(factory)이라고 표현했다. 유럽 국가들이 광저우에 거주하면서 무역업무에 종사했지만 업무활동과 거주지역에 대한 제한이 엄격했다.

 공행(公行)이라는 대리인 제도에 따라 상업활동에 많은 제약이 따랐지만 유럽 동인도회사들이 중국대륙에 고정거점을 확보함으로써 거래가 한결 편이해졌다. 큰 이점 중의 하나가 중국고유의 기성품을 사는 데 그치지 않고 유럽취향에 맞는 제품을 직접 주문할 수 있었다는 점이다. 그에 따라 상품선택의 폭도 크게 넓어졌다.

 오늘날 표현을 빌리면 OEM(original equipment manufacturing)과 비슷한 주문생산이었다. OEM은 주문자의 의뢰에 따라 주문자의 상표를 부착해서 상품을 제작하는 방식이다. OEM처럼 수입업자가 제시한 사양(specifications)에 맞춰서 제품을 생산함으로써 중국 도자기 생산체제에도 많은 변화가 일어났다.

 광저우에서 중국 상인이 유럽 상인의 도자기를 주문받더라도 생산지인 징더전(景德鎭-경덕진)까지 가는 길이 천리 길이었다. 유럽 상인의 주문을 받아 징더전에 가서 태토로 기형을 만들어 유약을 발라 굽고 색을 입힌 다음에 또 구워서 광저우로 가져가려면 오랜 기간이 소요되었다.

 도자기는 운송도중의 파손율이 높은 편이다. 그 경우 다시 생산공정과 수송과정을 거쳐야 하니 납기준수가 어려웠다. 더 큰 문제는 생산된 상품이 수입업자의 주문취지에 맞지 않을 수도 있었다는 짐이었다. 그 대안으로 주문수요가 많은 기형은 초벌구이를 미리 징더전에서 만들어 광저우로 가져갔다.

 그곳에서 중국 상인에 의해 고용된 화공과 도공들이 주문자의 요구에 따라 초벌구이에 문양을 그리고 채색하고 유약을 입혀서 도자기를 소성했다. 주문과 동시에 채색 등

가공작업만 마치니 신속한 배달이 가능했다. 다시 말해 징더전에서 만든 중간재에다 광저우에서 가공공정을 거침으로써 중국의 전통자기와는 다른 기형과 문양의 완성품이 탄생한 셈이다.

그처럼 유럽인의 취향에 맞춰 광저우에서 만들어진 수출자기를 중국의 전통자기와 구분해서 광채자(廣彩瓷)라고 부른다. 광저우(廣州-광주)에서 만든 채색자기라는 뜻이다. 그 즈음에는 청화백자의 전성기가 퇴조하면서 채색자기의 시대가 도래하여 광저우에서는 각양각색의 채색자기가 주문양식에 따라 만들어지고 있었다.

그 때 유럽 귀족사회에서는 가문이나 국가를 상징하는 문장(紋章)을 그려 넣은 도자기가 유행하여 유럽 식탁을 장식했었다. 그 연유로 유럽 동인도회사들이 주문하는 도자기 중에는 문장 도자기가 많았다. 그 때 광저우에서는 유럽의 300여 왕족-귀족가문들이 주문한 문장 도자기를 제작했었다.

그 대표적인 예가 영국의 사자 세 마리가 그려진 '삼사'(三獅), 러시아의 매 두 마리가 그려진 '쌍두응'(雙頭鷹)이 그것들이다. 그 외에도 유럽 특유의 문양과 성경 이야기, 예수상, 성모마리아상, 군주의 초상화, 서양의 풍경화가 그려진 수출자기가 많았다.

또 중국의 전통적인 대칭적, 반복적 문양이나 직선보다는 유럽인들이 선호하는 인물화, 풍경화와 곡선이 많이 등장했다. 기형에도 큰 변화가 일어났다. 유럽에서 발달한 금속제 식기류와 유리그릇의 기형을 본뜬 스프그릇, 덮개가 있는 찻잔, 샐러드접시, 커피주전자, 머그 같은 유럽인의 취향에 맞는 생활용기가 많이 생산되었다.

네덜란드 동인도회사 바타비아 본사의 기록에는 그 당시 매년 300만점의 중국 도자기를 유

네덜란드 헤르질레 가문의 문장자기. 분채묘금쌍사문반(粉彩描金雙獅紋盤). 1740년경 제작. 직경 22.6cm. 타이완 타이페이 국립고궁박물원 소장.

럽으로 실어 나른 것으로 나온다. 다른 기록을 보면 1722~1747년 25년간 프랑스가 300만점, 덴마크가 1,000만점, 영국이 2,500만~3,000만점을 수입한 것으로 나타났다. 그 많은 중국 도자기들이 유럽 식탁에서 금속제 식기류와 유리제품을 밀어내는 변화를 일구어낸 셈이다.

유럽의 주문생산이 늘어나면서 광저우 주지앙(珠江-주강) 강변에는 도자기 공장들이 줄지어 들어섰다. 일자리를 찾아 중국 전역의 민요에서 우수한 화공과 도공들이 광저우로 몰려들었다. 1769년 광저우 주지앙 남쪽 강변에 있던 도자기 가공공장을 구경한 윌리엄 히키(William Hickey)라는 미국인의 여행기에는 이런 내용이 있다.

"길쭉한 방안에는 200여명이 앉아서 도자기에 문양을 그리고 여러 가지 장식을 만들어 붙이느라 바쁘다. 노인도 있고 6~7세 어린이들도 있다. 그런 공장은 광저우에만 100여개가 있다." 광저우에서 도자기에 그림을 그리는 화공과 도자기를 만드는 도공이 어림잡아 2만명이 되었다는 소리다.

그들은 징더전의 관요에서 대대로 도자기를 구운 도공과는 신분이 달랐다. 징더전 장인들은 장적(匠籍)을 가지고 있어 대를 이어 도공으로서 평생 의무적으로 근무해야 하는 처지였다. 그와 달리 광저우에서 일하던 도공, 화공들은 고용형식을 갖춘 일종의 임금노동자였다.

네덜란드 동인도회사가 일본에 도자기 생산을 의뢰하면서 1680년대 이후 일본 도자기가 유럽시장에 선을 보이기 시작했다. 일본 도자기가 유럽시장에서 호평을 받으며 수출물량이 늘어났다. 또 18세기 중반 들어 유럽에서도 도자기를 제작하면서 유럽인들이 그토록 동경하던 중국 도자기의 신비감이 깨지기 시작했다.

무엇보다도 일본 자기와 유럽 자기는 화학적 기술발달에 힘입어 채색자기의 생산성이 높아졌다. 또 인쇄술의 이용과 기계적 기술발달에 따라 대량생산이 가능해졌다. 그런데 중국 도자기는 여전히 손에만 매달려 있던 탓에 경쟁력이 뒤지기 시작했다. 유럽시장에서 중국 도자기가 일본 도자기와 유럽 도자기한테 밀리면서 수요도 크게 줄었다.

거기에다 18세기 말엽 들어 유럽 국가들이 자국산업을 보호하기 위해 중국 도자기에 대해 높은 수입관세를 부과하기 시작했다. 특히 영국은 1791년 중국 도자기 수입을 중단했다. 그로써 중국 도자기의 화려했던 전성기가 유럽시장에서 종막을 내렸다.

하지만 유럽과 일본에서는 안목 있는 도자 수집가들 사이에는 중국 고도자(古陶瓷)에 대한 수집열기가 여전히 뜨거웠다. 그 때 많은 고도자들이 암암리에 광저우에서 활동하던 유럽인들의 손을 통해 해외로 흘러나갔다. 중국이 21세기 들어 G-2로 굴기하면서 세계고미술 시장에서는 그 옛날 유럽으로 팔려갔던 중국 고도자에 대한 수집열기가 뜨겁게 달아오르면서 값이 뛰고 있다.

그 주고객은 중국이 경제대국으로 부상하면서 무수하게 태어난 중국의 벼락부자들이다.

295

오랑캐한테 안 판다 큰소리치다 종막 내린 청조

 중국의 도자기와 비단은 세계 역사상 그 유례를 찾아 볼 수 없을 만큼 독보적 가치를 가진 상품이었다. 중국 비단이 낙타와 배를 타고, 더러는 또 낙타와 배를 번갈아 바꿔 타고 지중해를 건너서 멀리 로마제국까지 팔려나가 귀족들의 사랑을 담뿍 받았다. 비단이 실려 간 길이라고 해서 동양과 서양을 잇던 무역로에 비단길(Silk Road)라는 이름이 붙었다.
 대항해 시대가 열리기 이전에 이슬람 세계로 가는 중국물자는 주로 낙타 등을 타고 비단길을 건넜다. 아니면 푸젠(福建-복건)성 취안저우(泉州-천주)에서 배를 타고 말라카 해협을 거쳐 중동으로 갔다. 도자기는 낙타 등에 실려 육로로 운송하기에는 무겁기도 하지만 깨지기도 쉬워 아주 소량이 팔려 나가 희귀한 귀중품으로 대접을 받았다.
 바다 비단길의 기점이었던 취안저우는 해양무역의 선구자였던 송, 원대를 거치면서 동방제일의 무역항임을 자랑했었다. 그 까닭에 중국 국가주석 시진핑(習近平-습근평)이 2015년 취안저우를 일대일로(一帶一路)의 출발지로 명명했다. 일대일로는 옛 바다 비단길의 영광을 되살려 '세계의 기회를 중국의 기회로 바꾸고, 중국의 기회를 세계의 기회로 바꾼다'는 중국의 21세기 국가발전전략이다.
 하지만 뭍의 비단길 기점인 창안(長安-장안), 즉 오늘날의 시안(西安-서안)은 잘 알려졌지만 그 옛날 취안저우의 명성을 아는 이들은 그리 많지 않다. 같은 푸젠성에 위치한 샤먼(廈門-하문)이 오늘날에는 취안저우보다 항구도시로 훨씬 더 유명해졌다. 취안저우는 이제 국제도시로 부상한 상하이(上海-상해)나 광저우(廣州-광주)와 비교하면 초라하기 그지없을 만큼 쇠락한 모습이다.
 취안저우에서 출발하여 뱃길을 따라 이슬람 세계에 도착한 중국 도자기와 비단은 거기서 낙타로 바꿔 타고 사막을 넘었다. 그곳에서 다시 배로 갈아타고 지중해를 건너 베네치아나 제노아로 가서 유럽의 각지로 흩어져 나갔다. 중동까지는 이슬람 상인들이 가져갔지만 거기서부터는 유럽 상인의 손을 거쳐 갔다.
 도자기는 값이 비싸기도 했지만 깨지기도 쉽고 운송에도 오랜 시간이 걸려 유럽에서는 그 값이 금값과 맞먹었다. 서유럽이 중국의 청화백자를 찾아 대항해 시대를 열었지만 막상 중국은 유럽이 조공국이 아닌 서양 오랑캐라는 이유로 공식적인 교역을 거부했다.
 하지만 밀무역을 통해서 엄청난 물량의 중국 도자기와 비단이 유럽 대륙을 깊숙이 파고들었다. 그러나 그것은 중국인이 유럽시장을 개척한 것이 아니었다. 유럽인이 비공식 경로를 거쳐 주문, 계약, 운송, 유통 등 모든 구매-판매단계를 맡아서 처리했다.
 한마디로 중국은 경쟁력 있는 독점적 생산자로서 그저 앉아서 물건을 팔았을 뿐이었다. 그 당시 도자기, 비단, 칠기 등 중국상품은 팔고 싶으면 팔고 팔기 싫으면 안파는 그 야말로 철저한 공급자 시장(supplier's market)이었다. 그것도 공식적인 무역이 아닌 유럽 상인과 중국 상인 사이에 형성된 밀거래 시장을 통해 팔려나갔다.

명조 영락제가 파견한 정화(鄭和)의 대양원정대가 1405~1433년 7차례에 걸쳐 인도양을 건너서 멀리 아프리카 동해안 케냐까지 다녀갔다. 그것은 상업적 시장개척을 위한 원정이 아니라 명조의 국위를 널리 선양하여 그의 경유지를 조공국으로 만들기 위한 정치적 원정이었다.

다시 말해 경제적 이득이 아니라 정치적 안정을 도모하기 위한 원정이었다. 그 후 명나라는 조공무역 확대에 따른 재정악화를 이유로 해금령(海禁令)을 내려 바다로 나가는 뱃길을 닫았다. 정화의 대양원정이 아무런 경제적, 정치적 이득을 거두지 못한 채 마감한 꼴이었다.

거기에다 왜구의 노략질이 더욱 극성을 부리자 명나라는 해금령을 100년이 넘도록 풀지 않았다. 선덕제(宣德帝-1426~1435년)가 내린 해금령을 융경제(隆慶帝-1567~1572년) 들어서야 해제했던 것이다. 그 이유는 대외교역 축소에 따른 재정악화였다.

그 같은 상황에서 명나라가 일본의 조선침략 전쟁에 원군을 보냄으로써 재정상태가 더욱 악화되었고 국가기강도 문란해졌다. 그에 따라 남중국해 일대에서 밀무역이 가일층 성행하여 만력제(萬曆帝-1573~1619년) 때부터는 청화백자가 유럽에 대량으로 수출되었다. 그 같은 사실은 네덜란드 동인도회사의 영업실적이 말해준다.

명-청 교체기를 전후한 1602~1682년 80년간에 걸쳐 네덜란드가 중국 도자기를 6,000만점 넘게 수입했다. 다른 유럽 국가의 수입량을 더하면 그 물량은 2배 가까이 늘어날 것이다. 그 시기에는 전란으로 많은 도요지가 파괴되었고 해금령이 내려져 선박의 입출항이 금지되었었다. 그럼에도 불구하고 엄청난 물량이 유럽으로 수출되었던 것이다.

그 사실은 명나라와 청나라가 표면적으로는 조공무역을 고수하고 해금령을 발동했지만 내면적으로는 밀무역 형태로 유럽 국가들과 교류가 비교적 활발했음을 말해준다. 중국이 체면을 지키기 위해 형식적으로는 조공무역을 고집했지만 내용적으로는 밀무역을 통해 재정수입의 확대를 꾀하고 있었다는 소리다.

북노남왜(北虜南倭)라는 말이 뜻하듯이 명나라 말기 들어 북방에서는 유목민족의 침탈이 그치지 않았고 남방에서는 왜구의 노략질과 네덜란드의 침탈이 극성을 부렸다. 그 틈을 노려 만주족이 중원으로 진격해 쳐들어갔다. 전란으로 많은 도요지들이 피해를 입어 도자기 생산량이 크게 감축되었고 수출도 큰 타격을 받았다.

만주족의 청조에 불복하던 친명세력이 타이완으로 퇴각하자 청조가 천계령(遷界令)을 내려 해안지대 50리 이내의 주민들을 내륙지역으로 이주시켰다. 선박의 입출항을 금지하여 바다로 오가는 모든 뱃길을 다시 봉쇄해 버렸다. 타이완으로 패주한 잔명세력을 고사시키려는 작전이었지만 그로 인해 동인도회사들이 중국상품을 사던 길도 막혀 버렸다.

 중국 도자기 구득난이 심해지자 유럽 상인들이 명말에는 도자기를 사려고 베트남, 페르시아로 달려갔다. 청나라 초기에는 네덜란드가 일본에 중국 도자기의 모조품을 만들도록 주문해서 유럽에 내다 팔았다. 일본이 만든 중국도자기 모조품이 유럽에서 의외로 큰 호응을 얻었다. 일본자기가 점차 특유의 일본색을 띠면서 이국적 신비감에 매료된 유럽이 일본도자기에 열광하기 시작했다.

 청나라 강희제가 타이완에 정착한 잔명세력을 소탕한 다음에야 바다로 나가는 뱃길을 다시 열었다. 그 때가 1673년이었다. 강희제 재위말기 들어 중국시장이 조금씩 열리기 시작하더니 1713~1732년 광저우를 유럽 국가에 제한적으로 개방했다. 청조가 유럽인에게 대리인을 통해서만 대외거래를 허용했지만 여자와 가족은 거주를 금지했다.

 그러나 그 즈음 유럽에서는 중국도자기의 독점시대가 마감을 앞두고 있었다. 일본이 유럽시장을 급속하게 잠식하는 사이에 유럽에서도 1700년대 들어 여러 나라들이 독자적으로 도자기 개발에 나섰다. 반세기가 지나자 유럽에서 중국자기의 천년독점이 깨어지고 도자산업의 기계화-산업화가 이뤄지고 있었다.

 그 옛날 유럽에서는 중국하면 도자기를 연상했던 모양이다. 도자기를 국명인 고유명사 China를 그대로 따서 부르더니 그것이 보통명사로 굳어져 도자기를 그냥 china라고 일컫는다. 그것도 옛말이다. 이제는 china를 말하면 주인이 바뀌어 대개 영국 도자기를 연상한다.

 청조가 후반기에 접어들면서 국력이 쇠퇴하고 그와 함께 중국 도자기의 명성도 쇠락하더니 세계시장에서 유럽 도자기가 최고급품으로 대접 받기 시작했다. 중국이 자기의 독점적 지위가 무너지고 있는데도 바깥세상의 변화를 모른 채 옛 기술에만 안주해 수공업 단계에 머물렀던 탓이 크다.

 대항해 시대 맞아 대서양, 인도양, 태평양에서 유럽 국가들의 시장쟁탈전이 치열해지면서 무력충돌이 잦아졌고, 그에 따라 전투력이 놀랍게 향상되었다. 범선은 계절풍을 타고 다니까 한꺼번에 많은 화물을 실을 수 있도록 선박의 대형화가 추진되었다. 증기기관이 등장하여 고속화가 이뤄짐으로써 운항시간이 단축되었다. 소총, 대포의 조준-격발장치가 개선되고 사정거리가 길어졌다.

 그 무렵부터 유럽은 중국을 차츰 수입시장이 아닌 수출시장으로 보기 시작했다. 산업혁명을 이룩한 영국이 기계로 짠 면직물과 식민지 인도에서 재배한 아편을 가지고 중국으로 갔다. 이어 유럽열강이 대포와 군함을 팔려고 가더니 시장침투를 너머 영토침탈을 노렸다. 그런데

도 중국은 중화사상에 도취해 자족하고 있다가 외세에 의해 중원이 침탈당하는 치욕을 겪어야만 했다.

건륭제 재위기간은 청나라의 융성기였지만 그의 재위후반에 들어 국력이 쇠잔하기 시작했다. 1799년 그가 죽고 40년이 지나서 아편전쟁이 일어나 중국은 유럽열강 앞에 굴종하는 신세가 되었다. 건륭제의 사후 60년이 지나자 서태후가 애기황제들 위에 앉아 여제로 군림하며 중원을 호령했다. 그녀가 말년에는 프랑스 도자기 세브르를 애용하여 도자왕국 중국의 자존심마저 헌신짝마냥 저버렸다.

역사에서 가정이란 무의미하지만 중국이 앉아서 장사를 하지 않고 시장을 찾아 나서 개척했다면 역사는 달라졌을 것이다. 항해술, 조선술과 함께 총포술도 크게 발달하여 서방열강한테 굴복하는 일은 결코 없었을 것이다. 하지만 정화의 대양원정 이후 중국은 500년 이상 말라카 해협을 넘어서 항해한 적이 없었다. 그 사이에 서방열강은 대양을 주름잡으며 세계 곳곳에서 식민지를 개척하고 있었다.

프랑스의 나폴레옹이 말했듯이 그 때 중국은 잠자는 호랑이의 모습을 하고 있었다. 그것도 너무 오랫동안 잠들어 있었다. 그야 말로 동아병부(東亞病夫), 즉 동아시아의 병

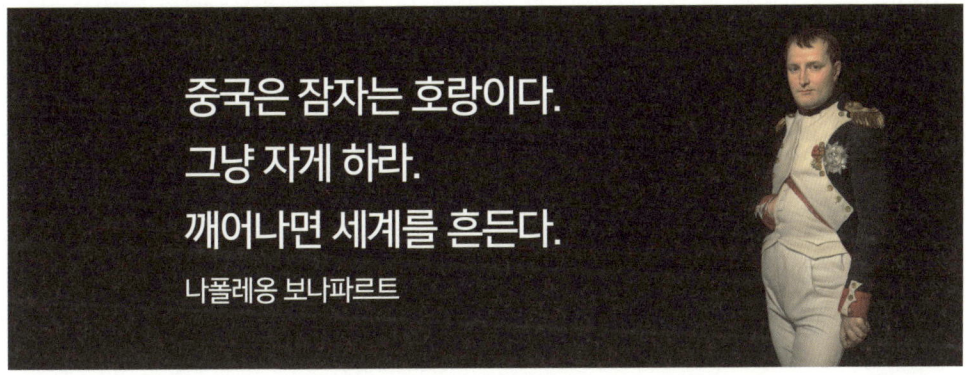

든 사내의 모습이었다. 유럽은 증기기관을 발명하여 산업혁명을 이룩하고 기계화를 추진하는데 중국은 그것을 아랑곳하지 않고 여전히 손에만 매달려 있었다.

그 탓에 중국은 인도에서 오느라 지칠 대로 지친 영국의 전함 몇 척 앞에 두 손을 들고 말았다. 오랑캐라고 멸시하던 일본한테도 굴복하는 수모를 겪었다. 만리장성도 해금령도 수비적 방위전략이었지 공격적 방위전략이 아니었다. 중국은 명-청을 거치면서 수백년간 남쪽과 북쪽에서 불어 닥친 부단한 도발에 직면하고서도 공격적 전략으로 바꿀 줄 몰랐다.

중국은 중화사상에 도취하여 바깥세상의 변화를 감지조차 하지 못한 채 그것이 천자의 정도인 줄 잘못 알고 자족하고 있었다. 정중지와(井中之蛙)가 바로 그것이었다. 그야 말로 중원이란 우물에 갇힌 개구리의 모습이었다.

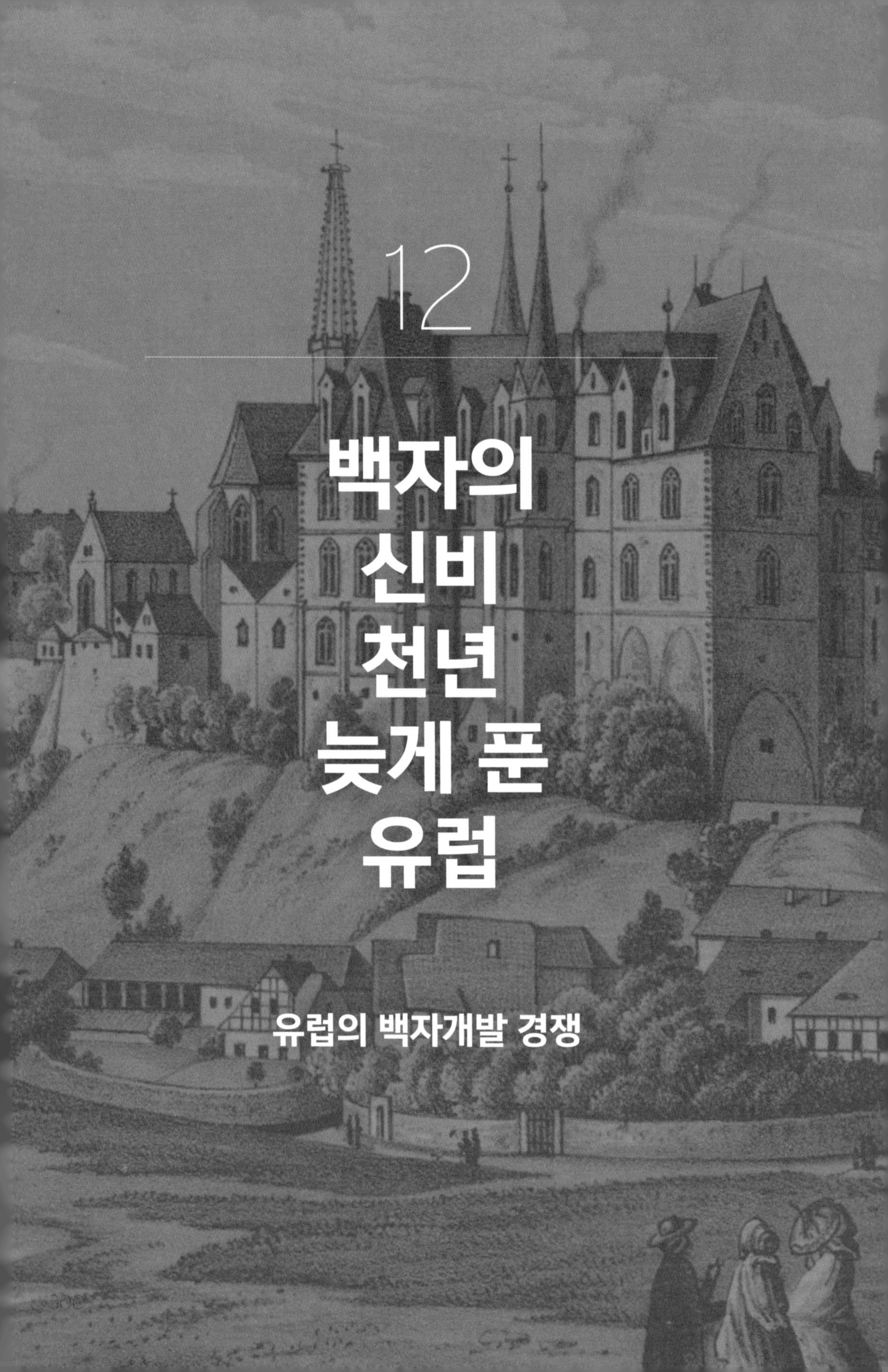

12

백자의
신비
천년
늦게 푼
유럽

유럽의 백자개발 경쟁

오늘날 독일 남동부의 엘베 강변에 위치한 작센 주, 드레스덴에서 오랜 세월 각고의 노력 끝에 백자를 만들어 내는 개가를 올렸다. 그 때가 1709년이었다. 그 성공은 유럽에서 처음으로 중국백자의 천년신비를 푸는 순간이었다. 그 후원자는 중국도자기 수집광으로 이름났던 프리드리히 아우구스트 2세였다.

사진은 작센 공국의 선제후 겸 폴란드 국왕 프리드리히 아우구스트 2세 초상화. 프랑스 초상화가 루이 드 실베스트레의 1720~1730년 작. 유화. 145x111cm. 스웨덴 국립초상화 미술관 소장.

12 유럽의 백자개발 경쟁 | 청화백자 모방품 델프트웨어

델프트웨어는 중국 청화백자 모방한 생활용기

네덜란드의 델프트 지역에서 만든 청화백자를 델프트웨어(Delftware)라고 부른다. 델프트웨어는 델프트 도자기 또는 델프트 청화로도 알려져 있다. 그러나 오늘날에는 델프트 이외의 지역에서 델프트웨어의 제작방식에 따라 만든 청화백자도, 청색 이외의 여러 가지 색깔로 채색한 도자기도 델프트웨어라고 칭한다.

델프트웨어의 영향을 받아 영국에서 만든 청화백자도 델프트웨어라고 말한다. 더러 잉글리시 델프트웨어라고 불러 구분하기도 한다. 네덜란드의 델프트웨어는 포르투갈의 아줄레주와 제작방식이 비슷하지만 다른 특색을 가지고 있다. 아줄레주는 주로 건물의 내외벽면을 장식하는 벽화와 타일을 말한다.

그와 달리 델프트웨어는 청화타일 말고도 주로 중국 청화백자를 모방하여 생산한 접시, 화병과 같은 생활용기와 장식도자기를 뜻한다. 델프트웨어는 그 기형과 문양이 다양하기도 하지만 아주 화려하다. 네덜란드의 델프트웨어의 역사는 오늘날 벨기에의 안트베르펜에서 출발했다.

1500년 이탈리아 도공들이 그곳에 정착하면서 네덜란드가 그 영향을 받아 주석유약을 바른 도기를 생산하기에 이르렀다. 그 제작기법이 네덜란드 북부지역으로 퍼져나가 1570년대 할렘, 1580년대 암스테르담으로 확산되었다. 그러나 정작 델프트에서는 다른 지역보다 훨씬 늦은 1640년부터 델프트웨어를 생산하기 시작했다.

그런데 1654년 델프트에서 폭발사고가 일어나서 많은 양조장들이 화재를 입는 바람에 양조업이 사양길에 접어들었다. 도공들이 불탄 양조장 터에 가마를 짓고 양조장 상호를 그대로 이어받아 청화도기를 생산했는데 그것이 델프트웨어의 본격적인 출범이 되었다.

그 즈음 유럽에서는 중국 청화백자 수요가 빠르게 늘어나고 있었으나 공급이 따라가지 못했고 값도 너무 비쌌다. 그에 따라 델프트웨어가 그 대체품으로 등장하면서 네덜란드의 황금기라고 할 수 있는 1640~1740년에 걸쳐 대호황을 누렸다. 그 시기에는 델프트웨어가 네덜란드

델프트웨어의 진화

네덜란드의 델프트 가마들은 중국 청화백자를 모방한 생활용품을 주로 생산했었다. 그런데 1700년대에 들어서는 예술성 높은 다양한 장식도자기를 제작하기 시작했다. 델프트는 그와 함께 이름난 화가들이 그림을 그린 타일을 생산하기도 했다. 소재도 다양하여 성경이야기에다 풍차, 낚싯배, 사냥터를 그린 풍경화로 장식했다. 그 즈음 궁정미술의 틀에서 벗어난 화풍이 타일에도 옮겨진 모습이다.

의 주력산업으로 성장하여 유럽 전역에 수출되었다.

 네덜란드 동인도회사는 17세기 초기에만도 청화백자를 비롯한 중국 도자기를 수백만점을 수입했다. 하지만 값이 너무 비싸 부자들이나 살 수 있었다. 네덜란드 도공들은 중국 청화백자의 정교성에 감탄했으나 기술격차가 너무 크다는 사실을 깨닫고 도전을 망설였다.

 델프트웨어는 중국의 청화백자와는 달리 주석유약을 발라 구운 도기라는 약점을 가지고 있었다. 델프트웨어는 불투명한 주석유약을 발라 겉은 하얗지만 도기라 깨어보면 그 속이 적갈색이나 황갈색을 드러낸다. 태토가 거칠고 소성온도가 낮아 잘 깨지고 잘 부서진다.

 그런데 중국 청화백자는 고령토를 섞어 그 속이 하얗고 소성온도가 높아 잘 깨지지도 잘 부서지지도 않아 아주 얇게 만들 수 있다. 그것이 도기와 사기의 차이점이다. 그 이유로 중국 청화백자의 수요가 좀처럼 수그러들지 않았으며 그 대안책으로 델프트웨어의 고급화가 추진되었다.

 한편 1644년 명-청 교체기를 전후해 중국대륙이 전란에 휩싸이는 바람에 많은 가마들이 파괴되었다. 거기에다 정치적, 경제적, 사회적 혼란이 겹쳐 중국 도자기의 수출이 중단되었다. 중국 도자기의 공급이 끊어지자 네덜란드 동인도회사가 일본 가마로 눈길을 돌렸다. 1700년을 전후하여 네덜란드가 수입한 일본 이마리 자기가 유럽에서 의외로 큰 인기를 얻어갔다.

 그 사이에 델프트웨어를 생산하던 네덜란드 도공들도 중국 청화백자를 대체할 도자기 생산에 도전했었다. 많은 실패를 거듭한 끝에 백색의 주석유약을 바른 얇은 도기를 만들어내는 데는 성공했다. 낮은 온도에서 구은 도기이지만 겉으로는 중국의 청화백자를

프랑스 문호 빅토르 위고(Victor Hugo)의 델프트웨어로 화려하게 장식한 저택식당. 벽난로는 H자형으로 치장했다. H는 아마 그의 성씨 Hugo의 두자에서 따오지 않나싶다. 그는 잉글리시 채널 제도의 건지 섬 세인트 피터 항에 있는 그 저택에서 그의 불후의 명저 레 미제라블을 집필했다.

많이 닮은 모습을 만들어 냈던 것이다.

그에 따라 중국 청화백자에서 영감을 얻은 네덜란드 도공들이 1630년대부터 1700년대 중반까지 유럽의 특색을 지닌 문양으로 장식한 갖가지 기형의 도자기를 생산해 냈다. 또한 그들이 일본 이마리 자기의 기형과 문양을 모방한 델프트웨어를 만들어 1700년대 초반까지 상당한 인기를 누렸다.

그로써 1700년대에 들어서는 델프트 가마들이 문양과 장식이 단순한 생활용품부터 예술성 높은 장식작품까지 다양한 델프트웨어를 생산하는 단계에 이르렀다. 델프트는 또 이름난 화가들이 그림을 그린 타일을 대량으로 생산했다. 소재도 다양하여 성경 이야기에다 풍차, 낚싯배, 사냥터를 그린 풍경화가 델프트웨어를 장식했다.

시나 노래가사를 쓴 타일도 제작했다. 그 즈음 네덜란드 사람들은 델프트 타일에다 디저트를 올려서 먹기도 했다. 오늘날에도 네덜란드 고옥에서는 부엌과 욕실을 치장한 17~18세기에 만든 타일들을 볼 수 있다. 그것은 네덜란드가 화병, 식기류 같은 생활용기 말고도 청화타일을 많이 생산했음을 말해준다.

네덜란드 동인도회사는 중국과 일본에서 도자기만 수입했던 것이 아니다. 그 즈음 높은 인기를 얻던 델프트 타일을 유럽은 물론이고 중국과 일본에도 수출했다. 델프트는 200년에 걸쳐 8억개의 타일을 생산한 것으로 추산된다. 그 같은 인기를 타고 중국과 일본도 델프트 타일을 본떠 만든 타일을 유럽으로 수출했다. 동아시아에서 타일을 건축자재로 사용하기 시작한 것은 그 무렵부터였다.

그러나 명-청 교체에 따른 전란에서 벗어난 중국에서 청화백자 공급이 다시 원활해지면서 델프트웨어의 인기가 시들해졌다. 1750년쯤부터는 델프트웨어가 독창성이 없고 저급하다는 소리를 듣기 시작했다. 18세기 말엽에 들어서는 독일, 영국, 프랑스에서 자체 기술로 개발한 백자가 본격적으로 보급되면서 많은 델프트웨어 가마들이 문을 닫았다.

오늘날에는 델프트웨어가 관광상품으로서 명맥을 유지하며 그 옛날의 영광을 말하고 있다.

대항해 시대의 영광 말하는 네덜란드 청화도기

네덜란드는 풍차의 나라, 튤립의 나라다. 네덜란드에는 풍차와 튤립 말고도 또 다른 명물이 하나 더 있다. 그것은 델프트라는 지역에서 만들었다고 해서 그 지명을 따서 델프트웨어

18세기 네덜란드 위트레흐트 지방에서 만든 12쪽짜리 성경이야기 델프트웨어 청화타일. 그 시절에는 성경을 소재로 만든 타일이 실내장식용으로 많이 쓰였다.

(Delftware)라고 부르는 네덜란드 청화도기다. 델프트 도자기가 네덜란드의 상징물처럼 알려지고 관광 특산물로도 유명해지다 보니 도자기의 역사를 잘 모르는 이들은 네덜란드가 청화백자의 고향인 줄 알 정도다.

네덜란드는 작은 나라다. 네덜란드가 16세기말 종교의 자유를 선언하자 종교개혁 이후 유럽 각지에서 이교도라는 이유로 탄압받던 유태인, 신교도들이 줄지어 그곳으로 이주하면서 자본과 기술도 함께 따라갔다. 네덜란드는 동방무역에 진출하기 위해 1602년 세계최초의 주식회사이자 세계최대의 기업인 연합동인도회사(VOC : Vereenigde Oostindische Compagnie)를 설립했다.

VOC는 1610년부터 중국 청화백자를 유럽으로 실어 날랐다. 그 때만 해도 경쟁자가 포르투갈 밖에 없었기 때문에 엄청난 이익을 냈다. 임진왜란 이후 일본이 가톨릭 선교를 막으려고 쇄국체제로 돌아섰다. 일본이 종교탄압에 나서 가톨릭을 포교하던 포르투갈을 축출하고 대외교역 창구를 네덜란드로 단일화했다.

네덜란드 연합동인도회사(VOC)가 중국물자 말고도 일본 도자기의 유럽수출도 전담하면서 급성장했다. 그에 따라 로테르담이 세계최대의 무역항으로 부상할 수 있었다. VOC가 수입해 오던 중국 청화백자가 워낙 고가품이라 귀족과 부호의 품안으로만 찾아갔다.

중국 청화백자가 사치품을 너머서 귀중품으로 대접받았으니 일반서민에게는 그림의 떡이나 다를 바 없었다. 거기에 자극받은 네덜란드가 중국 청화백자를 모방한 델프트웨어를 만들어 상대적으로 저렴한 가격에 팔기 시작했다. 델프트웨어가 일반서민들 사이에 큰 인기를 얻으면서 생활용기로 자리 잡아 갔다.

16세기 초엽에 네덜란드가 식민종주국 스페인을 상대로 독립전쟁을 벌였다. 가톨릭 국가인 스페인이 종교개혁 이후 가톨릭 이외의 개신교, 유대교, 이슬람교를 이교도로 규정하고 대대적으로 탄압하자 그에 대한 반발로 전쟁이 일어났던 것이다. 그런데 1585년 가톨릭 신자가 많았던 남부지역인 오늘날의 벨기에는 스페인에 투항했다.

그러나 신교도의 인구비율이 높았던 북부지역인 네덜란드는 전쟁에서 이겨 독립을 쟁취했다. 벨기에에 살던 신교도 도공들이 종교탄압을 피해 네덜란드로 이주하면서 네덜란드의 도자산업이 크게 발전하는 계기를 맞았다. 벨기에가 도자산업이 앞섰던 이유는 스페인의 식민통치를 받았기 때문이었다.

스페인은 도자산업이 발달했던 이슬람 세력의 지배를 800년 가까이 받아 다른 유럽 국가들보다 도자산업이 앞서있었다. 또 비슷한 시기에 이탈리아 도공들도 네덜란드로 이주했다. 메디치 가문이 1575~1587년 백자를 만들려다 실패하여 사업이 중단되는 바람에 일자리를 잃은 이탈리아 도공들도 네덜란드로 찾아갔던 것이다.

그들이 중국 청화백자를 모방해 델프트웨어를 만들면서 도자산업이 더욱 활기를 띠었다. 하지만 델프트웨어는 황갈색이나 적갈색을 지녀 불투명한 주석유약을 발라 하얗게 보이게 만든 도기였다. 그 까닭에 델프트웨어는 자기보다 강도가 낮아 잘 깨지고 잘 부서지는 탓에 생활용기로 쓰기에는 불편이 따랐다.

그 점을 착안해서 델프트웨어 도공들이 1620년대부터 네덜란드 특유의 델프트 타일을 만들기 시작했다. 유명한 화가가 타일에 코발트로 그림을 그려 제품을 고급화하자 델프트 타일의 수요가 유럽 전역에서 빠르게 늘어났다. 궁전과 교회들이 델프트 타일로 벽화를 만들었다. 베르사이유의 도자기 궁전과 독일의 님펜부르크 궁전의 벽화도 델프트 타일로 장식했다.

18세기 중반 들어 경질자기인 백자가 유럽 각지에서 생산되면서 델프트웨어도 전성기를 마감하게 되었다. 네덜란드는 지질상 고령토가 나지 않아 경질자기를 만들 수 없어 경쟁력을 차츰 잃게 되었다. 1653년 설립되어 1919년 여왕한테서 로얄 델프트라는 이름을 하사받은 업체만이 오늘날 그 명맥을 잇고 있는 실정이다.

하지만 델프트웨어, 델프트타일은 관광자원으로서 여전히 그 옛날의 영광을 자랑한다.

미술작품에 나타난 네덜란드 도자기와 생활상

푸르투갈에 이어 네덜란드 동인도회사가 중국 도자기를 수입하면서 유럽에 수집열기가 더욱 뜨겁게 달아올랐다. 하지만 17~18세기 유럽에서는 중국 청화백자가 너무 비싸 서민들은 살 엄두를 내지 못했다. 그러자 네덜란드가 중국 청화백자를 모방해서 일종의 유사품인 델프트웨어를 만들어 냈다.

중국 청화백자를 구경조차 하지 못했던 서민들이 비교적 저렴한 델프트웨어를 사서

사진은 얀 하빅스준 스텐의 '굴을 조리하는 아가씨'. 식탁에 놓인 주전자가 당시 델프트웨어 기물이 일상생활 속에 깊숙이 파고든 네덜란드의 시대상을 말한다. 1660경 작품. 유화. 네덜란드 헤이그 마우리츠하위스 박물관의 왕립미술관 소장.

생활용기로 쓰면서 청화백자가 서민생활 속으로 깊숙이 파고들었다. 그 모습을 당시 궁중화의 도식적인 화풍에서 벗어난 화가들이 더러 화폭에 담아내 델프트웨어가 생활용품으로 자리 잡은 시대상을 말해준다.

그 화폭에 등장한 델프트웨어에서 청색과 백색이 조화를 이루었던 그 시대의 네덜란드 생활상이 듬뿍 묻어난다. 종교개혁을 거치면서 화단도 왕족, 귀족, 성직자의 초상화나 궁중의 기록화에 갇혀 있던 화풍에서 탈피하여 점차 서민들의 일상생활 속으로 들어가 그들과 함께 애환을 나누던 모습을 그려냈다.

독실한 가톨릭 양조장집 아들로 태어난 화가 얀 하빅스준 스텐(Jan Havickszoon Steen-1626~1679년)은 비교적 풍족하게 자랐다. 그는 결혼한 다음에는 델프트웨어의 본고

장인 텔프트로 거처를 옮겨 3년간 장인과 함께 양조장을 운영했으나 큰돈을 벌지는 못했다.

스텐은 생전에 800여점의 그림을 그려 350여점의 유작을 남긴 다작의 화가였다. 그는 당대에도 세상에 이름이 널리 알려져 넉넉한 생활을 꾸렸던 것으로 전해진다. 역사적, 신화적, 종교적 소재를 가리지 않았던 그는 초상화, 정물화, 풍경화 등 다양한 작품을 남겼다.

그는 빛을 통달한 세밀화로 유명하다. 그의 화폭에 담긴 페르시아 양탄자나 직물에서 섬유질의 질감을 느끼게 한다. 그의 작품 '굴을 조리하는 아가씨'를 보면 식탁에 손잡이가 달린 델프트웨어 주전자가 등장한다. 청화백자를 잘 아는 이라면 그 주전자가 주석 유약을 발라 구운 청화도기임을 첫 눈에 알아 볼 수 있다.

다시 말해 중국 청화백자가 아니라 델프트웨어라는 사실을 금세 판별할 수 있는 그림이라는 소리다. 그의 화폭에 나타난 델프트웨어의 청-백색이 중국 청화백자의 청-백색과는 미묘한 색감의 차이를 드러내 그의 천재성을 말해준다. 식탁보도 백색이 아닌 청색이다.

벽면도 옅은 청색을 기조로 하고 있다. 그가 그 그림을 델프트에서 그렸는지는 알 수 없으나 청화백자의 독특한 코발트 블루가 가득 차 넘쳐난다. 청화백자가 풍미하던 당시의 네덜란드 시대상이 엿보이는 그 작품은 마우리츠하이스 왕립미술관이 소장하고 있다.

스텐이 작품활동을 했던 17세기의 네덜란드는 동방무역이 이룩한 경제적 번영에 힘입어 사상유례없는 황금기를 누리고 있었다. 그의 주제는 한마디로 일상생활, 그 자체라고 할 만큼 그 시대의 생활상을 그대로 화폭에 옮겨 놓은 듯한 작품들이 많다. 하루하루의 일상사를 실제적으로 묘사해낸 작품들이다.

날로 번창하던 동방무역 덕택으로 서민생활이 윤택해지고 여가를 즐기면서 연극공연이 부쩍 늘어났다. 그 까닭에 극장의 정취를 물씬 풍기는 작품들이 적지 않다. 그 의 인물화에는 번잡하리만치 많은 사람들이 등장하는데 언뜻 봐도 그 배경이 극장무대인 듯하다.

또한 어린이들이 많이 나온다. 종래의 인물화는 주로 정면을 그려 모두 얼굴을 드러냈는데 그의 작품에는 뒷모습도 많이 나온다. 또 등장인물의 모습이 종래에는 정적이었다면 그의 작품은 동적이다. 마치 동영상처럼 움직이는 느낌을 준다. 그리고 많은 장면이 목가적이고 전원적이다.

얀 스텐과 동시대인인 요하네스 베르메르(Johannes Vermeer-1632~1675년)는 생전에도 사후에도 그의 생애에 관해 알려진 바가 거의 없다. 그 탓인지 그를 얀 베르메르(Jan Vermeer)라고 일컫기도 하고 델프트 출신이라 뜻으로 베르메르 반 델프트(Vermeer van Delft)라고 부르기도 한다.

그는 과작의 작가인지라 남긴 작품이 37점에 불과해 얀 스텐과는 아주 대조적이다. 그는 그림을 아주 세심하게 그리다보니 작업속도가 아주 느렸던 것으로 알려졌다. 그가 작품을 남발

은둔의 화가 요하네스 베르메르는 델프트웨어 주산지 출신이다. 그 까닭인지 그의 작품 '우유를 따르는 여인'은 보석청으로 가득 차있다. 탁자보도 행주도 겉치마도 웃옷소매도 온통 청색이라 청화백자가 풍미하던 그 무렵 생활상의 정취를 풍긴다. 1660년경 작품. 유화. 45.5x41cm. 암스테르담 국립박물관 소장.

하지 않아 궁핍한 삶을 꾸렸던 탓인지 죽을 때는 부인과 자식에게 많은 빚을 남겼다.

헤이그 국립미술관이 소장한 '델프트의 풍경'과 같은 풍경화도 2점이 있으나 그의 작품배경은 거의 실내가 중심이다. 그나마도 작은 방에서 가구를 이리저리 옮겨가며 배치하여 그 모습을 그렸고 등장인물도 여자 한두 명이고 그것도 더러 동일한 인물이다.

그 점을 미뤄보아 그는 은둔자적인 삶을 살았던 것으로 짐작된다. 그럼에도 그가 무척 비싼 도료를 사용한 사실이 그의 화폭에서 나타난다. 그의 그림은 색조가 아주 뛰어나 적색, 청색, 황색이 정묘한 대비를 이룬다. 부드러운 빛과 뚜렷한 색조가 고요하고 편안한 정취를 자아낸다.

'우유를 따르는 여인'이 그 같은 정취를 전한다. 그 작품은 탁자보도 청색이고 행주도 청색이다. 그 여인의 겉치마도 청화백자의 청색인 코발트 블루이고 노란 웃옷의 걷어 올린 소매에도 옅은 청색으로 띠를 둘렀다. 그의 세밀한 화필이 옷감을 만질 때 느끼는 촉감을 전달하는 듯하다.

또 우유를 따르는 질그릇 항아리는 흙냄새를 물씬 풍길 듯한 느낌을 준다. 우유를 담은 용기가 유약도 바르지 않은 토기라는 사실은 그 즈음 유럽의 도자기술이 중국에 비해 수백년 이상 낙후되었음을 보여준다. 그것은 또한 그 때 델프트웨어가 알려진 것과는 달리 값이 결코 싸지 않았다는 사실도 말한다.

그의 작품 '진주 귀고리를 한 소녀'는 '북유럽의 모나리자', '네덜란드의 모나리자' 또

요하네스 베르메르의 작품 '진주 귀고리를 한 소녀'는 '제2의 모나리자'로 알려질 만큼 유명하여 영화로도 태어났다. 그 소녀의 머리에 두른 터번도 청색이어서 청색이 넘쳐나던 그 즈음 네덜란드의 시대상을 전한다. 1665년경 작품. 유화. 44.5x39cm. 헤이그 마우리츠하위스 박물관의 왕립미술관 소장.

는 '제2의 모나리자'로 알려질 만큼 유명하다. 그 작품에 등장하는 소녀는 청색과 황색이 대비되는 터번을 머리에 두르고 있다. 어디인지 조심스럽게 바라보는 큰 눈의 흰자위, 진주의 흰빛과 목을 감싼 흰 옷깃을 통해 그는 빛의 조화를 그려냈다.

그 작품을 보면 그가 살아가던 시대의 델프트에서는 청화백자의 청색이 얼마나 일상생활에 깊숙이 스며들었는지 짐작케 한다. 베르메르는 '진주 귀고리를 한 소녀'에서도 '우유를 따르는 여인'와 마찬가지로 빛의 미묘한 표현, 그리고 단순한 하지만 조화로운 채색의 구성을 통해 특유의 색채감각을 나타냈다.

그는 생전에 조용하게 살아간 까닭인지 죽음과 함께 잊혀진 화가가 되어버렸었다. 두 세기 동안이나 망각의 인물로 파묻혀 있었던 그였다. 그런데 19세기 들어 어둠에 갇혔던 그가 빛을 보기 시작했다. 하지만 200년 넘게 그의 이름조차 언급되지 않았던 연유인지 그는 여전히 미지의 인물로 남아있다.

베르메르의 명성이 갈수록 높아지더니 오늘날에는 네덜란드 황금기에 가장 훌륭한 화가의 한 사람으로 꼽힌다. '진주 귀고리를 한 소녀'는 동명으로 영화화되어 더욱 유명해졌다. 그 영화는 아카데미상 수상자인 영국 남자배우 콜린 앤드루 퍼스와 가수이자 여배우인 스칼렛 요한슨이 출연하여 2003년 제작되었디.

그 영화는 제61회 골든 글로브 여주인공상에 지명되었고 제76회 오스카 촬영상을 비롯한 41개상을 수상하거나 지명되는 영광을 누렸다. 한국에서는 2004년 상영되었는데 개봉 15주년을 기념하여 2018년 2월 서울에서 재개봉되기도 했다.

중국백자의 비밀 푼 유럽

청화백자의 신비 풀려던 메디치 가문의 실패

 유럽에서 중국백자의 신비를 풀려던 본격적인 도전은 르네상스 후원자였던 이탈리아 메디치 가문에 의해서도 이뤄졌다. 피렌체 대공 프란체스코 마리오 드 메디치(Francesco Mario de Medici)가 직접 나섰다. 그 자신이 연금술 연구가이기도 했던 프란체스코 1세는 도공들을 데리고 1575~1587년 10년 넘게 백자를 만들려고 매달렸으나 성사를 이루지 못했다.
 그 때는 명나라 만력제 재위기간으로서 임진왜란이 일어나기 이전이라 일본은 백자개발은 꿈도 꾸지 못하던 시절이었다. 또 유럽에서는 포르투갈이 중국에서 청화백자를 직접 수입하면서 왕족, 귀족들 사이에 수집열풍이 뜨겁게 달아오르던 무렵이었다. 포르투갈이 동방무역으로 번영을 누리자 그에 자극받아 네덜란드와 영국이 중국항로를 개척하려고 채비를 서두르던 시기이기도 했다.
 프란체스코 1세가 만들었다는 기물은 더러 겉보기에는 중국백자와 흡사했지만 한마디로 재질부터 달랐다. 백토에 흰모래를 섞고 수정가루와 주석에다 납성분의 매용제를 첨가한 것으로 알려졌다. 소성한 이후에도 순백색이 나타나지 않고 황색이나 회색에 가까워 석기(炻器)와 비슷한 모양이었다고 한다.
 거기에다 산화석(酸化錫)이 함유된 흰색 유약을 발랐다. 푸른색과 붉은색의 도료로 장식하거나 납성분이 들어있는 저도유를 시유하기도 했다. 유약 역시 그 성질이 달라 어떤 것은 불투명하고 어떤 것은 투명하여 광택이 났다고 한다. 그런 기물은 겉모양이 닮았더라도 쉽게 깨지고 쉽게 부서져 도자기로 볼 수 없다.
 그나마도 프란체스코 1세가 1587년 사망하는 바람에 메디치 가문이 도전하던 백자의 꿈은 거기서 끝나고 말았다. 이탈리아 도시국가들은 근동지역과의 중계무역을 통해 비단길을 건너온 중국백자를 접할 기회가 다른 유럽 지역보다 많은 편이었다. 그 까닭에 이탈리아에서는 프란체스코 1세 이전에도 흰 금이라는 백자를 만들려는 시도가 여러 차례 있었다.
 또 이탈리아와 지리적으로 가까운 근동지역은 도기기술이 상당히 발달한 수준이었다. 거기에다 이탈리아는 유리산업이 발달되었기 때문에 청화백자의 꿈은 의미 있는 도전이었다. 하

이탈리아 메디치 가문이 개발했다는 청화백자 모조품. 1575~1587년 제작. 그 기물의 겉모양은 청화백자와 흡사하지만 재질부터 달라 자기로 볼 수 없다. 그 때 메디치 가문은 자기의 태토를 자토와 고령토를 섞어서 만든다는 사실을 몰랐었다.

지만 그 어떤 시도도 결실을 맺지 못했다. 1470년경 베네치아에서는 점토를 가지고 자기와 비슷한 그릇을 만들었다고는 하나 전해 내려오는 기물이 없어 어떤 재료를 썼는지도 알 길이 없다.

16세기 초엽에도 베네치아에서 유리기술자들이 유리제조법을 응용하여 자기를 만들려고 시도했었다. 점토와 유약에 산화석을 첨가해서 흰색의 도자기를 만들기는 했으나 그것도 자기라고 보기 어려웠다. 그 외에도 15세기부터 100여년간에 걸쳐 여러 차례 도전이 있었지만 유의미한 결과를 얻지 못했다.

그 후 18세기 들어서도 이탈리아에서 자기생산을 위한 도전이 이어졌으나 큰 진전을 이루지 못했다. 1720년 베네치아의 베치(Vezzi)형제가 백자개발에 성공한 독일 마이센 도공을 통해 제조법을 알아내어 자기를 만들어 냈다. 하지만 상업적으로 성과를 거두지 못해 문을 닫았다. 그 이후 1737년께 피렌체 근교에 위치한 도치아 지역에서 자기를 생산하기 시작했다.

청화백자 127점과 친위대 600명 바꾼 수집광

작센(Sachsen) 공국의 선제후(選帝侯)이자 폴란드 국왕이었던 프리드리히 아우구스트 2세(Friedrich August II-1670~1733년)는 유럽에서 으뜸가는 중국도자기 수집가로 이름났었다. 그의 소장품은 규모면에서나 작품면에서나 유럽에서 누구도 근접할 수 없을 만큼 출중했었다. 선제후는 신성 로마제국의 황제를 뽑는 권리를 가졌던 7명의 제후를 말한다.

그는 광적이라는 소리를 들을 만큼 열정적인 중국도자기 수집가였다. 프로시아 국왕 프리드리히 빌헬름 1세가 소유했던 중국 청화백자 127점과 자신의 친위대 1개 대대병력 600명과 맞바꾼 일화는 그가 얼마나 열성적인 수집광이었는지 말하고도 남는다. 1733년 운명하기까지 그는 중국-일본 도자기를 무려 2만9,000점이나 수집했었다.

그 때 유럽에서는 귀족-왕족 사이에 중국도자기 수집열풍이 불어 중국 청화백자 값이 금값을 능가할 만큼 비쌌다. 백자를 만들어 낸다면 그것은 곧 천만금을 한 손에 잡는 횡재나 다름없었다. 그 광풍을 타고 중세 유럽에서는 백자를 개발하려고 많은 후원자들이 나섰고, 그에 힘입어 많은 과학자들이 달려들어 실험에 실험을 거듭했지만 햇빛을 보지 못했었다.

오늘날 독일 작센(Sachsen)주의 드레스덴(Dresden)은 '독일의 피렌체'라고 일컫던 아름다운 무역도시였고 스위스의 산악풍경과 닮았다고 해서 '작센의 스위스'라고도 부르는 곳이다. 아우구스트 2세는 미술-건축 애호가이자 예술 후원자이기도 했다. 그는 젬퍼 오페라하우스, 레지덴츠 궁전, 쯔빙거 궁전, 모리츠버그 궁전과 같은 아름다운 건축물을 많이 지었다.

그는 또 공공박물관을 처음 도입한 인물이기도 했다. 그의 체계적인 도시개발계획에 따라 드레스덴은 독일의 문화-예술의 중심지로 재탄생했다. 그 연유로 드레스덴은 '바로크의 도시'라는 명성을 얻었다. 그런데 2차 세계대전 당시 영국공군이 그 드레스덴에 무차별적인 공중폭격을 감행해 온 도시가 초토화되었다.

병영시설이 밀집한 군사도시도, 전쟁물자를 생산하는 공업도시도 아닌 문화-예술도시를 쑥대밭으로 만들어 버렸던 것이다. 그것도 주택가가 밀집한 시장지역을 두 차례에 걸쳐 맹목적인 폭격을 가했다. 그로 말미암아 아우구스트 2세의 중국-일본 도자기 소장품도 2/3 이상이 소실되거나 파손되었다. 겨우 8,000점만이 융단폭격에서 살아남아 드레스덴에 보존되어 있다.

그러자 국제사회에서는 그것은 전투행위가 아닌 민간인 대량학살이자 인류 문화유산을 말살하는 야만적 작태라는 질타의 소리가 높았다. 그에 대해 영국공군 폭격기 사령관 아서 해리스는 전쟁에서는 군인, 민간인을 구분할 필요가 없다, 모든 도시의 융단폭격이 전쟁을 승리로 이끌 수 있는 지름길이라는 궤변을 늘어놓았다.
 민간인도 공장에서 군수물자 생산에 참여하니 전투요원, 비전투요원이 따로 없다는 것이 그의 지론이었다. 그 폭격으로 인해 최소한 민간인 2만5,000명이 사망했다. 국제사회에서 비난성이 쏟아지자 역사의 부정적 평가에 부담감을 느낀 영국 수상 윈스턴 처칠은 드레스덴 폭격에 대해서는 어떤 경우에도 언급을 회피했다.

중국보다 천년 늦게 태어난 유럽 최초의 백자

 오늘날 독일 남동부의 엘베 강변에 위치한 작센(Sachsen)주의 드레스덴(Dresden)에서 오랜 세월 각고의 노력 끝에 백자를 만들어 내는 개가를 올렸다. 그 때가 1709년이었다. 그 후원자는 다름 아닌 중국도자기 수집가로 유명했던 프리드리히 아우구스트 2세였다.
 아우구스트 2세의 광적인 수집열정이 그로 하여금 유럽에서 최초로 백자를 개발하는 성공을 이끌어 냈다. 그의 수집기행은 그 당시의 시대상과 비춰보면 이해할만한 측면이 있었다. 유럽에서는 17세기에만 해도 청화백자를 신비에 싸인 동방의 나라 중국에서 온 흰 금으로 여겼고 실제 값이 금과 맞먹을 만큼 비쌌다.
 또 그 즈음 유럽에서 청화백자는 돈이 있다고 해서 아무나 쉽게 살 수 있는 물건이 아니었다. 유럽 동인도회사들이 막상 중국연안까지 가서 도자기를 사려고 했지만 맘대로 사지 못했다. 중국이 유럽국가는 조공국이 아니라는 이유로 공식적인 대면조차 거절했기 때문이었다. 그 까닭에 청화백자는 누구나 갖고 싶어 하는 동경의 대상이자 선망의 대상이었다.
 그 때 중국은 멀고도 먼 신비의 나라였다. 범선이 계절풍을 타고 1년에 한 차례씩 중국을 오가다 보니 공급이 턱없이 달렸다. 유럽에서 중국 도자기를 주문하면 보

두 명의 숙련공조합원.
독일 마이센 도자기제작소 작품, 1744년작.
기물의 가장자리를 금채로 장식한 다채경질자기.
그 즈음 독일에서는 중세에 풍미하던 풍조를
나타내는 상류사회의 다양한 활동을 묘사한
도자기가 많이 제작되었다.

통 3년이 걸려야 배달되었다. 그 때문에 유럽 귀족들은 더욱 갖고 싶어 안달했다. 그래서 유럽에서는 백자를 만들면 떼돈을 벌 수 있다는 기대를 갖고 무지개의 꿈을 좇던 이들이 적지 않았다.

 아우구스트 2세가 1701년 어느 날 한 젊은 연금술사를 구해줬다. 그 청년은 프로이센 궁전에 갇혀 있다가 탈출한 요한 프리드리히 뵈트거(Johann Friedrich Böttger)였다. 그는 원래 약사였는데 자신이 금을 만들 수 있는 연금술사라고 자랑하고 다니다가 프로이센 국왕한테 잡혀서 갇혀있었다.

 그가 금을 만들라는 닦달을 견디지 못해 도망쳤지만 그를 구해준 아우구스트 2세역시 프로이센 국왕이나 크게 다를 바 없었다. 그도 그를 드레스덴 궁전에 연금해 놓고 에렌프리트 발터 폰 트쉬른하우스(Ehrenfried Walter von Tschirnhaus)를 도와서 금을 만들도록 엄명을 내렸다.

 아우구스트 2세가 연금술사 뵈트거를 그의 조수로 임명했으니 그 때가 1705년이었다. 트쉬른하우스는 해박한 과학지식을 가졌던 인물로 알려졌었다. 그러나 그들이 금을 만들려고 아무리 노력해도 모든 일이 허사였다. 아우구스트 2세가 나중에 화학적 조합으로는 금을 만들 수 없다는 사실을 깨달았다.

 그가 그 미몽에서 깨어났지만 이번에는 연금술사들에게 백자를 만들라고 윽박질렀다. 그들도 다른 연구자처럼 달걀껍질, 진흙, 모래, 유리가루 따위를 섞어서 백자를 만들려고 무던히 애를 썼지만 성공을 이루지 못했다. 실패를 거듭한 끝에 그들도 그런 재료로는 백자를 만들 수 없다는 사실을 터득하게 되었다.

 1708년 마침내 트쉬른하우스가 하얗고 물이 스며들지 않는 불투수성(不透水性)의 반투명체 자기를 만들어 내는 쾌거를 이루어냈다. 자토에다 고령토 성분의 돌가루를 일정한 비율로 섞어서 1,300℃ 이상 높은 온도에 구워 백자를 만들어내는 개가를 올렸던 것이다.

 고령토(高嶺土-kaolin)는 중국 장시(江西-강서)성 고령산에서 많이 나오는 돌가루로서 백자를 만드는 필수적인 재료다. 도기는 점토로 성형해 800~1,000℃에 구워서 만든다. 그러나 자기는 고령토가 들어가야 한다. 자토에 알루미늄 성분을 가진 고령토를 일정비율로 섞어서 1,300~1,400℃의 고온에 구워야 강도가 높아지고 순백의 자기가 태어난다.

 도기는 물이 스며들지만 자기는 물이 스며들지 않는다. 자기는 도기보다 강도가 높고 광택이 난다. 자기는 도기보다 더 단단하고 더 하얗고 두드리면 맑은 소리가 난다는 뜻이다. 그 같은 자기를 오랜 각고 끝에 만들어냈건만 불행하게도 그를 찾은 것은 죽음이었다. 트쉬른하우스가 그해 10월 작고했다.

 이듬해 3월 뵈트거가 백자를 개발하는 데 성공했다는 사실을 아우구스트 2세한테 보고했

독일 마이센 가마가 만든 차통.
(좌)는 1710~1713년 만든 도기.
(우)는 1713~1720년 만든 자기.
도기는 황갈색 또는 적갈색이고 물이 쓰며들며
자기는 백색이고 강도가 높고 물이 쓰며들지 않는다.

다. 그로써 드레센이 자력으로 백자를 만들어 냈다는 사실이 유럽전역에 알려지게 되었다. 모든 공로는 트쉬른하우스가 아닌 뵈트거한테로 돌아갔음은 물론이다.

그에 앞서 유럽 국가 중에서 중국항로를 가장 먼저 개척한 포르투갈도 자기개발에 도전했으나 실패한 사실이 있었다. 포르투갈 상인들이 16세기 초엽에 중국에서 고령토를 구해 리스본으로 가져갔다. 그들은 자기를 만들려면 고령토가 필수적인 재료라는 사실을 알고 여러 차례 개발을 시도했으나 물거품이 되었다.

청화벽화 아줄레주를 만들던 포르투갈이지만 고령토와 자토의 배합비율을 터득하지 못한 데다 중국의 제작기술을 익히지 못했기 때문이었다. 그런데 독일이 마침내 고령토를 찾아내서 유럽에서는 최초로 백자개발에 성공했던 것이다. 그것은 중국의 천년독점이 무너지는 순간이었다. 그 때가 청나라 강희(康熙) 47년이었다.

강희연간은 중국 역사상 문화가 가장 융성했던 시기였다. 유럽이 독자적으로 백자를 개발했을 즈음 중국은 청화백자 전성기를 서서히 마감하고 채색자기의 화려한 전성기를 막 개막하려던 무렵이었다.

중국백자의 천년독점 유럽서 반세기만에 붕괴

18세기 들어 유럽에서는 중국 도자기 수요가 급증하면서 제조법을 알아내려는 욕구 또한 뜨거웠다. 여러 나라에서 가마를 만들고 갖가지 방법으로 묘안을 짜내고 있었다. 그런 상황인데 드레스덴에서 백자를 개발했다고 알려지자 그 소식이 삽시간에 유럽 전역에 퍼졌으며 저마다 그 비법을 알아내려고 애썼다.

유럽 최초의 왕립자기제작소
(Königliche Porzellan Manufaktur)

개발자로 알려진 뵈트거는 오랜 연금생활을 하느라 몸이 쇠약해진 탓인지 37세라는 젊은 나이에 세상을 떠났다. 아우구스트 2세는 서둘러 백자생산에 나서 드레스덴에서 엘베 강을 따라 서북쪽으로 30km 떨어진 소도시 마이센(Meissen)의 알브레히츠부르크(Albrechtsburg)성에 가마를 지었다.

1710년 유럽 최초의 왕립자기제작소 KPM(Königliche Porzellan Manufaktur)를 세우고 생산에 들어갔다. 그는 오늘날 말로 산업기밀을 지키기 위해 외-내부인의 출입과 접촉을 엄격하게 통제했다. 초창기에는 중국 징더전(景德鎭-경덕진)과 일본 이마리(伊万里-이만리) 도자기를 모방했지만 점차 독창적인 문양과 기형을 개발해 냈다.

마이센에는 많은 공방들이 들어서고 화공들이 갖가지 독창적인 문양을 그린 도자기를 만들어 큰 인기를 끌었다. 드레스덴에도 금속제 식기류와 유리제품의 기형을 본뜨고 다양한 색채의 에나멜로 장식한 유럽 특유의 독특한 자기를 선보이기 시작했다. 인물이나 조류를 상감하거나 화려한 꽃 장식을 붙여 만든 자기가 유럽에서 높은 호평을 받았다.

또 1722년 중국도자기의 관지를 본떠서 도자기의 밑면에 긴 칼을 십자(十字)모양으로 겹쳐 그린 작센공국의 문장인 쌍십검(雙十劍)을 표시하기 시작했다. 그로써 쌍십검은 세계에서 가장 오랜 역사를 가진 상표의 하나가 되었다. 도자기는 주로 마이센에서 만들었지만 드레스덴에서 팔다 보니 드레스덴 자기로도 알려졌다.

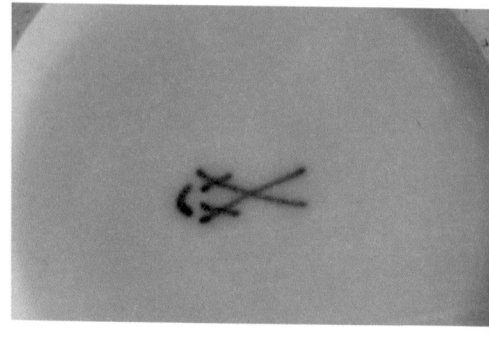

한편 뵈트거를 도와 백자를 만들던 도공 2명이 개발 8년만에 탈출을 감행했다. 오스트리아로 도망가서 비엔나에 안착한 그들도 자기를 생산하기 시작했다. 그들이 오늘날 말로 산업스파이 노릇을 했지만 큰 성과를 거두지 못했다. 합스부르크 왕가가 자기생산에 필요한 제반의 지원을 아낀 탓인지 비엔나는 다른 유럽 도시와는 달리 도자산업이 번성하지 못했다.

영국에서도 1750년 연질자기를 만들어낸 데 이어 1768년 경질자기를 제작하는 데 성공했다. 영국은 독일보다 반세기 이상 늦게 백자를 개발했지만 중국자기에는 없는 본차이나(bone china-骨灰瓷器-골회자기)를 만들어 냈다. 고령토와 소뼈를 갈아 섞어서 만든 본차이나는 중국자기보다 더 가볍고 더 얇아 높은 인기를 얻으며 빠르게 보급됐다.

프랑스는 중국 징더전에서 포교활동을 하고 있던 자국 신부 프랑수아 당트르콜(François-Xavier d'Entrecolles)이 보낸 자료와 정보를 토대로 자기를 만들어냈다. 그가 보고서와 함께 징더전의 고령토 표본을 모국에 보낸 시기는 1717년이었다. 그런데 프랑스는 그로부터 50년 가까이 지난 1765년 고령토를 찾아내서 1768년 경질자기를 개발하는 데 성공했다.

청나라 강희제는 프랑스 신부들과 교분을 갖고 그들을 통해 유럽문화와 세계정세에 관해 많이 듣고 있었다. 또한 그들은 청나라에 관한 여러 가지 보고서를 작성해 본국에 보냈다. 그 이전부터 유럽 선교사들은 중국에 가서 보고 들은 이야기를 기행문, 편지, 서적 등의 형식을 통해 중국의 사상, 철학, 기술을 유럽에 전파했었다.

 그들은 특히 도자기에 관해 큰 관심을 갖고 많은 정보과 자료를 본국에 보냈다. 그럼에도 프랑스는 고령토의 성질을 알아내지 못해 오랜 세월 백자의 신비를 풀지 못했었다. 영국도 프랑스도 독일이 자체기술로 자기를 개발해 낸 지 60년이 지난 다음에야 자기를 만들어 냈다.

독일 마이센에서 1772~1774년 만든 금채로 장식한 다채경질자기 접시. 전면에는 네덜란드 동인도회사 본부건물이 그려져 있고 바닥에는 쌍십검 문양이 표시되어 있다. 그 접시는 네덜란드 동인도회사가 마이센 가마에 주문하여 총독 빌럼 5세 판 오라녜에게 증정한 접시 중의 하나다.

유럽이 백자를 개발한지 250여년이 흐른 오늘날 고급 도자기를 꼽으라고 하면 세계적으로 유럽 도자기를 떠올린다. 중국 도자기는 싸구려로 친다. 실제 세계고급도자기 시장의 90%를 유럽산 제품이 장악하고 있다. 영국의 웨지우드, 덴마크의 로얄 코펜하겐, 프랑스의 세브르, 독일의 마이센 등이 그야말로 세계의 명품으로 세계인의 사랑을 받는다.

오늘날에는 자기수출의 선구자라고 할 수 있는 일본에서조차도 그 옛날 유럽이 일본자기를 흉내 내서 만든 18세기, 19세기의 유럽자기를 거꾸로 모방해서 만들고 있다. 또 그 유럽자기를 수집하는 열풍도 뜨겁다.

1770년경 영국 우스터 가마 제작. 인물화를 금채로 장식한 다채연질자기. 중국의 투채기법에 따라 제작됨. 먼저 코발트로 성색부분을 그리고 유약을 바른 다음 초벌구이를 하고, 그 위에 문양을 그린 전형적인 유하채(釉下彩)자기. 이 중국기형의 유럽풍 기물은 당시 중국자기와 비견해도 손색이 없을 만큼 탁월한 걸작. 중국식으로 이름을 붙인다면 묘금투채인물문 육방개관(描金鬪彩人物紋六方蓋罐).

13

서방열강의 중국 문화재 도둑질

서방의 중국역사 - 문화 강탈

영국-프랑스 침략군의
문화재 파괴-약탈행각

1860년 10월 18일 2차 아편전쟁의 패전국 청나라가 승전국 영국, 프랑스, 그리고 중재국 러시아와 항복문서인 베이징조약을 자금성에서 체결하고 있었다. 그 사이에 영-불 침략군이 원명원에 쳐들어가 사흘 동안 불을 지르고 대포를 쏴서 미친 듯이 파괴했다. 원명원은 중국이 세상에서 가장 크고 가장 아름다운 황제원림이라고 자랑하던 곳이었다.

오늘날에는 옛 모습을 완전히 잃어버린 채 산산조각 난 석조물의 잔해만이 그날의 만행을 고발한다. 영-불 침략군은 그 때 그 야만적인 파괴 행각만으로도 모자랐는지 문화재와 미술품을 무려 150만점이나 강탈해 갔다. 그들은 그 약탈품으로 박물관, 미술관을 꾸미고 전리품처럼 자랑한다. 나머지는 누구도 무엇을 도둑맞고, 무엇이 불탔는지 알지도 못하고 알 길도 없다.

사진은 미국 사회과학자 시드니 데이비드 갬블(1890~1968년)이 1917~1919년경 촬영한 원명원의 원영관(遠瀛觀) 모습. 원영관은 서양 건축 양식에 따라 지은 서양루에서 가장 큰 건물로서 건륭제가 향비를 위해 지은 별궁이었다.

13 서방의 중국역사-문화 강탈

영-불연합군이 파괴한 원명원

원명원은 이름난 정원 모두 본뜬 천하의 으뜸

중국 베이징 서쪽 교외에는 원명원(圓明園)이 자리 잡고 있다. 원명원은 중국의 대표적인 황실정원으로서 천하에 이름 난 정원을 모두 옮겨 놓은 듯한 만원지원(萬園之園)이었다. 청나라 초기에 쑤저우(蘇州-소주), 항저우(杭州-항주) 등 중국에서 이름난 정원을 그대로 본떠서 조성했었다.

거기에 더하여 유럽식 건축양식에 따라 프랑스의 베르사유 궁전과 정원과 닮은 모양의 서양루도 지었었다. 원명원은 그야말로 세상에서 으뜸가는 정원이라는 찬사에 토를 다는 이가 없었을 듯한 곳이었다. 그런데 바로 그 정원이 1860년 2차 아편전쟁의 전승국 영-불 연합군에 의해 약탈, 방화, 파괴되었다.

그것도 자금성에서 항복문서를 받아내는 사이에 저지른 만행이었다. 오늘날에는 그 옛날에 청나라 황실이 자랑하던 모습은 온 데 간 데 없고 박살난 석조물의 앙상한 잔해만이 남아 망국의 통한을 말할 뿐이다. 원명원은 본래 1709년 강희제(康熙帝)가 넷째 아들 윤진을 위해 지은 별장이었다.

윤진이 옹정제(雍正帝)로 즉위하고 나서 1725년 그곳을 황궁의 정원으로 조성했다. 이어 옹정제의 아들 건륭제(乾隆帝)가 동쪽에 장춘원(長春園), 남동쪽에 기춘원(綺春園)을 새로 지어 원명원을 크게 넓혔다. 기춘원은 나중에 만춘원(萬春園)으로 이름이 바뀌었다. 그리하여 원명원은 원명원에다 장춘원과 만춘원을 더하여 삼원(三園)이라고도 일컬었다.

삼원은 호수가 흩어져 있던 평지에 조성했었다. 전체면적은 320ha이며 그 중에서 호수가 35%를 차지했다. 원명원의 앞쪽 한가운데에 있었던 정대광명전(正大光明殿)과 함께 그 뒤쪽에 있던 구주(九州), 청연(淸宴)도 궁전의 역할을 맡았었다. 나머지 크고 작은 100여개의 건축물은 모두 호숫가의 풍치림에 자리 잡았었다.

원명원은 호수에 흩어져 있는 9개의 섬 위에 지었으며 구주, 청연과 같은 9개동의 부속건물이 딸려 있었다. 또 호수 복해(福海)에 있는 10개의 섬에는 누대(樓臺)와 헌관(軒館)이 여기저기 배치되어 있었다. 호수 한복판에는 신선이 산다는 봉래(蓬萊), 방장(方丈), 영주(瀛州)를 상징하는 작은 섬 3개가 있다.

황제의 집무실이자 거처였던 자금성은 건축면적이 4만㎡인데 원명원은 20만㎡로 5배나 더 크니 그 규모가 얼마나 광대했는지 짐작된다. 자금성은 풀 한 포기 없는 인공조형물로만 이뤄진 궁전이다. 자객이 수목을 엄폐물로 이용할 수 없도록 나무를 심지 않았기 때문이다. 반면에 원명원은 물, 산, 나무가 어우러져 자연이 살아 숨 쉬는 수경원림(水景園林)이었다.

옹정제(雍正帝)가 원명원을 황궁의 정원으로 조성한 이후 건륭제(乾隆帝), 가경제(嘉慶帝), 도광제(道光帝), 함풍제(咸豊帝)로 이어지는 5대 황제가 연중의 절반은 그곳에서 정사를 보았다. 옹정제는 즉위한 이후 매년 정월이면 그곳에서 시무식을 갖고 머물렀다. 건륭제는 재위 21년 고궁에서는 105일간 체류했는데 비해 원명원에서 지낸 날이 168일로 더 많았다.

도광제는 재위 24년 원명원에서 274일 동안 머물렀고 고궁에서는 73일을 보냈다. 그 이후의 황제들은 원명원이 영-불 연합군에 의해 파괴되어 그곳에서 정사를 돌볼 수 없었다. 그처럼 별궁이 150년 동안 사실상 정궁의 역할을 했으니 소장문서와 소장물품이 정궁 못지않게 많았을 것으로 짐작된다.

예를 들면 미술에 조예가 깊은 건륭제는 선대의 문화재를 감상한 다음에 꼭 그 작품에다 건륭제가 몸소 감상한 보물이란 뜻의 '건륭어람지보'(乾隆御覽之寶)라는 명문(銘文)을 남겼다. 서화류는 물론이고 송대 도자기를 감상한 다음에도 바닥에 그 명문을 전각으로 파서 기록했다.

그 까닭에 황제의 체류일수가 늘어나면서 골동서화를 비롯한 각종 소장보물이 크게 늘어났을 것이 틀림없다. 궁전의 생활비품 하나 하나가 소장가치가 있는 문화재급이었는데 그 모두 영-불 연합군에 의해 약탈되거나 소실되었다. 150여년이 지난 오늘날에는 더러 그 약탈품들이 유럽이나 미국의 미술품 경매장에 나와 고가에 거래된다.

원명원은 영-불 연합군에 의해 약탈, 방화, 파괴된 다음에도 의화단 항쟁, 문화혁명으로 두 차례나 더 수난을 겪은 채 오랜 세월 폐허로 방치되었다. 1984년 유적공원 건설이 시작되었으며 1988년 전국중적문물보호단위로 지정되어 애국교육의 상징으로서, 또 관광자원으로서 활용되어 왔다.

그 후 폐허상태를 그대로 존치할지 아니면 원래대로 복원할지를 놓고 많은 논의를 거친 끝에 2008년부터 200억위안을 투입해 복구한다는 중국정부의 발표가 있었다.

영-불연합군이 부순 중국의 서양식 궁전-정원

유럽이 중국 청화백자를 만나는 순간에 흰 금이라는 말로 그 천상의 신비에 감탄하더니 곧 그 자태에 매료되었다. 왕족과 귀족들이 앞 다퉈 왕궁과 성에 중국방(China Room)을 차리고 중국 도자기를 사모아 장식품으로 진열하며 서로 더 많이 가졌다고 뽐냈다. 중국 도자기가 신분과시의 상징물처럼 여겨졌던 시절이었다.

그 즈음 베이징에서는 유럽 선교사들의 손을 빌려 아예 프랑스 베르사유 궁전과 정원을 그대로 본떠서 지었다. 그 규모는 유럽의 중국방과는 비견할 수준을 넘어섰다. 그런데 그 궁전과 정원이 2차 아편전쟁 때 영-불 연합군에 의해 털리고 불에 타고 부서져 폐허로 변해 버렸다. 산산조각 나버린 석조물의 잔해만이 그 옛날의 화려했던 영화를 말하고 있다.

원명원의 정수랄 수 있는 서양루(西洋樓)는 중국 최초의 유럽식 원림이었던 장춘원의 북쪽에 자리 잡고 있었다. 장춘원은 7만㎡의 넓은 면적에 황화진, 해기취, 해안당 등 10여 개의 서양식 건축물과 정원으로 이뤄져 있었다. 그곳에는 또 쑤저우(蘇州-소주)의 인공 숲인 사자림(獅子林), 난징(南京-남경)의 여원(如園) 등 중국전역에서 이름난 정원들을 본떠 지은 작은 정원 20여 곳이 모여 있었다.

건륭제는 서양 미술품에도 남다른 관심을 가지고 있었다. 그는 특히 프랑스 루이 14세(1643~1715년)가 중국황실에 선물로 보낸 가브리엘 페렐(Gabriel Pérelle)의 '프랑스의 아름다운 건축물들', 그리고 '프랑스 도시와 정원, 분수를 포함한 베르사유 궁전의 설계도, 단면도, 입면도'의 동판삽화를 보고 큰 흥미를 느끼고 있었다.

그가 급기야 중국에 체류하고 있던 유럽 선교사들의 도움을 받아 원명원에 서양식 궁전을 짓기 시작했다. 그는 선대부터 궁중화가로서 높은 신임을 얻고 있던 이탈리아의 선교사 주세페 카스틸리오네(Giuseppe Castiglione)한테 서양루의 설계와 감독을 맡겼다. 그 때가 건륭 12년인 1747년이었다.

서양루의 마지막 건축물인 원영관(遠瀛觀)이 1783년 완공되었으니 따지면 무려 36년이란 긴 세월에 걸쳐 서양식 궁전을 모방해 짓는 데 성공한 셈이었다. 그 서양루에 들어서면 가장 먼저 눈에 띠는 곳이 해기취(諧奇趣)였다. 해기취는 건륭 16년인 1751년 가을 완공된 중국최초의 유럽식 3층 건물이었다.

해기취 앞에는 좌우 9칸으로 이뤄진 활모양의 회랑이 2층짜리 누각과 연결되어 있었다고 한다. 해기취는 황제를 위해 중국악기와 서양악기를 연주했던 곳이었다. 오늘날 말로 말하자면 황실의 오케스트라 공연장이었다. 해기취 남쪽에는 큰 분수지가 있었다.

2009년 11월 청나라 건륭제(乾隆帝)의 옥새가 영국 런던에서 경매를 통해 팔려나가자 중국에서 분노의 여론이 들끓었었다. 건륭제 즉위 55주년을 기념해 청옥으로 만든 그 옥새는 영국군이 원명원에서 약탈해 간 것으로 보면 틀림없다.

  그곳에는 꼬리가 하늘로 치솟은 물고기 조형물인 번미석어(翻尾石魚)을 중심으로 그 주위에는 양, 사슴, 거위, 오리 등의 청동상이 아우러져 있었다고 한다. 오늘날에는 부서진 석상의 잔해만이 어지러이 남아있을 뿐이다. 번미석어는 현재 베이징대학교 미명호(未名湖)에 보존되어 있다.

  황화진(黃花陣)은 8각형의 서식정을 중심으로 구성된 유럽식 정원인 미궁(maze)으로서 서양루 중에서 가장 잘 보존된 곳이다. 높이 1.2m, 너비 59m, 길이 89m의 미궁이지만 미로가 1,600m나 펼쳐진다. 그 미궁 역시 영-불 연합군에 의해 파괴되었으나 1992년 오늘날의 모습으로 복원되었다.

  해마다 음력 8월 15일 중추절 밤이면 황화진에서는 보름달 아래 등불을 환하게 밝힌 연회가 열렸다. 궁녀들이 저마다 손에 노란 비단으로 만든 연등을 들고 미궁으로 들어가서 가장 먼저 서식정에 도달한 궁녀에게 상을 내렸다. 미로를 헤매는 연등의 무리가 마치 노란 꽃이 군락을 이룬 듯이 펼쳐진다고 해서 황화진(黃花陣)이라는 아름다운 이름이 붙었다.

사진은 1860년 영-불 침략군이 파괴한 원명원 서양루(西洋樓)의 동판화. 궁중화가인 이탈리아 선교사 주세페 카스틸리오네의 제자 이 란 타이(伊蘭泰-이란태)의 작품. 그는 1781~1786년 서양루를 묘사한 동판을 20개 제작했는데 원판은 소재불명이며 동판화는 베이징 국립도서관이 소장.

그 서양루는 중국이 프랑스 베르사유 궁전과 정원을 그대로 본떠서 지었던 건축물. 주세페 카스틸리오네가 설계, 감독하고 여러 명의 유럽 선교사들이 건축공사에 참여했었다. 시계 분수대는 프랑스 천문학자이자 선교사였던 미셀 브노아(Michel Benoist)의 작품이었다. 그 서양루도 영-불 침략군이 박살내버려 석조물 파편만이 어지럽게 나뒹굴고 있다.

원영관(遠瀛觀)은 건륭제가 향비(香妃)를 위해 지어준 침궁이었다. 3층 건물 내부에는 프랑스풍의 가구, 장식품, 탁상시계와 같은 온갖 진귀한 보물이 가득 차있었다고 전해진다. 오늘날에는 그 화려했던 옛 모습은 흔적조차 없이 사라지고 앙상한 돌무더기만 남아 쓸쓸하게 옛 영화를 말한다.

원영관의 남쪽에 위치한 대수법(大水法)은 석탑식 건축양식에 따라 지어진 분수대였다. 타원형을 이룬 국화모양의 분수지 안에는 10마리의 사냥개가 노루를 좇는 모습으로 만들어진 분수대가 있었다. 또 그 좌우에는 13단계의 분수탑이 있어 한꺼번에 물을 뿜으면 장관을 이뤘다고 전해진다.

대수법의 맞은편에는 황제가 앉아서 분수를 감상하던 관수법(觀水法)이 있었다. 그 관수법에는 중앙에 황제가 앉는 보좌(寶座)가 있었고 그 뒤로는 5개의 석조물이 나란히 세워져 있어 커다란 병풍 모양을 하고 있었다고 한다. 중국의 전통정원과는 사뭇 다른 풍경을 갖췄던 서양루의 화려하고도 웅장하고, 또 이국적이었던 옛 모습도 역시 역사 속으로 사라졌다.

서양루에서 가장 큰 건물은 해안당(海晏堂)이었다. 그 건축물은 프랑스의 베르사유 궁전을 본떠서 지은 서양식 건물로서도 유명했지만 그 앞에는 시계분수대가 있어 더 이름이 났었다. 12마리 띠 동물의 머리를 청동상으로 만들고 그 몸체는 돌로 인간을 형상화한 십이지신상이 시간과 방위에 맞춰 물을 뿜었다.

영-불 연합군이 분수대의 시계를 파괴하고 나서는 그 동물상들도 모두 약탈해 갔다. 그런데 150여년이 지나 잊을 만하면 그 띠 동물머리 청동상들이 유럽 미술품 경매장에 나타나 고가에 거래되곤 한다. 그 때마다 그 옛날 서방열강의 약탈과 파괴로 인해 깊은 상처를 입은 중화사상을 일깨워 중국인들을 분노케 한다.

영-불이 약탈한 동물 머리상 150년만에 귀향

1860년 10월 18일 2차 아편전쟁의 패전국 청나라가 승전국 영국, 프랑스, 그리고 중재국 러시아와 항복문서인 베이징조약을 자금성에서 체결하고 있었다. 그 사이에 영-불 연합군이 원명원에 불을 지르고 대포를 쏴서 미친 듯이 부수었다. 원명원은 중국이 세상에서 가장 크고 가장 아름다운 황제원림이라고 자랑하던 곳이었다.

오늘날에는 그 원명원이 옛 모습을 완전히 잃어버린 채 산산조각 난 석조물의 잔해만이 그 날의 만행을 고발한다. 영-불 연합군은 그 때 그 야만적인 파괴행위도 모자라 문화재와 미술품을 무려 150만점이나 약탈해 갔다. 누구도 어떤 문화재, 미술품이 도둑맞았는지, 불에 탔는지 소상하게 알지도 못하고 알 길도 없다.

다만 해안당(海晏堂) 앞의 시계분수대에 설치되었던 12가지 띠 동물의 머리 청동상만이 약탈해간 사실이 널리 알려졌었다. 그 시계분수대는 물을 뿜으며 시간을 알리는 모습이 장관을 이뤄 보는 이들로 하여금 절로 경탄을 자아내게 했던 까닭이었다. 또 옥외 설치물이라 많은 이들이 그 조각품에 대해 잘 알고 있던 터라 도둑맞은 사실이 두루 알려졌던 것이다.

원명원의 서양루(西洋樓)도 영-불 연합군이 조각조각 박살내버린 석조물의 파편만이 어지럽게 나뒹굴고 있다. 그 서양루는 이탈리아 선교사 주세페 카스틸리오네(Giuseppe Castiglione)가 설계하고 감독하여 지었다. 또 여러 명의 유럽 선교사들이 건축공사에 참여했었다.

서양루는 바로크 양식으로 만든 대리석 기둥을 세우고 그 위에 중국 전통양식에 따라 지은 전각(殿閣)이었다. 지붕에는 오색의 유리기와를 얹어 보기에도 무척 화려하고 웅장했다고 전해진다. 해안당 앞에 있던 시계분수대는 프랑스 천문학자이자 선교사였던 미셀 브노아(Michel Benoist)가 고안해 설치했다.

그 시계분수대에는 12가지 동물들의 머리를 청동상으로 만들고 몸통은 돌로 인간을 형상화한 십이지신상(十二支神像)이 설치되어 있었다. 그 12가지 띠 동물 조각상들이 두 시간마다 차례로 돌아가면서 각기 맡은 시간에 맞춰 물을 뿜으며 시각을 알렸다. 정오가 되면 12개 동물상들이 다 같이 함께 물을 뿜어 장관을 이루었다고 한다.

침략군의 눈에도 진귀하고 신기하게 보였던지 그 동물머리 조각상들을 모두 강탈해 가버려 소재조차 알려지지 않았었다. 그 후 한 세기 반이 흘러 중국이 눈부신 경제성장에 따라 G-2로 굴기(崛起)하자 중국 고미술품이 거기에 힘입어 세계미술시장에서 돌풍을 일으킨다.

중국 고미술품 값이 경제성장에 발맞춰 고공행진을 거듭하자 약탈해간 중국 문화재들이 어둠에 숨어있다 돈 냄새를 맡고 슬그머니 그 모습을 드러낸다. 그 중에는 원명원 동물상들이 있어 오랫동안 망각의 세계에 갇혀있던 그 옛날 서방열강의 야만적 문화재 파괴-약탈행위의 악몽을 일깨워 중국인들의 잊혀진 아픔을 되살린다.

2009년 2월 프랑스의 유명한 패션 디자이너 이브 생 로랑이 소장했던 토끼 머리상과 쥐 머리상이 파리 크리스티 미술품 경매장에 나와 세계적 관심을 끌었다. 그해 2월 25일 경매에 붙여져 각기 1,570만유로에 어느 중국인에게 낙찰되었으나 우스꽝스런 촌극으로 끝나고 말았다.

한 세기 전에 패망했던 중국이 G-2로 굴기(崛起)하자 중국 고미술품이 세계미술시장에서 상승세를 탄다. 그러자 원명원 약탈품들이 돈 냄새를 맡고 슬금슬금 모습을 드러낸다. 그 중에서 소, 원숭이, 호랑이, 돼지 머리상은 베이징 바오리(北京保利-북경보리) 박물관이 해외에서 매입해 소장.

자칭 중국 해외유출문화재환수기금의 고문이라는 사람이 중국인으로서 애국적 책무를 완수 했으니 낙찰되었지만 돈을 낼 생각이 없다고 말해 유찰되었었다. 그런가 하면 이브 생 로랑 의 사업동업자 피에르 베르제가 생뚱맞은 발언을 해 중국인의 분노를 샀었다.

 그가 중국의 인권문제를 거론하며 14대 달라이 라마가 그의 모국 티베트로 귀국할 수 있게 된다면 중국정부에 청동상을 인도할 의향이 있다는 발언이 그것이었다. 그것은 실현성도 없 고 진정성도 없는 사술적 허언일 뿐이었다. 그런데 바로 그 토끼 머리상과 쥐 머리상이 오랜 세월의 타향살이를 끝내고 중국으로 귀향하는 길이 열렸다.

 2013년 4월 26일 베이징의 한 호텔에서 경매회사 크리스티 회장 프랑수와 앙리 피노가 화 제의 두 머리상을 중국정부에 기증한다고 밝혔다. 크리스티는 2009년 두 머리상의 경매를 맡았던 바로 그 미술품 경매회사였다. 크리스티 회장 피노는 그 때 프랑스 대통령 프랑수와 올랑드를 수행해 중국을 방문했었다.

 중국정부는 그 전 날 프랑스에 본사를 둔 에어버스사 항공기 60대를 구매한다고 발표했었 다. 구매계약은 중국 국가주석 시진핑(習近平-습근평)과 프랑스 대통령 올랑드가 지켜보는 가운데 체결되었다. 구매가격은 밝히지 않았으나 80억달러라는 보도가 있었다. 두 머리상의 반환은 중국의 항공기 대량구매에 따른 프랑스의 보답으로 풀이된다.

 그에 앞서 1985년 미국에서 소, 원숭이, 호랑이의 머리상이 모습을 드러낸 바 있었다. 그 머 리상들은 2000년 소더비, 크리스티 경매를 통해 베이징 바오리(北京保利-북경보리) 박물 관이 매입해 소장하고 있다. 또 돼지와 말의 머리 상은 중국 정치협상위원회 위원이라는 인 사가 사서 국가에 헌납했다.

 용 머리상은 대만의 한 골동품 수집가가 1980년대에 매입해 소장하고 있으며 상태가 양호 한 것으로 알려졌다. 그러나 나머지 개, 뱀, 닭, 양의 머리상은 아직도 잠적해 있어 행방조차 알 길이 없다.

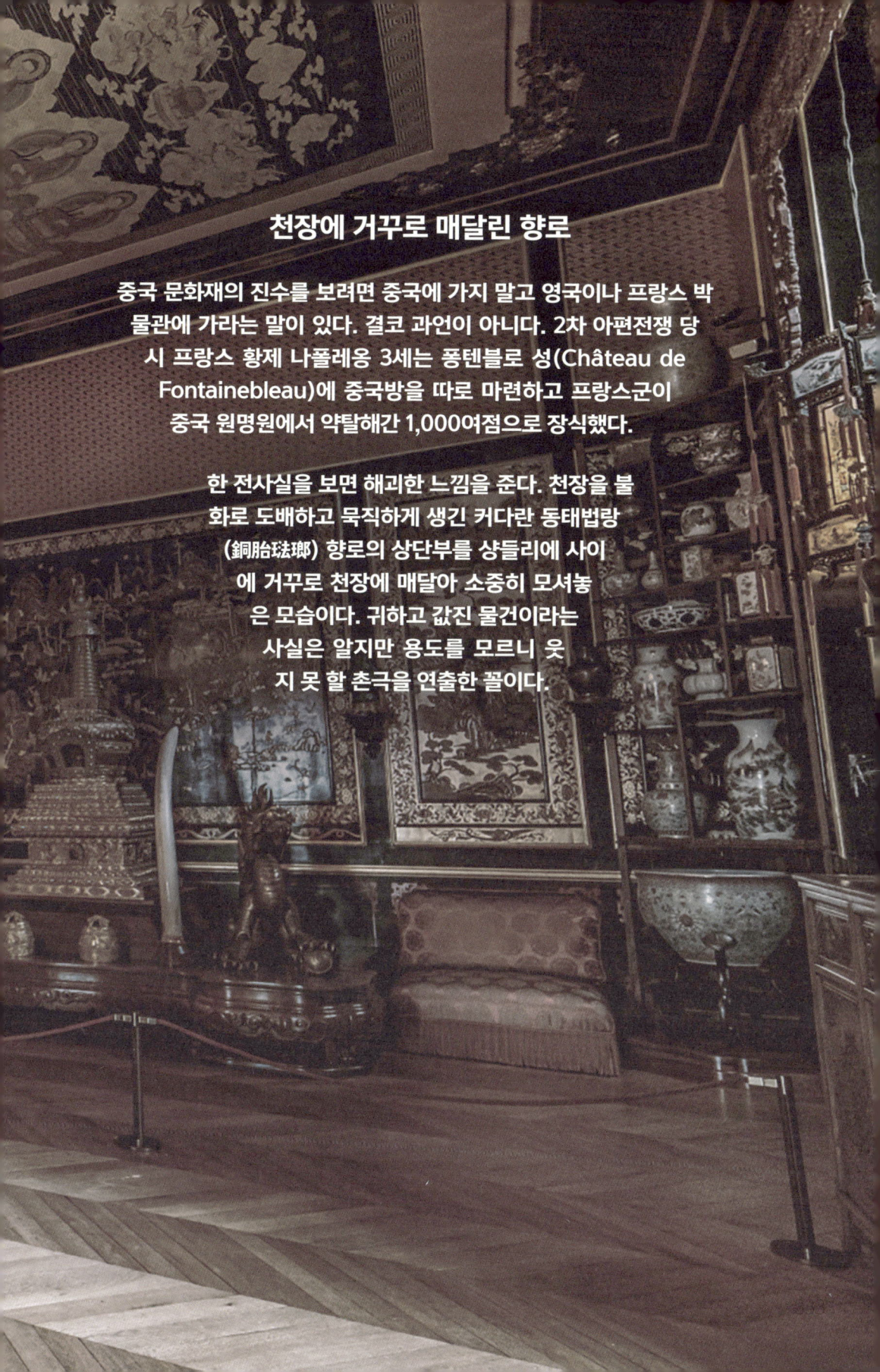

천장에 거꾸로 매달린 향로

중국 문화재의 진수를 보려면 중국에 가지 말고 영국이나 프랑스 박물관에 가라는 말이 있다. 결코 과언이 아니다. 2차 아편전쟁 당시 프랑스 황제 나폴레옹 3세는 퐁텐블로 성(Château de Fontainebleau)에 중국방을 따로 마련하고 프랑스군이 중국 원명원에서 약탈해간 1,000여점으로 장식했다.

한 전시실을 보면 해괴한 느낌을 준다. 천장을 불화로 도배하고 묵직하게 생긴 커다란 동태법랑(銅胎琺瑯) 향로의 상단부를 샹들리에 사이에 거꾸로 천장에 매달아 소중히 모셔놓은 모습이다. 귀하고 값진 물건이라는 사실은 알지만 용도를 모르니 웃지 못 할 촌극을 연출한 꼴이다.

아버지는 파르테논 약탈, 아들은 원명원 파괴

 베이징 원명원에서 영-불연합군이 자행한 야만적 문화재 파괴-약탈행위를 두고 프랑스의 문호 빅토르 위고는 이렇게 한탄했다. "어느 여름날 강도 두 명이 여름 궁전에 쳐들어갔다. 한 명이 물건을 닥치는 대로 쓸어 담는 동안 다른 한 명은 불을 질렀다. 강도로 돌변한 승리자들은 여름 궁전의 보물을 모조리 쓸어갔고 훔친 물건을 나눠 가졌다." 그가 지칭한 승리자들은 영-불 연합군이었다.
 영-불 연합군이 중국 베이징 자금성에서 2차 아편전쟁의 패전국 청나라한테서 항복 문서를 받아내고 있었다. 그 사이에 영국군을 이끌고 베이징에 진격했던 전권대사 제임스 엘진(James B. Elgin)이 원명원을 부수라고 명령을 내렸다. 그의 명령은 '완전파괴'(complete destruction)였다. 영국군 3,500명을 동원하여 밤낮없이 3일 동안 시설물을 닥치는 대로 대포를 쏘고 불태우고도 모자라 때려서 부쉈다.

문화재를 약탈-탈취-절취하는 야만적 행위를 '엘지니즘'(Elginism)이라고 말한다. 그 어원의 주인공은 원명원의 '완전파괴'를 명령한 제임스 엘진(James B. Elgin)의 아버지 토머스 엘진(Thomas B. Elgin). 그는 1801~1812년 오스만 제국 주재 영국대사를 역임하면서 그리스 아테네의 파르테논 신전 조각상 253점을 절단, 절취해서 영국으로 밀반출한 인물. 약탈문화재를 반환하라는 그리스의 요구에 영국은 온갖 핑계로 절도행위를 정당화-합리화하는 '엘진의 변명'(Elgin Excuse)을 늘어놓는다.
사진은 엘진이 훔쳐간 대리석 조각품이라는 뜻을 가진 '엘진 대리석'(Elgin Marbles) 중의 일부분. 대영박물관 소장.

그리고 엄청난 규모의 문화재와 미술품을 손에 잡히는 대로 훔쳐서 영국으로 가져갔다. 그 때 원명원에는 온통 보물이 널려 있어 훔치기에도 바빴다고 한다. 금붙이를 주우면 은덩어리를 버리고 보석을 보면 금붙이를 버렸다고 하니 말이다. 영-불연합군은 도둑질할 만 물건은 모두 훔쳐갔고 덩치가 너무 크거나 너무 무거워 가져 갈 수 없는 것은 모두 불태워 버리거나 때려서 부숴버렸다.

영국 대영박물관, 프랑스 루브르 박물관, 그 밖의 세계의 유수한 미술관, 박물관, 그리고 많은 나라의 부호들이 소장한 중국 문화재와 미술품의 상당수는 그 때 약탈해간 노획물이라고 볼 수 있다. 그 때 약탈하지 않았다면 건륭제의 옥새와 같은 역사적 귀중품이 유럽인의 손에 들어갈 수 없는 일이다.

원명원의 야만적 문화재 파괴행위(vandalism)가 끝난 직후에 체결된 베이징 협정(Beijing Convention)에 제임스 엘진이 영국을 대표해서 서명했다. 그 항복문서에는 '외국인의 멸칭(蔑稱)인 오랑캐 이(夷)자의 사용을 금지한다'라는 조항이 있다. 그 야

원명원의 폐허 지켜보는 이방인의 낯선 시선

2차 아편전쟁의 패전국 청조가 항복문서에 조인하던 1860년 10월 18일. 바로 그 시각에 맞춰 전승국 영-불 침략군이 중국의 황실정원 원명원에 쳐들어가 사흘에 걸쳐 모조리 파괴, 방화하고도 모자라 미친 듯이 약탈행각을 벌였다.

한 순간에 폐허로 변한 원명원 서양루의 돌무더기 사이에는 생뚱맞게도 웬 서양인의 흉상이 외로이 자리를 지키고 있다. 그 주인공은 다름 아닌 원명원을 파괴한 영-불 침략국의 만행을 개탄했던 프랑스의 문호 빅토르 위고.

만적인 문화재 파괴행위를 자행한 바로 그가 서양인을 야만인이란 뜻을 가진 오랑캐라고 부르지 말라는 문구를 조약에 강압적으로 집어넣었던 것이다.

문화재를 야만적으로 약탈-탈취-절취하는 행위를 '엘지니즘'(Elginism)이라 일컫는다. 또 약탈한 문화재의 반환을 거부하며 온갖 변명으로 절도행위를 정당화-합리화하는 행위를 '엘진의 변명'(Elgin Excuse)이라 말한다. 그 어원의 주인공은 다름 아닌 바로 원명원을 파괴한 제임스 엘진의 아버지 토머스 엘진(Thomas B. Elgin)이다.

아버지 엘진은 19세기 초엽에 오스만 제국 주재 영국대사를 지냈다. 그 시절에 그는 오스만 제국의 지배를 받고 있던 그리스의 아테네에 있는 파르테논 신전의 조각상을 닥치는 대로 절단, 절취해서 영국으로 밀반출한 인물이다. 토머스 엘진이 10년에 걸쳐 파르테논 신전을 맘대로 자르고 도려내고 뜯어내서 영국으로 몰래 훔쳐갔던 것이다.

신전의 외벽상단을 장식했던 길이 163m의 대리석 부조물의 절반가량도 그가 절단해서 영국으로 밀반출했다. 그 대리석 조각품이 무려 253점이나 된다. 그 절취-약탈행위에 대해 당시 영국에서도 비난성이 높았지만 대영박물관이 사들여 소장하고 있다. 기원전 432년에 완공된 인류의 위대한 문화유산을 엘진이 마구 뜯어가서 고작 3만5,000파운드를 받고 런던 대영박물관에 팔아먹었던 것이다.

아버지는 그리스 문명의 정수인 파르테논 조각품을 파손, 절단하여 절취해 갔다. 그의 아들은 중국문화의 진수인 원명원의 완전파괴를 명령하여 그가 거느린 무뢰한들이 무수한 미술품-문화재를 파괴, 방화하고 나머지는 약탈해 갔다. 그 아버지의 그 아들이고 그 아들의 그 아버지다. 서방열강의 중국 문화재 약탈행위는 원명원으로 끝나지 않았고 그것은 시작에 불과했다.

빅토르 위고는 "그리스 아테네의 파르테논 신전은 서양예술을 대변하고 중국의 원명원은 동양예술을 대표한다. 전자가 이념적 예술을 나타낸다면 후자는 몽환적(夢幻的) 예술을 보여준다. 원명원은 유일무이의 걸작일 뿐만 아니라 몽환예술의 전형이기도 하다"는 말로 원명원의 예술적 가치를 높이 평가했다.

빅토르 위고가 극찬한 그 원명원에는 유럽인의 손으로 지은 중국 속의 프랑스 궁전과 정원이 있었다. 그런데 바로 그곳도 영-불 연합군의 손에 의해 파괴되어 형해만 남아 보는 이의 가슴을 아프게 한다. 그 파괴자 영국과 프랑스는 오늘날 인류의 문화유산을 세계에서 가장 사랑하는 나라인양 자랑하며 행세한다.

아버지 엘진이 훔쳐간 대리석 조각품을 '엘진 대리석'(Elgin Marbles)이라고 말한다. 그 장물을 반환하라는 그리스의 요구에 대한 대영박물관의 응답이 가관이다. "아테네에 그냥 두었다면 지금쯤 엄청나게 파손되었을 것이다, 돌려주어도 신전에 다시 설치하지 못할 것이다, 결국 아테네 박물관에 전시할 테니 런던에서처럼 많은 사람들이 볼 수 없게 된다"는 따위의 전형적인 엘진의 변명을 늘어놓았다.

그리스는 1832년 오스만 제국 치하에서 독립한 이후 '엘긴 대리석'의 반환을 줄기차게 요구해 왔지만 그 뜻을 이루지 못하고 있다. 그에 대해 영국정부는 대영박물관의 소장품은 영구적으로 반출을 금지한다는 자국법을 내세워 반환을 거절하고 있다. 그야말로 전형적인 '엘진의 변명'이다.

영국은 또 다른 거절이유로 그리스에는 '엘긴 대리석'을 보관할 적합한 공간이 없다는 구실을 들고 있다. 그 같은 영국의 억지 주장에 맞서 그리스는 2009년 파르테논 신전이 위치해 있는 아크로폴리스 언덕에 박물관을 새로 짓고 법률자문단도 꾸려 본격적인 반환운동에 나서고 있다. 그러나 영국은 무반응으로 일관하고 있다.

2018년 6월 26일 영국을 공식 방문한 그리스 총리 알렉시스 치프라스가 영국 총리 테레사 메이를 만난 자리에서도 파르테논 대리석 조각품의 제자리는 파르테논이라고 말하고 반환을 요구했다. 그는 이어 기자회견을 통해 그 같은 내용을 밝혔으나 영국은 아무런 반응을 보이지 않았다.

국가가 문화재 절도행각을 알고도 반환을 거절하니 그것은 국가가 절도행위를 옹호하는 꼴이다.

'중국역사' 강탈해간 서방열강

서방열강이 약탈해간 중국 문화재 1천만여점

청나라 강희제가 일부 유럽 국가들에게 광저우를 개방했지만 거주이전을 제한하고 대리인 이외의 중국인과 접촉을 금지했다. 그 까닭에 아편전쟁 이전에 베이징의 땅을 밟은 유럽인은 손꼽을 만큼 적은 소수의 선교사 말고는 없었다고 보아도 무방할 듯하다.

포르투갈이 가장 먼저 남중국해안에 나타나 명나라 황제를 알현하겠다고 무력도발을 감행했다가 패주했다. 그 후 200년이란 긴 세월이 흐른 다음에야 포르투갈이 청나라 황제를 알현했으니 그가 바로 강희제였다. 영국도 오랫동안 여러 차례 중국황제를 알현하려고 무력시위를 벌이기도 했으나 허사였다.

중국 황제를 알현하려던 영국의 시도는 청나라 건륭제 말년에야 겨우 성사되었으니 그 때가 건륭 58년인 1793년이었다. 하지만 영국특사는 통상증진을 바란다는 말조차 꺼내지 못하고 돌아갔다. 유럽인에게 중국은 그야 말로 밀폐사회나 다름없어 아편전쟁 이전에 중국문화와 중국예술의 진수를 눈으로 볼 수 있었던 유럽인은 거의 없었다는 판단이 가능하다.

2차 아편전쟁 당시 원명원을 미친 듯이 때려 부수고 불을 질렀던 영-불 연합군이 아무리 문화와 예술에 무지한 무뢰한들이었더라도 그 웅장함과 정교함에는 놀라지 않을 수 없었을 것 같다. 그 까닭에 그들이 값나갈 듯한 물건은 손에 닥치는 대로 훔쳐갔을 것이다. 그 영국과 프랑스가 그 옛날 약탈해갔던 중국의 문화재, 미술품을 다시 보는 순간에도 또 다시 감탄해 마지않을 듯하다.

도자기만 해도 서유럽 국가들이 그토록 많이 수입해갔지만 그것은 모두 민요에서 만든 생활용기 수준이었다. 그와 달리 관요자기는 공예예술의 극치를 자랑하고도 남을 수준이었다. 그 치밀성-정밀성을 안다면 경탄하지 않을 수 없을 듯하다. 관요자기는 황실이 엄격하게 품질을 관리하고 공급을 통제했기 때문에 제도적으로는 유럽으로 흘러들어 갔을 리가 없었다.

관요자기가 국외로 나간 경우는 조공국에게 주는 하사품뿐이었다. 그럼에도 청말 혼란기에 무수한 관요자기가 불법적으로 해외에 유출되었다. 오늘날 개인 소장품과 골동품상이 소유한 작품은 그만 두고라도 세계의 유수한 박물관, 미술관이 소장한 수많은 작품들이 그 실태를 말하고도 남는다.

 아편전쟁 이후 서방열강의 강압에 의해 중국의 문호가 열리자 유럽, 일본, 미국에서 몰려간 도굴꾼들이 앞 다퉈 문화재-미술품 사냥에 나서 광분했었다. 그들 중에는 순수하게 학문을 목적으로 하는 연구자나 탐사자들도 더러 있었겠지만 주로 학술조사나 문화재 연구 따위로 위장한 도굴꾼들이었다.

 사당, 사찰, 고옥은 물론이고 능묘를 찾아내 닥치는 대로 뒤지고 파헤쳐 문화재와 미술품을 훔쳐갔다. 아니면 가난한 관리인들에게 은화 몇 닢을 주고 도굴을 부추기거나 매수해서 가져갔다. 능묘를 파헤쳐도 금은보화만 챙겼다. 19세기 말엽에만 해도 당나라의 도기인 당삼채는 그냥 버렸다. 20세기 들어서야 그 가치를 알아보고 거둬들이기 시작했다.

 당삼채는 납성분이 들어있는 채색유약을 시유하여 800~900℃에서 소성한 도기다. 다시 말해 7세기말~8세기 중반에 주로 황색, 녹색, 백색 등 3가지 색의 연유(鉛釉)를 입혀 낮은 온도에 구운 도기를 말한다. 더러 남색, 갈색도 씨서 회려하게 채색하기도 했다. 한마디로 채색저온연유(彩色低溫鉛釉)를 입힌 도기다.

 당삼채는 모두 출토품이다. 당삼채는 천년세월을 땅속에 매장되어 있던 부

청조가 망조를 보이자 해외 도굴꾼들이 앞 다퉈 문화재-미술품 사냥에 나서 광분했었다. 그들은 능묘를 파헤쳐도 값나가는 금은보화만 골라서 챙겼다. 19세기말에만 해도 당삼채는 그냥 버렸다. 당삼채는 부장품이라 납성분이 산화되어 표면에 하얀 막이 끼어 첫눈에 허접하게 보인다. 그 연유막을 벗겨내면 무지개 빛깔의 광채가 찬란하게 빛난다. 더러는 황색과 갈색 아래서 금가루가 반짝인다.

장품이었던 까닭에 납성분이 산화되어 표면에 하얀 막이 끼어 첫눈에 허접하게 보인다. 그 막을 벗겨내어 햇빛에 비스듬히 비춰보면 전복 껍데기에서 볼 수 있는 무지개 빛깔의 광채가 찬란하게 뜬다. 그것을 합리광(蛤蜊光)이라고 말한다.

채색자기는 보통 100년 가까이 지나면 합리광이 생기는데 도자기의 나이테가 쌓일수록 그 광채가 더욱 선명하게 빛난다. 명-청대에 만든 투채자기, 오채자기, 법랑채자기, 분채자기에도 합리광이 나타나 채색자기 감정의 중요한 단서가 된다. 하지만 위조자들이 그것도 만들어내어 감정가와 수집가의 눈을 속인다.

당삼채의 황색과 갈색 부분을 고배율의 확대경을 통해 드려다 보면 더러 유약 아래에 금가루가 반짝반짝 빛난다. 그것을 침저금(沈底金)이라고 일컫는다. 그것은 당나라가 경제적, 문화적으로 얼마나 융성했는지 알 수 있는 대목이기도 하지만 부자들이 부장품에 얼마나 호사를 떨었는지도 말한다.

청나라 말기에는 국기가 극도로 문란해져 환관들의 손에 의해 자금성의 문화재도 많이 유출되었다. 환관들이 훔쳐나간 문화재를 푼돈을 받고 팔아버린 바람에 외국인들의 손에 많이 넘어갔다. 영화 '마지막 황제'에서 는 푸이가 자금성 보물을 몰래 밖으로 빼돌렸다는 혐의로 환관들을 내쫓는 장면이 나온다. 또 가세가 기운 세도가들도 집안의 값나가는 서화류나 도자기를 비롯한 갖가지 기물들을 많이 내다팔았다.

엘진 대리석(Elgin Marbles)라는 말이 말하듯이 영국이 그리스에서만 조각품을 약탈한 것이 아니다. 중국에서도 석조물을 약탈했는데 그 행렬의 앞장에는 일본, 영국이 섰고 이어서 프랑스, 미국, 스웨덴, 러시아가 줄을 이었다. 2차 아편전쟁 당시 영-불 연합군이 원명원의 문화재를 파괴하고 약탈해간 것이 대표적이다.

중국의 용문석굴(龍門石窟)도 그리스 아테네 파르테논의 조각품과 마찬가지의 수난을 겪었다. 용문석굴에서 사라진 유물을 가장 많이 소유하고 있는 나라는 일본이고 그 다음이 미국이다. 세계의 유수한 박물관들이 소장한 용문석굴의 유물은 거의 청나라 말기에 중국대륙에서 발호하던 서방열강의 약탈품이다.

중국민간대일배상연합회가 일본정부에 당나라 유물 홍여정비(鴻臚井碑)를 반환하라고 요구하고 있다. 홍여정비는 무게가 자그마치 9t이 넘게 나가고 크기도 10㎥가 넘는 원석으로 만든 당나귀 모양의 비석이다. 그 비석은 청-일전쟁이 끝나고 10여년이 지난 1908년 일본이 약탈해 가져갔는데 현재 일본왕실이 소장하고 있는 것으로 알려져 있다.

중국 관영매체 환구시보의 2015년 10월 16일자 보도에 따르면 난징민간항일전쟁박물관이 중-일전쟁 당시 일본이 약탈해간 고석을 반환하라고 요구했다고 한다. 문제의 고석은 1940년 일본이 '팔굉일우'(八紘一宇) 석탑을 쌓느라 쓰인 돌들을 말한다.

팔굉(八紘)은 천지를 연결하는 여덟 개의 밧줄이니 세계를 뜻하고 일우(一宇)는 한 지붕을 의미한다. 일본 군국주의의 핵심 사상이었던 대동아공영권이란 말도 그 뜻에 뿌리를 두고 있다. 그 석탑은 일본이 중국, 한국 등지에서 약탈해간 370개의 돌을 포함해 모두 1,789개의 돌로 만들어졌다.

중국측은 370개의 돌 가운데 198개가 중국에서 약탈해 간 돌이라고 주장한다. 중국의 고석 중의 하나는 신수(神獸)를 상징하는 기린이 조각되어 있으며 '난징'(南京-남경)이라는 글자가 새겨져있다고 한다. 적어도 3개의 돌은 명나라 황제의 능묘에서 도굴해 가져간 국보급이라는 주장이다.

그 석탑은 미야자키(宮崎-궁기)현 미야자키(宮崎-궁기)시 '평화공원'에 소재해 있으며 팔굉일우 석탑을 '평화의 탑'이라고도 부른다. 주변국을 침략해서 약탈한 돌로 석탑을 만든 일본이 2차 세계대전에서 패배하고도 군국주의자의 침략전쟁을 평화라는 말

일본은 '평화공원'에 있는 '팔굉일우 석탑'을 '평화의 탑'이라고 자랑한다. 그런데 그 탑의 상당부분을 이웃나라에서 약탈해간 돌로 쌓았다. 팔굉일우의 팔굉(八紘)은 천지를, 일우(一宇)는 한 지붕을 의미한다. 일본 군국주의의 핵심이념인 대동아공영권이 바로 거기에 뿌리를 두고 있다. 쉽게 말해 일본의 침략근성의 원천이라는 소리다.

로 가장해 합리화하는 꼴이다.

　유럽열강과 일본이 중국에서 약탈해간 문화재가 얼마나 많은지 정확하게 파악할 길이 없다. 중국 관영매체의 보도에 따르면 아편전쟁 이후 서방열강이 약탈해간 문화재가 47개국 200여개 박물관의 소장품만 164만점이라고 한다. 박물관 이외에 개인이 소장한 문화재는 그보다 10배는 많을 것이란 추측도 있다.

　또 중국정부는 2차 아편전쟁 당시 영-불 연합군이 원명원에서 약탈한 문화재만도 150만점이 넘을 것으로 본다. 중-일전쟁 이후 일본이 강탈해간 문화재도 360만점에 이른다고 추산한다. 중국문물협회는 아편전쟁 이후 1,000만점 이상의 문화재가 해외로 유출됐고 그 중에서 1~2급 국가문화재만도 100만점에 달한다고 보고 있다.

은화 몇닢 주고 역사의 보고 돈황석굴 털어가

　1800년대 들어 국력이 쇠퇴해진 중국이 서방열강과의 전쟁에서 잇달아 패배하자 중국역사의 문화유산이 온갖 수난을 당했다. 서방열강이 문화유적지를 닥치는 대로 마구 파헤치고 절취하거나 파손해서 가져갔다. 그 대표적인 사례로 원명원이 꼽히지만 돈황석굴(敦煌石窟)도 피해가 막심했다.

　그곳에서 역사의 보고가 발견되었다는 소식이 전해지자 서방열강에서 도굴꾼들이 도둑떼처럼 달려들었다. 영국, 프랑스, 독일, 스웨덴, 러시아, 일본 등지에서 42개 탐사대가 중국 서북지역에 몰려들어 문화재 사냥에 나섰다. 그 때가 청조의 멸망을 전후한 1876~1928년이었다. 말이 탐사고 발굴이지 학술이나 학문을 빙자한 절도나 약탈에 가까웠다.

　당대 이전과 이후의 수많은 불경, 불상, 회화 등이 그곳의 밀실에 천년세월 파묻혀 있다가 어둠에서 깨어나 햇빛을 보게 되었다. 세계사적 발견의 순간이었지만 그것은 곧 약탈의 시작으로 이어졌다. 국력이 피폐해진 청조의 무관심과 부패한 관리의 방치로 중국역사의 천년보고가 수난의 시대를 맞았던 것이다.

　돈황석굴은 중국 간쑤(甘肅-감숙)성 돈황(敦煌)에 있는 천불동(千佛洞)을 말한다. 전성기에는 석굴이 1,000개가 넘었다고 해서 천불동, 돈황천불동이라고 일컫는다. 사막(漠)의 높은 곳(高)에 있는 굴(窟)이라 하여 막고굴(漠高窟)이라고도 부른다. 막고굴은 넓은 의미에서 돈황 일대의 모든 석굴을 가리킨다. 한국에서는 보통 돈황석굴이라고 일컫는다.

오랜 세월에 걸쳐 흙모래로 뒤덮이고 부서지고 허물어진 돈황석굴을 지키던 태청궁 도사 왕원록이 손보려고 마음먹었다. 청소를 하다 보니 벽화가 그려진 벽면에 금이 드러나 있었다. 벌어진 틈새로 막대기로 찔러보니 막힘없이 쑥 들어갔다. 벽면을 두들겨 보니 공명음이 울렸다. 뜯어내보니 석실이 나왔고 이어 밀봉된 캄캄한 밀실이 나타났다. '돈황학'의 탄생을 알리는 순간이었다. 깜짝 놀라 밤을 새워 어두운 방을 조사했더니 엄청난 분량의 경서, 문서, 자수, 회화, 탁본 등 5만여 점의 서화류가 가득히 쌓여 있었다. 그 때가 1900년 5월 26일이었다.

4~11세기에 걸친 11개 왕조, 오호십육국, 북송의 문화유물이 천년의 긴 세월을 어둠에 갇혀 동면하다 깨어나는 찰나였다. 훗날 그 불교역사와 중국역사의 보고가 '장경동'(藏經洞)이라고 명명되었다. 돈황석굴에서 장경동이 발견됐다는 소식이 알려지자 가장 먼저 달려간 외국인은 영국인 아우렐 스타인(Marc Aurel Stein)이었다.

그는 헝가리 부다페스트에서 태어나 영국에 귀화한 탐험가였다. 독일과 영국의 대학에서 이란학과 인도학을 전공하고 인도 라호르 동양대학 학장을 지내기도 했다. 그는 영국 식민지 인도정청 고고학 조사부에 근무하는 동안 두 차례에 걸쳐 신장지역을 두루 탐사했던 경험이 있었다.

그가 많은 고문서와 서화류를 영국으로 챙겨갔다. 그가 밀반출한 문화재는 세계에서 가장 오래된 인쇄물 중의 하나인 금강경(金剛經)을 비롯해 고문서, 서화류 등 무려 9,000점이 넘는 것으로 알려졌다. 관리인 왕원록에게 은을 주었다고 하는데 얼마나 주었는지 알 수 없는 일이다.

밀반출 규모가 얼마나 방대했는지도 모른다. 어떤 자료는 그 규모가 7,000점이라고도 하는데 몰래 가져간 스타인과 대영박물관만이 정확하게 파악하고 있는 일일 것이다. "보는 눈이 없는 한밤중에 조용하게 물건을 날랐다"는 그의 말은 믿어도 좋을 듯하다.

그는 세 번째 탐사를 통해 하라 호토(Khara-Khoto) 폐허와 투루판 분지에 있는 옛 무덤도 발견하고 많은 고미술품과 고고학적인 유물자료를 발굴했다. 그가 그 자료를 토대로 이룩한 학문적 연구는 중앙아시아 연구에 크게 이바지하였다. 특히 서역을 휩쓴 고구려 유민 고선지 장군의 유적도 그가 발견했다. 그는 '돈황학'(敦煌學)을 정립한 인물로도 평가받는다.

1908년 프랑스의 중국학 학자 폴 펠리오(Paul Pelliot)도 은을 주고 영국의 스타인만

1908년 프랑스 중국학자 폴 펠리오가 천년세월 돈황석굴에 파묻혀 있던 고문서와 서화류를 정리하는 모습. 그는 90파운드 상당의 은화를 관리인에게 주고 7,000여점이나 밀반출했다고 한다. 그 공로 덕택인지 그는 1차 세계대전 당시 베이징주재 프랑스대사를 지냈다.

큼 많은 문화재를 프랑스로 가져갔다. 밀반출 규모가 7,000여점이라는데 그 방대한 물량 또한 얼마나 정확한지 알려지지 않았다. 그 중에는 신라승려 혜초의 왕오천축국전(往五天竺國傳)이 끼어있었는데 현재 파리국립도서관이 소장하고 있다.

 왕오천축국전은 신라 승려 혜초가 723~727년 4년 동안 인도, 중앙아시아, 그리고 아랍지역의 성지를 두루 순례하고 남긴 답사기다. 그의 견문록은 세계 4대 여행기로 손꼽히며 그 중에서도 가장 오래 되었다. 왕오천축국전은 당나라 승려의 저술로 알려졌었는데 1915년 일본의 사학자 다카쿠스 준지로(高楠順次郎-고남순차랑)가 혜초의 저술이라는 사실을 확인해 냈다.

 일본의 승려 오타니 고즈이(大谷光瑞-대곡광서)도 문화재 5,000여점을 밀반출했다. 그 유출품을 일본으로 가져갔는데 일부는 일본이 지배하던 조선 경성으로 옮겨졌었다. 2차 세계대전에서 패망한 일본이 조선총독부에 그대로 두고 철수한 바람에 현재는 대한민국 국립중앙박물관이 소장하고 있다. 그 밖에도 여러 서방열강이 규모를 알 수 없는 문화재를 닥치는 대로 가져갔다.

 그곳은 변경지역이라 아마도 비적들이 자주 출몰하여 약탈을 일삼았으니 그 피해를 피하려고, 아니면 이교도인 이슬람 세력의 침략에 따른 파괴를 막으려고, 또는 잦은 전란으로 인한 전화를 입지 않으려고 누군가 중요한 문화재를 모아서 석굴에 넣어 밀폐했을 것으로 추측된다.

 돈황석굴의 불교역사와 중국역사의 보고가 길고도 긴 세월을 어둠에 갇혔다가 오랜 잠에서 깨어났건만 그것은 한 순간이었다. 청화백자를 찾아 나섰던 서방열강과 일본이 청나라가 망하자 도적떼처럼 달려들어 그 보고를 털어간 바람에 이제는 이방의 나라로 유랑의 길을 떠난 신세가 되었다.

사진은 천년 넘게 어둠에 갇혀있던 돈황석굴 서화류 두루마리.

14

중국황실에
분
서양 바람

유럽문물에 눈뜬 중국

말 100마리가 산야에서 한가하게 노니는 모습을 화폭에 담은 '백준도'(百駿圖). 중국의 전통화법에 서양화의 원근법을 응용하고 서양화 도료를 더했으며 세부적 표현이 사실적이다. 이탈리아 선교사이자 궁중화가였던 주세페 카스틸리오네의 1728년 작. 102×813cm. 타이완 타이페이 국립고궁박물원 소장.

14 유럽문물에 눈뜬 중국

황제 곁의 유럽 선교사들

궁정고문 위촉되고 베이징에 성당 지은 신부

 유럽인으로서 베이징 자금성에 처음 입궁한 사람은 아마 예수회의 이탈리아 선교사 (Matteo Ricci-利瑪竇-이마두)일 것 같다. 그는 베이징에 첫 가톨릭 성당을 지은 인물이며 예수회 중국선교단을 세운 선교사의 한 사람이기도 하다. 그가 1602년 중국어로 제작한 세계지도는 유럽인의 동아시아 탐험을 소개했다.

 로마에서 법학을 수학한 그는 1571년 예수회에 입문한 다음에도 로마대학에서 철학, 신학, 천문학과 함께 수학을 공부했다. 1577년 동방선교를 자원했던 그는 포르투갈 리스본을 거쳐 인도 고아에 도착하여 그 곳에서 4년간 선교활동과 함께 교사생활을 했다.

 중국에 가서 선교하라는 부름을 받은 그는 1582년 마카오로 부임했다. 그 때는 마카오 이외의 중국 땅에서는 가톨릭 포교가 불가능했던 시절이라 중국어를 공부하려고 마음을 먹는 선교사는 거의 없었다. 하지만 그는 마카오에 도착하자마자 중국어를 공부하기 시작했다. 그것은 그가 중국어와 중국고전을 통달한 첫 유럽학자가 되기까지 긴 여정의 출발이었다.

 그는 동행자 미셸 루지에리와 함께 마카오 이외의 지역에서 예수회 선교단이 상주할 만한 곳을 물색하다 광둥(廣東-광동)성 자오칭(肇慶-조경)에 정착하게 되었다. 수학자와 지도제작자로서 그의 능력을 높이 평가한 광둥성 성장의 허락을 얻어 그가 그곳에 선교거점을 확보하게 되었던 것이다. 그러나 새로 부임한 성장에 의해 그가 쫓겨나는 바람에 그곳에서 활동은 오래 가지 못했다.

 어쨌든 그가 1653~1659년 그곳에 체류하는 동안 중국어로 유럽식 세계지도를 제작했다. 또 동료 루지에리와 공동으로 중국어-포르투갈어 사전을 편찬했다. 그 사전은 중국어로 쓴 첫 번째 유럽언어 사전이라고 할 수 있다. 그런데 그 사전의 원고가 로마 예수회 서고에 갇혀 오랜 세월 잠자고 있다가 1934년 햇빛을 보게 되어 2001년에야 발간되었다.

 그는 1587년 난징(南京-남경)으로 가서 그곳 고관과 명사들에게 천문, 지리, 수학을 가르치면서 교류의 폭을 넓혔다. 1589년 그는 광둥(廣東-광동)성으로부터 북부지방인 사오관(韶

關-소관)으로 복귀해도 좋다는 승낙을 받고 그곳으로 임지를 옮겼다. 10년이 지난 1598년 그는 관구장급으로 승진되어 베이징으로 전임되었다.

마테오 리치는 다른 동료의 도움을 받아 다시 포르투갈어-중국어 사전 개정판을 집필했으나 그 원고는 불행하게도 아직 행방을 찾지 못하고 있다. 1601년 그는 명나라 만력제(萬曆帝)의 궁정고문으로 위촉되어 자금성을 무시로 출입하는 영광을 안게 되었다.

천자(天子)의 나라라고 믿는 중국은 천체의 움직임을 면밀하게 관찰했다. 그런데 그가 예측한 일식일시가 정확하게 맞아 자금성이 그의 천문학적 관측지식에 경탄했다고 전해진다. 리치는 만력제의 요청에 따라 1602년 가로 533cm, 세로 170cm 크기의 세계지도인 곤여만국전도(坤輿萬國全圖)를 제작했다.

그는 자금성의 상시출입을 허락받았지만 만력제를 한 번도 알현한 적이 없었다. 만력제는 은둔자적인 성품이 있어 조정에 나가 정사를 돌보는 일이 거의 없었다. 하지만 리치가 맡아서 추진하던 중국 최초의 세계지도책인 직방외기(職方外紀)를 제작하는 일에는 지원을 아끼지 않았다.

1602년 그는 만력제의 호의로 선무문(宣武門) 안에 천주당을 세워도 좋다는 허락을 받았다. 그는 1605년 베이징에 천주교회를 세워 오랜 숙원을 성취했다. 그 성당은 오늘날에도 베이징에서 가장 오래 된 가톨릭교회 건물로 남아있다. 가톨릭교회

이탈리아 선교사 마테오 리치. 명나라 만력제(萬曆帝)의 궁정고문. 중국어 세계지도인 곤여만국전도(坤輿萬國全圖) 제작. 중국최초의 가톨릭 성당 건축. 가톨릭을 중국어로 천주교(天主敎)라고 번역한 인물.

최초의 중국어 세계지도 '곤여만국전도'(坤輿萬國全圖). 예수회 이탈리아 신부 마테오 리치와 명나라 학자 이지조(李之藻)의 합작목판지도. 1602년작. 533×170cm.

를 천주당, 가톨릭교를 천주교라고 작명한 인물도 다름 아닌 마테오 리치다. 'Lord of Heaven'을 천주(天主)라고 번역했던 것이다.

중국어를 완벽하게 구사했던 마테오 리치는 중국사상–문화에 천착해 기독교 사상이 공자사상과 배치되지 않는다는 사실을 깨닫게 되었다. 그는 늘 신을 믿는 중국 인에게 가톨릭교는 전혀 이질적이지 않다고 여겼다. 기독교 신앙은 다만 그 믿음의 완성으로 보았다. 그 까닭에 그는 조상을 숭배하는 중국문화를 존중했다.

그는 베이징에서 자리를 잡으면서 서광계(徐光啓), 이지조(李之藻) 등 당대 중국의 뛰어난 학자, 고관들과 폭 넓은 교류를 갖고 그들을 신자로 인도했다. 그 대표적 인물이 서광계다. 1603년 가톨릭으로 개종한 그는 마테오 리치한테서 천문학과 수학을 배웠다.

서양학문을 깊이 천착했던 그는 유클리드의 기하학을 마테오 리치와 함께 번역하여 '기하학 원본' 전6권을 간행하기도 했다. 마테오 리치는 중국을 방문한 조선사절과도 자주 교류했다. 그는 조선인 이수광(李睟光)에게 가톨릭의 기본교리와 서양지식을 전파했다.

그는 또 그에게 몇 권의 책을 주었는데 그 책들이 그의 저서 '지봉유설'(芝峯類說)의 토대가 되었을 것으로 보인다. 그 책은 조선 최초의 백과사전이며 지봉은 그의 호다. 그것으로 미뤄

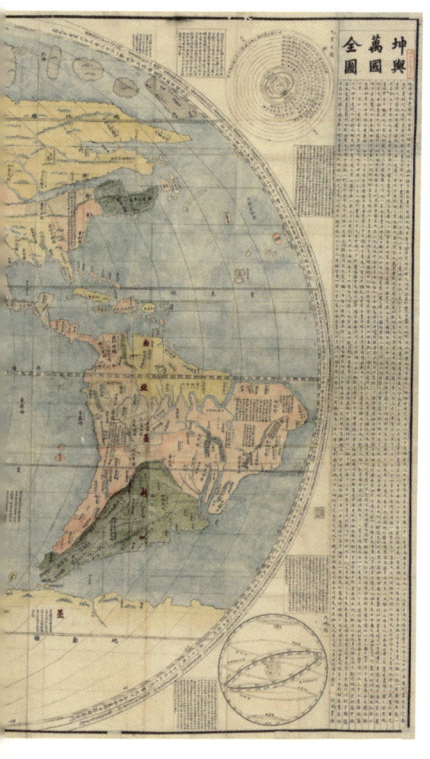

리치의 가르침이 조선의 실학운동에도 상당한 영향을 미친 것으로 짐작된다. 이수광은 조선 중기의 왕족출신 성리학자, 실학자, 외교관이었다.

그가 연구한 자료가 후대 남인실학의 밑거름이 되었다. 중국을 세 차례 다녀온 그는 실학의 선구자로서 다양한 분야의 학문을 연구했으며 무엇보다도 실천, 실용의 학문에 힘을 쏟았다. 지봉유설은 수록내용을 20개 부문, 3,435개 항목으로 나누어 설명했으며 인용된 인명만 2,265명이나 된다.

리치는 1610년 5월 11일 베이징에서 향년 57세로 일생을 마감했다. 당시 명나라는 중국에서 사망한 외국인은 마카오에 매장하도록 규제했었다. 예수회가 황실에 그를 베이징에 매장할 수 있도록 묘지를 마련해 달라고 청원을 냈다. 만력제가 그의 공헌을 높이 사서 사찰의 터를 묘지로 내어주어 그해 10월 이장했다.

그 후 베이징에서 사망한 외국선교사의 유해는 그곳에 안장되었다. 지금은 그 묘지가 베이징 행정학원 구내에 위치해 있다.

이탈리아 선교사 랑스닝은 궁정화가의 최고봉

중국에는 강건성세(康乾盛世)라는 말이 있다. 그 말은 청나라의 영토가 확장되고 문화와 경제가 융성했던 전성기를 일컫는다. '강'은 강희제, '건'은 건륭제의 앞 글자에서 따왔다. 제4대 황제 강희제가 화남지역 한족의 무장반란인 '삼번의 난'(三藩之亂)을 평정한 시기부터 그의 아들 제5대 옹정제를 거쳐 그의 손자 제6대 건륭제 치세의 중반기까지 이르는 시기를 말한다.

강희제, 옹정제, 건륭제는 예술과 학문에도 조예가 깊은 군주들로서 문화창달에 남다른 치적을 남겼다. 도자기만 하더라도 그 시기에 백자 위에 청화의 농담을 다양하게 표현한 청화오채를 개발해 냈다. 백자 위에 코발트 블루로 수묵화를 연출한 청화백자를 만들어 냈던 것이다. 법랑채의 발달단계를 한 층 더 높이고 분채를 새로 개발해서 채색자기의 전성기를 열

이탈리아 선교사 주세페 카스틸리오네(1688~1766년), 중국명 랑스닝(郎世寧-낭세녕). 청조 강희제, 옹정제, 건륭제 3대에 걸친 궁중화가. 중국미술 발전에 지대하게 공헌 한 인물.

었다.

 강희제, 옹정제, 건륭제로 이어지는 그 문화적 발흥기에 청나라 황실에서 궁중화가로서 활동한 서양 이방인이 있었다. 그는 예수회 이탈리아 선교사이자 화가였던 주세페 카스틸리오네(Giuseppe Castiglione)였다. 중국미술사나 중국도자 발달사에 자주 등장하는 랑스닝(郎世寧-낭세녕)이 바로 그 인물이다.

 그는 1688년 밀라노에서 태어나서 그곳에서 건축과 회화를 공부했다. 1707년 예수회에 입문한 그는 그때 이미 예수회가 교회벽화를 그려 달라고 초빙할 만큼 화가로서 명성을 얻었었다. 1715년 중국으로 가라는 발령을 받고 장도에 오른 그는 도중에 마카오에 머물면서 예수회 교회에서 벽화를 그리고 중국어를 익혔다.

 그가 중국에 가서는 동양화를 배워 서양화와 융합한 새로운 양식의 그림을 그리기 시작했다. 강희제에 의해 발탁된 그는 옹정제, 건륭제를 거쳐 황실 공방인 조판처(造辦處)에 소속된 궁정화가로서 50년 동안 활동했다. 그는 청나라 회화사에 큰 족적을 남겼을 뿐만 아니라 원명원에 베르사유 궁전을 모방한 건축물의 설계와 시공도 맡았었다.

 그는 옹정제의 지시에 따라 궁정화가들에게 서양화를 가르쳤다. 또한 옹정제 이복형제들의 초상화를 그렸다. 그는 궁중화가로서 200여쪽의 초상화를 남겼는데 그 중에서도 건륭제와 황후, 그리고 11명의 후궁을 그린 초상화 '심사치평도'(心寫治平圖)가 있다. 그의 대표작 중의 하나인 그 그림은 미국 오하이오 주 클리블랜드 미술관이 소장하고 있다.

 건륭제는 매일 그의 작업실에 들려 그림을 그리는 그의 모습을 지켜 볼 정도로 그에게 지대한 관심을 보였다. 건륭제는 원명원에 그를 위한 화실 여의관(如意館)을 지어줄 만큼 그의 예술적 재능을 높이 샀다. 그는 1735년 연희요(年希堯)와 함께 안드레아 포초의 투시법에 관한 저술을 번안해 '시학'(視學)을 출판하기도 했다.

 유럽의 궁중화가는 왕족의 초상화와 함께 왕의 대관식, 출정식과 같은 기록화를 주로 그렸다. 카스틸리오네를 통해 그 영향을 받은 건륭제는 수렵, 연회, 전쟁 등 중요한 사건과 행사를 그림으로 기록하도록 지시했다. '대열개갑기마상'(大閱鎧甲騎馬像)은 그가 남긴 대표적 기록화 중의 하나다.

 그 그림은 건륭제가 남원(南苑)에서 열리는 팔기군 열병식에 참석하려고 출정할 채비를 갖추고 말에 탄 모습을 묘사한 것이다. 다시 말해 만주족 대칸(大汗-대한)으로서 건륭제의 기마상을 화폭에 담은 작품이다. 대칸은 몽골이나 투르크 계통 국가의 황제를 말한다.

 중국 베이징 고궁박물원이 소장하고 있는 그 작품은 이동식 그림인 첩락(貼落)으로 제작되어 황실 수렵장인 남원 행궁의 벽에 걸려 있었다. 행궁은 황제가 나들이할 때 머물던 별궁을 말한다. 그 작품은 그가 그의 전성기라고 할 수 있는 건륭 4년인 1739년 그린 그림이다.

 그 그림에 나오는 건륭제가 입었던 갑주(甲胄), 즉 갑옷과 투구는 오늘날 중국에서는 볼 수 없다. 프랑스 파리 앵발리드 군사박물관이 소장하고 있어 그곳에나 가야 구경할 수 있다. 프랑스군이 원명원을 파괴하면서 약탈해 간 그 갑주를 프랑스는 마치 전리품마냥 자랑스럽게 전시하고 있다.

 100마리의 말들이 산야에서 한가하게 노니는 모습을 화폭에 담은 '백준도'(百駿圖)는 그의 대표적 초기작품이다. 옹정 6년인 1728년 그린 그 작품은 타이완 타이페이 국립고궁박물원이 소장하고 있다. 서양화의 원근법을 응용하여 그린 그 그림은 화면이 넓고 깊은 느낌을 주며 세부적 표현도 사실적이고 정교하다.

 그 그림은 전체적으로 중국의 전통화법에 서양의 투시법과 서양화 도료를 더하여 중국화와 서양화의 취향을 함께 녹여 낸 작품으로 유명하다. 그가 남긴 작품 중에서 최고의 걸작으로 꼽히는 그 그림은 크기가 세로 102cm, 가로 813cm로서 대작이다.

 오늘날 중국 미술품 경매장에 카스틸리오네의 작품이 나오면 높은 가격에 거래된다. 팔기군 열병식에 참석하려는 건륭제를 묘사한 건륭대열도(乾隆大閱圖)는 4폭으로 이뤄진 연작이었다. 그 중에서 마지막 폭인 행진(行陣)이 2011년 3월 프랑스 남부 도시 툴루즈 경매장에 매물로 나왔었다.

 그 그림은 폭 69㎝, 길이 24m의 긴 화폭에 담겼는데 등장한 인물만도 9,000여명에 이르는 대작이다. 그 그림은 중국인 사업가가 2,210만 유로에 낙찰 받았었다. 당시 한국 원화로는 348억원에 해당하는 금액이었다. 그 경매는 중국정부가 그 그림은 영-불 연합군이 원명원에서 약탈한 문화재라며 반환을 요구하는 가운데 열렸었다.

 건륭제는 칠순을 맞은 카스틸리오네를 위해 생신축하 연회를 열어 주기도 했다. 그는 건륭

건륭제가 팔기군 열병식에 참석하려고 출정할 채비를 갖추고 말에 탄 모습을 묘사한 '대열개갑기마상'(大閱鎧甲騎馬像). 주세페 카스틸리오네의 1739년 작품. 베이징 고궁박물원 소장.

황제 갑주의 타향살이

청나라 황실의 궁정화가 주세페 카스틸리오네(Giuseppe Castiglione). 중국미술사에 큰 족적을 남긴 랑스닝(郞世寧-낭세녕)이 바로 그 인물이다. 예수회 이탈리아 선교사였던 그는 원명원의 서양루를 설계했으며 출정할 채비를 갖춘 건륭제의 어진인 '대열개갑기마상'(大閱鎧甲騎馬像)을 남기기도 했다.

그 작품은 중국 베이징 고궁박물원이 소장하고 있다. 그런데 그 그림에 나오는 건륭제의 갑주(甲冑), 즉 갑옷과 투구는 오늘날에는 중국이 아닌 프랑스에나 가야 구경할 수 있다. 프랑스군이 원명원을 파괴하면서 약탈해가 파리 앵발리드(Invalides) 군사박물관이 전리품으로 전시하고 있다. 제국의 패망이 부른 비극이다.

31년인 1766년 7월 16일 베이징에서 향년 77세로 선종(善終)했으며 베이징의 서양 선교사의 묘지인 승공책란(滕公柵欄)에 묻혔다. 건륭제는 장례비용으로 은화 300냥을 하사했다. '청사고열전'(清史稿列傳)의 '낭세녕전'(郎世寧傳)은 그를 다룬 기록이다.

선교사들이 연주한 서양음악 즐겼던 중국황제

1640년 자금성의 한 창고에서 오랜 세월 먼지가 소복이 쌓인 피아노 한 대가 발견됐다. 40년 전에 이탈리아 신부 마테오 리치가 만력제에게 자명종, 십자가상 등 40여 가지 진상품과 함께 바쳤던 그 피아노였다. 만력제의 손자인 숭정제(崇禎帝-1628~1644년)는 서양음악에 관심이 많았던 터라 수리하라고 일렀다.

숭정제는 명나라의 마지막 황제였으며 그 일은 명나라가 멸망하기 4년 전에 있었다. 독일 선교사 요한 아담 샬이 맡아서 피아노를 조율하고 은으로 피아노 줄을 만들어 수리를 마쳤다. 샬은 숭정제가 서양음악을 감상하고 가톨릭 교의를 이해하도록 돕기 위해 성경에서 10편의 찬미시를 번역하고 거기에 곡을 붙여 황제에게 바쳤다.

그해 11월 요한 아담 샬은 숭정제에게 천주교에 귀의할 것을 상소하기도 했다. 샬은 1622년 중국으로 건너가서 서광계 등의 추천을 받아 명나라에서 벼슬을 받았다. 그는 천문과 역학에 뛰어난 실력을 가져 역서(曆書)인 시헌력(時憲曆)을 편찬했다. 또 대포 제작을 지도하기도 했다.

그는 청나라 들어서도 베이징 천문대장, 통의대부, 통현교사, 통정사, 광록대부 등의 벼슬자리에 오르기도 했다. 그런데 그가 청나라 관료들의 모함에 빠져 옥살이를 했다. 서양문물에도 남다른 관심을 가지고 있던 강희제가 집정하고 나서 은전을 베풀어 그가 1664년 누명에서 벗어났다.

강희제는 서양음악도 애청했다. 이탈리아 신부 마테오 리파(Matteo Ripa)의 회고록에 따르면 강희제는 수학자나 음악가가 되고 싶어 했다고 전해질 만큼 음악 애호가였다고 전해진다. 사서의 기록에 따르면 1670년 강희제가 베이징에 체류하던 선교사 중에서 악기를 다룰 줄 아는 이들을 모아 서양음악을 연주하도록 일렀다.

그러나 미리 연습을 하지 않았던 탓인지 실망이 컸다고 전해진다. 얼마 후에 그는 다시 그들을 궁정으로 불러 연주를 시켰는데 그 때는 아주 흡족해 했다고 한다. 연주가 4시간이나 이어졌고 강희제는 음악을 감상하다가 기분이 좋아 직접 악기를 다뤄보기도 했다니 말이다.

이탈리아 선교사 테오도리쿠스가 강희제를 위해 직접 소나타를 작곡하기도 했다. 강희제는 그의 음악적 재능에 감탄했다고 한다. 그 소나타는 중국에 소개된 최초의 서양음악이라고 볼 수 있다. 강희제는 그를 자주 불러 연주를 들었으며 자신의 두 아들을 포함해 많은 유생들을 그에게 보내 서양음악을 배우도록 독려했다고 한다. 테오도리쿠스는 음악이론서인 율려정의(律呂正義)를 편찬했다.

 예술에 조예가 깊었던 청나라 건륭제가 1751년 중국에 체류하던 유럽 선교사 가운데 이탈리아의 주세페 카스틸리오네와 프랑스 천문학자 미셸 브누아에게 원명원에 서양식 궁전을 짓도록 하고 설계를 맡겼다. 프랑스 베르사유 궁전을 본떠서 지은 그 다국적 양식의 건축물은 오랜 공사 끝에 완공되었다.

 그 서양루(西洋樓)가 자리 잡았던 장춘원은 중국 최초의 유럽식 원림으로서 원명원의 정수였다. 장춘원은 7만㎡의 넓은 면적에 황화진, 해기취, 해안당 등 10여 개의 서양식 건축물과 함께 서양식 정원으로 이루어져 있었다. 그 중에서 해기취(諧奇趣)는 건륭 16년인 1751년 지은 중국최초의 유럽식 3층 건축물이었다.

 그 해기취는 황제를 위해 중국악기나 서양악기를 연주했던 공연장이었다. 거기서 강희제의 손자 건륭제가 서양음악을 감상했었다. 안타깝게도 그 원명원은 1860년 제2차 아편전쟁 막바지에 영국-프랑스 연합군에 의해 파괴되었다. 오늘날에는 산산조각이 난 석조건물의 잔해만이 그날의 만행을 고발하고 있을 뿐이다.

사진은 영국 사진작가 토마스 차일드 (1841~1898년)가 1875~1877년경 촬영한 원명원 해기취(諧奇趣)의 완전히 파괴된 모습.

중국황실의 유럽시계 소장열풍

유럽은 시계탑, 중국은 종루-고루가 시각 알려

유럽의 왕족과 귀족들이 왕궁과 성에 중국방을 차려 놓고 누가 더 많은 중국 도자기를 가졌는지 자랑했었다. 그 즈음 중국에서는 황실과 사대부 사이에 유럽산 벽시계, 탁상시계 수집 열기가 뜨거웠다. 유럽의 도자기 수집열풍 만큼이나 뜨겁지는 않았지만 미술품 소장을 즐기던 중국인으로서는 유럽시계가 매력적인 수집품이 아닐 수 없었다.

유럽의 대부분 도시에는 크고 작은 광장이 있고 그곳에 우뚝 선 공공건물에는 커다란 시계가 걸려있다. 14세기 들어서는 그런 공공시계가 유럽 전역으로 퍼져 나갔다. 광장에 자리 잡은 교회, 관청과 같은 대표적인 건물에 시계를 설치하거나 따로 높다란 시계탑을 세웠다. 그 시계가 시간마다 종을 울려 시민들에게 시각을 알렸고 시민들은 거기에 맞춰 사회생활을 했다.

고대 그리스의 도시국가에는 광장이 있어 직접민주주의가 꽃을 피웠다. 그 같은 광장이 유럽 전역에 확산되었고 그곳에서 직접민주주의가 성숙되었다. 그 광장에는 어디에서나 잘 보이는 높고 큰 건물에 시계를 설치하여 시민에게 시각을 알리면서 광장은 시민에게 더욱 친숙하게 다가갔다.

시민생활의 구심점인 광장에 시민에게 시각을 알리는 공공시계가 있었기에 광장은 시민의 사랑을 듬뿍 받았고, 또 받고 있다. 초창기에는 광장시계가 워낙 비쌌기에 시민들은 그 시계를 공공재산으로 자랑했다. 그 까닭에 유럽 도시들은 도시의 자부심을 살리기 위해서도 공공시계를 경쟁적으로 설치했다.

유럽에서 가장 먼저 세워진 시계탑은 1309년 건립된 밀라노 산테우스토르조 성당으로 알려져 있다. 시계탑이 있어 세계적으로 더욱 유명해진 공공건물 중의 하나는 국회의사당으로 쓰이는 영국 런던의 웨스트민스터 궁전을 꼽을 수 있다. 그 시계탑은 런던의 랜드마크이기도 하지만 많은 세계인의 눈에는 영국 의회민주주의의 상징물로 비친다.

웨스트민스터 궁전 시계탑은 1859년 5월 완공되었으며 탑의 높이는 96m. 시계의 크기는 지름 6.0m, 시침길이 2.7m, 분침길이 4.3m다. 딱히 시계탑의 정식명칭이 없다보니 시계탑

(Clock Tower) 또는 성 스티븐의 탑(St Stephen's Tower)으로 불렸었다. 그러다 2012년 여왕 엘리자베스 2세의 즉위 60주년을 맞아 엘리자베스 탑(Elizabeth Tower)이라는 공식명칭이 채택되었다.

시계탑을 더러 빅 벤이라고 부르는데 그것은 탑의 명칭이 아니고 탑 내부에 설치되어 있는 지름 274cm, 무게 13.5t의 큰 종을 가리킨다. 그러나 공식명칭보다는 여전히 빅 벤이라는 종의 이름이 탑의 이름처럼 불리어지고 있다. 빅 벤(Big Ben)은 건설공사 책임자였던 벤저민 홀이 워낙 거구여서 붙었던 별명에서 유래되었다.

영국 국회의사당 웨스트민스터 궁전의 시계탑.

유럽에서 광장시계의 보급과 함께 시계산업이 빠르게 발달했다. 그에 따라 시계가 벽시계, 탁상시계에 이어 회중시계, 손목시계로 점차 소형화되었다. 정밀기계인 벽시계, 탁상시계는 유럽의 발달한 금속공예와 결합하면서 옥외에서 옥내로 옮겨져 훌륭한 장식미술품으로 태어났다.

대리석과 금속-유리공예가 만나 연출한 유럽 탁상시계는 벽난로 선반을 장식하는 훌륭한 애장품으로서 가치를 높였다. 다른 공예품과 마찬가지로 세월이 흘러가면서 골동품으로 값이 더해진다. 그 벽시계, 탁상시계가 대항해 시대를 맞아 중국으로 건너가 미술품을 애호하는 중국인의 찬사와 갈채를 받았다.

그 즈음 유럽 국가들은 동방무역에 나섰지만 막상 수출품으로 자랑할 만한 상품이 별로 없었다. 새로운 시장을 개척하려면 무력으로 제압하든지 아니면 선물로 환심을 사든지 하는 방법을 쓰기 마련이다. 상인만이 아니라 선교사의 입장도 마찬가지였다. 물설고 낯 선 땅에서 선교를 하려면 먼저 그곳에서 영향력이 큰 세도가의 호감을 사면 도움이 크다.

그렇게 하려면 크고 작은 선물이 선교활동에 주효하다. 그 즈음 벽시계, 탁상시계는 워낙 고가품이라 널리 쓰인 것 같지는 않지만 더러 권력자들에게 선물로 쓴 흔적이 남아있다. 기계식 시계는 시간개념이 희박했던 아시아인에게 호기심을 유발하기에 충분했다.

 유럽의 기계식 시계가 중국에 소개되어 널리 퍼지기까지는 중국은 도심에 누각을 짓고 거기에 큰 종을 매달아 시각에 맞춰서 종을 울렸다. 아니면 받침대 위에 올려놓은 큰 북을 쳐서 시각을 알렸다. 종을 설치했으면 종루(鐘樓)였고 북을 설치했으면 고루(鼓樓)였다.

 청나라는 해가 저물어 이튿날 동이 틀 때까지 시간을 다섯 개의 구간으로 나눴다. 시각은 물시계로 재었다. 초경(初更) 19~21시, 이경(二更) 21~23시, 삼경(三更) 23~01시, 사경(四更) 01~03시, 오경(五更) 03~05시로 나눠 오경(五更)이라고 부르고 2시간마다 종이나 북을 쳐서 시각을 알렸다.

 촛불이나 등잔불 말고는 조명이 없던 시절에 인간은 태양에 맞춰서 생활했다. 해가 뜨면 일어나서 일하고 해가 지면 자는 생활이었다. 오늘날보다 일찍 자고 일찍 깨어났던 까닭에 초경이 저녁 7시고 오경이 새벽 5시였다. 종루와 고루를 통해 밤과 새벽에 시각을 알렸던 이유는 취침시간과 기상시간을 일깨우기 위해서였다. 그것은 백성에게 쉬는 시간과 일할 시간을 알리는 통제기능이기도 했다.

 중국 베이징에는 북쪽 끝에 고루(鼓樓)가 있고 거기서 북쪽으로 100m 떨어진 거리에 종루(鐘樓)가 있다. 종루는 부지 6,000㎡, 높이 47.95m의 2층 건축물로서 1층과 2층이 75개의 계단으로 이어져 있다. 그 종루에는 높이가 7.02m이나 되는 청동으로 만든 큰 종이 있는데 직경이 3.4m, 무게가 63t이나 나간다. 그 종이 울리면 소리가 십리

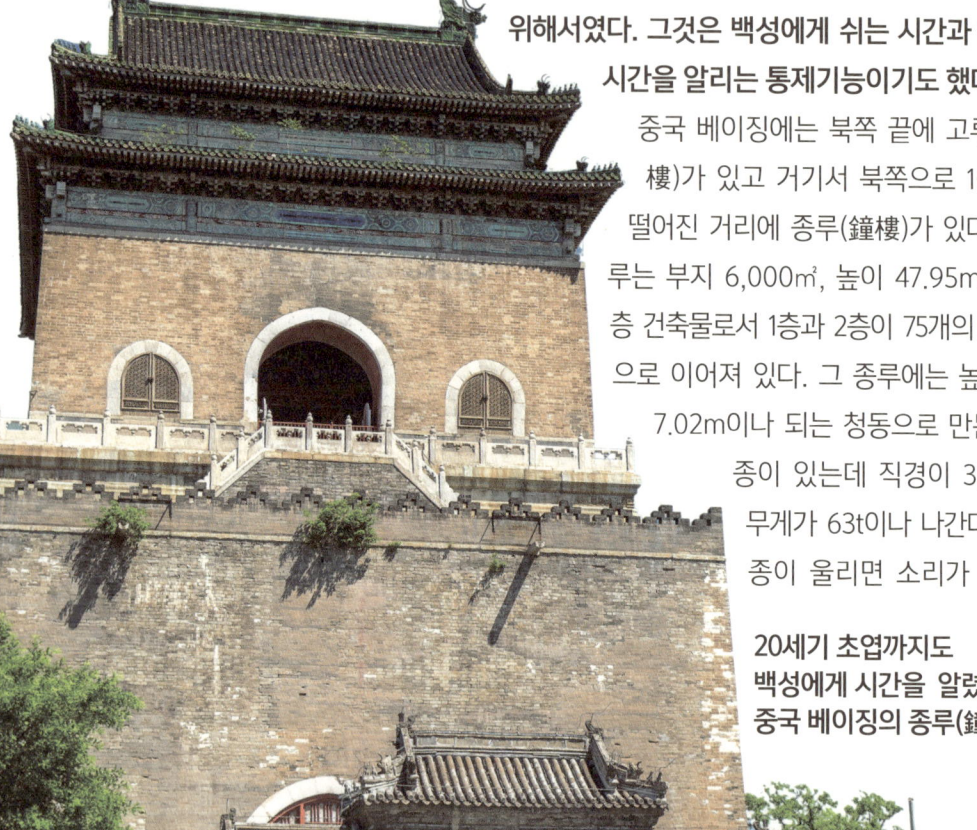

20세기 초엽까지도 백성에게 시간을 알렸던 중국 베이징의 종루(鐘樓)

밖까지 퍼진다고 한다.
 고루는 높이 46.7m, 너비 56m, 길이 33m의 누각이며 1층과 2층이 69개 계단으로 연결되어 있다. 2층 한 가운데 큰 북이 있었고 양쪽에 24개의 작은 북들이 있었는데 오늘날에는 큰 북만이 남아 있다. 종루와 더불어 고루는 원, 명, 청대 이래로 베이징에서 시각을 알렸다. 종루도 고루도 오랜 세월을 그 자리를 지키다 전란과 화재로 큰 피해를 입어 청대에 개축되었다.
 한국 서울 종로1가 네거리에는 보신각(普信閣)이라는 전통양식의 건축물이 있다. 그 건축물은 조선 태조 5년인 1396년 창건되었던 종각이었는데 전란과 화재로 여러 차례 수난을 겪어 조선후기까지 4차례나 중건되었다. 고종 32년인 1895년 종각에 '보신각'이란 현판을 걸고 종도 보신각종이라 불렀다. 한국전쟁으로 그 종각이 소실되어 1953년 또 중건되었다.
 지하철 1호선 건설에 따라 종로1가 네거리를 확장하면서 1979년 그 종각을 헐어내고 집터도 뒤로 물려 철근 콘크리트로 2층 구조의 종루로 증축했다. 습기를 피하고 통풍이 잘 되도록 마루를 지면에서 높이 띄워 2층으로 크게 지으면서 건축양식이 각(閣)이 아닌 루(樓)로 바뀌었다. 건축양식이 경복궁 경회루와 같다는 소리다.
 따라서 현재의 건축물은 보신각(普信閣)이 아닌 보신루(普信樓)라고 부르는 것이 옳다. 또 원래의 종을 보존하기 위해 1985년 새로 주조한 종을 설치했다. 국가적 중요한 행사일에는 보신각종을 울린다. 해마다 12월 31일 밤 12시 직전에 1919년 3-1 만세운동을 주도한 33인을 기려 33번 울리는 제야의 타종행사를 갖고 새해를 맞는다. 또 8월 15일 광복절, 3월 1일 삼일절 등 국경일에는 정오에 기념타종을 울린다.

광저우에 시계공 데려가서 현지공장 차린 영국

 이탈리아 신부 마테오 리치가 명나라 만력제 재위시절에 가톨릭을 포교하려고 가면서 40여 가지의 공물을 바쳤다. 그 중에는 자명종 시계가 있었으니 그 때 유럽의 기계식 탁상시계가 중국에 처음 선을 보인 셈이다. 중국의 문화와 예술에 매료되었던 그가 시계와 지도와 같은 유럽의 선진과학문물을 중국에 처음 소개함으로써 사대부들의 높은 관심을 끌었다.
 진상품 중에는 자명종 시계 말고도 피아노, 오르골도 있었다. 오르골은 조그만 상자 안에서 쇠바늘이 회전하면서 음계판을 때려 음악을 자동적으로 연주한다. 그 작은 상자는 중국인의 호기심을 사기에는 충분하고도 남음이 있었다. 텐진(天津)의 세관감독관이 미리 황제에게 상주문을 올려 마테오 리치가 공물을 바칠 것이라고 알렸다.

만력제가 마테오 리치의 공물에 대해 별다른 관심을 보이지 않았지만 자명종 시계를 보고는 매우 기뻐했다고 한다. 리치는 사흘에 걸쳐 태감들에게 자명종이 작동하는 원리와 조작법을 가르쳐주었다. 태감은 황제의 시중을 드는 내시를 말한다. 그 후 그는 궁정시계를 관리하는 임무를 맡아 10년 동안 자금성을 드나들었지만 만력제를 한 번도 본 적이 없었다.

 청나라 강희제가 영국한테 첫 외국인 무역거점을 허용하면서 주재지역을 광저우로 국한했다. 영국동인도회사가 그곳에 시계공 제임스 콕스(James Cox)와 그의 아들을 영국에서 그곳으로 데리고 가서 탁상시계를 만들어 팔았다. 영국이 그 때 중국에 오늘날 말로 현지공장을 차렸던 셈이다. 그가 만든 시계에는 제작연도가 음각되어 있어 언제 만들었는지 알 수 있다. 쑤저우(蘇州-소주)에서 만든 시계도 궁궐에 진상되기도 했다.

 베이징 고궁박물관에는 청나라 건륭제 재위시기에 그린 만국래조도(萬國來朝圖)라는 그림이 있다. 경축일을 맞아 외국사신들이 자금성에서 건륭제에게 조하(朝賀)하려고 대기하고

누각양식에 따라 본체를 자단으로 만들고, 금도금과 법랑으로 장식한 건륭시기의 서양식 벽시계. 100×51cm. 베이징 고궁박물관 소장.

만국래조도(萬國來朝圖)의 부분. 전면중앙의 인물이 러시아 사신.

있는 장면을 그린 그림이라고 한다. 위에서 아래로 내려다보고 그려 태화전(太和殿)의 양쪽에 있는 사자상의 모습이 보인다.

눈이 쌓인 모습을 보아 신년하례의 장면인 듯하다. 그 그림에는 서양 시계를 들고 있는 이의 모습이 눈에 띄는데 러시아 사신이라고 한다. 건륭제가 유럽의 기계식 탁상시계에 관심이 많았기에 서양사신이 시계를 공물로 바치지 않았나 짐작된다. 건륭제는 서양의 문물 가운데 유독 자명종 시계와 분수에 관심이 많았다고 전해진다.

자금성 종표관(鐘表館)에는 많은 시계들이 전시되어 있다. 그 중에서 가장 뛰어난 작품을 꼽으라고 하면 단연 붓글씨를 쓰는 사자인종(寫字人鐘)이란 이름이 붙은 시계를 들 수 있다. 본체는 청동으로 만들어 금도금을 했는데 4층 누각형태로 만들었으며 높이가 231cm이나 되는 조형물이다.

맨 위층의 원형정자에는 손을 들고 춤을 추는 두 인형이 있는데 작동하면 두 사람의 거리가 멀어지면서 '萬壽無疆'(만수무강)이란 네 글자가 적힌 현수막이 펼쳐진다. 그 아래층에는 종을 치는 인형이 있다. 3, 6, 9, 12시가 되면 종을 쳐서 시각을 알린다.

위에서 세 번째 층에는 로마숫자로 쓴 둥근 숫자판이 있어 시계바늘이 돌아간다. 맨 아래층이 압권이다. 유럽 귀족풍의 복식을 차려입은 신사가 한 쪽 무릎을 세우고 한 손에는 붓을 들고 다른 한 손은 책상을 잡고 있는 자세로 앉아있다. 작동하면 그 신사인형이 붓에 먹물을 찍어 글을 쓰는데 그 모습이 신기한 느낌을 자아낸다.

사람이 글 쓰는 시계라는 뜻의 사자인종(寫字人鐘)

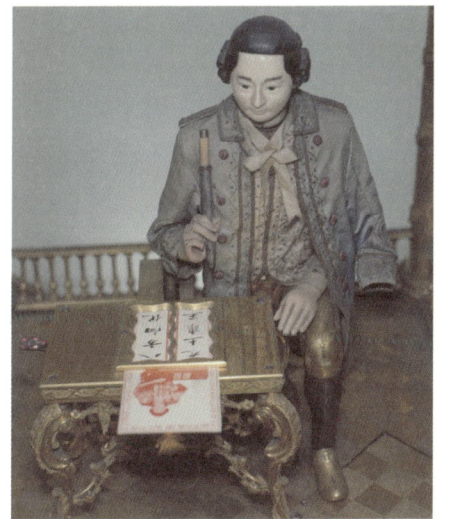

온 세상 사람들이 왕을 모시려고 온다는 뜻을 가진 '八方向化 九土來王'(팔방향화 구토래왕)이란 8자를 한 획, 한 획 또박또박 써 내려간다. 붓을 곤두세우고 쓰는 모습이 너무나 자연스러워 오늘날의 로봇만큼이나 생동감이 있어 보인다. 그 시계는 건륭제의 애장품으로서 영국인 윌리엄슨의 작품으로 알려졌다.

유럽 기계기술과 중국 공예가 연출한 탁상시계

중국에서 시간을 알리던 수단은 그 역사가 길다. 명대 이전에는 해시계, 물시계를 사용했다. 명말-청초에 기계식 시계가 유럽에서 전래되면서 전통적인 시계가 밀려나기 시작했다. 유럽의 기계식 시계는 조공품으로 들어오거나 광둥(廣東-광동)세관이 유럽 상인들한테서 사서 자금성에 바쳤다. 주로 영국, 프랑스, 스위스에서 만든 시계들이었다.

청나라 건륭 12년 중국 사적(史蹟)을 모아 만든 백과사전인 속문헌통고(續文獻通考)에는 자명종 시계는 매 시간마다 울려 시각을 알렸다고 적혀있다. 1시에 한 번, 2시에 두 번, 3시에 세 번…12시에 12 번 울린다는 내용이다. 작은 시계는 15분마다 한 번씩, 정시에는 4번 울렸다고 한다.

기계식 시계는 내부에 장착된 톱니바퀴가 돌아가면서 작동한다. 그런 구조를 눈으로 직접 볼 수 없었던 중국인들은 시간에 맞춰 울리는 서양의 자명종 시계를 보고 매우 신기하게 여겼다. 그 내용을 미뤄보아 건륭제 재위기간에는 유럽의 기계식 시계에 관한 관심이 꽤나 높았던 것 같다.

유럽 시계는 시간을 알리는 기능 이외에도 뛰어난 금속공예 기술을 발휘해 아름다운 조형으로 장식효과를 냈다. 기계의 연동원리를 이용해 움직이는 사람이나 개 또는 새를 장식으로 부착하기도 했다. 더러는 기계적 작동으로 내는 음률에 맞춰 무희가 춤을 추거나 병정들이 행진하는 동작을 연출하기도 했다.

중국 공예품은 보는 이의 탄성을 자아낼 만큼 정교하지만 정적이다. 그와 달리 유럽 시계는 아름다운 장식에다 더러 동적인 요소를 첨가해 율동과 함께 음률을 들려줌으로써 진귀한 장식품으로 대접을 받았다. 자금성에서 유럽 자명종 시계의 수요가 크게 늘어나자 17세기 후반 들어서는 궁정공방에서 유럽의 기계식 시계를 본떠서 제작하기 시작했다.

강희제가 궁정에 자명종 시계의 분해, 소제, 수리, 보관을 전담하는 자명종처(自鳴鐘處)를 신설했다. 7품 관리를 책임자로 하고 그 밑에 10명의 태감을 두었다. 또 자명종처와는 별도로 주종처(做鐘處)도 설치해 시계제작을 맡겼다. 중국의 금속세공술은 일찍부터 뛰어났기 때문에 유럽의 자명종 시계를 모방해 만드는 데도 놀라운 솜씨를 보였다.

유럽식 시계를 궁정공방에서만 만든 것이 아니다. 광저우(廣州-광주)와 쑤저우(蘇州-소주) 등지에서도 유럽시계를 모방해 제작했다. 그것은 사대부 사이에 수요가 적지 않았음을 말해준다. 모방품만이 아니라 중국 고유의 문양과 기형을 응용한 중국풍의 시계도 많이 만들었다.

유럽 탁상시계의 소재는 주로 대리석을 받침대로 쓰고 본체는 청동을 정밀하게 조형

한 다음에 금도금을 입혔다. 거기에다 유리 세공품을 더하기도 했다. 그러나 중국은 소재가 훨씬 더 다양했다. 중국의 옥기 세공술은 아무나 따를 수 없다. 절차탁마(切磋琢磨)라는 말 그대로 옥을 자르고 갈고 다듬고 문질러서 만든 값비싼 옥기를 본체로 쓰기도 했다.

또 시계본체를 청화백자로 만들어 아름다운 문양을 표현하기도 했다. 동태법랑(銅胎琺瑯)를 본체로 제작한 시계도 있다. 청대 강희제 재위시절 법랑채가 꽃을 피워 채색자기에도 많이 쓰였지만 동태법랑도 전성기를 맞았었다. 동태법랑은 청동으로 본체를 만들고 그 위에 아름다운 문양을 조형하여 다양한 채색의 법랑을 입힌 기물을 말한다.

자금성의 황제가 앉았던 용좌 바로 아래 양측에는 대형 동태법랑이 받침대 위에 자리 잡고 있다. 조선 국왕의 어좌 아래에도 크기는 훨씬 작지만 동태법랑이 놓여 있다. 그것은 경복궁이나 덕수궁에서 볼 수 있다. 그 기물들은 조선에서 만들지 않았으며 중국이 조공에 대한 답례로 보낸 하사품으로 보면 틀림없다.

자금성 종표관(鐘表館)에는 명말 선교사들이 조공품으로 바친 시계들을 비롯해 중국 안팎에서 만든 200여개의 시계가 전시되어 있다. 유럽의 기계식 시계기술이 중국의 옥기와 법랑을 만나 형형색색의 기기묘묘한 자태로 태어난 중국 시계들이 중국공예의 극치를 자랑한다. 하나 같이 정교하고 아름다운 작품으로서 중국의 시계 발달사를 한 눈에 보여준다.

건륭제는 원명원(圓明園)에다 프랑스 베르사유 궁전을 본떠서 서양루(西洋樓)를 지었다. 그 일대에 분수대를 만들고 청동으로 만든 십이지간상(十二支干像)을 세웠다. 열두 가지 띠 동물의 머리상이 각기의 시간에 맞춰서 물을 뿜으며 시각을 알려 장관을 이뤘다고 한다. 서양의 정밀기계 기술과 중국의 금속공예 기술이 만나 이루어낸 합작품이었는데 그 모두 2차 아편전쟁 당시 영–불연합군이 약탈해갔다.

중국 골동품점에 가보면 유럽 탁상시계가 더러 보인다. 중국 골동품점에 웬 유럽시계인가 의아해 하지만 거의 청대에 만든 중국제품이다. 그것을 보면 청대에 기계식 시계가 상당히 보급되었음을 알 수 있다. 금속공예술이 뛰어나다 보니 1980년대 이후에 유럽 골동품 시계를 그대로 본떠 만든 모조품 또한 골동품 가게에 적지 않게 나돌아 보는 이의 눈을 속인다.

청화백자로 본체를 만들고 청동조각으로 장식한 중국제 유럽식 벽난로 장식용 탁상시계. 19세기 제작추정.

15

경복궁과 단절된 세종로의 비대칭

일그러진 서울의 얼굴

세종로에는 노거수 29그루가 일렬로 도열한 가로수길이 있었다. 계절마다 달리하는 모습이 서울시민들에게 기쁨을 선사했었다. 그런데 어느 날 그 은행나무들을 몽땅 뽑아내 버렸다. 서울시민들이 오랜 세월 고이 간직했던 옛 추억을 앗아간 것이다.

그리곤 세종로를 두 쪽으로 갈라놓았다. 서측차도를 없애고 잡목들을 잔뜩 심었다. 동측에 몰아놓은 차도는 들쭉날쭉하다. 도시 중앙로의 기본개념인 직선과 대칭미-균형미를 완전히 파괴한 짓이다. 무엇보다도 경복궁과 세종로가 따로 노는 형국이다.

15 일그러진 서울의 얼굴

서울의 광장은 광장이 아니다

잔디밭 입은 서울광장은 놀이터도 광장도 아니다

유럽의 광장문화가 일제 강점기에 서울에도 도입되었었다. 서울시청 청사건물의 중앙 상단부에는 큰 시계가 걸려있다. 그리고 시청사 앞에는 널따란 공터가 있었다. 청사를 지을 당시에는 그 일대에서 그 건물이 유일한 공공건물이었고 가장 컸다는 점에서 유럽 도시에서 볼 수 있는 광장을 염두에 두고 설계했을 것이 분명하다.

하지만 그곳은 오랫동안 광장으로서 역할도 기능도 없이 그냥 빈터로 버려져 있었다.

서울광장은 해방이후 한국 현대사의 변혁을 일구어낸 진원지였다. 1987년 6월항쟁, 2002년 월드컵 4강진출, 2016~2017년 촛불항쟁이 그것이었다. 사진은 2002년 월드컵 경기를 응원하는 '붉은 악마'들.

이름도 편의상 그저 '시청 앞 광장'이라고 불렀었다. 한쪽에는 볼품없는 조경수 몇 그루가 서있었고 날이 더워지면 가끔 엉성한 분수대에서 물을 뿜기도 했는데 그 모습이 오랜 세월이 흐르면서 조금씩 달라지기도 했다.

그곳에는 늘 커다란 직사각형 입간판이 세워져 있었다. 그 글귀는 상투적인 정치구호가 아니면 뻔한 정부행사나 정부시책을 홍보하는 내용이었다. 찬바람이 불기 시작하면 대형 크리스마스 트리가 들어서 세모를 알리곤 했다. 빈터의 한 개 면은 청사가 자리 잡고 나머지 3개 면은 차도로 둘러싸여 접근이 어려운 외딴섬처럼 보였다.

그 때만 해도 유럽의 광장개념이 잘 알려지지 않았던 시절이었다. 그래도 그곳은 해방이후 한국 현대사의 대변혁을 일구어낸 진원지였다. 1987년 경찰의 곤봉세례와 최루탄의 독연(毒煙)을 뚫고 울려 퍼진 민중의 함성이 군벌독재의 종식을 가져왔다. 6월 항쟁이었.

2002년 수많은 붉은 악마들이 외친 "대한~민국"이 세계로 울려 퍼져나갔다. 2002년 감격의 월드컵 4강 진출이었다. 칼바람을 맞으며 수만, 수십만 촛불들이 숱한 겨울밤을 태우며 민주주의를 염원했다. 2016~2017년 촛불항쟁의 박근혜 탄핵이었다.

그곳이 2005년 잔디밭으로 옷을 갈아입고 서울광장이란 이름을 달고 다시 태어났다.

서울시장이 2004년 시청 앞 광장을 원형의 잔디밭으로 만들고 서울광장이라고 이름을 붙였다. 광장은 시민이 모여서 소통하는 공간이다. 그런데 잔디를 보호한다고 걸핏하면 출입을 통제한다.

▲광장을 잔디밭으로 만들어 출입을 통제하는 서울광장

▼365일 관광객이 넘치는 베네치아의 산 마르코스 광장

▲관광객과 참배객이 늘 붐비는 바티칸의 성 베드로 광장

▼ 프랑스 대혁명의 함성이 울려 펴졌던 파리 콩코드 광장

시멘트 덩어리 도심 속에 원형의 널따란 잔디밭이 들어서니 시민들에게 신선감과 상쾌감을 주는 느낌이었다. 그런데 잔디를 보호한다고 걸핏하면 출입을 통제하곤 한다. 갖가지 대형행사나 대형집회를 연이어 열고 각종 시설물을 지었다 헐기를 되풀이하면서 말이다.

그 뒤에는 망가진 잔디를 누더기처럼 땜질하느라 출입을 제한한다. 여름이 오면 잔디밭 한쪽에 수영장을 만든다. 겨울에는 잔디밭 위에 스케이트장을 만들어 얼음을 지치다 봄이 오면 잔디를 몽땅 걷어내고 다시 깐다. 그리고는 잔디의 착근을 돕는다고 통제선을 치고 출입을 가로막는다.

그토록 잔디밭을 열심히 보호한다지만 1년 내내 잔디가 온전한 적이 거의 없다. 계절이 바뀔 때마다 시설물을 짓고 헐기를 연례행사처럼 반복하느라 세금을 물 쓰듯이 낭비한다. 왜 잔디밭을 그대로 두지 않고 꼭 그곳에 수영장, 스키장을 설치하는지 묻는다. 그 바람에 잔디밭이 망가져 녹색의 싱그러운 느낌조차 주지 못한다. 그럴 바에야 왜 잔디밭을 만들었는지 모를 일이다.

서울광장은 한마디로 광장도 놀이터도 잔디밭도 아니고 엄청난 세금 먹는 공터일 뿐이다. 광장이라면 시민이 자유롭게 이용해야 하는데 잔디를 위한 잔디밭이 되고 말았다. 아마 세도가들이 골프를 즐겨 치다보니 광장을 잔디밭으로 만든 모양인데 그것은 무지와 무식의 소치다. 잔디밭은 유목민족의 유산이고 유럽식 정원의 개념이지 광장의 개념이 아니다.

잔디밭을 걷어 내고 광장주변에는 나무를 더 많이 심고 그 그늘 아래에는 벤치를 마련해서 시민들이 쉬어 가도록 해야 한다. 또 가로등을 세워 밤에도 시민들이 가까운 사람끼리 만나 담소도 나누고 하루의 피곤을 풀도록 해야 한다. 시민이 마음 편하게 서로 만나는 약속의 장소로 만들라는 소리다.

유럽의 어느 도시에 가도 광장은 관광객들로 넘쳐난다. 유럽의 어느 도시의 어느 광장이 잔디를 깔아 시민의 출입을 통제하는지 묻고 싶다. 1년 12달 365일 늘 관광객과 참배객이 붐비는 바티칸의 성 베드로 광장은 수용인원 30만명을 자랑한다. 그 광장도 잔디밭이 아니다. 해마다 2,500만~3,000만명의 관광객이 찾는 베네치아의 산 마르코스 광장도 돌로 포장되어 있다.

오벨리스크가 우뚝 솟아 있는 파리 콩코드 광장도 마찬가지다. 그곳은 자유, 평등, 박애의 함성이 울려 퍼졌던 프랑스 대혁명의 진원지다. 왕정타도의 함성이 드높았던 스페인 카탈루냐 광장, 공산체제에 항거하여 프라하의 봄을 세계에 알렸던 체코 민주항쟁의 진원지 바슬라프 광장도 잔디밭이 아니다.

1919년 5·4 운동, 1989년 6·4 항쟁의 중심지 중국 베이징 톈안먼(天安門-천안문) 광장도 잔디밭이 아니기는 다를 바 없다. 러시아 모스코바의 붉은 광장을 말하면 세계인은 TV화면에 투영되는 웅장한 열병식을 떠올린다. 첫 눈에도 정말 넓고 크다는 느낌을 주는 그곳에도 풀 한포기 없다.
 광장을 잔디밭으로 만든 것은 광장의 개념을 모르기 때문이다. 서울광장은 민주항쟁의 찬란한 전통을 지녔으니 광장을 광장답게 만들어 시민의 품으로 돌려주어야 한다. 그 역사성에 어울리는 광장이라면 평소에는 사람들이 모여 소통하고 휴식할 수 있는 공간이 되어야 한다. 광장이 완상용 꽃밭도 아닌데 잔디를 깔고 사람들이 못 들어가게 하는데 그게 무슨 광장인가? 아니면 거의 상시적으로 잔디밭에 각종 시설물을 설치하고 행사를 벌이느라 부산을 떠는데 그게 무슨 광장인가?

돌판 깔려고 수령 100년 은행나무 가로수길 없애

 인구 1,000만명의 대도시 서울의 부도심에는 광장이라고는 없다. 그런데 서울이 아무리 거대도시(megacity)라지만 서울광장과 지척의 거리에 왜 또 다른 커다란 광장이 있어야 하는지 그 필요성을 묻는다. 서울광장이 잔디밭이라면 그곳은 널따란 돌판이다. 행정구역은 세종로인데 왜 광화문광장이라고 이름을 붙여야하는지도 모르겠다. 광화문광장이라면 경복궁과 연계하여 전통미를 살려야 하는데 그것과는 전혀 딴판의 모습이다.
 서울은 2023년으로 정도(定都) 620년을 맞았건만 어딜 가도 수령 50년이 넘는 가로수를 찾아보기 어렵다. 1970년대 중반에만 해도 서울에는 가로수로 버드나무와 포플러 계통의 나무가 많았다. 봄에 꽃가루가 날린다고 뽑아내고 시가지를 정비한다고 베어내 버려 이제는 그 흔적조차 찾기 어렵다.
 거기에다 걸핏하면 수종교체니 도로확장이니 해서 아름드리 가로수를 마구 뽑아내고 잘라내는 바람에 가로수인들 자리 잡을 틈을 주지 않는다. 그 자리에는 손가락 굵기만 한 볼품없는 어린 나무로 바뀌 심는다. 아니면 멀쩡한 나무의 기지란 가지는 꽁땅 쳐내 몰골사납게 만든다. 더러는 가로수가 가게를 가린다고 집주인들이 멋대로 잘라낸 곳도 적지 않다.
 조선시대의 풍속화나 산수화에는 버드나무가 많이 등장한다. 경복궁의 경회루가 그것을 말한다. 한민족이 사랑했던 나무가 아닌가 싶다. 그 까닭인지 서울에는 버드나무 가로수가 많았다. 하늘만 보고 위로만 자라는 나무들과 달리 땅과 가까워지려는 친근한 맵시가 정겨웠다. 한강변에 자생하던 그 많은 버드나무들도 어디로 갔는지 모르겠다. 청계천에 한두 그루가 보일 뿐이다.

하지만 북한에는 평양에도 개성에도 버드나무가 많아 그 옛날 서울의 풍치를 떠올린다. 그래도 서울 세종로에 가면 그 한복판에 수령 100여년의 노거수(老巨樹) 29그루가 도열해 있어 고도의 위용을 자랑했었고 정취를 한껏 돋우었다. 세종로하면 떠올랐던 그 아름드리 은행나무들을 이제는 볼 수 없다.

서울의 얼굴인 세종로의 은행나무들은 계절이 바뀔 때마다 맵시를 달리하며 서울 시민에게 기쁨을 선사했었다. 봄에는 5월의 신록이 겨울 내내 잿빛에 파묻혔던 도시에 싱그러움을 일깨워줬다. 여름에는 짙은 푸름이 늠름한 자태를 뽐냈었다. 가을에는 수만, 수억의 노랑나비 떼가 내려앉은 듯했다가 찬바람이 불면 황금빛 노란 옷을 벗어버리곤 했었다.

겨울에는 굴곡 없이 위로 쭉쭉 뻗은 가지들을 드러냈었다. 눈보라에도 꿋꿋이 버티고 서있던 나목(裸木)들이 흑백사진에 담고 싶은 유혹을 느끼게 했었다. 눈이라도 내리면 삭막한 시멘트 덩어리 도심에서는 좀처럼 볼 수 없는 설경을 연출하기도 했었다. 그래

카메라의 앵글이 거의 같은 시각에서 포착한 은행나무 가로수길 철거 이전(왼쪽)과 이후(바른쪽)의 모습. 왼쪽 사진은 은행나무를 뽑아내느라고 중장비를 동원하고 교통을 통제하여 혼잡하게 보인다. 그에 비해 바른 쪽 사진은 정돈된 느낌이나 황량하기 그지없다.

서 서울시가 은행나무를 시목(市木)으로 지정했을 터다.

 서울에서 딱히 가로수들이 우람하게 버티고 있는 전통의 거리를 꼽으라고 하면 서울의 중앙을 관통하던 세종로가 유일하게 떠올랐었다. 그런데 수령 100년을 자랑하며 서울의 심장부를 지키던 세종로의 은행나무 가로수 길(boulevard)을 없애 버렸다. 그곳에 광장을 만든다는 것이 그 구실이었다.

 은행나무는 빙하기도 지각변동도 견디고 살아남은 지구상에서 가장 오래된 수종 중의 하나다. 그래서 화석나무라고도 말한다. 거꾸로 꺾꽂이를 해도 뿌리를 내릴 만큼 강인한 생명력을 지녔다. 그 까닭인지 공해에도 강하다. 대기오염이 날로 심해지는 서울에서는 가로수로 제격이다. 수명이 1,000년이라니 앞으로도 천년세월을 견뎌내며 서울을 지켜줄 가로수였다.

 은행나무는 전지를 하지 않아도 비슷 비슷한 생김새로 자라기 때문에 거리에 나란히 도열하는 가로수로는 제격이다. 끊임없이 가지를 쳐줘서 모양새를 다듬어야 하는 여타의 가로수와는 다르다. 그냥 뒀더라면 먼 훗날 천년고도 서울의 전통을 자랑할 수 있는 명물로 떠오를 가로수길이었다.

 아름드리 은행나무의 웅자를 보려면 멀리 갈 필요도 없다. 오랜 세월 성균관 명륜당을 지키

는 수령 400년의 은행나무가 가을이면 노란 옷으로 갈아입고 웅장한 자태를 뽐낸다. 그야말로 장관이다. 먼 훗날 세종로에 그 같은 모습을 한 노거수 29그루의 열병식을 상상만 해도 황홀감에 빠진다.

 세계에서 그 유례를 찾아 볼 수 없을 그 웅대한 도시경관이 보는 이로 하여금 절로 경탄을 자아내게 할 모습으로 다가온다. 일개 서울시장이 일대장관을 연출할 미래의 서울 모습을 지워 버렸다. 2년 동안 415억원이나 들여 은행나무 가로수 길을 없애고 중앙분리대를 헐어낸 것이다. 그리고 아스팔트 도로를 파헤치고 돌판으로 뒤덮었다.

** 그 가로수들은 서울 시민과 함께 호흡하며 8-15 해방, 6-25 전쟁, 4-19 의거, 5-16 쿠데타, 12-12 군사반란 등등 20세기 한국의 정치적-사회적 격동의 역사를 지켜봤다. 세종로의 상징물이었던 그 은행나무들을 어느 날 서울시장이 광화문 광장을 만든다고 뽑아내 버렸다. 그것은 많은 서울시민들이 고이 간직했던 옛 추억의 모습을 앗아간 짓이다.**

 시장이 바뀌었다고 서울시민과 한 세기 동안 애환을 함께 나누었던 은행나무들을 2008년 어느 날 깡그리 없애버리다니 참으로 놀라운 일이다. 세종로 주변 여기저기에 옮겨 심었다고는 하나 그 은행나무들이 제 자리를 잃은 탓인지 이식한다고 가지를 마구 잘라내 버린 탓인지 16년이 지나도록 생기를 잃어버려 그 옛날의 그 자태를 어디에도 찾을 수 없다.

 그 때 서울시청이 밝힌 은행나무들을 파낸 핑계가 가관이었다. 일제가 민족정기를 억누르기 위해서 심었단다. 일본과 아무 상관 없는 은행나무가 민족정기를 억압했다니 정신 나간 소리로 들린다. 변명인지 핑계인지 몰라도 치기 넘치는 헛소리일 뿐이다.

** 세계에서 가장 아름다운 거리를 묻는다면 프랑스 파리의 샹젤리제 거리를 꼽는 이들이 많을 듯싶다. 개선문이 있어 더욱 돋보이지만 오랜 세월 그곳을 지킨 플라타너스 가로수들이 있기에 아름다움이 더해진다. 샹젤리제 거리에서 그 플라타너스들을 몽땅 뽑아내 버린다면 파리지앵들은 어떤 반응을 보일지 두고두고 궁금하다.**

시민의 추억 앗아간
광화문광장 개조

서울의 얼굴 세종로에는 수령 100년의 노거수(老巨樹) 29그루가 도열해 있어 600년 고도의 위용을 자랑하고 있었다. 세종로의 중심부를 관통하던 그 은행나무 가로수 길(boulevard)을 없애 버렸다. 계절이 바뀔 때마다 맵시를 달리하며 서울 시민에게 안식과 기쁨을 선사했던 그 아름드리 은행나무들의 열병식 같은 모습을 말이다.

그 가로수 길은 서울 시민과 함께 호흡하며 8-15 해방, 6-25 전쟁, 4-19 의거, 5-16 쿠데타, 12-12 군사반란 등등 20세기 한국의 정치적-사회적 격동의 역사를 지켜봤다. 세종로의 상징물이었던 그 은행나무들을 몽땅 뽑아냈다. 그것은 많은 서울시민들이 고이 간직했던 옛 추억의 모습을 앗아간 짓이다. 그냥 뒀더라면 훗날 노거수의 행렬이 연출할 장관을 천년고도 서울이 맘껏 자랑할 수 있을 텐데 말이다.

　은행나무 열병식을 보는 듯했던 가로수 길은 온데간데없고 그 자리에는 삭막하기 그지없는 돌판이 깔려있다. 펑 뚫린 낯선 공간이 공허감마저 자아낸다. 여름에는 염천이 맹위를 떨치니 돌밭에서 반사된 태양열이 더욱 작열하다. 찬바람 몰아치는 겨울이 오면 그 돌밭이 냉기를 더해줘 황량한 느낌마저 준다. 허전하다는 생각이 들었는지 곳곳에 화분을 즐비하게 배치했다.
　광장이라고 하면 길이 사통팔달로 뚫려 사람들이 자유롭게 모여 소통, 산책, 휴식하는 공간이어야 할 텐데 사방이 시속 60㎞로 달리는 차도로 갇혀 있었다. 광장과 차도를 같은 돌로 깔고, 그마저 광장의 턱이 낮아 어디서부터 차도인지 광상인지 잘 구분이 되지도 않았었다.
　아름드리 가로수들이 가려줬던 주변건물들의 진면모가 드러나니 흉물스럽기 짝이 없다. 볼품없는 사각빌딩들이 제멋대로 생겨 주위와는 전혀 조화를 이루지 못하고 균형미도 대칭미도 없다. 세종문화회관을 빼고는 양쪽에 버티고 서있는 직사각형 건물에서 건축미라고는 찾아 볼 수 없다.

높은 담장 뒤에 숨은 역사박물관과 미국대사관 건물은 친밀감은커녕 폐쇄감마저 준다. 그 어디에도 광화문과 그리고 그 너머 있는 경복궁과 어울리는 전통미가 없어 문화적, 역사적 흔적이 전혀 베어나지 않았다. 광화문광장은 그냥 돌판을 깔은 널따란 공터에 지나지 않는다.
　유럽의 고도를 본떠서 광장도 차도도 온통 돌판으로 깔았던 모양이다. 그런데 자동차들이 지나갈 때마다 덜거덕 덜거덕 소리가 요란하게 나더니 돌판들이 온통 깨어져 나가 여기저기 아스팔트로 지저분하게 땜질하여 보기에도 흉측했었다. 유럽 고도의 돌로 포장된 도로를 보면 조각돌처럼 보이지만 돌 하나 하나의 높이가 30cm정도다.
　바닥에 자갈과 모래를 깔고 그 위에 돌을 박듯이 포장했으니 마차가 다니던 길에 자동차가 굴러다녀도 천년세월 끄떡없이 견뎌낸다. 그런데 광화문 광장은 타일처럼 얇은 돌판을 깔았으니 자동차의 무게를 견디지 못해 금세 깨지기 마련이었다. 국민세금을 그 따위로 낭비해도 어디에서도 지탄의 소리가 나오지 않았다.

편심배치로 대칭미와 균형미가 파괴된 광화문광장

　서울의 얼굴이자 대한민국의 심장인 세종로를 서울시장이 바뀔 때마다 마구 헐어내고 뜯어고친다. 전임 서울시장 박원순의 추종자들이 또 세종로를 갈아엎어 서울의 얼굴을 더 엉망으로 만들어 놓았다. 그 이전의 서울시장 오세훈은 그나마 도시미관의 기본개념인 대칭구조는 유지했었는데 그것을 완전히 파괴해버려 일그러진 세종로의 모습이 더욱 흉물스럽게 보인다.
　2021년 4월 서울시장 보궐선거를 앞두고 광화문광장에 가림막을 치고 1년 9개월이나 공사판을 벌이더니 '공원 같은 광장'을 태어났다고 자찬이 대단하다. 광장서측의 차도를 없애고 광장동측의 차도를 넓혀 일방향에서 양방향으로 고치면서 전체차선을 크게 줄였다. 그래서 광장면적이 4만300㎡로 종전보다 2.1배 넓어졌고 광장폭도 35m에서 60m로 늘어났다는 자랑이다.
　당초 세종로의 차선은 16개였는데 2009년 1차 공사를 통해 11~12개로, 또 2차 공사를 통해 7~9개로 줄였다. 서측도로를 없애 광장에 편입하면서 광장동측을 깎아내어 동측도로를 확장했다. 그에 따라 광장이 세종로의 중앙에서 벗어나 서쪽으로 이동한 형태가 되어 버렸다. 한마디로 광장은 서측에, 도로는 동측에 몰아서 배치했다. 어림잡아 세종로를 서쪽의 2/3는 광장, 동쪽의 1/3은 차도로 나눈 꼴이다.

 차도를 줄여 광장을 넓히려고 차도의 중앙분리대를 설치하지 않아 상-하행 차량들이 마주보고 달린다. 본차선은 7개인데 도로양측에 버스정류장을 설치한 지점에는 차선을 부분적으로 1개씩 늘렸다. 양방향 차선이 늘었다 줄었다 하니 전체도로가 들쭉날쭉한 모양새다. 버스가 진입-출발하는 지점에서는 차선을 바꾸어야 하니까 정체현상과 사고위험이 도사리고 있다.

 경복궁을 위에서 조감하면 광화문→흥례문→근정문→근정전→사정전→향오문→강녕전→교태전을 관통하는 중심축이 일직선을 이룬다. 또 그 중심축에 위치한 건축물들이 좌우로 대칭을 이루도록 배치되었다. 광화문도 정문을 기점으로 좌우가 대칭을 이루며 담장이 이어진다. 그 앞의 월대도 마찬가지다.

 다시 말해 경복궁을 관통하는 일직선의 중심축이 좌우로 대칭을 구성하여 광화문을 넘어 월대까지는 이어진다. 그런데 그 중심축이 세종로의 세종대왕상, 이순신장군상과 일직선으로 연결되지 않고 단절되어 버렸다. 거기에다 세종로로 들어서면 좌우대칭을 파괴해 버려 무질서하고 산만하며 혼란스럽게 보인다.

 그 원인은 광장면적을 넓힌다고 세종로의 서측도로를 폐쇄해 광장에 편입하고, 동측도로를 양방향 도로로 확장하는 방식으로 중심배치의 개념을 무시했기 때문이다. 부언하여 세종로의 서측에는 광장을, 동측에는 도로를 편측에 배치함으로써 세종로의 대칭미-균형미가 완전히 파괴된 형태다. 무게중심이 한 쪽으로 몰렸으니 전체적으로 찌그러진 모습이다. 거기에다 주변의 건물과도 전혀 조화를 이루지 못해 도시미관이 엉망이다.

 그레코-로망(Greco-Roman) 건축양식은 대칭미와 균형미를 추구한다. 세계의 어느 대도시나 중앙에 위치한 도로와 건축물은 대칭미와 균형미를 강조한다. 동양의 건축양식도 마찬가지다. 그것은 중앙을 일직선으로 관통하며 좌우의 균형을 유지하는 중국의 자금성, 조선의 경복궁을 보면 알 수 있다. 그 관점에서 대칭미-균형미를 파괴한 세종로를 인체와 비유하면 찌그러진 얼굴이나 다를 바 없다.

 미인의 첫째 기준도 대칭미와 균형미다. 얼굴의 좌우가 완벽한 대칭을 이룬다면 그는 나무랄 데 없는 미인이다. '이목구비가 반듯하다', '이목구비를 제대로 갖추었다'라는 말도 그런 뜻이다. 아무리 잘 생긴 얼굴이라도 코나 입이 조금만 삐뚤어지거나 한 쪽 눈이 조금만 아래나 위로 쳐져도 미인은커녕 추남-추녀라는 소리를 듣기 십상이다. 인체도 전체적으로 균형과 대칭을 갖추지 못하면 불구처럼 보인다.

 정통미술에서는 가장 중요한 사물은 중심에 배치한다. 세종로에서 가장 중요한 설치물은 역사성과 상징성에 비춰 세종대왕상과 이순신장군상이다. 세종로를 전체적으로 보면 두 동상이 중심에 배치되어 균형을 잡고 있다. 하지만 광장만 떼어서 보면 중심배치가 아닌 편심(偏心)배치다. 다시 말해 중심을 차지해야 할 두 동상이 광장의 한쪽 구석에 위치해 대칭미와 균형미를 깨트린다.

 세종로 양측에 배치되어 균형감과 안정감을 줬던 양편도로를 합쳐 동측에 배치했다. 그로써 전체 세종로의 대칭미과 균형미가 완전히 파괴되어 버렸다. 나머지 시설물도 원칙도 없이 임의로 설치하여 전체적으로 조화를 이루지 못한다. 조경도 마찬가지다. 경복궁과 광화문, 그리고 월대를 복원하여 역사성을 강조하면서도 전통문화에 걸맞는 수종을 선택하지 않아 역사성과는 동떨어진 모습이다.

 돌판을 깔은 널따란 광장의 서측에는 크고 작은 잡목을 잔뜩 심고 대형화분도 여기저기 놓

서울시가 운영하는 '내 손안에 서울'에 게재된 사진은 세종로의 조경지를 광화문광장을 상징하는 숲이라고 소개한다. 그 잡목들이 은행나무 가로수길을 없앨 만큼 가치가 있는지 묻고 싶다.

고쿄가이엔(皇居外苑-황거외원), 즉 일본 도쿄 왕궁 앞뜰에는 소나무 2000그루가 숲을 이루고 있다. 소나무 향기가 몸에 배어드는 느낌이다. 그야말로 송림(松林)이라고 자랑할 만하다

있다. 대형화분은 건물의 회랑과 복도를 치장하는 장식용이지 조경용이 아니다. 왜 노지인데 나무를 심지 않고 화분에 심어 배치하는지 모르겠다. 화분을 수시로 바꿔 변화를 주겠다는 뜻인지 몰라도 쓸데없는 관리비만 낭비하는 짓이다.

 보도자료를 보면 나무를 5,000그루나 심었단다. 돈을 많이 들였는지 곳곳에 키 큰 교목(喬木)이 적지 않게 보인다. 하지만 키 작은 관목(灌木)까지 하나, 하나 쳤는지는 몰라도 그 숫자가 맞는지 모르겠다. 녹지면적이 전체의 1/4인 9,367㎡로 3배 이상 늘어나서 도심 속의 푸른 숲이 생겼다고 자찬하니 하는 말이다.

 광화문광장의 녹지공간은 한마디로 개념도 개성도 없다. 다만 관료주의의 무지, 안일만 보일 뿐이다. 세종로의 역사성과 어울리는 수종을 골라 심었어야 경복궁과 어울리는 광장의 전

서울시가 운영하는 '내 손안에 서울'에 게재된 사진은 광화문광장의 분수가 물놀이장이라고 자랑한다. 어린이 놀이터에나 있음직한 분수이나 왜 하필 이순신 장군 동상 앞인가? 그곳은 분위기가 다소 경건해야 하지 않나?

두바이 인공호수에는 거대한 분수대가 설치되어 있다. 물속에서 최고 500m까지 솟구치는 물기둥들이 음악에 맞춰 춤춘다. 그 장관을 구경하려고 여기저기에 흩어져 있던 관광객들이 시간에 맞춰 몰려든다.

통미를 내세울 수 있는데 그 같은 노력이 전혀 보이지 않는다. 그냥 이 나무, 저 나무를 맘대로 여기저기에 잔뜩 심었을 뿐이다. 잡초잡목 조경법이라고 말할지 모르나 기본적으로 그런 조경법은 도시경관과는 어울리지 않는다.

 일본 도쿄 왕궁 앞뜰의 소나무 숲을 본다면 도심의 숲이란 말을 함부로 쓰지 못할 것이다. 고쿄가이엔(皇居外苑-황거외원)에는 2,000그루가 넘는 소나무들이 그야말로 송림(松林)이뤄 소나무 향기가 몸에 배어들 정도로 풍긴다. 나무 하나하나가 거수요, 명목이라 그 숲을 거니는 이로 하여금 숙연한 느낌을 갖게 한다.

 세종대왕상 앞과 세종문화회관 계단 앞에는 행사를 열 수 있는 '놀이마당'을 조성했다고 자랑한다. 또 어린이 놀이터에나 있음직한 분수대 2곳과 돌판 위에 졸졸 흐르는 물길을 만들어 놓고는 다양한 '수경시설'을 갖추었다며 공치사가 대단하다. 수경이라는 말은 말 그대로 물, 산, 나무가 어우러져 자연이 살아 숨 쉬는 수경원림(水景園林)을 이를 때나 쓰는 말이다.

 분수를 자랑하는데 너무 거창한 예를 드는 것 같지만 두바이 인공호수에는 길이 75m, 최대분사 높이 500m, 조명등 6,000개를 갖춘 거대한 분수대가 있다. 그곳에서 뿜어내는 높다란 물기둥들이 음악에 맞춰 춤춘다. 그 장관을 구경하려고 많은 관광객들이 시간에 맞춰 몰려든다.

 서울시장 박원순이 성추문에 휩싸일 듯하자 2020년 7월 자진함으로써 서울시장이 궐위상태였다. 그런데 권한대행이 2021년 4월 서울시장 재보궐선거를 앞둔 시점에 느닷없이 광화문광장 개조공사를 밀어붙이기 시작했다. 반대당 후보자 오세훈의 당선이 확실시 되는 상황에서 전임자의 임명직이 서울의 얼굴을 제멋대로 뜯어고치는 폭거를 자행한 것이다.

 박원순 추종자들이 새 시장이 취임하면 그가 27억6,400만원이나 들여 국제공모를 통해 선정한 광화문광장 개조공사를 추진할 수 없다고 판단했던 모양이다. 그들이 박원순의 유지를 떠받든다는 취지에서 강행한 짓으로 보인다. 2009년 서울시장 오세훈이 노거수들이 도열했던 세종로 은행나무 가로수 길을 철거하고 16차선을 10차선으로 줄여 조성했던 광화문광장을 갈아엎어 버린 것이다.

 반대여론 말고도 직권남용에 대한 비판여론이 비등했었다. 전임자의 일개 임명직이 시민의 의사도 묻지 않은 채 밀어붙이는 세종로 개조공사는 직권남용이라는 지적이었다. 시장선거에 다시 출마한 오세훈이 선거기간에는 공사를 반대했었다. 그런데 그가 당선되자 권력남용에 대한 어떤 문책이나 조치도 없이 개조공사를 수용했다.

 이미 공사비 250억원을 투입했고 원상회복을 하려면 150억원을 추가로 투입해야 할 판국이라 현실적 타협을 선택했다고 한다. 그야 말로 박원순 추종세력이 추진했던 시쳇말로 '알박기', '대못박기'가 성공한 셈이다. 791억원을 들여 광화문광장을 다시 뜯어고쳤다고 하는데 그 액수가 얼마나 정확한지도 의문이다.

서울의 얼굴을 광장인지, 놀이터인지, 공원인지 성격불명의 난장판 같은 도시공간을 만들어 놓고는 서울시청이 그곳에서는 집회와 시위를 불허한다고 말한다. 이해되는 대목이 있기는 하다. 광화문광장은 1년 열두 달 각종 집회로 소연하고 갖가지 시설물로 어수선했다. 하지만 광장은 사람들이 모여서 소통하고 토론하는 곳이다.

직접민주주의는 광장과 더불어 발달해 왔다. 그 같은 광장의 개념을 안다면 시민의 권리를 제한하는 소리를 함부로 말하지 못할 것이다. 도보로 5분 거리에 서울광장이란 커다란 광장이 있는데 또 다른 광장이 있을 이유도 필요도 없다. 세종로를 그처럼 엉터리로 뜯어고칠 바에야 차라리 시민에게 안식을 주는 공원을 조성했더라면 집회금지 따위의 소리가 나오지 않았을 것이다.

경복궁과 어울리는 전통문화를 곁들인 폭포공원이나 수림공원 같은 특색 있는 공원을 말이다.

경복궁 관통하는 직선의 중심축 파괴된 광화문광장

광화문(光化門) 너머 세종로를 바라보는 경복궁(景福宮)은 그 운명이 실로 기구하다. 1395년 태조 이성계가 창건했는데 1592년 임진왜란 때 노비들이 불을 질러 소실된 채 긴 세월 빈터로 방치되어 있었다. 조선의 재정이 궁핍했던 탓인지 275년이나 지난 1867년에야 고종의 아버지 흥선대원군이 중건에 나섰다.

경복궁에는 크고 작은 건축물이 500여채나 빼곡히 자리 잡고 있었다고 한다. 그 경복궁이 일본에 의해 조선의 국권이 찬탈되면서 또 수난을 겪었다. 일제가 근정전을 비롯한 일부 건축물만 남겨놓고 모조리 철거해 경복궁이란 궁궐을 아예 없애버렸다.

그 궁터에 일제가 1926년 조선 총독부청사를 지었다. 해방 이후에는 중앙청이라는 이름으로 정부청사로 쓰였던 그곳을 1995년 대통령 김영삼이 역사 바로 세우기 사업의 일환으로 헐어버렸다. 그에 따라 1990년대부터 경복궁 복원사업이 추진되고 있다.

경복궁의 정문인 광화문도 고종 1년인 1864년 흥선대원군이 경복궁을 중건하면서 복원했었나. 그 광화문도 수난의 연속이었다. 일제가 총독부 청사를 지으면서 광화문이 그 건물의 전면을 가린다는 이유로 경복궁의 동문인 건춘문의 북쪽으로 옮겼었다.

그 광화문이 한국전쟁 때 상단의 목조건축물은 소실되고 하단의 석조물만 남는 재난을 입었었다. 1968년 광화문 복원공사를 벌여 석조물 잔해를 제자리로 옮기고 상단은 목조물이 아닌 철근콘크리트로 다시 지었다. 그 때 광화문을 중앙청의 방향에 맞춰 짓는 바람에 원래 터전에서 조금 비틀어졌었다.

일제가 총독부청사를 남산에 세웠던 일본신사를 바라보게끔 건축했는데 광화문을 거기에 맞춰서 복원한 까닭에 생긴 문제였다. 일제가 조선의 정기를 끊는다고 총독부청사를 경복궁을 직선으로 관통하는 중심축에서 벗어나게 지었던 것이다. 그에 따라 새로 개축한 광화문이 경복궁의 중심축에서 5.6° 벗어나고 제자리에서 뒤쪽으로 14.5m 밀려나 있었다.

21세기 들어 광화문의 원형을 되찾자는 의견이 모아졌다. 그에 따라 위치를 바로 잡고 상단도 목조건물로 짓는 복원공사가 이뤄져 2010년 8월 15일 옛 모습을 되찾았다. 다시 말해 경복궁을 관통해서 광화문으로 이어지는 중심축을 바로 잡은 것이다. 광화문을 다시 복원한 까닭을 알았다면 세종로의 대칭미와 균형미를 함부로 파괴하는 우매한 짓을 저지르지 못했을 것이다.

광화문광장 개조공사가 끝난 줄 알았더니 광화문 앞 직선도로를 헐어내고 이름도 생소한 월대를 복원한다며 또 공사판을 벌였다. 그곳에 길이 50m, 폭 30m의 월대를 만든다는 것이었다. 월대(月臺)는 궁궐 같은 건축물 앞에 집터보다 조금 높게 돌이나 벽돌로 쌓아 만든 기단(基壇)을 뜻한다.

월대는 고종 때 중건되었다지만 그 이전의 기록은 없다고 한다. 그것은 역사적 사실이 불분명하다는 뜻이다. 그럼에도 광화문 앞을 지나는 도로 위에 월대를 새로 쌓았다. 그 바람에 도로가 없어져 그 앞에 반타원형의 곡선도로를 새로 내어 안국동과 적선동을 연결했다. 그 곡선도로도 월대를 중심축을 양측이 대칭을 이루며 휘어진다.

어쨌든 복원한 월대도 좌우대칭을 이루니 대칭미-균형미가 파괴된 광화문광장의 편중배치가 더욱 더 전체적 조화를 깨트린다. 광화문과 월대가 원래의 위치를 찾아 복원됨으로써 경복궁을 관통하는 일직선의 중심축이 거기서 단절되어 버린 꼴이다. 다시 말해 경복궁과 광화문광장을 잇는 연계성이 끊어져 버린 것이다.

광화문광장의 이순신 동상과 세종대왕 동상은 1968년 복원되었던 광화문의 중앙을 기축으로 그 직선상에 설치되었었다. 그런데 삐뚤어진 광화문의 위치를 바로 잡음으로써 두 동상이 경복궁을 관통하는 일직선의 중심축에서 동측으로 상당히 벗어나 버렸다. 거기에다 월대까지 복원하는 바람에 두 동상과 경복궁을 잇는 연결고리의 끊어진 모습이 더욱 뚜렷해졌다. 경복궁와 광화문광장이 따로 노는 형국이 되고만 것이다.

광화문광장 개조공사는 한마디로 엉터리 실패작이다. 차라리 중심축과 대칭미를 살렸던 오세훈의 1차 개조공사를 그냥 두고 부분적으로 손질을 했다면 그것이 훨씬 더 나았을 것이다. 지금의 광화문광장은 전체적으로 광장의 개념도 없고 역사성, 상징성도 없이 산만하고 혼잡

광화문에 이어 그 앞에 있는 월대도 복원되자 경복궁을 일직선으로 관통하는 중심축이 확연하게 드러났다. 또 모든 건축물이 그 중심축을 기점으로 좌우로 대칭을 이루며 펼쳐지는 모습도 뚜렷하게 나타났다.

하기만 하다.
 무엇보다도 경복궁에서 세종로로 관통하는 일직선의 중심축에 따라 형성되었던 대칭미를 파괴했다는 사실이 엄중하다. 세종로를 바라보는 답답한 심정에서 현실성도 없는 상상의 나래를 펴본다. 관광자원으로는 전통, 자연 그리고 재미를 꼽는다. 그런데 서울은 어느 것도 갖추지 못한 국적불명의 도시다. 세종로는 서울의 얼굴이다. 그런데 널따란 돌판에 잡다한 시설물이 어지러이 들어선 그 모습이 주변과 전혀 어울리지 않아 이질감마저 준다.
 그 빈터를 광화문, 그리고 그 너머에 있는 경복궁과 조화를 이루도록 고유한 전통미로 채웠으면 하는 기대를 해 본다. 그렇게 하려면 먼저 경복궁에서 세종로로 이어지는 일직선의 중심축을 원래대로 복원해야 한다. 이순신장군 동상과 세종대왕 동상 사이의 널따란 공간에 한국전통의 정원이 들어서면 600년 고도에 역사의 숨결을 불어넣을 듯싶다.
 조선은 삼우(三友)라고 해서 소나무, 대나무, 매화를 사랑했고 그와 더불어 버드나무도 애호했다. 조선의 풍속도를 보면 잘 나타나 있다. 엉뚱한 잡목을 여기저기 심지 말고 그런 나무를 골라서 심어야 진동미가 산다. 낙폭은 낮지만 폭포가 있는 연못을 만들어 연꽃도 심고 정자도 만들었으면 하는 심정이다.
 수면을 덮은 연꽃잎 사이로 연꽃이 얼굴을 내밀어 활짝 피면 그 자태를 보고 싶어 시민들이 아들, 딸의 손을 잡고 찾는 그런 전통미 넘치는 정원을 말이다. 광화문광장은 광장의 역할을 역사성이 있는 서울광장에게 맡기고 경복궁과 조화를 이루고 전통미가 살아있는 정원으로 다시 태어났으면 하는 바람이다.

 그 숱한 세도가, 권력자들이 국민세금을 펑펑 쓰면서 유럽, 중국, 일본 등지의 그 많은 고도들을 뻔질나게 들락거렸건만 무엇을 보고 배웠는지 모르겠다. 유럽의 도시들은 도심 아파트의 외벽도 주인이 맘대로 고치지 못하게 한다. 역사가 일천한 미국도 도시는 물론이고 동네의 길모퉁이에 서있는 나무조차 함부로 자르지 못한다. 자르려면 주민의 동의를 얻거나 지역의회에서 논의한다.

 그 이민국가 미국은 자랑할 만한 역사적 전통이 부족하다. 그 까닭에 모든 주의 대도시는 할아버지의 조국 유럽국가의 전통문화를 계승하려는 노력이 돋보인다. 중앙로는 일직선으로 도심을 관통하고 그레코-로망(Greco-Roman) 건축양식에 따라 지은 공공건물은 대칭과 균형을 이루고 있다. 그런데 정도 600년이 넘는 서울의 얼굴 세종로는 경복궁을 눈앞에 두고 있지만 어떤 전통미도 없다.

 서울의 역사도, 도시의 역사도, 도시의 미관도 모르는 인사들이 서울시장에 올랐다고 서울의 얼굴을 제멋대로 마구 뜯어 고쳐 서울의 전통을 없애 버린다. 세종로를 멋대로 망쳐 놓아도 아무 탈이 없는 정치현실이 부끄럽다. 그것도 시민혈세를 물 쓰듯이 흥청거리면서 말이다. 다음 시장은 또 무슨 짓을 할지 모르겠다.

 조용한가 싶더니 또 흉측한 소리가 들린다. 세종대왕 동상과 이순신 동상을 헐어내고 이승만 동상과 박정희 동상을 세운다느니 대형 태극기 게양대를 세운다느니 하는 따위가 그것이다. 국민을 얼빠진 바보로 보는지 세종로를 애국훈련장을 만든단다. 이제는 세종로를 이념대결의 장으로 만들겠다는 뜻인가 보다. 세종로가 또 어떻게 바뀔지 두고 봐야하나?

 그 치졸한 난리통에 서울은 추억을 빼앗긴 도시, 기억을 지우는 도시가 되어 버렸다. 추억을 빼앗긴, 기억을 잃어버린 서울시민은 슬프다. 제발 국적불명의 도시 서울에서 경복궁을 바라보는 세종로만이라도 전통미를 살렸으면 하는 바람이다.

대칭미 파괴된 세종로
전통미 상실한 세종로

경복궁을 새의 눈으로 내려다보면 광화문 → 흥례문 → 근정문 → 근정전 → 사정전 → 향오문 → 강녕전 → 교태전을 관통하는 중심축이 일직선을 이룬다. 또 그 중심축에 위치한 건축물들이 좌우로 대칭을 이루며 펼쳐진다. 광화문도 정문을 기점으로 좌우가 대칭을 이루며 담장이 이어진다. 그 앞의 월대도 마찬가지다.

그런데 한국의 전통미를 살렸다는 광화문 광장에 들어서면 산만하고 무질서하기 짝이 없다. 중심배치를 무시하고 세종로를 두 쪽으로 나눠 서쪽을 광장, 동쪽을 도로를 몰아서 양측에 배치했다. 편심배치로 인해 대칭미와 균형미가 파괴된 까닭이다. 또 경복궁을 관통하는 일직선의 중심축이 광화문을 넘어서면 끊겨 경복궁과 세종로의 연결성이 단절된 상태다. 경복궁과 따로 노는 세종로에는 전통미라고는 찾을 수 없다.

세계문화 바꾼 청화백자
- 중국·이슬람 문화의 융합과 세계화의 길 -
ⓒ 김영호 2025

초판 1쇄 발행 2025년 1월 27일

지은이 김영호
펴낸이 김영호
편집 및 디자인 김민철

펴낸 곳 도서출판 뱃길
신고 제2021-000239호
전자우편 seaway63@naver.com
대표전화 070-8098-4063
팩스 050-4159-0509
ISBN 979-11-978249-3-7 03600

이 도서는 2024년 문화체육관광부의 '중소출판사 성장부문 제작 지원' 사업의 지원을 받아 제작되었습니다.

※ 인쇄·제작 및 유통상의 파본 도서는 구입하신 서점에서 교환해드립니다.
※ 이 책 내용의 전부 또는 일부를 재사용하려면 반드시 저작권자의 동의를 받아야 합니다.
※ 책값은 뒤표지에 표시되어 있습니다.